网络调查研究方法概论（第二版）

Web Survey Research Methodology

赵国栋 著

图书在版编目（CIP）数据

网络调查研究方法概论/赵国栋著．—2 版．—北京：北京大学出版社，2013.3
ISBN 978-7-301-22329-1

Ⅰ．网… Ⅱ．①赵… Ⅲ．互联网络—应用—社会科学—调查方法—高等学校—教材 Ⅳ．①C31-39

中国版本图书馆 CIP 数据核字（2013）第 051449 号

书　　　　名：	网络调查研究方法概论（第二版）
著作责任者：	赵国栋　著
责 任 编 辑：	李淑方
标 准 书 号：	ISBN 978-7-301-22329-1/G·3599
出 版 发 行：	北京大学出版社
地　　　　址：	北京市海淀区成府路 205 号　100871
网　　　　址：	http://www.pup.cn　新浪官方微博：@北京大学出版社
电 子 信 箱：	zpup@pup.cn
电　　　　话：	邮购部 62752015　发行部 62750672　编辑部 62767857　出版部 62754962
印　　刷　　者：	北京虎彩文化传播有限公司
经　　销　　者：	新华书店
	730 毫米×980 毫米　16 开本　24.75 印张　300 千字
	2008 年 1 月第 1 版
	2013 年 3 月第 2 版　2019 年 12 月第 3 次印刷
定　　　　价：	49.00 元

未经许可，不得以任何方式复制或抄袭本书之部分或全部内容。

版权所有，侵权必究

举报电话：010-62752024　电子信箱：fd@pup.pku.edu.cn

赵国栋教授，系北京大学教育学院教授，教育技术学博士生导师。目前任"国际信息研究学会"（IS4IS）中国分会教育信息化专业委员会副主任（2017— ），"中国开放式教育资源协会"（CORE，2004—2014）专家，长期担任教育部全国多媒体课件和微课大赛评审专家（2004—2016年）；2007—2008年在新疆石河子大学师范学院和生产建设兵团教育学院挂职副院长，后任北京大学现代教育技术中心副主任（2008—2013年）。他曾赴美国夏威夷"东西方研究中心"（EWC，2005年）和德国柏林自由大学（FU，2011年）访学。他被聘为新疆石河子大学"绿洲学者"（2017—2020年）。

他的研究方向是"数字化学习"（E-learning）设计和"即时微视频"（Rapid micro-video）摄录编技术，首创"PPT云课堂教学法"（快课教学法）。他曾先后主持和参与多项联合国教科文组织（UNESCO）、联合国儿基会（UNICEF）、教育部人文社科和高教学会的研究课题。自2016年起，他负责教育部人文社会科学重点研究基地重大项目"经济新常态下的教育扶贫与教育公平研究"。

赵教授拥有国家知识产权局颁发的技术专利3项，出版学术专著4部，其中代表作包括《教育信息化国际比较研究》（2008年）和《大学数字化校园与数字化学习研究》（2012）；主编教材4本，代表作《PPT云课堂教学法》（2017）；撰写英文专著1部，发表中英文学术论文100余篇。他的多项成果被评为高等教育"十一五"和"十二五"和"十三五"规划教材，并先后获得北京大学第二届优秀教材奖（2018）、北京市高校优秀教学成果一等奖（2017）、北京大学第一届优秀教材奖（2016）、北京市高校优秀教学成果二等奖（2013）、北京大学优秀教学成果一等奖（2012）、北京大学教学信息化先进个人（2011），北京大学人文社会科学研究优秀成果二等奖（2010）和北京市教育科学研究成果三等奖（2009）。

摘　要

本书的主要对象是社会科学各领域的研究者及初入门者，主要内容是如何有效地利用互联网来收集各种研究数据。如果您想了解网络调查法的相关知识，想学习网络问卷的设计方法，想知道网络调研是如何组织和实施的，那么，相信本书是您最好的选择之一。

信息通信技术的发展和互联网的普及，不仅提高了信息与数据传递的速度和范围，同时也对社会科学的研究方法产生了深远影响。自20世纪90年代以来，各种基于计算机和互联网的新研究理念、方法和工具不断涌现，这些新的研究方法和工具不仅提高了研究效率，同时也拓展了社会科学研究的主题、内容和范围，促进了社会科学研究的繁荣与发展。

网络调查法，就是目前倍受国内外社会科学研究者瞩目的一种新工具。本书以网络调查法为研究主题，系统而全面地介绍了该方法的概念、类型、应用现状和实际应用方式等，是目前国内第一本专门研究网络调查法的著作，弥补了国内目前在社会科学研究方法上的空白。

在内容上，本书共分为七章，从理论基础到实践操作，再到实际研究案例，全面而详细地展示了网络调查法对社会科学研究的重要影响与作用。"导论"首先介绍近年来科技发展对于整个调查研究领域深刻影响；第二章"基于信息技术的新调查研究法"介绍了从计算机辅助数据采集（CASIC）到网络调查法（Web survey）历史演变与发展过程；第三章是"网络调查法的应用研究"，主要介绍了国外研究者对于网络调查法的各种研究成果；第四章是"网络调查法的设计、组织与实施"，重点介绍了网络问卷的设计原则与方法，以及如何组织和实施网络调查项目；第五章是"网络调查工具的选择与应用"，详细介绍了一个开源调查系统Limesurvey的操作方法；第六章是"网络调查研究案例分析"，介绍了组织和实践跨国性与跨地区性网络调研项目的相关实践经验；第七章"大数据背景下的网络调查法展望"，则从当前大数据热潮的背景下，分析网络调查法的未来发展方向与趋势。

　　本书的一个显著特点,是理论与实际应用相结合,书中不仅探讨了网络调查法的诸种理论问题,同时也介绍了大量的研究案例和实际操作方法。这些内容都源自作者多年网络调研项目的实践积累与总结,具有较好的可操作性和借鉴性。本书在每一章中都安排了一个研究案例,便于读者理解和讨论。本书可作为社会科学相关专业的本科生和研究生的教材使用,也可作为相关专业的研究方法参考书之用。

第一版序

在社会科学研究中，问卷调查法是一种最为常见的研究方法。这种研究方法的特点在于，研究者能够把那种从一小部分人群中采集到的数据，通过科学的统计方法推论至一个较大的特定人群之中。长期以来，面对面访谈和纸质问卷向来是调查法的主要工具和手段。但自20世纪90年代以来，随着现代信息通信技术的发展，互联网的广泛应用为许多领域都带来了诸多具有创新意义的发展机遇，其中就包括一种新式的调查方式：网络调查法。

目前，国内外研究界对网络调查法的看法仍然是见仁见智，争论颇多。此情景与当年电话调查法刚刚出现时的情景颇为类似。1978年，美国著名的调查研究专家迪尔曼（Dillman, D. A.）曾经就信函和电话调查法说过这样一段话：

> "无论是信函调查还是电话调查，都被认为不可能完全替代面访调查。目前这种观点看起来确实有其道理，因为这两种调查方法的问题和缺陷太多了。即使是寄出很短的问卷，信函调查的反馈率也低得令人难以接受……更何况，并非每一个受访者都能利用信函的方式进行联系；而在那些能用信函进行联系的对象之中，只有那些受过较好教育的人才最有可能填写并返回问卷。而更令人沮丧的是，在这些寥寥无几的回复问卷中，又经常是留下了许多问卷未被填写……"（Dillman, 1978）。

与信函调查和电话调查在20世纪70年代所面临的问题毫无二致，如今人们对网络调查的科学性和可行性同样也是半信半疑。如果用"网络调查"来代替"信函调查"，我们会发现，上述那些批评完全适用于今天人们对网络调查的态度和看法。

为避免重蹈复辙，我们认为，对网络调查法也许应采取一种明智而谨慎的态度，将之视为一种可能与信函调查和电话调查一样可供选择的研究方法，而非前者的替代者。不过尽管如此，在实际使用过网络调查之后，越来越多的研究者都开始承认，在某些特定研究情景中，网络调查确实具备一些传统调查方式所没有的独特优势。在不久的将来，很有可能就象当初电话调查法伴随电话在家庭中的普及而逐渐发展一样，随着互联网的普及与应用，网络调查法的应用同样也会越来越广泛。

不过，尽管网络调查法通常被认为具有快捷、低成本和简便易行的显著优势，但一些研究结果也显示，在不同的调查环境中，这些假设中有些正确，有些则可能是错误的。近年来，由于各种与互联网有关的事情经常被过度渲染，因而导致人们对于目前各种有关网络调查法的说法真假难辨。因此，很有必要对一些观点进行探讨和澄清。

本书就试图对上述各种与网络调查法相关的问题做一深入探讨，其中包括网络调查法的概念、类型、特点，网络问卷的设计原则与方法，以及网络调查的组织与实施等。作者的主要目的在于，希望能够将这种新的研究方法介绍给国内的研究者，以期推动社会科学研究工具的改进与发展。

限于水平，再加之网络调查法本身正处于不断发展与完善之中，书中可能存在着诸种不足之处，对此，还请广大读者不吝赐教。

作者

2007-6-6 于北京大学燕园

第二版序

在 2008 年本书第一次出版时,在社会科学研究领域,网络调查法仍属于"新生事物",知之者不多,用之者更属寥寥。然而短短 5 年之后,至 2013 年之时,本书第二版发行之日,基于互联网的数据获取、数据挖掘与数据分析,已然发展到"大数据"(Big Data)阶段。整个科学研究界都在热论这个令人振奋的概念,似乎"大数据"将能够给研究界带来翻天覆地的变化。

实际上,大数据这个概念本身的产生与发展就与互联网密切相关。在 2012 年 3 月启动的"大数据研究与开发计划"(Big Data Research and Development Initiative) 中,美国联邦政府将该计划与历史上对超级计算和网络的投资相提并论,"过去在信息技术研发方面的联合投资推动了超级计算机和互联网的创建,而大数据计划有望使我们利用大数据进行科学发现、环境和生物医学研究、教育以及保护国家安全的能力发生变革。"该计划着重鼓励数据收集与管理、数据分析和 e-Science 合作环境方面的研究项目。在当前美国联邦政府部门正在资助的大数据相关项目中,就有一项与社会科学研究方法相关——"数据挖掘挑战赛",旨在解决大数据对人文和社会科学研究的挑战,利用新的研究方法来检索、分析和理解数字图书、报纸、网络搜索结果、传感器、电话记录等数据集。从这一点上来看,大数据同社会科学研究也是有密切关联的,而不是如有些人所说的只与自然科学相关。

当前,相对于自然科学基于精密实验仪器数据收集法来说,多数社会科学的数据获取方法仍然停留在"手工作坊"水平上。虽然现在已有一些研究者开始通过互联网等技术媒介来收集数据,但对这些数据的统计和分析也是非常困难的。正如有研究者(李国杰,2012)所指出的,互联网上的信息是成千上万的人随机产生的,从事社会科学研究的学者要从这些看似杂乱无章的数据中寻找有价值的蛛丝马迹,难度可想而知。网络大数据有许多不同于自然科学数据的特点,包括多源异构、交互性、时效性、社会性、突发性和高噪声等,不但非结构化数据多,而且数据的实时性强,是随机动态产生。网络数据的采集相对成本较低,但价值密度也很低。因此,社会科学的大数据分析,特别是根据互联网数据做经济形势、安全形势和社会安全形势和社会群体事件的预测,比科学实验的数据分析更困难。

尽管如此，社会科学研究者对研究数据获取工具的追求，仍然是执著的，也是在不断进步的。本书所讨论的网络调查法就是其中一个典型案例。如果说在5年之前，多数研究者仍然对这种基于互联网的社会科学调研工具持"明智而谨慎"的态度，那么到今天，越来越多的研究者都已改变了以往的态度，开始试用或使用它，越来越多地切身体验到这种调查方法的独特之处并接受它。据我所知，目前在国内外高校的社会科学调查研究方法课程里，越来越多的教师已将网络调查法列入其中，甚至将之开设为一门单独的课程来讲授。这说明，网络调查法的影响力正变得越来越大，越来越多的研究者已接受这种研究方法。

在社会科学研究领域，若将研究者在实验室环境下获得的数据称为"微数据"，将通过问卷调查或访谈获得的数据称为"小数据"，那么，通过互联网而获得的各种形式的数据，或许就可称之为"大数据"。有人将2012年称为"大数据元年"，确实言之有理，因为过去十年来增长最快的数据，就是网络上传播的各种非结构化或半结构化的数据。网络数据的背后是相互联系的各种人群，网络大数据的处理能力直接关系到国家的信息空间安全和社会稳定。从心理学、经济学、信息科学等不同学科领域共同探讨网络数据的产生、扩散、涌现的基本规律，既是各个学科发展的需要，同时也是建立安全和谐的网络环境的需求。

本书第二版的修订工作，正是在上述这样的背景下而进行的。为适应新形势和新技术的需求，作者增加了相应的内容，重新改写了第五章"网络调查工具的选择与应用"的内容，包括：增加了第二节"新型网络调查网站的兴起"，全新撰写了Limesurvey1.85版的操作教程，从系统安装，到问卷设计与组织、实施，都进行了详细介绍。此外，为增强本书的实用性，还新增加了2万余字的"网络调查研究案例分析"一章，对过去数年北京大学教育学院所组织和实施的跨国性和跨地区性网络调研案例进行了详细分析与总结。最后，还专门增加了第七章"大数据背景下的网络调查法展望"，对这种方法的未来发展趋势进行了讨论和预测。整体来看，经过修订之后，本书在结构和内容方面更趋合理和丰富，突出强调了实用性特色。这项内容修订工作涉及到诸多技术细节，包括网络调查系统的升级更新、数据导出和相关数据的统计分析与制表等工作，主要都是由我指导的博士生刘京鲁同学负责完成，他工作认真努力，在本书的修改工作过程中做了大量卓有成效的工作，功不可没。

因修订时间有限，能力所囿，修订版必然存在诸多不足之处，敬请各位同行和读者不吝赐教，以便在下一版时改正，作者将不胜感谢。

著者
2013年2月12日于北京大学燕园

目 录

摘　要 …………………………………………………………………… (1)

第一版序 ………………………………………………………………… (1)

第二版序 ………………………………………………………………… (3)

第一章　导论 …………………………………………………………… (1)
 1. 调查研究行业发展概述 …………………………………………… (3)
  1.1　国外调查研究专业的发展 …………………………………… (4)
  1.2　调查研究理论的发展 ………………………………………… (7)
 2. 科技发达时代调查研究的发展趋势 ……………………………… (29)
  2.1　访谈员主导向受访者自我主导的发展趋势 ………………… (29)
  2.2　从语言文字向语音视觉的发展趋势 ………………………… (30)
  2.3　从固定调查向移动调查的发展趋势 ………………………… (35)
  2.4　从连续调查、固定样本调查到国际调查 …………………… (39)
 3. 科技给调查研究领域带来的机遇与挑战 ………………………… (41)
  3.1　技术进步给调查研究本身及其行业所带来的影响 ………… (42)
  3.2　技术发展对调查研究未来发展的影响 ……………………… (45)
 思考题 ………………………………………………………………… (50)
 动手研究 ……………………………………………………………… (51)
 参考文献 ……………………………………………………………… (51)

第二章　基于信息技术的新调查研究法 …………………………… (55)
 1. 技术的发展与调查研究方法的演变 ……………………………… (55)
 2. 计算机在调查研究中的应用——计算机辅助数据采集 ………… (58)
  2.1　计算机在调查研究领域的应用与发展 ……………………… (59)
  2.2　CASIC 的概念 ………………………………………………… (61)
  2.3　CASIC 的类型概述 …………………………………………… (62)

　　2.4　CASIC 对调查研究行业的影响 ………………………………（69）
　3. 互联网在调查研究中的应用——网络调查法 …………………（72）
　　3.1　网络调查法的术语与概念 ……………………………………（75）
　　3.2　网络调查法的类型 ……………………………………………（78）
　　3.3　网络调查法的特点 ……………………………………………（88）
　4. 学术界对于网络调查法的争议 ……………………………………（93）
　　4.1　网络调查法目前存在的主要问题 ……………………………（95）
　　4.2　网络调查法存在问题的解决方案 ……………………………（101）
　　4.3　研究案例：美国调查专家们对网络调查法的态度
　　　　与看法 ……………………………………………………………（105）
　思考题 …………………………………………………………………（113）
　动手研究 ………………………………………………………………（113）
　参考文献 ………………………………………………………………（113）

第三章　网络调查法的应用研究 ………………………………………（118）
　1. 网络调查法在各领域的应用状况概述 ……………………………（119）
　　1.1　市场调查和民意测验行业 ……………………………………（119）
　　1.2　社会科学研究领域 ……………………………………………（125）
　2. 网络调查法的探索与应用性研究 …………………………………（130）
　　2.1　关于不同形式问卷的比较研究 ………………………………（132）
　　2.2　关于影响网络调查反馈率的诸因素研究 ……………………（144）
　　2.3　关于网络调查中受访者的隐私保护研究 ……………………（156）
　3. 网络调查法的发展前景探讨 ………………………………………（161）
　　3.1　使用网络调查的基本策略 ……………………………………（162）
　　3.2　对目前网络调查若干说法的澄清 ……………………………（163）
　思考题 …………………………………………………………………（165）
　动手研究 ………………………………………………………………（165）
　参考文献 ………………………………………………………………（166）

第四章　网络调查法的设计、组织与实施 ……………………………（172）
　1. 网络问卷的设计原则与方法 ………………………………………（172）
　　1.1　友好反馈界面的网络问卷设计原则 …………………………（173）
　　1.2　网络问卷设计的思路与方法 …………………………………（177）
　2. 研究案例：网络问卷设计效果之研究 ……………………………（195）
　　2.1　研究的设计和实施过程 ………………………………………（198）
　　2.2　调查数据分析 …………………………………………………（199）
　　2.3　研究结论 ………………………………………………………（206）
　3. 关于网络调查的组织与实施 ………………………………………（207）
　　3.1　组织与实施的基本流程 ………………………………………（207）

3.2 实施过程中的注意事项 …………………………………………（211）
4. 网络调查法在国内外的应用案例 ………………………………（215）
  4.1 基于概率抽样的网络调查 ……………………………………（216）
  4.2 基于混合模式的网络调查 ……………………………………（226）
  4.3 基于方便抽样的网络调查 ……………………………………（232）
 思考题 ………………………………………………………………（244）
 动手研究 ……………………………………………………………（244）
 参考文献 ……………………………………………………………（244）

第五章　网络调查工具的选择与应用 ………………………………（248）
1. 商业网络调查软件概述 …………………………………………（249）
  1.1 SPSS 的 mrInterview 和 DimensionNet ……………………（250）
  1.2 Persues 的 SurveySolution/EFM ……………………………（251）
  1.3 Adobe 的 Acrobat Professional
      和 Adobe Designer ……………………………………………（253）
  1.4 Sawtooth Software 的 Sensus Web …………………………（256）
  1.5 商业调查软件的特点分析 ……………………………………（256）
2. 新型网络调查网站的兴起 ………………………………………（258）
3. 免费开源的网络调查系统 Limesurvey …………………………（262）
4. Limesurvey 安装方法 ……………………………………………（265）
5. Limesurvey 功能及操作流程 ……………………………………（268）
6. 网络问卷设计方法 ………………………………………………（270）
  6.1 网络问卷的结构 ………………………………………………（270）
  6.2 网络问卷的题型 ………………………………………………（273）
  6.3 网络问卷的操作界面介绍 ……………………………………（277）
  6.4 问卷的测试 ……………………………………………………（292）
7. 网络问卷的高级功能操作 ………………………………………（293）
  7.1 利用标签集添加问题选项 ……………………………………（293）
  7.2 设置问题的答案传递功能 ……………………………………（294）
  7.3 设置问题的逻辑跳答功能 ……………………………………（296）
  7.4 问卷的中途退出与续填 ………………………………………（299）
  7.5 问卷模板编辑器的使用 ………………………………………（300）
  7.6 备份问卷导出与导入 …………………………………………（303）
8. 网络调查实施与管理 ……………………………………………（304）
  8.1 启用问卷 ………………………………………………………（304）
  8.2 过程管理和监控 ………………………………………………（305）
  8.3 启用问卷填写验证码 …………………………………………（306）
  8.4 以注册方式参加封闭性调查 …………………………………（313）

9. 调查数据整理与统计 ……………………………………………（313）
   9.1 查看调查数据 ……………………………………………（314）
   9.2 反馈数据的编辑 …………………………………………（314）
   9.3 数据录入 …………………………………………………（315）
   9.4 导出反馈数据 ……………………………………………（316）
   9.5 数据统计 …………………………………………………（316）
  思考题 …………………………………………………………（320）
  动手研究 ………………………………………………………（320）
  参考文献 ………………………………………………………（320）

第六章 网络调查项目案例与实践 …………………………（321）
  1. 跨国性网络调查案例 ………………………………………（323）
   1.1 项目背景介绍 ……………………………………………（323）
   1.2 项目实施过程 ……………………………………………（324）
   1.3 项目经验总结 ……………………………………………（331）
  2. 跨地区性网络调查案例 ……………………………………（332）
   2.1 网络问卷的设计 …………………………………………（334）
   2.2 网络调查的组织和实施 …………………………………（343）
  3. Limesurvey 应用经验总结 …………………………………（354）
  4. 免费的网络调查工具——问卷网及其案例 ………………（358）
   4.1 问卷网概述 ………………………………………………（359）
   4.2 问卷网的操作流程 ………………………………………（359）
   4.3 新建问卷 …………………………………………………（361）
   4.4 外观设置 …………………………………………………（362）
   4.5 问题设计 …………………………………………………（363）
   4.6 逻辑设置 …………………………………………………（366）
   4.7 收集设置 …………………………………………………（367）
   4.8 预览发布 …………………………………………………（368）
   4.9 答卷收集 …………………………………………………（368）
   4.10 结果分析 ………………………………………………（369）
   4.11 问卷网的调查案例 ……………………………………（371）
  思考题 …………………………………………………………（372）
  动手研究 ………………………………………………………（372）

第七章 大数据背景下的网络调查法展望 ……………………（373）
  参考文献 ………………………………………………………（379）

第一章 导　　论

【导读】

　　本章将主要阐述近年来国际调查研究领域内的发展概况。内容主要包括两方面：一是调查研究行业的发展，如专业期刊、专业协会和专业人才培养等，同时也将介绍有关调查研究方法自身的相关理论进展，如调查研究整体设计理论（TDM），调查研究的认知研究（CASM）和调查抽样及调查误差理论等。另一方面，本章将要讨论的另一个重点是关于技术发展对于调查研究方法的影响与促进，例如，在过去的半个世纪中，计算机技术对调查研究法的多个层面都产生了不可忽视的重大影响，如组织方式、工具、数据收集及处理方式等。本章将讨论这些方法变化对调查研究实践所产生的相应影响，如固定样本调查的快速发展，国际调查的广泛应用和二次分析的出现等。总之，本章主要目的是，力图向读者呈现出一个科技发达时代里调查研究法发展的全景视图。

　　在科学研究过程中，世人皆晓致知之不易，科学进步需要经过长期的知识探索与累积来实现。在这个知识求解与酝酿的历程中，研究方法扮演着举足轻重的角色。自18世纪培根和笛卡儿等人奠定了以逻辑归纳和实证主义为基础的科学思维的基本原理和形式之后，这种探究与思索问题的观点配合着观察与实验技术之进步，使科学研究的方法产生了跃进性的蜕变，不仅开启近代的数理定量方法学及系统科学方法论的新时代，也助长了现代科技的蓬勃发展与学科知识的推陈出新。在社会科学研究领域，到20世纪，美国社会学方法论学者艾尔·巴比（Earl Babbie）所提出的"一切皆可测量"（measuring anything that exists）观点曾一度成为社会科学定量研究的标志性口号，使得美国社会学研究的主流步入了以实证研究为基础的数理逻辑时代。虽然自20世纪80年代中期以后，由于"质性研究方法"（Qualitative Method）的崛起，这种定量方法主宰社会科学研究的形势有所改变，但总的来说，测量和解释仍然是社会科学研究的基本方法论框架。

既然要对社会现象进行"观察"与"测量",就需要一种工具。这种工具对自然科学研究者来说,可能就意味着各种精密的实验设备,而对社会科学来说,就是"调查问卷"或"量表"。调查法,可以说是目前应用最广泛的一种研究方法,尤其在社会科学研究领域中,"现在最常使用的社会研究方法是对抽样取出的受访者进行问卷调查"(艾尔·巴比,2005)。

通常,所谓"调查研究法"(Survey Research Method),就是指研究者采用问卷或访谈等方式,针对样本或整个研究群体进行调查,以描述群体之态度、意见、行为或特征的研究方法。自20世纪初出现之后,很快就发展成为社会科学研究范式中的重要组成部分。正如有研究者所指出的,"在20世纪的前25年,调查法和问卷法——不管如何称呼它——在各种理论研究和应用研究领域中逐渐成为相当普遍的方法。不但人口学家、心理学家,而且教育研究者、市场分析员、政治学者和其他研究人类行为与相关的工作者都在设计和使用问卷。20世纪30年代及其随后时期,哥伦比亚大学的应用社会研究所、丹佛的国家民意调查中心、芝加哥大学、密歇根大学的社会研究调查中心将调查研究发展成为美国大学科研任务的一部分"。(Aiken,Lewis R.,2002)

自调查研究法出现之后,在过去的一个世纪里,调查研究领域涌现了多方面的变革,例如,实用概率抽样理论的发展,电话调查的不断增加,新统计分析方法的出现,对非抽样偏差和误差理解的不断加深,固定样本调查法的出现,以及认知心理学在问卷设计中的应用,等等。毫无疑问,这些变化使得调查研究的科学性、可操作性和实施效率都产生了重大促进。然而,与计算机技术在数据采集上的应用相比,上述这些变化都会显得相形见绌。为什么这样说呢?因为计算机技术在调查研究中的应用,使得整个调查研究领域产生了革命性的变革。

可以这样说,对于调查研究界来说,基于计算机技术的调查方法的应用根本就没有选择的余地。因为在现代社会里绝大多数有组织的社会活动过程中,采用计算机技术都是一个不容置疑的普遍发展趋势。现在所面临的已不是这种变化是否会发生的问题,而是其变化的程度究竟有多深,以及如何因势利导的问题。如今在调查研究行业,计算机技术所带来的变化有目共睹:提高了调查的速度和效率,增强了数据采集的完整性和一致性。但更为重要的是变化还正在酝酿过程之中:调查数据采集种类的增加,可供选择的技术媒体、方法和模式的扩展等。相应的,这些变化同时将影响到调查研究的各个方面:受访者反馈的意愿和动机,调查员在数据采集过程中的角色,调查偏差和误差的降低,调查数据的表现形式,以及调查机构本身的人员结构和组织形式。

以下将首先简略地回顾近年来国外调查研究行业的发展概况,以此为基础,将进一步介绍技术革新及其对调查研究方法影响的发展历程。其主要目的是让读者了解技术发展对调查研究手段影响已达到何种程度,同时更为重要的是,也使人们在面临着如今连绵不断的技术进步浪潮时,能够比较清醒地了解到技术本身可能给调查研究方法带来的各种积极和消极的影响。

1. 调查研究行业发展概述

根据艾尔·巴比的说法,虽然调查研究法是一种非常古老的研究技术,早在古罗马和古埃及时代就已经开始使用[①],但实际上,作为一种获得广泛认可的科学研究方法,调查研究法的重大变革和发展基本上都集中于20世纪。西方许多研究者认为,作为一个真正的专业研究领域,调查研究行业实际上出现于20世纪30年代,随后在第二次世界大战期间得到了迅速发展,至今仍保持着良好的发展势头。

自20世纪50年代以后,在多数西方国家中,调查研究法不仅成为学者们重视的一种研究方法,同时也是各国政府进行管理和决策的重要工具。例如,自20世纪70年代中期之后,为满足政府的政策制定和各领域学者研究的需要,家庭调查(入户调查)、机构调查、人口调查,以及各行业的调查都已初露端倪,其类型多样,例如制造业调查、商业调查、农业调查、就业与失业调查、家庭消费调查、饮食营养调查、保健调查、旅行调查、年龄结构调查和犯罪调查等,这些调查成为当时政府政策制定的重要依据。另一方面,由学术研究界和其他社会研究人员负责实施的各类调查项目同样也是层出不穷,如社会学调查、经济学调查、政治学调查、心理学调查、教育学调查、社会工作调查、公众健康调查、民意调查、选举调查以及各种市场调查等。总而言之,整个调查研究行业呈现出一派欣欣向荣之景象。格莱海姆·凯尔顿(Graham Kalton, 2000)认为,在过去的25年中,调查研究行业仍然保持着快速发展的趋势,尤其是随着越来越多的政府部门开始意识到调查数据对于其政策决策的重要性之后,情况就更为如此。而且,调查研究方法本身的快速发展也赋予了研究者更为强大和广泛的社会数据搜集能力。因此可以说,政府决策所提出的对社会调查数据愈来愈复杂的要求,不仅促进了调查研究方法本身的不断更新变革,同时也加强了调查研究行业在整个社会中所占据的重要地位。

另一方面,从某种意义来说,可适用于调查法来进行的研究主题的不断拓展,也是调查研究行业迅速发展的一个重要原因。在不同历史发展时期,许多富有冒险和创新精神的调查研究者们不断在调查研究方法所适用的研究主题和范围方面进行各种新的尝试,开拓前进,并取得了巨大的成绩。正是由于研究者不遗余力的开创精神,使得基于概率抽样的调查研究方法目前已成为一种研究主题包罗万象的领域——几乎没有哪个主题不能使用调查法来进行。例如,以美国调查研究界为例,在20世纪后期所开拓的新调查研究领域中,最具有代

---

① 《圣经·旧约》中记载:瘟疫之后,上帝对摩西和亚伦的儿子以利亚撒说:"对20岁以上的以色列子民进行普查……"(尾数记 26:1-2)。古埃及的统治者也曾为了治理其领土而进行普查。耶稣之所以未能在家中出生,是由于约瑟和马利亚正前往他们的老家去参加一项罗马帝国的普查。

表性的就是有关性行为和违禁药品方面的调查，正是由于调查研究者的不断努力，使得这些极其敏感的问题第一次被纳入了科学研究的视野，同时也促进了调查中特殊数据收集方法的不断出现和改进。另外一些新的调查研究主题同样也促使数据收集的工具和手段不断拓展，如对样本个体的医学检验，课堂教学环境下师生之间互动的录像记录，以及在样本家庭中放置各种环境监测设备等。总之，调查主题方面源源不断出现的新挑战为调查研究方法本身的持续发展提供了动力。

1.1 国外调查研究专业的发展

1.1.1 专业期刊和专业协会的发展

作为一个专业的研究领域，从学科建设和发展的角度来说，专业期刊是一个研究领域发展水平的重要标志。国外的研究资料表明（Graham Kalton，2000），1975 年以前，在调查研究领域并未出现被研究者们广为接受的专业刊物，有关调查研究方法方面的文章主要散布在各种类型的刊物之中。例如，在一些统计类的刊物中，有时会发表一些关于调查研究，尤其是调查抽样方面的专业论文。在美国《民意季刊》[①] 上，经常也会发表一些有关调查研究方法方面的论文。市场调查类的刊物则主要刊登有关市场调查的文章。另外，社会科学和公共保健等学科类的刊物有时也会发表一些有关各自领域内的调查研究方面的文章。应该说，这种情况对于调查研究专业的发展是非常不利的，由于一些很优秀的调查研究方法类的论文散布于各种刊物中，研究者在搜集研究文献时耗时费时，在一定程度上影响了调查研究领域整体水平的提高。直到 1975 年，这种情形才开始变化。这一年，美国《调查方法》（$Survey\ Methodology$）的创刊为众多专业从事调查研究领域的学者提供了一个交流的天地。此后，1985 年，《官方统计期刊》（$Journal\ of\ Official\ Statistics$）的创刊进一步为调查研究领域的专业发展奠定了坚实的基础。

与此同时，各种有关调查研究方法专业协会的出现也为该领域的研究注入了新鲜活力。例如，"国际调查统计协会"[②] 于 1975 年成立；在 1974—1977 年期间，"美国统计学会调查研究方法分会"还只是"社会统计学分会"下属的一个部门，但 1978 年，它发展为一个独立的分会；1976 年，"皇家统计协会"的"社会统计分会"成立，其由该协会中"社会统计与调查研究方法研究小组"发展而来。

[①] 《民意季刊》（$Public\ Opinion\ Quarterly$）：在美国的调查研究领域中，1935 年盖洛普美国民意研究所（American Institute of Public Opinion，亦通称 Gallup Poll）的成立，以及两年后《民意季刊》的创办仍被认为是民意测验的发展进入"科学化阶段"的重要标志。

[②] 国际调查统计协会（International Association of Survey Statisticians）：简称 IASS，是"国际统计协会"（International Statistical Institute）的一个下属协会。

正是由于各类调查研究专业学会的出现，在很大程度上促进了世界各国调查研究者之间的学术交流活动日益频繁，许多国际性的学术会议应运而生。近年来，上述这些协会与其他各类学会①多次共同举办了一些有关调查研究方法的国际性会议。这些国际性会议的一个突出特点就是，以各种调查研究方法为主题，多个学科中从事调查研究的学者都可以参加，这样就有效地解决了以往调查研究方法领域研究成果发布分散和不易整理的问题，为该领域研究的发展提供了有利条件。更为重要的是，这些国际学术会议结束之后，以会议主题为基础，组织者都编辑出版了多册调查研究著作，范围涉及固定样本调查、电话调查、商业调查、调查中的误差、调查质量和计算机辅助调查信息收集等，极大地促进了调查研究法本身的发展。

近几年，有关调查研究方法的会议更是频繁举办。其中一些会议是由政府机构出面主办，如加拿大统计局、美国人口普查局和美国联邦统计方法委员会②。与此同时，其他一些专业协会，如国际调查统计协会（IASS）和调查计算机化协会③同样也举办了一些会议。总的来说，上述这些会议的举办为调查研究方法的文献资料积累作出了重要贡献。

在调查研究领域的另外两方面的发展也值得注意：第一个方面是调查研究的国际化发展。上述各类国际交流会议的召开，直接推动了不同国家调查领域研究成果的出版发行，促进了各国间调查研究的交流。尽管由于各国间所存在的文化差异使得各个国家的数据收集方法有所不同，但是在调查研究方法上起到了集思广益的效果。另外，随着各国之间数据收集方式和统计口径的逐渐标准化，跨国性的调查研究项目开始出现。从目前的总体情况来看，这种国际的合作调查研究进展良好，但是在某些方面也存在着一些问题。例如，随着社会和经济发展水平的不断提高，与发达国家一样，许多发展中国家和正处于社会转型过程的国家都开始对通过调查获得各种统计数据产生了强烈的需求。但是这些国家面临的一个共同问题就是缺乏足够的调查研究专家，这严重制约了这些国家中调查活动的开展。为解决这个问题，国际调查统计协会、国际性组织（如联合国统计办公室）、政府性统计机构，以及其他一些团体，都开始为发展中国家和社会转型国家提供各种形式的调查研究人员培训活动，为这些国家培养了大批的专业人才。但与实际需求相比，这类培训仍然无法满足这些国家对专业调查研究人才的需求。因此，这方面的工作有待于进一步加强。

第二个方面是调查研究专业的多学科交叉发展。目前，调查研究不仅已成

---

① 在这些学会中，"美国民意研究学会"（The American Association for Public Opinion Research）是最为著名的一个机构。

② 美国联邦统计方法委员会（The U.S. Federal Committee on Statistical Methodology）：于1975年正式成立。

③ 调查计算机化协会（Association for Survey Computing）：是隶属于英国计算机协会和国际统计计算机化协会的一个非营利性机构，其前身为"计算机在调查分析中的研究小组"，主要目的在于推进计算机在调查研究过程中的应用与发展。详细情况见：http://www.asc.org.uk/

为一个独立的学科和专业，同时也逐步衍生出一系列隶属于其下的分支学科。在三十多年前，一位调查方法专家可能会熟知本领域的所有方面内容，但如今，随着该研究领域分支学科的不断涌现和研究专业化的发展，这种情况已不可能再出现，一位调查研究方法学者或许是本领域某一特定方面的资深专家，但他却不可能是整个调查研究领域内的权威。因为调查统计学家所采用的调查抽样方式、统计技术和数据分析方法都在日新月异地变化，研究者们越来越多地开始采用社会学、心理学、人类学和计算机等学科的理论和技术，使得整个调查研究领域所运用的研究理论、方法和技术都日益复杂和多样化，调查研究领域的专业性程度早已今非昔比。从某种程度上来说，调查研究领域这种不断分化的发展趋势，尤其是各分支学科既属于调查研究专业同时又隶属于其他学科的特殊情况，也使得该领域很难制订一个统一的学科专业标准，这有可能会影响到本学科的长远发展。因此，有研究者（Graham Kalton，2000）认为，在这种情况下，调查研究领域内的跨学科协作就成为一个非常重要的问题，将来需要尽快建立一种跨学科的协作研究和发展机制。

1.1.2 调查研究专业人才的培养

调查研究专业的发展离不开人才的培养。随着调查研究方法应用范围的不断拓展，正如发展中国家和社会转型国家所面临的问题一样，许多发达国家也开始出现调查统计和调查方法专业人员短缺的情况，这毫无疑问将会严重影响到该领域的长远发展。要想解决这个问题，一方面需要能够吸引更多高素质的人才加入调查研究队伍，另一方面也需要能够为他们提供更多的专业训练机会。在这种情况下，一些大学的院系开始开设本科生层次的调查研究专业，但其所培养的毕业生数量和质量都无法满足社会的实际需求。这里，值得强调的是，调查研究专业人员培养的数量匮乏仅仅是问题的一个方面，另一方面还存在着培养方式的问题。如上所述，调查研究活动本身所具有的需要多学科间相互协作的专业特点表明，该领域专业人员的培养必须具有多学科综合的性质。在培养学生时，多个学科和专业的教师必须相互交流和协作，以便使学生能够具备多方面的知识和技能。另外，教学人员不仅需要包括多个学科领域的理论研究者，同时也应包括具有丰富调查实践经验的实际工作者，只有这样，才有可能培养出既具有扎实的理论功底，同时又熟知调查实践的人才。

显然，在现有的高校教育体系中，要想满足上述条件，确实是一件相当困难的事情。这也正是目前大多数大学都无法开设调查研究方法专业的一个重要原因。为解决这个难题，美国马里兰大学曾与美国联邦政府合作，联合举办了所谓的"调查研究法合作培养计划"[1]，以解决美国政府部门中调查研究人员短缺的问题。与此类似，英国南安普顿大学的社会统计学系与英国的国家统计办公室合作，近年来也开设了一个联合培养统计学官员的硕士研究生层次的计划。该培养计划中的教学人员包括大学中的调查研究方法专家和政府机关的调查实际工作者、统计学家等。同时，南安普顿大学也与另外一个名为"全国社会研究中心"的独立研究机构联合成立了一个"应用社会调查中心"，其职能之一便是经常举办各种形式的短期调查研究方法培训课程。

上述这些高校与政府机构之间的合作培养计划在一定程度上解决了调查研究专业人才短缺的情况。

1.2 调查研究理论的发展

随着调查研究领域的不断进步，与调查研究相关的理论也随之得到了极大发展，各种新的调查研究的设想理论、心理学理论以及数据统计理论等都层出不穷，为调查研究领域的科学化和现代化奠定了愈来愈坚实的理论基础。

以下将简单介绍调查研究相关的一些理论发展情况，主要包括调查研究的整体设计理论，调查的认知研究和调查抽样、误差理论等。

1.2.1 调查研究的"整体设计法"

1.2.1.1 "整体设计法"（TDM）概述

从调查研究法应用的角度来说，通常，一个完整的调查过程主要包括：确定调查目标、设计抽样框[2]、问卷设计、选择数据采集的方法和进行适当的分析。但是，在实际运用过程中，许多研究者在实施调查研究时一个常见的误区就是，过多地将注意力置于问卷的设计和调查抽样方面，同时却忽略了将调查研究视为一个相互联系的完整过程，忽视其他环节的组织与管理，最后由于实施过程各环节之间的相互衔接不良而影响调查的反馈率，导致数据质量的下降。为了纠正这种调查研究中常见的错误，美国华盛顿州立大学的唐·迪尔曼教授（Don A. Dillman）于1978年提出了一个关于有效实施信函调查的完整的调查设

---

[1] Joint Program in Survey Methodology：简称 JPSM，是美国目前规模最大和历史最长的调查研究专业研究生培养计划，目前已经培养出 107 名学生。它是一个由大学、政府机构和私立调查研究组织共同合作的培养计划，它以两所大学（马里兰大学和密西根大学）和一个私立调查研究机构（Westat）为基础，同时也聘请美国政府部门中的调查研究方法专家参加，另外还联合了其他一些组织和大学，来共同培养调查研究专业的研究生层次人才。详细信息见：http://www.jpsm.umd.edu/jpsm/index.htm.

[2] 抽样框（Sample Frame）：是指用于从中抽取样本的一个研究对象名单。从理想的角度来说，抽样框应包括整个完整的目标人群。抽样框与全体目标人群之间的任何差异，被称为"抽样框偏差"（Sample Frame Bias）。

计框架,被称为调查研究的"整体设计法"①。过去二十多年的实践表明,TDM是一个非常成功的理论。在这个调查设计的理论框架中,由于其所强调的调查实施流程的完整性对获得满意反馈率的重要影响,因而奠定了信函调查的理论和实践基础,最后使信函调查法成为一种广为承认和接受的调查研究方法。

"整体设计法",也经常被称为"整体调查设计"(Total Survey Design②,Fowler,1993),其理论中心是强调完整的调查流程设计,认为这是研究成功的一个至关重要的影响因素。"TDM是一种以相互关联的多个步骤结合在一起的完整系统,其中心目标在于通过获得高反馈率的方式来提高调查的质量……TDM由两部分组成:第一是辨别出在整个调查流程中有哪些因素可能影响调查的质量或数量,然后以获得最佳反馈率为中心目标来对每一个因素进行组织和管理。在此过程中,其理论基础是利用社会交换理论来解释受访者回答问卷的动机与过程。第二是根据上述设计目标来组织和实施整个调查。在此过程中,其理论基础是各个步骤的协调管理与计划。"(Dillman,1978)整体上来说,TDM和TSD都认为,研究者在进行调查设计时,应采取一种整体和系统的观点,全面考虑调查过程的所有因素,不可片面强调某一方面。

TDM的理论基础是社会交换理论③。按照这种理论,在调查研究过程中,受访者最终是否愿意填写调查问卷,取决于两个关键因素:一是受访者对于完成问卷可能需要的工作量多少的预想与感知,二是当完成问卷填写之后,受访者所获得的回报。因此,TDM特别强调,调查过程是一种研究者与调查对象两者之间的社会交流与互动的过程,采用合适的和多种形式的调查交流方式,将对获得受访者的好感、配合,以及提高调查反馈起着重要影响。另一方面,TSD则认为,设计调查计划的着眼点,是在于承认调查研究法本身局限的同时,尽可能达到研究的科学性要求。换言之,就要求研究者在设计调查时,必须在调查方法本身的严密性与调查成本两者之间进行多方面的权衡,最终选择一个最优化的决定。

迪尔曼(2000)曾依社会交换理论将研究者可促使受访者参加反馈的方式分为:奖励(Reward)受访者、减少受访者的成本(Cost)及建立受访者的信任(Trust),即所谓的RCT法。例如,在奖励方面,表达正面的期待与感谢、从咨询的角度出发、支持受访者的判断以及让问卷看起来生动有趣,均可作为一种研究者向受访者提供的奖励形式。当然,同时也可给予实际的奖赏,例如

---

① 整体设计法(Total Design Method):简称TDM,有时也被称为"整体调查设计"(Total Survey Design)。
② 整体调查设计(Total Survey Design):简称TSD,与TDM基本同义。
③ 社会交换理论(Social Exchange Theory):当代西方社会学理论流派之一,产生于50年代末期的美国。它强调对人和人的心理动机的研究,认为人类的相互交往和社会联合是一种相互的交换过程。这是对美国心理学家B.F.斯金纳的行为主义心理学、功能主义的文化人类学和功利主义的经济学的全面综合。社会交换论的基本研究范畴和概念包括价值、最优原则、投资、奖励、代价、公平和正义等。主要代表人物有美国社会学家G.C.霍曼斯、P.M.布劳和R.埃默森。

奖品和金钱等，这对于提高受访者参与调查的动机也非常有效；在减少成本方面，应清楚地说明问卷操作和填写方式，避免受访者在反馈过程中出现困扰感，最终目的在于使问卷简单明了以减少其精力支出；在建立信任方面，由具有名望的组织认证或赞助、事先提供各种形式的感谢信物（如答谢明信片）及建立其他交换关系，均可以建立受访者的信任，有助于鼓励回应。

正如有研究者（弗洛德·J.福勒，2002）所指出的，调查的整体设计法实际上主要包括系统地考虑一个调查的所有方面和选择一个合乎特定研究目标的严格标准。它意味着在设计调查或评估调查资料质量时，研究者要着眼于完整的资料收集过程，而不只是简单考虑调查的某一两个方面。样本（样本框、样本规模、样本设计和反馈率）的质量、作为测量手段的问卷的质量、资料收集（特别是有效的访谈员培训和监督措施的使用）的质量以及收集的形式构成了一系列紧密联系的问题和设计策略，所有这些方面都有影响最终调查结果的可能性。因此，对调查整体设计的全面正确评价应包含如下三个方面具体含义：

> 在设计一个调查资料收集过程时，研究者要自觉地考虑到在调查设计过程中各方面的成本和方法严密性之间的平衡。如果调查的其他方面不能保证某个水平的投资对降低误差有效时，对调查的某一个方面进行这个水平的单向投入也不会奏效；
>
> 在评估资料质量时，研究者应当了解所有影响资料质量的决策是如何做出和实施的；
>
> 在报告调查的细节时，研究者应该报告影响资料误差水平和资料收集措施的各方面细节。

总之，自20世纪80年代以后，迪尔曼所提出的这种TDM理论已经成为社会科学研究领域中信函调查设计的基本标准。总结起来，TDM的基本因素和程序包括：

第一，在设计问卷时，要考虑尽量降低受访者的填写负担，使问卷外观简洁，容易填写；问卷最好装订为手册形式；问卷中有关个人信息的问题通常置于卷尾；问题选项尽量垂直排列；根据内容的不同，问卷中的问题应分为不同的组别。

第二，在与受访者通信时强调内容和形式的个性化，例如使用为调查项目专门设计的信纸和信封，调查问卷上的组织者署名签字应为手写而不要使用打印；为受访者准备好回邮的信封与邮票，信封上应事先打印好返回的地址等信息。

第三，在调查问卷的首页向受访者提供有关调查项目、组织机构和研究者等方面的说明信息，使受访者一开始就对调查有所了解；在可能的情况下，最好在问卷发出之前就向受访者邮寄一封通知信函，告诉受访者近期将有一份调查问卷寄到，敬请留意云云，以示尊重。

最后，强调通过跟踪通知的方式来降低问卷的无应答率：一是通过电话，可利用电话多次与受访者联系，提醒其填写问卷；二是通过信函，当调查问卷寄出一星期之后，向受访者再发送一个明信片提醒其填写并返回问卷；两个星期之后，对于尚未返回问卷的受访者，如果可能的话，也可以再发送一封提醒明信片；若还无效，也可以考虑使用电话联系。

1.2.1.2　应用 TDM 时重点考虑的因素

许多研究者认为，在根据整体调查设计理论来组织和规划调查研究过程时，应同时考虑以下多种因素在整个调查过程中所起的作用：

第一，调查的反馈率。

这向来被视为是调查研究方法设计中的关键之所在，因而总是备受研究者之重视。不过，需要提出的是，所谓"反馈率"是通过与抽样框的数量比较而计算出来的，所以它只能反映抽样框本身的情况，同时却无法完全代表目标人群的整体情况。在调查研究中，抽样框与目标人群之间的差异，则被称为"覆盖误差"。当然，对于便利抽样来说，由于其无抽样框，因此反馈率的计算基本上毫无意义[①]。

调查方式通常会对调查的反馈率和数据质量产生一定影响。例如，德·里尤乌（De Leeuw, 1992）曾就各种常见调查方式（如电话调查、信函调查和面访调查）对反馈率的影响问题进行了专门研究。在研究中，她将不同调查方式对反馈率和数据的影响因素分为三类：

媒介相关的影响因素，如视觉呈现方式；
信息传递相关的因素，如使用电话；
调查员对受访者相关的影响因素，如性别和种族。

研究结果表明，从数据质量（如问题无应答[②]和问卷无应答）的角度看，不同类型的调查员辅助调查模式（如面访和电话调查）对调查数据的质量并不会产生显著影响。而当调查员辅助调查模式与自填模式（如信函调查）进行比较时，则发现前者具有较高的反馈率和较低的问题无应答率。但与此同时，研究者也发现这种模式更容易使答案倾向于社会可接受的选项。换言之，虽然信函调查的问卷无应答率和问题无应答率较高，但一旦调查对象回答了问题，则这种调查结果具有较高的可信度。尤其当问卷中涉及一些敏感性问题时，情况就更是如此。

[①] 虽然在有些基于便利抽样的研究中也曾出现过反馈率，不过这种反馈率的解释与概率抽样研究的解释完全不同。

[②] 问题无应答（Item Nonresponse）：是指调查对象虽然返回了问卷，但未回答问卷中的某些问题；问卷拒答则是指调查对象未返回问卷，实际上就是未参加调查。

第二，调查的成本。

毫无疑问，任何调查研究项目的经费都是有限的，因此在设计调查研究时，研究者必须在数据的质量、数量与获得这些数据的成本之间寻找一个合理的平衡点。

在计算调查的总成本时，人们有时可能会忽略的一项支出，就是研究者在调查设计和随后数据分析过程中所花费的时间。这实际上也是调查总成本的一项。依据调查规模的不同，这项支出可能是调查总成本中一个比例很大的组成部分。不过通常情况下，调查设计和数据分析所用的时间，并不会随着调查联系、反馈和跟踪方式的不同而产生很大的变化。因为无论使用哪种方式，调查的设计和数据分析方法基本上都是相同的。与此相反，实施调查过程中所耗费的人力成本，则会随着调查方法的不同而产生相当显著差异。随着调查规划和设计复杂程度的变化，研究者的人力成本或调查工作人员的人力成本，或者是两者之和，可能占调查成本预算的很大部分。

显而易见，在面访调查中，调查员的人力成本支出是所有调查方法中最高的一种。其次是电话调查。信函调查由于是调查对象自填问卷，因此基本上没有调查员方面的人力成本支出。不过，信函调查还是需要一些人力来做问卷的装订、发放、回收整理和问卷的编码等工作。

假设无论运用何种调查方法，调查对象填写一份问卷的时间都为半个小时，这时，不同的调查方法，其完成单位调查对象所需的时间成本存在着相当的差异性。例如，在面访调查中，除了这半小时的问卷填写时间外，还必须再加上调查员赴受访者住地时所花费的时间。大多数情况下，调查员路途上所花费的时间通常都多于问卷填写时间。对于电话调查来说，其完成一个对象调查的时间通常是半小时再加上少量的安排时间。而在信函调查中，虽然装订和邮寄一封调查问卷并不需花费多少时间。但是当问卷寄出之后，等待问卷返回的时间至少在一周，甚至一个月以上。另外，当问卷回收后，还需要进行相应的问卷编码和数据录入，以便将数据转入数据库。这个过程所需的时间则依据调查项目本身的周期和复杂而各不相同。

因此，从单位受访者所用时间来说，面访调查所需的时间最长；其次是电话调查；最后是信函调查。进一步，不同调查方法的时间差异性还会受到研究过程中工作人员个体差异性的影响。总的来说，调查方法中涉及的人力因素愈多，其调查所用时间的差异性也就愈大。例如，面访调查所用的时间是受个体差异性影响最大的一个调查方法，因为不同的调查员在面对千差万别的调查对象时，其完成一次访谈的时间自然各不相同。其次是电话调查员，同样也存在着这种情况。而在信函调查中，问卷装订、邮寄的人员，问卷编码人员和数据录入人员，其工作时间也存在着较大的差异性。

至于调查问卷的成本问题，虽然在不同调查项目中，这项成本会随着问卷的复杂程度和样本数量的变化而有所不同。但总的来说，无论是面访问卷、信函问卷，还是计算机辅助电话调查问卷，其设计成本在总调查成本中都仅占很小的一部分。例如，在信函调查中，假设印刷和邮寄每一份问卷的成本为3至4元，那么，一名研究者一天的人力成本支出实际上就相当印刷和邮寄数百份调查问卷的成本。

第三，调查的及时性。

在如今高效快节奏的时代里，研究者越来越重视调查的及时性。尤其是在进行公共政策方面的调查时，其时效性至关重要。有时一个质量一般但及时完成的调查，可能比一个质量高但周期长的调查，更能发挥出其作用。

通常，实施一项调查所需花费的全部时间是调查联系、反馈和跟踪所需时间的函数。因此，减少其中任何一个流程所需的时间，都可以达到减少整体调查时间的目的。不过需要强调的是，问卷的反馈时间，并不是以平均值而是最大值来计算的。或者说，是以反馈时间分布的最大百分点来衡量。因为当全部或绝大部分调查问卷未返回时，调查数据的分析工作是无法开始的。

从及时性角度看，在传统调查方法中，电话调查的反馈时间最快，其次是信函调查，最后是面访调查。实际上，通常很难准确计算每一种调查方式所需要的时间。因为调查时间是调查样本数量和各种可资利用的调查资源（如调查员的数量等）的函数。不过，不同调查方法所需要的时间还是可以进行概略的比较。首先，在各种传统调查方法中，随着调查样本数量的增加，调查的时间也会相应增加。在调查员辅助的调查模式中，调查员的数量与调查时间有着直接的关系。在自填式调查模式中，问卷编码和数据录入人员的数量则是调查时间的主要制约因素。

其次，如果上述调查资源有限的话，则会直接导致调查时间的增加。在调查员辅助的模式中，调查员的数量会直接影响到调查的完成率。同样，相应就会影响到调查完成的时间。总的来说，调查的时间越长，其所需要培训的调查员数量也就越少。因为从成本效益的角度来说，可以利用拉长调查时间的办法来弥补人员的不足。而在信函调查中，其调查时间包括问卷邮寄所用的时间，等待返回的时间，再加上至少一次的对无应答问卷的跟踪提醒时间。这样，至少也得数周，甚至数月才能完成一项信函调查。

第四，调查中的联系、反馈和跟踪方式。

通常，研究者与调查对象之间的交流方式由三个部分组成：联系、反馈和跟踪。其中每一个部分都可以采用不同的方式来进行，如电话、信函、网络或电子邮件等。例如，研究者可以利用普通信函的方式来邀请对象参加网络调查；同时，也可利用另外一种方式进行无应答跟踪催复。

在有关传统调查方法的研究文献中，目前并没有这样一个有关调查交流方式的分类。这主要是由于在信函和电话调查中，研究者对于交流式的组合应用并无过多的选择余地。然而，研究表明，在网络调查中，由于通信手段的增加，使得研究者在与调查对象交流时，可组合运用多种方式。这对提高反馈率有相当的帮助作用①。

另一方面，反馈方式也可按照调查员控制和自我控制为标准进行分类。这样的话，面访调查和电话调查就属于前者；而信函调查和网络调查就属于后者。当然，根据调查数据收集方式是一种还是数种并用，也可以进行分类。例如，如果调查对象可自由选择多种反馈方式，则属于混合模式；若调查对象只能用一种方式反馈，则属于单一模式。

第五，调查数据的质量。

调查数据的质量可根据以下标准进行衡量：问卷或选项无应答率低；能获得诚实的答案，尤其对于那些敏感问题来说；反馈的完整性，尤其是对那些开放题来说；当调查结果从印刷问卷转录为电子格式用于分析时，其中的出错率低。

计算调查的反馈率非常简单，但数据质量中最重要的一个问题，是如何得知那些无应答对象与已反馈对象之间的差异性。这时，如果研究者能够获得无应答对象和反馈对象的补充性资料的话，就可利用调查权重（Survey Weights）的方式来调整无应答对象的数值。然而，若研究者所掌握的有关目标人群的补充性资料的统计量不准确，那么，权重调整就可能无法完全或适当地修正这种由无应答而带来的偏差。尤其当研究者预先知道样本与调查人群之间存在着统计数量的差异时，反馈率对于调查数据的质量就更显得重要。

至于其他一些影响数据质量的因素，如提高发出调查通知和无应答跟踪催复的次数，通常对调查数据质量的影响都不是很大。通常情况下，与使用自填调查模式相比，尽管调查员辅助模式的成本非常高，但其单位无应答率和选项无应答率一般都较低。正是由于这个原因，面访调查长期以来都被视为调查研究方法的最佳选择。它不仅可以有效降低问卷无应答和选项无应答，同时也可以最大程度地降低调查对象对问卷中问题的误解。

不过，调查辅助模式也有其难以克服的缺陷。研究表明，与自填调查模式相比，在这种模式中，尤其是面访调查中，调查对象更倾向于选择那些社会可接受的答案。尤其当调查主题非常敏感，或调查中包括敏感性的问题时，如有关个人收入或性行为时，这种情况则表现得更为明显。

与面访调查相比，电话调查在成本方面具有许多优势。然而，电话调查同样存在着问卷无应答率较高的问题。而且，它在提出敏感性问题时，同样也容易产生社会可接受性的偏差。除此以外，在电话调查中，不仅很难获得对开放问题的详细回答，而且当提出的问题较复杂时，调查对象经常会感到很难理解或无法用语言表述清楚。

显然，信函和其他方式的自填式调查的成本较低，但经常会出现较高的问卷和选项无应答率。不过，从另一方面来说，这种方法更容易获得调查对象对

---

① 这个问题将在本书第三章中详细讨论。

敏感性问题的详细回答。

最后,数据的誊录质量是所有传统调查方法所特有的一个问题。因为在这些调查方法中,所有的调查数据都必须从印刷问卷或记录中转录为电子格式以便进行数据分析。在这个过程中就可能产生各种转录错误。不过,对于网络调查来说,由于调查对象的回答都被直接记录在数据库中,因此它并不存在数据誊录误差。

综上所述,在调查设计过程中,根据研究问题的特点,研究者可充分利用"整体设计法"来系统地和全面地考虑和权衡调查过程各个方面之间关系,实现整个调查流程的最优化设计与实施,最终达到提高研究质量的目标。

1.2.2 调查方法的"认知研究"思潮(CASM)

有研究者(刘萃侠,肖健,2001)曾指出,在20世纪80年代以前,调查研究领域深受行为主义心理学的影响,主要把调查问题视为一种能引发被调查者的反应的刺激,即把调查问题作答的过程看做是一种"刺激—反应"(S—R)过程。但随着心理学研究的不断发展,一些领域的研究结果都表明,利用行为主义的取向和理论来研究人的心理过程存在很多难以解决的问题。例如,语言学家就发现,语言获得过程不能用S—R机制来解释清楚;同时,致力于建构心理加工模型的人工智能专家也发现,行为主义不能很好地解释人类是如何知觉、记忆、解决问题的。因此自80年代之后,在心理学研究领域,越来越多的科学家提倡认知研究取向。这种发展趋势同样也表现在调查研究领域内,越来越多的研究者对调查数据的效度越来越怀疑和关注。

为推动心理学在调查研究中的应用,1983年6月,在美国科学院国家统计委员会等机构的主持与赞助下,许多著名的认知心理学家、调查方法学家和统计学家等被召集在一起,召开了第一次"调查方法的认知研究"[①]研讨会,试图运用现代认知心理学研究的概念、理论、方法与研究结果来了解问题作答背后的认知过程及其影响因素,以提高问卷设计与预测的质量,进而减少所收集数据的误差。总体来看,这项运动的主旨主要在于,利用认知科学和社会科学领域的各种理论和方法来研究和解决调查问卷设计过程中存在的各种问题,如问题措辞、选项顺序和排版方式等,最终达到减少调查误差和提高数据质量的目标。这项运动吸引了许多研究者参加,对调查研究方法的发展起到了重要的促进作用。目前,这一跨学科的新领域已取得了很多研究成果,主要表现在:对问卷作答的研究;问卷诸因素对作答过程的影响研究;自传式记忆在调查中的应用研究和利用认知访谈法进行问卷测试等。

---

① 调查方法的认知研究(Cognitive Aspects of Survey Methodology):简称CASM,即利用认知心理学的各种理论和方法与研究调查研究过程,促进调查数据和质量的提高。

1.2.2.1 对问题回答过程的研究

CASM 的贡献之一,就是使调查研究者更重视问题作答过程中的认知成分,使他们对这一过程的看法从原来的"刺激—反应"两阶段范式转变成"刺激—认知—反应"三阶段范式。以此范式为基础,研究者提出了多种有关调查过程中问题回答的认知阶段划分理论,其中比较著名的包括:坎奈尔等(Cannell, Miller and Oksenberg, 1981)提出的"五阶段理论"和斯泰克等人(Strack and Martin, 1987)提出的"四阶段理论"。

坎奈尔等人提出的"五阶段理论"被认为是第一个基于认知心理学理论而提出的问题回答过程模型(Roger Tourangeau, Lance J. Rips, Kenneth Rasinski, 2000)。该模型的特点是将受访者对问题的回答过程划分为两种方式:一是基于对调查问题比较认真的认知思考;二是基于对调查或访谈环境特点的表层性感受(见图1)。其中,对于前者,问题回答过程由以下五个环节组成,分别是:

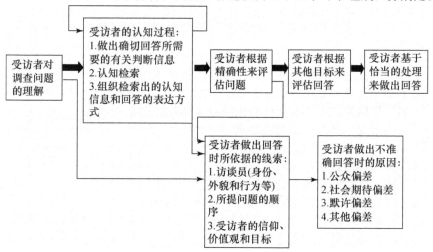

图 1　调查中问题的回答过程模型

资料来源:转引自 R. Tourangeau, L. J. Rips & K. Rasinski(2000). The Psychology of Survey Response, New York, NY: Cambridge University Press.

理解问题的含义;

认知加工过程,例如关于信息检索的估计,对相关记忆的复述,以及对回答表达方式的整合等;

评估回答的精确性;

根据目标而不是精确性对回答内容进行评估;

修正的回答。

如图1所示，坎奈尔等认为，虽然该模型表明受访者在回答问题过程中如果感觉到自己在上一阶段的回答可能不准确的话，可以再重新开始，但总的来说，这个回答过程带有一定的顺序性特点。在整个回答问题过程中，在第五阶段之前，当受访者做出一个准确（或至少适当）的回答时，他也可能转换至与之平行的另一个轨道，并可根据访谈环境中相对比较表层性的线索来更改答案，例如访谈员的外貌或问题所隐含的暗示等。另外，由于社会期待效应等偏差线索的影响，受访者可能会做出不准确的回答。

后来，斯泰克等人（Strack and Martin, 1987）又进一步把问题作答的认知过程细分为四个步骤：

  对所问问题的理解，包括对句子文字意义的理解及对提问者的意图即问题的实际意义的理解；与对问题有关的信息的回忆与提取；

  对自己情况的估计与判断，并把这些判断加以量化与研究者提供的选项相符（若有选项）；

  出于自尊与表现的原因，把私下的个人判断加以转换，最终做出回答。

不过，如同上一模型一样，这一问题作答的顺序有时也会改变，如当发现自己的答案与选项不符时，反过来会改变最初对问题的理解。

值得一提的是，上述这种行为主义范式向认知范式的转变，也激发了两类调查方法的研究：基础性的与应用性的认知研究。所谓"基础性的认知研究"，多是问题取向的与假设驱动的实验研究，其直接的作用是通过探讨为什么认知过程未按预想的运作来改进问卷的设计，间接的作用是促进那些能获得有关认知的基本知识方面的研究，最终为调查研究的实践服务。在CASM中，这类研究主要包括：问卷诸因素对回答过程的影响，调查中的自传式记忆等。另一方面，"应用性的认知研究"则是直接针对调查设计和实践过程中的具体问题进行研究，试图向研究者直接提供应用性的解决方案。这类研究主要包括：认知访谈技术和计算机辅助工具等。

1.2.2.2 问卷诸因素对回答过程的影响研究

在CASM思潮的影响下，调查研究者逐渐开始摆脱以往行为主义取向的研究方式，借鉴认知心理学常用的实验方法来研究问卷中题目的措辞、选项、顺序等因素对问题作答过程的影响。例如，在一项实验中，威克尔曼（Winkielman, 1998）让一组被试回答他们"在上一周内感到非常生气的次数"，而另一组回答"在过去的一年里感到非常生气的次数"。研究结果发现，在前一个提问中，多数被试认为，提问者是对那些较常见的、不太严重的愤怒感兴趣，因为通常情况一个人在一周时间内生气的次数不可能太多。而在后一种提问中，被试则倾向于认为，提问者是对过去一年中那些比较强烈和严重的生气次数感兴趣，因为毕竟一年之内发生的不寻常事件要比一周的要多得多，再加上遗忘，被试对很久以前事件的提取常是那些非常强烈的、易回忆的经验。因此，这就造成了所谓的"现时性报告"与"回溯性报告"，最终导致两个调查问题的结果有很大的差异。

在态度测量方面，不同形式的等级量表也可能会对调查结果产生影响。例如，施瓦兹（Schwarz，1991）用两种等级量表来评定受访者在生活中感到成功的程度，一种是从 0（一点也不成功）到 10（非常成功），另一种是从 -5（一点也不成功）到 $+5$（非常成功）。统计结果显示，在使用 $0-10$ 等级量表的组中，有 13% 的受访者的回答是介于 $0-5$ 之间；而在使用 -5 和 $+5$ 的等级量表组中，则有 34% 的受访者的回答是在 $-5-0$ 之间。随后的研究表明，造成这种差异的原因是对"一点也不成功"这个词的理解不同。例如，当使用 $0-10$ 等级量表时，受访者通常会把"0"理解为"没有杰出的成功"。而当使用 -5 和 $+5$ 等级量表时，受访者则容易把"-5"理解为"非常失败"。换言之，受访者把带有正负数字的等级量尺当做双极的维度，代表正相反的两个特征；而把只有 0 与正数的量尺当做单维，指的是同一特征的不同程度。

另外许多研究都表明，问卷中问题的顺序会对受访者的回答产生重要影响。例如，施瓦兹和布莱斯（Schwarz，Bless，1992）提出了一种"包含—排除"模型来说明问题顺序的作用。他们认为，受访者关于前一问题有关信息的提取会影响下一问题的回答，但影响方式取决于这两个问题的关系，例如，上一问题是从属于下一问题，还是与后者呈并列关系。如果属于前者，那么，则前一问题的信息就可能作为下一问题判断的依据，就会产生"同化效应"[①]；如果两者是并列关系，则上一问题的信息就可能作为后一问题判断的比较标准，就会导致"对比效应"[②]。

一些研究结果充分证实了此模型的解释力。斯泰克（Strack，1988）对婚姻满意度与生活满意度关系的研究表明，当先问被调查者对生活的满意度，再问对婚姻的满意度时，两者相关为 0.32；当问题顺序颠倒时，相关则为 0.67。这是因为先问婚姻满意度时，提取出来的与婚姻有关的信息作为后一问题即生活满意度的判断依据之一，所以产生了同化效应。又如，斯泰克（Strack，1985）让甲乙两组被试分别报告 3 个正性或负性的生活事件，再报告他们对生活的满意度，结果是回忆正性事件的人比回忆负性事件的人更感到幸福、满意。他们让丙丁两组被试分别报告 5 年以前所发生的 3 个正性或负性事件，结果与甲乙

[①] 同化效应（Assimilation Effect）：认知心理学的一个术语，在此处主要是指在问卷填写过程中，受访者的思路受到某种观念或想法的潜移默化影响，自觉或不自觉地产生了与之相适应的态度与行为。

[②] 对比效应（Contrast Effect）：指个体在面对社会比较信息时，其自我评价水平背离比较目标的一种心理现象，即个体面对上行比较信息时会降低其自我评价水平，或面对下行比较信息时会提升其自我评价水平。

组正相反,回忆负性事件的人更感到满意。这是因为久远的事件与被试当前的生活状况没有太直接的关系,不包含在"我现在的生活"的表象里,而是作为评估当前生活的一个标准,所以过去快乐时光的回忆只能使被试感到今天的生活更不幸福。而最近发生的事件则充当评估现在生活满意度的依据,所以产生了同化作用。

1.2.2.3 自传式记忆在调查中的应用研究

CASM 不仅把认知心理学的方法、理论等用于调查研究,同时也为它提供了新的课题,其中最突出的例子就是对自传式记忆的基础性研究。在 80 年代以前,有关人类记忆的研究几乎都是关于照片、无意义音节、字词等刺激的记忆,很少涉及实验室之外的有关个体所发生事件的记忆,即"自传式记忆"。而调查研究却常要求被调查者回忆与他们自己的生活有关的信息,所以,CASM 运动促进了认知心理学家、社会认知学者等对自传式记忆的表征、存储、提取等的研究。如麦克勒兰德(McClelland,1995)提出了"双重记忆系统"(Dual Memory System)理论,用来解释人类如何能够既快速地形成特殊事件的记忆痕迹,同时又能整合长时间累积的经验。

在这个理论中,研究者认为,前一系统相当于情节记忆,负责对新异、未预料到的事件及其细节的快速学习,需要选择性注意与意识的参与;而后一系统类似于图式记忆,属慢速学习,即逐渐地累积普遍性的知识。当相关的经验反复发生时,记忆系统就会自动地抽象、概括,以建构普遍性的表征。所以,当调查者对被调查者经历的事件的具体细节感兴趣时,应尽早询问他们,以免这些细节已与概括化的一般知识混在一起;而且被调查者(尤其是孩子与老人)也分不清哪些内容是亲身经历而"记得的"(remembering),哪些是经概括、推断而"知道的"(knowing)。再者,提取图式记忆来解释、推断时无需努力、意识的参与,是自动的;而情节记忆的提取则需努力、意识的参与。所以,低动机或低认知容量会导致被调查者给出他们图式化的、刻板的印象,而不是具体的回忆。另外,研究也发表,不同的问题也会启动不同的记忆系统。如史密斯和特比(Smith,Tobe,1994)发现,"你经常吃香蕉吗"与"你昨天吃了几次香蕉",所启动的分别是图式记忆与情节记忆。因此,这些研究结果提醒调查者,一定要先了解与确定自己的研究目的,再据此细心地编制调查问题。

1.2.2.4 利用认知访谈技术来进行问卷测试

在 CASM 以前,问卷施测前常用专家评鉴和现场预测的方法对问卷可能存在的问题加以探查、修正,以减少不必要的人力、财力和物力的损失,提高调查结果的效度。而应用性的 CASM 使许多认知心理学、计算机科学等领域的方法与技术也被用于问卷的预测研究。

自 1985 年以来,美国很多官方的统计机构、学术性的调查研究中心与调查公司都建立了"认知实验室"（Cognitive Laboratories），用认知访谈等技术专门从事大规模问卷施测前的认知研究。认知访谈技术主要是"出声思维"与"言语探究"的结合。前者就是让被试一边从事认知活动，一边用语言报告其想法；后者则是要求被调查者解释其对问卷题目中关键词的理解，评定自己对问题的回答的可信度等。认知访谈的结果，一般是对每一测试题目及每次访谈的书面总结。由于这种质化的结果很难分析，所以一些学者建议使用编码系统把认知访谈的结果加以概括、分类，如威里斯（Willis，1991）把问卷预测中存在的问题分为认知的与逻辑的两大类。对访谈的结果加以分析后，就可找出问卷中可能存在的问题或验证已被怀疑存在的问题，然后让调查设计者、专家来修改。

不过，认知实验室也受到很多学者的批评。如欧·墨里凯塔夫（O'Muircheartaigh，1999）认为它像生产线一样，加工"原材料"，生产出较高级的商品，但与实际相脱离。同样，斯凯沃茨（Schwarz，1999）也认为，认知实验室研究只是就题论题，很少去概括什么样的题目易出现什么样的问题，什么样的程序更能鉴别出它们，从而使这种应用性的工作很难积累理论性的知识。欧·墨里凯塔夫还指出它的人为性的实验室情境、标准化的问题等忽略了访谈的"社会氛围"。因此，哥伯（Gerber，1999）后来试图把人类学中的焦点访谈技术引入认知访谈中作为补充。

此外，为了减轻访谈者的繁重劳动，计算机辅助访谈，包括计算机辅助电话访谈与计算机辅助自我访谈等技术开始在认知实验室中使用。由于问卷设计所遇到的一些问题复杂且模糊，以至于设计专家与计算机语言学家也无法辨认出来；而且，很少有专家能够有时间及耐心到把每一题目进行非常详细的审查。这时，计算机辅助工具就可以派上用场了。如哥雷瑟（Graesser，1999）用他的QUEST人类问题作答计算机模型鉴别出12种问卷可能存在的问题，如复杂的语句、工作记忆超负荷、不熟悉的专业术语、问题与答案选项不匹配、难以回忆问题所要求的信息、问题的目的不清晰等等。这些问题占问卷可能遇到的所有问题的96%。哥雷瑟曾发现，通常问卷中大约有1/5的题目至少存在这12种问题中的一个。另外，有一些计算机认知模型或软件也可用来诊断问卷题目。如贾思特和卡朋特（Just，Carpenter，1992）的CAPS/READER模型可测量一个句子中每一个字被加工时的工作记忆负荷。这些现代化的辅助工具对研究者提高问卷设计的科学性具有较高的实用价值。

1.2.2.5 CASM的重要意义

整体来说，通过这场CASM研究运动，调查研究者们不再把被受访者当做被动提供资料的工具，而是认为他们是积极、主动地寻求问卷中的几乎所有的信息（如标题、注明的研究单位、问题的选项等），以达到对问题实用意义的充分理解、对相关信息的全面提取、对自己相关情况的准确判断与估计。同时，这一交叉领域也把研究者的地位提高了一步。从这一领域的研究可以看出，研究者对问题的界定与措辞、选项的提供、问题顺序的编排等都会影响调查的结果，可以说，有什么样的问卷就有什么样的结果。总之，CASM 把调查数据看作研究者与被研究者共同建构的产物，它不仅提醒研究者更重视被调查者在问题作答中的认知过程与特点，也对研究者的研究活动提出了更高的要求。

对于调查研究方法来说，问卷设计的优劣是影响调查数据质量高低的一个至关重要的因素，这一点是自调查法出现之后就得到研究者广泛认同的一个基本原则。尽管自 20 世纪 60 至 70 年代起，一些第一流的研究专家就开始进行问卷设计方面的研究工作，但由于该研究问题本身的复杂性，真正能够在此方面取得突破性成果的研究屈指可数，这方面的进展一直非常缓慢。直到 70 年代之后，随着 CASM 的兴起，情况才出现重要转机。当然，CASM 不可能为调查中所存在的所有反馈误差提供一种完美的解决方案，同时，若想仅仅依靠借助于认知心理学和其他学科的现存理论就能够解决问卷设计过程中存在的各种问题，这种想法也是不现实的。总体来说，这场运动所取得的主要成果在于，研究者开始从一种理论的视角来试图研究和解决问卷设计中的各种问题。近年来，调查问卷设计方面的另一个进展表现为，研究者开始采用一种更为理论化的方式来探索问卷中表格的设计形式，以便使受访者能够以更便捷的方式来完成问卷填写。这方面的研究主要借鉴了阅读心理学等方面的成果，通过了解如何在问卷设计中适应多数对象的自然阅读习惯和行为，研究者试图来借此提高问卷的可读性。目前，这方面的研究成果大大推动了问卷表格设计的阅读界面的友好程度，今后很有可能提高调查数据的质量和反馈率。

自 20 世纪 30 年代以来，调查研究界一直把社会期待性反应倾向[①]作为影响调查效度的主要原因。虽然已有许多方法被用来预防与减少、探查与测量 SDRT，但由于它是一种根植于人类基本的需要——社会期待性动机，所以很难控制和根除。在这种背景下，CASM 另辟蹊径，从被调查者的认知入手，致力于找出影响问题作答过程的因素及其影响方式，以达成研究者的目的；这无疑给处于困境中的调查学家带来一丝曙光与希望；而且，认知过程比动机更少个体差异，更客观些，也更易操纵与控制。

可以说，认知心理学的介入，把实验方法也带入了调查研究中，并且把问卷所包括的几乎所有的因素都当做实验的变量加以研究，以了解他们对调查结果的作用。这类研究的成果大大开阔了问卷编制者的视野，使他们在编制问卷时能够清楚地意识到应注意的因素有哪些，并能事先预测到每个问题可能引发的反应，从而能够事先了解问卷能否得到自己预想的资料，进而保证调查数据的效度。

但另一方面，需要注意的是，CASM 同样也有其局限性。正如有研究者所

---

① 社会期待性反应倾向（Socially Desirable Response Tendency）：简称 SDRT，也被称为"社会期待性效应"，即为保持自己的正面形象，受访者通常在填写问卷时更愿意选择那些有助于提高自己社会形象的答案的心理倾向性。

指出的（刘萃侠，肖健，2001），"方法只是研究者达到自己研究目的的辅助工具，一项研究的好坏更多地决定于这项研究的理论意义与实践价值。CASM虽有助于提高调查研究的效度，达成研究者的目的与意图，但若一个研究者缺乏必要的文献回顾，缺乏对现实问题的充分观察与了解，缺乏科学研究的系统训练，那他很可能提不出有价值的问题与有意义的题目，即使他在调查方法方面的水平再高，仍设计不出有价值的问卷。所以，研究者在某一或几门学科的训练与造诣是本，调查方法与技能的掌握是辅，两者同时具备，才能相得益彰、锦上添花"。

因此，整体来看，CASM虽能提高调查数据的效度，但程度有限。它仍无法解决由于社会赞许性动机与反应倾向所导致的调查效度的降低。在今后的研究中，研究者应从被研究者的认知与动机两方面同时入手，双管齐下，方能更有效地提高调查研究的质量。

1.2.3 调查抽样和误差理论的发展

1.2.3.1 调查抽样方法的不断改进

除了心理学的支持以外，作为一种科学的研究方法，调查研究法的发展同样也离不开抽样理论的支持；同时有关调查误差产生原因的研究，也对提高调查研究法的科学性产生了重大影响。在20世纪50年代之前，样本设计的主要方法[①]都开始出现。50年代之后，这些抽样方法又进一步被编入调查研究方法的教科书中，成为调查研究的标准组成部分，大大提高了调查研究法的科学性。目前，调查研究的抽样方式可以概括地划分为两大类：概率抽样[②]和便利抽样。不过在社会科学研究过程中，研究者通常更强调基于概率抽样的调查研究，因为这是保证调查结果推论至整个目标人群的最有效的统计学基础。同时也是调查研究的重点所在。

通常，当每一名调查对象被抽取的概率为可知时，该法即为概率抽样。在这个抽样过程中，每一对象的抽样概率并不一定必须相等。一般情况下，调查对象人群总是能够利用某种方式来进行逐个列举出来的。通过列举的方式，就可以相应产生某种关于该人群之中个体的名单列表或其他表现形式。这种结果既可以表现为一种现实的对象名单，例如某个人群的完整名单；有时也可以一种隐含的形式体现。例如，在多阶段式抽样中，只有那些在第一阶段被抽中的个体才有可能被实际选择出来。从调查成本角度来说，概率抽样的成本要远远高于便利抽样。

而在便利抽样中，每一位参加者的抽样概率是无法获得的。通常情况下，

[①] 如目前已经广泛应用于调查研究之中的分层抽样法、多阶段抽样法和不对称概率抽样法等，当时都已经开始出现。

[②] 概率抽样和随机抽样：一些研究者认为，只有当样本在被选择过程中具有相同的概率时，才是真正的"随机抽样"。不过通常情况下，概率抽样和随机抽样这两个术语的内涵基本相同。

便利抽样所需的时间和努力,均比概率抽样要少许多。因此其成本也要低得多。便利抽样的最大缺陷在于,它通常都无法支持利用统计方法进行的推论。不过,尽管如此,对研究者来说,便利抽样还是有其可用之处。例如,在研究的初期阶段,通过便利抽样法所获得的调查结果,不仅可帮助研究者了解与研究主题相关的背景问题,界定和修改问卷中问题选项中的多选题内容,而且也可收集各种非推论类型的调查数据。这些方面都有助于研究者提出和设计研究的假设,并将这种假设应用于概率抽样调查之中。实际上,在一些特定类型的定性研究中,例如,在互联网上利用便利抽样获得的样本,与使用其他方式抽取的样本具有相同有效度。而且,随着一些更加复杂的统计技术的出现,如最著名的"倾向指数法"[①](Rosenbaum and Rubin, 1983 and 1984),使得便利抽样的结果可以进行某些类型的统计推论。

20 世纪 70 年代之后,抽样方法得到了进一步发展,并出现了一些新方法,如用于电话调查的"随机数字拨号法"[②]。值得一提的是,计算机技术在抽样方法发展过程中起到了至关重要的作用。借助于计算机海量的数据处理能力,调查统计学家能够方便地设计出极其庞大的抽样框,并高效地进行调查抽样。如果缺少计算机的支持,这些工作在以前都是难以想象的。

近年来,无论在特殊调查还是针对一般公众的"过度抽样"[③] 调查中,研究者们都开始关注针对特殊人群的抽样方法问题。出现这种发展趋势的一个重要原因在于,许多政府性和社会学的调查研究项目逐渐开始将调查的重点扩展至不同的社会领域,其中包括少数民族、非白种人群、贫穷儿童、不同年龄或性别人群以及不同地域人群等。要想实施这类针对特殊人群的调查研究,一个首要前提就是要具备一套完整的针对这些不同特殊人群的抽样框,但问题是,调查研究者手中经常没有这样的现成抽样框,因为以往的调查多数都集中于社

---

① 倾向指数法(Propensity Scoring):一种统计方法,可用于降低由于非概率抽样样本(自选偏差)而造成的调查数据偏差。倾向指数法是由唐纳德·罗宾(Donald Rubin)首先提出的一种统计方法。从理论上来说,这种方法与一种实验设计类似,但主要运用于减少调查或观察数据收集中的选择偏差。简单地说,倾向指数就是一个属于某自然人群之中的个体,按照个体的背景特征所得到的概率。由于倾向指数概括了一个单独总分中的背景特征信息,因此它比标准匹配法(Standard Matching Techniques)更具优势。当倾向指数被计算出来后,"控制组"和"实验组"就能按照其倾向指数,分层划分为类似的匹配比较组。对于每一组,研究者可以检验两个调查对象组之间的差异。

② 随机数字拨号法(Random Digit Dialing):简称 RDD,是在电话调查中使用的一种方法,它以随机产生的电话号码作为随机抽样的样本。通过这种方法,使所有号码(包括未被列入电话号码簿的电话号码)都有同等的被抽样的机会。RDD 又可分为简单随机拨号法(Simple RDD)和集群随机拨号法(Cluster RDD)。例如,以北京市的电话为例,每个号码一共有 8 位,前 4 个是区域号,后四个则是户号。则简单随机拨号的程序是:先选定欲访问的区域号码,再以随机的方式,选定后四码户号。

③ 过度抽样(Oversampling):即在研究中调查比所要求的最小样本量更多的受访者,其主要目的在于通过增大样本量来减少抽样误差,同时也试图以此来降低由于调查反馈率偏低而对调查结果准确性所带来的不利影响。例如,当子总体比例不一致时,在一个子总体中抽样多,在另一个子总体中抽样少,目的是使样本比例比较平衡。

会的多数人群，因而调查抽样框也主要是针对他们而设计。所以，这类研究的一个重要目的，就在于开发出针对这些特殊人群的有效抽样设计和数据收集方法。可以预见，随着社会民主化和多样化趋势的不断发展，今后这类针对特殊人群的研究需要会不断增多，针对这些人群的调查研究方法也会不断发展和完善。

在 20 世纪 70 年代，此前已得到广泛应用的调查结果推论的"基于设计的模式"（the Design-based Mode）受到了统计学领域中"模型—依附法"（Model-dependent Method）的强有力挑战。模型—依附法的支持者认为，基于设计的模式已无法满足日益发展的调查研究需要，新方式应该取而代之。后来，这场争论由于种种原因而逐渐平息，基于设计的框架依然保持着其主导地位。不过，经过这次争论之后，调查研究领域的专业术语相应地产生了一些变化。自调查研究法出现伊始，推论的基于设计模式就开始与各种旨在提高调查推测（Survey Estimates）准确性的模型相互结合使用（如回归推测），但是，这种推测只是在不考虑模型效度的情况与推论模式保持一致。因此，基于设计的模式同样也属于模型辅助方式，但其与模型—依附法实际上有着本质区别。而对于模型—依附法来说，其推测的适用性依赖于模型的效度（或者推测准确性与模型失效之间的固有关系）。从某种程度上来说，调查研究领域之所以出现这种争论，一个重要原因就在于，计算机技术的迅速发展极大地提高了调查研究领域的计算能力，使得研究者在进行推论时，可以依靠基于设计模式的辅助框架采用更多和更复杂的模型来进行统计推算。

当然，正如有研究者（Graham Kalton，2000）所指出的，"从另一方面来说，这并非意味着模型—依附法在调查研究界一无是处。恰恰相反，上述所提及的处理缺失值的各种方法都属于模型—依附法的应用。而且，更为重要的是，这种方法开始越来越多地被应用于针对各种小型群体（通常是位于较小的地理区域）的调查结果推算上"。当这类小群体的样本量太小，以至于利用基于设计的推算方法无法得出适当的准确结论时，这种方法就大有用武之地。在这种情况下，就可以借助于其他区域的调查数据，或者在某一时间段内利用调查数据与其他信息（通常是管理性数据）相关的一种统计模型，最终得出这一小区域的估算结果。目前，各种用于小规模群体的社会研究资助计划在不断增多，这直接导致了对当前小规模区域估算的要求相应增加。因此，小规模群体的调查估算已成为西方调查研究领域近年来的一个重要方向，今后也很有可能继续发展下去。

另外，用于从复杂样本设计中来进行"方差估算"（Variance Estimation）成为调查研究领域的另一项重大进展。自 20 世纪 60 年代，基于泰勒提出的一系列近似值（approximation）和重复（replication）方法开始被应用于调查研究领域。不过，当时这些方法并没有成为调查统计的常规组成部分，而多数只是局限于探索性的研究。但随着计算机数据统计能力的不断增强，同时也由于各种用于解决复杂抽样设计（如分层多阶段抽样）过程中抽样误差计算的多种计算机统计软件包的出现，情况出现了重大变化。目前，在调查数据分析过程中，协方差估算已成为计算抽样误差的常规方法。

近年来，调查研究领域另外一个令人瞩目的进展是各种调查数据分析模型的应用。这实际上是上述提及的推论的基于设计与模型—依附两种模式争论的继续。近年在基于设计的框架中，无论在有关调查数据的理论分析模型上（如回归模型、分类模型、生存模型和多层模型等），还是用于这些模型的变量计算软件方面，都取得了较大进展。目前，调查分析者经常会采用更加灵活的标准统计软件包来进行各种探索性分析，并仅在分析的最后阶段才利用调查抽样变量估算软件来对基于设计的方差进行计算。许多研究者认为，将来调查抽样方差估算步骤可能会成为各种标准统计软件包的基本组成部分。

最后，目前的另一个研究热点是根据归因得出的一些反馈的调查估算来进一步计算方差估算值。一种方法是利用"多种归因"（Multiple Imputation）方式来进行复杂抽样设计，这主要是充分利用了目前计算机强大的数据处理能力；另一种方法则是根据标准的推论的基于设计模式（必须与模型假设结合）发展而来。将来这些方法可能会结合在一起用于调查抽样的方差估算设计。

1.2.3.2 关于调查误差种类的探索

调查研究的主要目的，就是获得特定人群的资料信息。在这个过程中，许多因素都可能导致调查误差的出现。实际上即使在普查中，调查结果中也可能出现误差。因此对于一项好的调查设计来说，就必须尽可能地减少各种类型的潜在误差影响，而不能仅考虑如何降低抽样误差。

调查误差不是一个独立的因素，而应该与整个调查研究过程的各个环节综合起来进行考虑。从应用角度来说，一个设计合理的调查研究项目必然是在考虑研究成本的基础之上，将调查研究的各个部分有机地整合为一个整体，只有这样才能使之成为一个有效和协调运转的系统。正是由于这个原因，越来越多的调查研究者致力于调查过程的最优化设计和整合问题，并进而产生了以"整体设计法"（TDM）为基础的"整体调查误差"（Total Survey Error）的概念。

如上所述，在研究可供利用的资源有限的情况下，任何一种调查设计都是各种因素之间相互平衡的产物，这些因素包括：样本规模、无应答的数量范围、问卷长度，以及通过不同数据收集模式而获得的调查数据质量等。换言之，研究者在进行调查设计时，必须考虑到多方面的影响因素，在研究经费有限的情况下，片面追求调查中的任何一个方面都可能会导致整个调查项目的整体失衡，进而影响到调查结果的可接受性。

同样，在分析调查数据时，也应该从整体的调查误差来源的角度来对调查估算的精确性进行评价，而不能仅考虑抽样误差。无论对设计还是分析来说，研究者都需要对各种误差的来源及其对调查估算结果的影响程度做一系列详细说明。进一步说,由于调查活动本身是一种具有多种分析目标的多用途研究,因此其信息要求也是广泛而非单一的。从目前的情况来说,尽管有关不同来源的调查误差方面的研究文献对于研究者在研究成本有限的情况下如何控制整体调查误差和进行整体调查设计非常有帮助,但这方面的相关研究仍然有待于进一步加强。

整体调查设计和整体调查误差的概念特别适用于重复性的调查项目。在这类调查中,有关误差来源的信息可以从一轮至另一轮被积累下来,然后,研究者可以此为依据用来对调查方法上的某些关键问题进行修订。例如,一种用于通过对整体调查情况作详细说明来对数据质量进行改进的方法,就是按照优先等级来列出各种可能有助于进一步改善研究方法的诸种选择,然后根据实际情况从中选择其一。

表1列出了格拉夫(Groves,1989)提出的四种常见调查误差的来源,这是其"整体调查误差法"理论中的一部分。

表1　格拉夫提出的调查误差的类型及其来源

误差类型	来源
覆盖误差	目标人群中的某些对象未获得被抽取的机会
抽样误差	在目标人群中,调查测量的非同一性
无应答误差	未能收集到样本中全部调查对象的数据
测量误差	源于调查工具对所记录反馈的不精确性,主要包括: 调查员对受访者回答问卷问题所产生的影响 调查对象误差:源于调查对象未能回答问题,在回答时注意力不集中,或其他心理因素的影响 由于调查问卷的措辞不清所导致的误差 由于数据收集方式所导致的误差,如面访或电话交流

资料来源:Robert M. Groves (1989). Survey Errors and Survey Costs (Wiley Series in Probability and Statistics), Wiley-Interscience, July 1989.

后来,伯利恒(Bethlehem,1999)则进一步将调查误差划分为两大类:抽样误差和非抽样误差,并据此提出了一个更加详细的调查误差分类表(见图2)。

第一,覆盖误差。

当目标人群中的某一部分人未能成为样本时,就会出现覆盖误差(Groves,1989)。格拉夫定义了四种不同类型的人群:

推论人群(Population of Inference):指研究者计划将最后从中得出调查结论的群体。

目标人群(Target Population):是用推论人群的数量减去那些研究者已决定排除在调查之外的各种人群之后的对象。

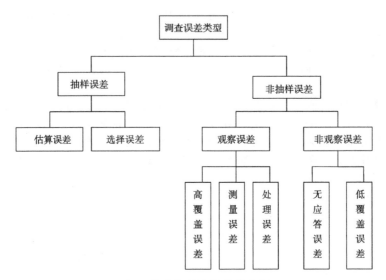

图 2　伯利恒调查误差分类图

资料来源：Bethlehem, J. G.（1999）. Research Methodology in the Social, Behavioral & Life Science, Sage Publications, London, pp. 110-142.

　　抽样框人群（Frame Population）：是目标人群的一部分，可通过抽样框一一列举出其名单。

　　调查样本（Survey Sample）：即从抽样框中选择出来的用于实施调查的对象。

　　因此，所谓"覆盖误差"是指抽样框人群和目标人群在统计学上的差异。减少覆盖误差的两个常用方法是：一是尽可能获得一个完整的抽样框；二是为使调查样本的权重与推论人群的某些关键特征相匹配，可利用后分层（post-stratifying）的方法。在某些情况下，也可采用"无抽样框"（frameless）抽样策略。这种方法如果设计得当的话，可以使目标人群中的每一个个体都有机会被抽中。

　　第二，抽样误差。

　　当目标人群中只有一部分被调查，而调查结果却被推论至整个人群时，就会出现抽样误差。假设推论人群与目标人群之间不存在差异的话，抽样误差则只表现为抽样统计量的一个不确定数量。这种不确定数量可分为"偏离值分量"（Variance Component）和"偏差分量"（Bias Component）。格拉夫指出，偏离值是指由于人群调查测量（或估算）的异质性而导致的抽样统计量的差异。换言之，偏离值是指一个估算量的可变性特点，其源于这样的一种现实情况，即如果抽取另外一个样本的话，将会导致不同的估算量。另一方面，偏差则是指样本统计量与调查的实际人群参量之间的系统差异。

当单纯从概率抽样方法的角度来考虑统计估算值时，可以看出，这种估算值可以通过加大样本数量的方式来提高其准确性。而要想达到这一目的，或者在调查开始时从目标人群中抽取更多的样本数量，或者通过各种方法来降低拒答率，或者两种结合使用。

按照概率抽样的原理，拒答率越小，则意味着概率偏差也就越低。因此，便利抽样则被认为会导致样本偏差，因为其样本抽取的过程是无法了解的。也就是说，每一个体被选入样本中的概率是无法计算的。故通常只有当创建一个抽样框太困难或成本太高的情况下，研究者才会考虑使用便利抽样法。

第三，无应答误差。

当调查对象未回答问卷中的任何问题（整份问卷无应答），或只回答了问卷中的一部分问题时（选项无应答），就会出现无应答误差。格拉夫指出，"无应答是一种由于无法观察（nonobservation）而产生的误差"。反馈率（即反馈者的数量与样本数量的比率），通常被当做调查质量高低的一个衡量指标。较高的反馈率会降低拒答误差。

第四，测量误差。

当问卷所得到的回答与"真实的"回答不一致时，就会出现测量误差。例如，调查对象由于各种原因未对一些敏感性的问题提供诚实的答案，或者调查对象由于误解了问题的原意而回答了错误的答案，诸如此类，都属于测量误差。数据收集方式的不同，既可能会降低，也可能会增加测量误差。

此外，缺失值处理也是导致调查出现误差的一个重要原因。通常，在调查研究过程中，当出现"整份问卷无应答"、"问题无应答"和调查对象覆盖范围不足时，就会出现"缺失值"[①] 问题。随着问卷无应答率的不断上升，研究者们就开始关注缺失值对调查结果的影响问题。

关于反馈率，尽管不同时期的研究者或不同类型的调查项目所得出的关于反馈率变化发展趋势的结论各不相同，但总的来说，目前调查研究界的一个共同感受是：要想争取到受访者的合作，目前变得越来越困难。研究者认为，造成这种状况的原因是多方面的，如人们对调查内容本身不感兴趣，现代人的工作越来越繁忙，犯罪率升高导致对面访调查的恐惧，以及市场调查公司滥用电话调查而引起的反感，等等。无论原因是什么，对调查研究者来说，他们都必须认真对待，并必须采取比以往更加多样和有效的手段来提高调查对象参与的积极性，最终获得较高的反馈率。目前，研究者通常采取的努力和手段包括：增加与受访者电话联系的次数，对拒答对象动之以情，晓之以理，想方设法寻求其合作，及越来越多地使用激励手段（如奖品、金钱等）。在过去的十几年

---

① 缺失值（Missing Data）：在调查过程中，当调查对象拒绝或忘记回答某个或某些调查问题，文件的遗失，数据不准确的记录等，都会造成数据的缺失或丢失。在调查研究中，这是非常普遍的问题，并在一定程度上危害研究结果的有效性。

里，正如早期在信函问卷盛行的时代里所做的有关各种激励方式对信函调查反馈率的影响一样，研究者又进行了大量的面访和电话调查方面的类似研究，用来测试不同数量或方式的金钱和非金钱激励手段对调查反馈率的影响问题。

在电话调查中，"覆盖范围不足"（Noncoverage）通常被认为是这种方法的一个重要缺陷。然而，在面谈调查中，研究者则似乎很少考虑覆盖范围不足的问题，即使考虑了，也远不及对无应答问题的重视。这种情况是否意味着面访调查中不存在覆盖范围不足问题呢？实际上，在针对某些特定人群的面访调查项目中，如美国的年轻黑人，可能同样存在覆盖范围不足问题。更为重要的是，在面访调查中，除了知道这些未被覆盖的人群在许多方面与抽样框中的对象有所不同之外，研究者对他们的真实情况知之甚少。这种情况是造成面访调查中调查误差的一个重要来源。另外，在那种抽样是通过大规模的甄选方式来进行的针对社会少数群体（如青少年）的调查项目中，覆盖范围不足是一个相当严重的问题。而目前针对这些少数群体的调查项目又越来越多，在这种情况下，有关这方面的问题也是今后研究者需要重视的一个方面。

以前，研究者在处理问题无应答时的通常做法是，在对问卷中这个问题的结果进行分析时，将之简单地排除在外，例如利用可接受的反馈来计算这类问题无应答对象子集的分布百分率。本质上来说，这种处理方法背后所依据的假设是，问题无应答是完全随机产生的（Missing Completely at Random，简称MCAR）。尽管目前这种方法仍然在许多调查中被使用，但越来越多的处理方式是根据问卷中其他问题的回答来为无应答问题赋值。这种以问题无应答是随机产生的（Missing at Random，简称MAR）为理论假设依据的处理方式，开始逐渐替代以往在理论上站不住脚的MCAR假设。换言之，问题无应答是以用于归因的各种辅助变量（Auxiliary Variables）为条件而随机产生的。虽然这种归因法在以前还比较少见，但自70年代之后，有关这方面的研究文献开始大量出现。目前借助于计算机的强大处理能力，归因法的应用越来越广泛。当前对归因法的研究主要集中于两个方面：一方面是在考虑几乎全部调查变量都会受到无应答问题影响的情况下，开发各种能够保持调查数据的协方差结构[①]的归因法；另一方面是根据一些被归因的数据所得出的问卷估计值来计算变量估算值。

数据编辑（Data Editing）与归因法密切相关。近年来，同样得益于计算机强大的数据处理能力，数据编辑也开始采用比以前更为复杂的编辑方法，获得了长足的进步。与归因法一样，数据编辑也是目前调查研究领域的一个研究热点，具有相当大的发展空间。

近年来，利用"加权校正"（Weighting Adjustment）来处理无应答和覆盖范围不足的方法也得到了广泛应用，这种方法的发展同样也得益于计算机技术的

---

① 协方差（Covariance Structure）：也称为"共离散"，是在观察或测量同一平均时间的两个任意变量变化的一个统计值。该值等于这两个变量的各自平均值偏离其相应值的乘积。

发展。从历史上看，直到穿孔卡记录器①被用于调查数据分析之后，"加权分类校正"方法（Weighting Class Adjustment），也被称为"事后分层法"②，才开始被用于处理调查中出现的无应答和覆盖范围不足问题。但是这种处理方法相对来说比较简单，无法满足调查数据分析的要求。目前，研究者更多的是采用在确定适当的辅助变量之后，再将多种辅助变量与更为复杂的加权分类法和校准法（Calibration Method）相结合的方法。

2. 科技发达时代调查研究的发展趋势

整个调查研究领域的发展，不仅表现在学科、方法和理论方面，基于各种新技术的调查工具的变化同样也给调查研究行业带来了巨大变化。例如，有调查研究者（Couper, 2002）曾指出，自20世纪中后期之后，各种新技术的不断涌现对调查研究领域产生了诸多方面的影响，使整个调查研究领域呈现出了以下发展趋势：

调查研究的组织形式开始从访谈员主导向受访者自我主导变化；
调查研究所使用的工具逐渐从语言文字（书面或口语）交流向视觉、感觉或感觉运动的方式发展；
调查研究收集数据的形式和对象，逐渐从固定场所向移动计算机设备发展；
调查的研究方式，开始从非连续性的研究向连续性的研究过渡。

以下将根据以上四个方面的发展趋势，分别讨论不同的技术手段对调查研究方法所产生的深刻影响。

2.1 访谈员主导向受访者自我主导的发展趋势

近年来，随着各种新式技术工具在调查研究中的应用，在传统访谈员主导的调查方法基础之上，调查研究的组织形式方面出现了两种明显的变化趋势：一是调查过程中受访者自主管理的成分不断增加；二是出现了多种完全由受访者自己来控制调查过程的全新调查方式。总的来说，前者被大量应用的主要原

---

① 穿卡记录器：一种在电子计算机出现之前被用于数据处理的电动机械装置，也被称为"电子会计机"（electric accounting machines）或"制表机"（tabulating machines）。在20世纪50年代之前，这是当时政府和许多行业普遍应用的一种计算设备。当时，绝大多数穿卡记录器都是由IBM公司生产。

② 事后分层法（Post-stratification）：是指不考虑资料的收集过程，只考虑将现有的数据依照已知母体分布结构给每个个案一个权值，使得加权后的数据在加权变量的分布上和母体一致。这种方法的好处是可提高估计的准确度，也可补救因为抽样框覆盖性不完整、无应答和样本代表性方面的缺失。不过在使用时必须知道母体中各层的比重，而且各层样本数必须够大。

因，在于传统面访式调查所需要的成本和时间不断增加，许多调查机构已感到越来越无法承受；后者则是源于各种新技术手段的不断出现，使得研究者能够利用各种新技术工具来代替常规的面访调查，如"计算机辅助自主访谈"①，"交互语音反馈系统"② 或电话语音 CASI。应该说，这些新型的受访者自主控制的调查方式，在一定程度上有效地提高了在收集各种社会敏感性数据方面的效果和质量。

从目前的实际情况来看，上述这些能够实现整个自主式调查过程自动化的技术手段已得到了相当广泛的应用，其中主要包括 CASI 及其变种（如语音 CASI）、IVR 和互联网。这些新技术工具的应用，不仅为研究者使用计算机辅助访谈提供了更多的功能和控制手段，例如问卷的自动跳转、编辑和问题选项的随机排序，而且也减少了传统面访调查中所存在的"访谈员效应"对数据质量的影响。当然，这些技术的应用也有效地降低了调查的成本。

因此，基于上述诸种受访者自主控制调查方式在成本方面所具备的优势，许多学者都认为，如果研究者能够顺利解决这类调查方法在对象覆盖面和无应答等方面所存在的问题，那么，今后自主调查法将成为一种非常重要的发展趋势。

2.2 从语言文字向语音视觉的发展趋势

计算机图形用户界面及随之发展起来的多媒体技术，使得调查研究的数据收集方式产生了重大变化。将来伴随着信息技术的不断发展，这种技术将会得到更广泛的应用。这里，尤其值得一提的是语音和视觉交互技术在调查研究中的应用。

语音交互：将数字化语音，尤其是录音技术当做调查问卷的输出形式，确实对调查数据的收集产生了极其重要的影响。实际上，在计算机多媒体技术产生之前，语音 CASI 就已被当做一种用来加强计算机辅助调查的有效工具。当时，这种方法主要是为了解决受访者不识字的问题。1994 年，一些研究者率先开始尝试在 DOS 操作系统的便携计算机上增加一个单独的语音装置，以便使之具有语音处理功能（OReilly，1994）。到 1995 年，第一套基于苹果计算机的语音 CASI 系统被开发成功（Johnston and Walton，1995）。从此语音交互成为调查研究的一种重要的工具。

除语音 CASI 外，利用数字录音技术来在电话中自动向受访者播放调查问题，即所谓的"交互式语音反馈"（IVR），目前也成为一种被广泛应用的调查方法。与此相类似的语音调查方法还包括："电话语音 CASI"，"语音识别输入"③

---

① 计算机辅助自主访谈（Computer—Assisted—Self-Interviewing）：简称 CASI。
② 交互语音反馈系统（Interactive Voice Response）：简称 IVR。
③ 语音识别输入（Voice Recognition Entry）：简称 VRE。

和"自动语音识别"①等。尽管上述这些语音调查方法名称各不相同,但从其功能来看主要可分为两类:语音CASI、IVR、电话语音CASI属于语音输出类;而VRE和ASR则属于语音输入类。目前,美国甚至还出现了在互联网上利用语音输出进行调查的网络语音调查系统。

当前从技术角度来看,上述所有语音调查方式都是使用数字或模拟技术来录制真人发声。显然,这种语音录制方式费时耗时且成本高昂。在使用这些语音调查工具时,由于调查主题的不同,在语音录制过程中对声音的要求也各不相同,如需要分别录制男声和女声。另外,当调查问卷修改之后,又必须重新录制。这些问题使得整个调查准备过程变得极其繁琐复杂。为解决这些问题,研究者在使用语音CASI或IVR时,通常只能采取单一声音的方式,即调查的全部内容只用某一性别的声音来录制,所有受访者都只能听到一种声音。然而,这种声音的单一性很有可能会对调查数据收集的效果产生一定的负面影响。

不过,近年来"语音合成"系统②的产生和发展为改变上述状况提供了一个很有潜力的工具,有可能降低语音CASI或IVR语音录制的工作强度。目前,TTS在语音转化的个性化声调控制等方面取得了一定的进展。迄今为止,TTS系统尚未被广泛应用于调查研究领域,一些研究者认为这将是一个很有希望的发展方向。

2002年,在美国全国健康协会的资助下,密西根大学的库珀教授等人完成了一项利用TTS系统来进行调查研究的实验性研究项目。在这项研究中,在利用IVR调查系统进行调查时,研究者比较了两种不同类型TTS系统的数字化录音效果。这两种TTS系统分别由AT&T公司③和贝尔实验室④研制。从声音效果上看,前者与真人声音较接近,后者则比较生硬。实验中,利用上述两种TTS系统的男声和女声转化引擎所生成的语音调查问卷,研究者将之与真人讲话的计算机辅助电话调查(CATI)的使用效果进行了比较研究。通过比较受访者对问卷中各种涉及社会敏感性问题的回答及其对不同调查方式的反应,研究者得出的初步结论是:尽管受访者能够清楚地辨别出真人与计算机生成的声音,但对调查的中途退出率和敏感性问题的回答内容都未产生显著影响。

因此,研究者认为,当TTS系统所生成的语音能够变得更加人性化和语调自然时,它将可能在调查研究领域发挥出更大的作用。实际上,目前已出现一种"个性化"的TTS系统。例如,General Magic公司⑤就已研制出一套包括各种个性特点的TTS系统,其目前包括"具有自信、友善和外向等个性的声音"

---

① 自动语音识别(Automatic Speech Recognition);简称ASR。
② 语音合成(Text-to-speech,TTS):是指将输入的文字或储存于计算机中的文件转换成以清晰、流畅、自然的语音输出的技术。
③ 见http://www.naturalvoices.att.com/demos/
④ 见http://www.bell-labs.com/project/tts/voices.Html
⑤ 见http://www.genmagic.com/demos

"具有权威、正式和自以为是等个性的声音""具有乐于助人、善于言辞和自信心等个性的声音"和"具有自私、讽刺和惹是生非等个性的声音",等等。

库珀认为,"如果实验能够证明,调查中受访者对这种TTS系统生成的语音调查问卷反映良好的话,那么这将有效地降低语音输出调查方法的使用成本。而且更重要的是,这种系统将能很容易地根据调查对象的特点,如性别或年龄来生成语音和语调各不相同的语音问卷。这一点对于提高调查的反馈率将有着积极的影响"。

相对而言,与语音输出调查工具相比,利用自动化或计算机进行语音输入的调查技术则发展较为缓慢。不过,如果在语音识别技术方面能够取得重大突破的话,将会对调查研究方法产生非常重要的促进作用。

众所周知,迄今为止,大规模调查研究所存在的一个重要缺陷,就是过分依赖定量的数据(如调查问卷中提供各种选项的封闭问题),同时却忽视了质化的数据(如调查问卷中的开放题数量通常都很少甚至没有)。使用常规的调查法时,当要求受访者将其想法转变为问卷上的记号,或访谈员将受访者的回答简略地记录在调查记录纸上时,实际上在这个转化过程中,研究者已经损失了大量的有价值信息。换言之,通过这种调查方式,研究者仅仅获得了受访者对特定问题的选择答案,同时却无从得知其选择该项答案的深层次原因。因此,可以说,我们在使用这种定量调查方法时,更多考虑的是调查样本的数量,同时却忽略了调查对象的深度。后者实际上是质的研究方法的优势,其特点则是样本规模小但深究其根本。当然,在调查研究方法中也有一些例外,例如为了探究调查对象的行为规范而采取的"录音结构式访谈法"(Cannell, Lawson and Hausser, 1975)和谈话分析法(Suchman and Fordan, 1990; Maynard et al., 2002)等,它们同样也强调调查数据的深度。

随着技术的发展,数字录音技术为研究者详细记录和深入分析调查对象的回答信息提供了方便。目前,在各类计算机辅助调查中,如CATI和CAPI等,都已将数字录音技术作为一种常规的调查信息记录工具(Biemer et al., 2001)。

相对于以往的模拟方式,数字化录音具有更多的技术优势。第一,在录音时无须增加额外的设备(如录音机,磁带等),音频信息可通过计算机直接存入硬盘。第二,在使用时,数字录音功能可直接由专门的调查软件系统来控制,无须研究者手动操作。第三,与传统的录音机相比,数字录音工具在录制过程中不易引起受访者的注意,能够使之更加坦率地回答问题,因此所收集到的数据质量更高。第四,由于数字录音工具的开启及关闭很方便,可以通过计算机软件来控制,因此调查者可以很容易地根据需要来录制访谈的内容,如只录制问卷中的开放题或某些关键问题的答案,而无须像录音机那样录制整个访谈过程。利用计算机辅助调查软件,研究者不仅可以从调查问卷中挑选任何一个问题来随机选择一位受访者进行访谈,而且受访者的回答也能被完整地录制下来以用于后期的深度分析。第五,与模拟录音磁带相比,利用数字录音技术所录制的语音文件的存储、检索和复制都非常方便，查找和分析录音内容也很快捷。例如，目前的调查软件通常都具有对语音文件进行检索符号标记的功能，这样就可以迅速检索出调查问卷中任何一个问题的录音信息。最后，利用数字语音识别技术，研究者还可以将语音信息转化为文字形式，然后就可以使用质的研究专用软件来对访谈文字内容进行编码和内容分析。

总之，许多学者认为，随着数字录音技术的发展，将来在调查研究领域一些传统的研究方法，如行为编码法（Behavior Coding）和谈话分析法将可能重新焕发青春，用于大规模调查中预备测试和受访者的深度访谈。

除此之外，语音输入技术同样也可被用于各种自主管理式的调查方法。实践证明，由于受其形式的限制，各种基于计算机的调查方法的一个明显缺陷，就是受访者不得不从问卷中数量非常有限的问题选项中选择其一，同时却无法自主阐述自己的观点。从这个角度来说，这种提供现成问题答案的方式确实存在着很大的缺陷。克罗桑和库珀（Krysan, Couper, 2002）曾经做过一项实验，目的是比较面访调查与受访者自主管理的 Video-CASI 两种方法之间的异同。研究结果表明，许多使用 Video-CASI 调查法的受访者在调查完成之后，都向研究者抱怨说，他们自己也搞不清楚选择问卷中某些问题答案的原因。研究者认为，这种情况在一定程度上说明，使用自主管理式的调查方法能够降低受访者社会期待性效应的影响。此外，其他一些实验研究（Moon, 1998）也表明，与使用键盘输入的调查法相比，使用语音输入的调查法能够降低社会期待效应对受访者回答问题时的影响。

视觉交互：自调查研究法产生至今，其主要工具都是利用文字来从受访者获取信息。在调查过程中，无论是视觉呈现的文字（如印刷在调查问卷上），还是听觉呈现的文字（由访谈员来诵读），都属于是向受访者提出问题的主要方式。受访者也主要根据这些提问来做出相应的回答。不过，在传统调查方法中也有一些例外。它们不使用语言或文字，而是利用图片来进行调查研究。例如，用于广告测验或读者调查中的招贴画和医药图片，用于低教育程度人群的"面容表情量表"（Wong and Baker, 1988）和用于儿童医学诊断的"疼痛图片量表"（Beyer, Denyes and Villaruel, 1992）等。但总的来说，这些视觉类的调查工具主要用于特殊人群或个别问题的研究，应用范围并不广泛。主要原因是因为设计和印刷这些调查问卷成本非常高，很难推广。

如今，随着数字图像技术的发展，视觉调查问卷的设计和印刷的技术和成本都已迎刃而解。技术的进步为调查研究者提供了更为广泛的调查工具和手段。除文字以外，研究者还可以各种类型的视觉材料来提高和加强调查数据收集的质量。例如，目前调查问卷中增加彩色图片和照片早已司空见惯，而且成本也非常低。而在 CASI 和网络问卷调查中，各种图形界面同样也已成为常见的形式。

利用各种视觉工具来进行调查研究目前已成为调查领域的一个发展潮流。在

1999年和2000年，利用数字技术拍摄和修饰的图片，维莱特（Wherrett，1999）就进行了一系列的风景名胜方面的网络问卷调查。琼·那斯奥（Joan Nassauer）也利用同样的技术进行了一次家庭修饰设计主题的调查。2002年，密西根大学的戴维·哈里斯又完成了一项关于公众如何辨认混血儿的网络问卷调查。在这项调查中，研究者利用计算机图像技术生成了一系列电子合成的人像照片。另外，在一项态度暗示测验中（Nosek, Banaji and Greenwald，2002）也利用电子图像技术生成了许多人像作为调查的辅助材料。总之，目前电子图像技术已被广泛应用于各种主题的网络问卷调查之中，如产品包装的广告测试、新产品或新创意测试以及杂志读者调查，等等。

伴随着在调查中图片和其他视觉信息的大量应用，学者们也开始研究增加这些视觉材料对调查反馈影响的效果问题。不过令人遗憾的是，在调查研究领域，尽管使用自填式调查问卷的时间已长达数十年，但关于调查问卷中非文字信息方面的研究却相对较少。直到2001年，库珀等人才就网络问卷调查中视觉信息的使用效果进行了专门研究（Couper, Traugott and Lamias，2001）。2002年，针对印刷问卷中各种视觉信息（尤其是跳转的指导方式）对受访者填写效果的影响问题，迪尔曼（Dillman，2002）等也进行了一项专门研究。这些研究者的共同结论是：视觉设计是提高调查数据质量的一个有力手段，但若应用不当也可能会造成一些负面影响。

毫无疑问，调查工具的进步对调查研究行业产生了非常重要的影响。在以往的调查研究过程中，调查工具和手段的限制使得研究者在设计调查问卷时无法清楚地向受访者传递各种难以用语言精确说明的复杂信息，这在很大程度上影响了数据收集的范围和质量。但如今，图片、图表和其他各种视觉信息在调查问卷中的应用，在很大程度上拓展了调查的精确性和可靠性。但从另一方面说，也应当意识到，目前这方面的专门研究还较少，今后应进一步深入研究视觉信息对调查效果的影响问题，使研究者在应用这些视觉信息时，能够清楚地了解视觉材料传递信息的过程和特点，真正提高其实际应用效果。

语音—视觉（即多媒体）交互：以上分别探讨了语音和视觉技术在调查研究中的应用情况，这两种技术的相互结合则产生了多媒体技术，它同样也对调查方法产生了重要的影响。目前，尽管利用多媒体技术进行调查研究的例子还比较少见，但确实已开始应用。这里介绍两个有代表性的研究例子，都是利用视觉CASI软件进行的调查项目。2000年美国总统大选前夕，为调查底特律地区选民的情况，哈特金等人（Hutchings, Valentino and Rusch，2001）为调查选民对某位总统候选人的反应情况，将这位候选人的电视竞选录像编辑为长度为30秒的数种版本，每个版本的种族背景都各不相同。然后研究者利用自主管理的调查方式，在两个电视广告之间的间隙中将这些不同版本的录像材料随机分配给调查对象观看，以便观察受访者对这些不同版本录像的反应。与此类似，利用一种被称为"虚拟访谈员"[①] 的技术，玛里亚·克里桑等（Krysan and Couper，2001）也研究了访谈员的不同种族背景对调查结果的影响问题。

实际上，研究者通常将视觉 CASI 调查法看做是语音 CASI 的自然延伸，它在一种相对可以控制的环境下，使得受访者获得调查问卷内容的信息交流通道更加多样化，借此来提高调查的效果。随着多媒体技术的发展，这种调查方式今后的应用将会越来越广泛。目前虽然由于网络带宽的影响，各种多媒体信息在互联网上的传递还受到一定程度的限制，但随着网络带宽的不断增加和多媒体影像压缩技术的进步，基于网络的自主管理式调查将会越来越多。

此外，还值得一提的是交互式自主管理调查方式的快速发展。与传统印刷式调查方法相比，网络或单机计算机调查工具的应用，使得自主管理调查方法具备了更强大的交互功能。当使用基于计算机的调查工具时，受访者在接受调查时能够获得各种形式的自动反馈，如回答问题时的输入方式，或为受访者提供各种个性化的信息反馈。而且，这种反馈方式不仅仅是向受访者提供各种视觉信息，同时也允许他们对这些反馈信息进行相应的操作，如鼠标点击、跳转或呈现图片等。例如，在维克特·约翰森（Victor Johnson）主持的一项有关人像容貌辨别的调查实验中，受访者就可以自主操作来改变所呈现的不同性别的人像容貌，从中选择自己所满意的对象。同时，受访者也可以利用滚动条、拖拉或其他方式来进行反馈。此外，计算机的交互特点也可被用于提供多种形式的视觉和听觉反馈信息，如在线检索、数值计算等，以帮助和解决受访者回答一些复杂问题。类似的触觉式交际界面目前已被广泛应用于网络或其他图形界面环境中。今后随着信息技术的快速发展，其他一些新的技术，如虚拟现实、浸入式系统以及其他一些新奇的技术也正在开发之中，也有可能会对调查研究产生重要影响。

2.3 从固定调查向移动调查的发展趋势

科技发展对调查研究领域影响的第三种表现形式，即从固定的调查方式向移动式计算机调查发展。无论从数据收集、访谈员，还是从受访者来说，都明显地表现出这种发展趋势。

访谈员或数据收集者的移动性：计算机辅助个人访谈[②]被广泛应用于调查研究领域之后，便携式计算机开始成为研究者实施面访调查的重要技术工具。最初，由于技术的限制，这种用于 CAPI 的便携式计算机比较笨重，重量足有 5～7 磅，携带很不方便。为增强便携性，国外一些研究者也开始尝试着在调查中使用便携式计算机。但是由于当时便携计算机在电池性能、存储能力和屏幕尺寸

[①] 这种所谓的"虚拟访谈员"，实际上就是将一名真人诵读调查问卷的影像利用数字录像设备录制下来，然后在便携计算机的屏幕上播放出来，受访者同样可直接利用数字录音设备进行回答。

[②] 计算机辅助个人访谈（Computer-Assisted-Personnel-Interviewing）：简称 CAPI。

等方面的局限，这些工具通常只被用于一些商业性的调查，如在商店中商品价格调查或短时间的入户面访等。此后随着信息技术的发展，另外一种便携性更佳的个人数字助理（PDA）在美国被率先应用于家庭面访调查研究之中，例如美国非常著名的"全美家庭调查"、"美国药品滥用调查"和"全国家庭增长率调查"等。不过，在使用 PDA 的同时，研究者通常还是需要在实际面访中携带上便携式计算机，以弥补 PDA 在技术上的不足。

从技术角度来看，尽管移动计算机技术近年来的发展日新月异，但 CAPI 调查法自 20 世纪 80 年代后期开始应用西方调查研究行业之后，其硬件在技术更新上并未产生明显变化。有学者指出，近年来，便携计算机在供电性能、存储能力和操作系统等方面产生了很大的变化，但令人遗憾的是，这些技术进步并未在 CAPI 应用方面充分展示出来，其在使用方式和技术手段方面基本上仍然保持着原来的方式。

多年来，调查研究者一直在期待着，希望能够获得一种技能性能足够强大的便携式计算机。这种设备的基本要求是：首先能使研究者在移动环境中进行长时间和复杂的面访调查。其次是便携性必须非常好，访谈员可以方便地携带着它入户访谈。早在 20 世纪 80 年代中期，当膝上型计算机尚未广泛应用之时，瑞典统计局的调查研究人员就提出了类似的技术要求（Lyberg，1985）。如今，虽然出现了各种类型的便携式计算机设备，调查研究者们也利用这些工具进行了多方面的实验应用，但总的来说，完全符合上述要求的便携式计算机并未真正出现，研究者仍然翘首以待。

不过，谈到平板电脑技术，许多研究者还是对此寄予了很高的希望。一些调查研究者认为，以下几方面的因素综合在一起，有可能在调查研究领域引发一次新的技术革新。一是平板电脑在手写输入和存储能力方面的发展，使得调查者可有效避免在信息输入时的错误识别问题，而且数字图片可方便地存储下来用于后期的编辑；二是多样化的数据收集方式，调查者可直接使用数字语音录音技术来记录受访者的回答；三是触摸式语音 CASI 系统的发展，方便了受访者的回答。除此之外，平板电脑技术的操作系统也发展很快，计算机操作系统的主宰者微软公司在其新公布的 XP 操作系统中就专门有了基于平板电脑的版本。在硬件技术上，其他一些重要的信息技术设备制造商也开始涉足平板电脑制造领域。

另外一些信息技术的进步也使得调查数据的收集更加具有移动性的特点。目前，伴随着便携计算机技术的发展，一种可供访谈员随身携带并能收集多方位数字信息的工具正悄然出现。其中一个典型代表就是全球定位系统[①]。这种设备可以使调查者在调查过程中方便地收集到有关受访者的地理位置和空间分布方面的精确信息，拓展了调查数据的收集面。另外一些便携式的附属设备，如

---

① 全球定位系统（Global Positioning System）：简称 GPS。

数码照相机、条形码阅读器，诸如此类，都极大地拓展了传统的调查数据的概念和范围。

调查对象的移动性：在这方面，最明显的发展趋势就是移动电话的普及应用及其在调查研究中的巨大潜力。当然，其他一些移动通信工具也可能会对未来的调查研究具有相当重要的意义，如移动电话与PDA的结合所产生的智能电话等，但总的来说，目前西方调查研究者的关注更多的是集中于移动电话在调查中的巨大潜力。

与传统的固定电话调查法相比，利用移动电话进行调查的抽样方式和对象覆盖面都有所不同，抽样对象从以往的整个家庭成员转变为个体对象。因为通常情况下固定电话是一个家庭所共有的，而移动电话则是个人所专用。进而不可避免地，这种调查工具的改变也导致调查过程中抽样设计方法和对象覆盖范围的差异性。从目前的实际情况来看，这种差异在某些国家可能并不是一个大问题。例如，目前在芬兰和其他一些欧洲国家，其移动电话拥有率已超过固定电话普及率。但在大多数国家，目前的移动电话拥有率并未达到这种水平。因此，至少在可以预见的未来数年内，移动电话仍然必须与固定电话结合使用方能保证研究者获得基本的调查对象覆盖范围。库珀曾指出，若同时使用这两种电话作为调查工具，研究者就必须使用双重抽样框设计法。因为这两种电话系统的号码组成规律是不同的，抽样方法和抽样框都不相同。另外，与网络调查中的电子邮件地址一样，移动电话调查法的另一问题就是其作弊的可能性要大于固定电话，因为比较而言，移动电话号码编排的规律性特点要比固定电话弱一些。

不过，随着移动电话设备价格的不断下降，将来在使用移动电话调查法时，也可能利用为调查对象提供一次性移动电话的方式来解决对象覆盖范围问题。在使用这种方式时，显然就需要一种特殊的调查对象选择方式，如目前已经开始使用的固定样本调查法。虽然这种对象选择方法的前期投资较大，但由于调查对象可多次重复参加调查，仍然可以降低单项调查的成本。目前，美国的"知识网络"公司和荷兰的"中心数据"公司都开始在网络问卷调查中采用这种方法。因此，今后可能会有越来越多的专业调查机构采用类似的方式进行调查研究活动，例如第一次面访调查之后，调查者可向受访者无偿提供各种移动网络通信设备（如移动电话、PDA等），以便在今后的一定时间段内进行跟踪调查，获得连续性的调查数据。

值得注意的是，随着信息通信技术的发展，也可能会对各种类型的电话调查反馈率产生重要影响。目前，调制解调器、传真机、来电显示器和电话自动应答器正在逐步成为电话的常见附属设备，再加之移动电话可被随时关机，这些因素都增加了访谈员与调查对象取得联系的难度。可以预见，今后数据收集过程中，与调查对象联系的成本将可能逐步升高。当然，目前也出现了一些能够帮助访谈员与受访者进行联系的相关技术，如预先拨号装置和自动拨号程序等。但问题在于，这些技术如果被那些电话市场调查公司大量采用之后，调查对象用不了多久就会知道这是市场调查公司打来的电话，那么，很有可能很快就把电话挂断，拒绝参加调查。这就是电话调查方法被滥用的严重后果。它不仅影响到这类商业性调查，同时也可影响到其他各种严肃主题调查活动的顺利进行。

因此，从某种程度上来说，对于调查研究者，移动电话调查法是一把双刃剑。一方面，相对于固定电话来说，尽管这种新方法可以提高访谈员与受访者联系的效率，但同时受访者愿意接受电话调查的可能性却在降低。何时和如何通过移动电话与受访者进行联系，确实是一个非常重要的问题，因为受访者接到电话时，他手头上正在做的事情，很大程度上决定了他是否愿意接受调查。同时这也会对研究的测量误差有影响。

影响移动电话调查法是否可行的另一个问题是通话费计算方式。不同的移动电话计费方式也会对调查的反馈率产生重要影响。例如，在美国移动电话是双向收费。在这种情况下，调查对象就很有可能拒绝参加时间较长的移动电话访谈。在其他国家，不同电讯公司的移动电话计费方式也各不相同。例如，有些是根据呼叫者是否在同一个区号范围内进行计费；有些则是根据固定电话与移动电话之间的呼叫进行收费；而有些则是不同电讯服务商网络之间的通话收费方式不同。这种不同的移动电话计费方式，不仅会影响到访谈员与调查对象之间的联系方式及其是否愿意接受调查，同时也会对这种调查方式的效率产生重要的影响。不过，调查者也可采取一些物质激励的方式来进行弥补，如向愿意接受调查的受访者赠送电子货币，或为其赠送一定时间的通话费用。其中，最有效的方式可能是预先向受访者提供免费的移动电话，然后根据其参加调查的时间或次数赠送通话费。

最后，应该意识到，移动电话是一种与传统固定电话截然不同的通信技术。因为随着信息通信技术的快速发展，移动电话已经成为一种多功能的通信工具，远远超出了以往人们对电话的理解。目前，移动电话已经能够发送文字信息、交换图片和上网。同时，另外一些移动网络设备（如 PDA）也具备了语音通信功能，这就使得这些设备之间的区别更加模糊。尤其是随着短信（SMS）功能的出现，移动电话已从以往的同步通信向异步通信发展。目前，短信和语音电子邮件的使用频率已远远超过了传统电话通信。虽然短信目前的容量还比较小，但其优势在于它是一种独立的异步通信方式，通信双方无须同时在线。这一点对于实施短暂的数据收集活动或邀请调查对象在其方便之时前来参加调查都非常有用。

全世界的移动电话系统，实际上就是一个由不同技术系统、区号、电话号码、计费方式覆盖面和文化组成的庞大体系，不仅在国与国之间各不相同，甚至在一个国家内部也有一定的差异性。从这个角度来说，调查研究者在探索不同调查模式和设计方式对调查误差和数据收集策略的影响时，利用移动电话来进行跨国性的国际研究将具有非常重要的意义。总之，移动电话的发展不仅对调查研究者提出了新的挑战，同时也为其开发新的研究方法提供了新的机遇。

2.4 从连续调查、固定样本调查到国际调查

如上所述，各种与调查研究相关的技术手段的发展，同样也为在调查研究过程中实施连续测量（历时研究）提供了有力的支持。

在传统的调查研究中，由于抽样、联系和访谈的成本极其高昂，使得研究者在某一特定调查地点和调查时间内，不得不尽量减少数据收集的范围和数量以便降低调查成本。而在使用固定样本调查时，出于成本的考虑，则又不得不尽量延长固定样本的调查周期（通常是1~2年）。而这样做的结果，就很可能降低调查数据的质量。如今，各种高科技手段和工具的出现，为研究者利用自填式调查（如移动电话调查、电话调查、网络调查等）来降低成本和实施连续调查提供了条件。固定样本调查[①]：自固定样本调查在20世纪40至50年代出现之后不久，这种调查方法由于在获得连续调查数据方面所具有的独特优势就得到了众多研究者的首肯。在当时，要想通过不同轮次的调查而获得各种历时数据，对研究者来说确实是一个相当困难的任务。不过，由于当时的固定样本调查都只从横截面的角度进行分析，因此成为这种新方法备受诟病的一个原因。如今，计算机技术的发展和历时数据分析方法的进步已使固定样本调查法焕然一新，大大提高了调查的深度和广度。

从研究方法的角度来看，固定样本调查法是一种重要的连续调查形式。与常规调查方法相比，在招募固定样本对象时，由于需要为之免费提供各种接受调查所必需的设备和工具，因此，该法的初始投资相对较高。不过，当固定样本组建立之后，利用各种自动化技术和调查工具，研究者就可以长期进行数据收集。而且，使用这种方式的一个优点，就是可以相对提高调查的频率，同时降低每次调查的分量。这样就可以减轻受访者参加调查的负担量，从而达到提高数据质量的目的。总的来说，固定样本调查法主要适用于研究受访者相对较频繁发生和重复进行的各种行为，如饮酒、食品消费、身体保健、情绪、人际交往，等等。不过，在使用这种方法时同样也有可能产生一系列的调查误差，如覆盖误差、拒答误差，以及所谓的"固定样本效应"[②] 等。

在过去的20年中，固定样本调查得到了长足发展，其应用范围在不断扩大，调查主题也涵盖了教育、职业转变、健康和政治选举等。以密西根大学于

[①] 固定样本调查（Panel Survey）：利用同一样本做长期的观念或态度调查，以集中力量于样本变化研究上。又称为追踪调查（Logitudiual Survey）。在研究消费者品牌忠诚度或消费者购买行为时，多使用此方式。

[②] 固定样本效应（Panel Effect）：也被称为"固定样本厌倦症"（Panel Fatigue），是指固定样本组内的成员随着时间的推移会逐渐厌烦填写问卷工作，或者学会了在填写问卷时利用各种投机取巧的方式来减少自己的填写工作量。

1968 年首创的收入动态（Income Dynamics）变化模型为基础的家庭经济状况固定样本调查法已得到广泛应用，目前很多国家都在采用这种方式进行经济发展状况调查。另外，加拿大的劳动与收入动态统计固定样本调查和美国人口普查局的收入与计划合作调查也同样采用类似方法。

从目前的情况来看，固定样本调查法将来的发展前景依然非常乐观。不过，这种方法面临的一个挑战是如何充分进一步利用固定样本调查所产生的数据，因为随着固定样本调查经过多轮所收集到的数据的成倍增加，数据分析的潜力也在不断提高，研究者必须利用各种分析方法来进行处理。另外，生物统计学家和其他领域在对历时分析方法上的重大突破也为固定样本数据的复杂分析提供更为有效的工具。在这种情况下，要想对固定样本调查所收集的数据进行全面分析，必然需要越来越多的专业分析工作者。许多研究者认为，二次分析方法的出现为将来固定样本调查数据的更加充分的利用提供了强有力的支持。

实际上，连续调查法并不是一种新出现的研究方式。很早以前在调查研究行业已经开始使用的"日记调查法"[①] 就属于一种连续调查，它已被广泛应用于电视和广播收视（听）率的受众调查。不过在采用这种方法时，为减轻受访者的负担，研究者通常都采用被动检查的方式来对其日记进行检查。此外，"交互式语音反馈"系统也常用于收集受访者日常生活中的许多行为信息，如食品、药物和饮酒等。但上述这些调查方法的一个重要缺陷就是，在调查过程中，受访者完全掌握着信息提供的主动权，受访者何时打电话或何时完成调查日记，研究者基本上无法控制，这就有可能会影响到调查的顺利进行。

现在随着计算机和互联网的逐步普及应用，为研究者实施历时调查提供了一种更为方便的工具。那就是首选为受访者提供一种价格便宜的无线上网设备（如 PDA），然后通过网络来向调查对象发出通知，督促他们及时提供所需要的调查信息。而反馈信息也可以及时通过网络传输回来。这样研究者就可以随时掌握调查对象的动向，并在适当的时候向之发送各种鼓励性信息或奖励，提高受访者接受调查的兴趣和积极性。

历时调查的另一个发展方向是电子数据交互。在如今的信息时代，计算机已不仅仅是人们在完成某种特定工作时所需要使用的工具，实际上，计算机已成为社会生活的一个必不可少的组成部分。在我们的生活中，计算机每天通过网络传递着数不胜数的各种类型的电子数据，这些电子数据的来源就是日常生活中经常使用的信息卡、借贷卡、结算卡、图书借阅卡和校园卡等。实际上，有时我们甚至都意识不到在我们的日常生活和工作环境中存在着如此众多的信息设备，而这些设备每时每刻都在记录并传递着大量的电子数据。而对于研究者来说，这些电子数据就为调查人们的日常行为、生活习惯等提供了绝佳的机

---

① 日记调查法（Diary Survey）：是收集初级数据方法之一，其方式是事先散发预先编制的一种日记本，要求家庭主妇或特约对象把他们在一段时间中采购商品的数量、牌号记下来，由研究者定期回收，以统计消费者购货的频率和所购商品的品牌。

会。同时更为重要的是，也为研究者们提供了史无前例的研究机遇，可以开展超大规模的调查研究活动。

国际调查：近年来，各种形式的国际调查研究项目在不断增多，其主办者既有国际组织，也有不同国家之间为了进行相互比较研究而进行的合作调查项目。国际调查研究方面的一个重大进度是 1974—1982 年期间进行的"世界人口出生率"调查（World Fertility Survey, WFS）。这是一个由 42 个发展中国家和 20 个发达国家共同合作的一个大型国际联合调查项目。该国际调查项目不仅收集参加国有关人口出生率方面的数据，同时许多国家也相互提供调查研究方法方面的支持，共同创建了调查实施的基本框架。在 WFS 调查项目结束后不久，另外一个健康国际合作调查项目就开始启动，该项目则有超过 50 个国家参加。

教育同样也成为国际调查研究的一个重要主题，例如，1995 年和 1999 年实施了第三次和第四次"国际数学与科学调查"研究项目，分别有 41 和 40 个国家参加；2000 年举办了有 30 个国家参加"国际学生评估计划"；1999 年举行了有 20 个国家参加的第二次"公民教育研究"；1991 年举办的有 30 国家参加的"IEA 阅读能力研究"。目前正在进行的"国际成年人阅读能力调查"在全世界多个国家收集关于成人阅读水平方面的比较数据。另外两个著名的国际调查项目是由联合国儿童基金会（UNICEF）所主办的"多音群指标调查"和由世界银行主办的"债务清算的社会规模综合调查"。与之相关的另一项国际调查是由欧洲统计局（EuroStat）举办的欧盟调查。各国政府之间的合作调查项目例子是"国际社会调查计划"，该项目以社会科学为调查主题，每年进行一次，是一项由 33 个国家参加的大规模国际调查项目。

国际调查项目蓬勃兴起的主要原因有两方面：一是各国研究者越来越关注不同国家之间数据的比较；另一方面，则是希望通过这些国际合作调查来帮助那些发展中国家和正处于转型期的国家获得有关国家社会经济发展规划方面所需要的各种数据。将来无论从哪个方面来说，国际合作类的调查项目将会越来越多。

总之，以往那些基于面对面的调查方法，可以使研究者能够对人们所做出的行为及行为发生的时间进行深入的研究，而如今，通过将这些调查方法与各种移动设备（如移动电话或 PDA 等）相结合，研究者又可以进一步探究：何人做出了何种行为，以及这种行为发生的原因是什么。换言之，又为研究者提供了一个机会去进一步探索调查对象行为方式的深层次原因。

3. 科技给调查研究领域带来的机遇与挑战

在这一部分，我们将继续探讨上述技术进步对调查研究领域所产生的深远影响，同时，也将进一步反思，伴随着技术的进步，作为职业的调查研究者，究竟应该如何应对这种变革。讨论将主要分两部分：一是聚焦于技术进步对调查过程的影响；二是技术进步对调查数据质量的影响。

3.1 技术进步给调查研究本身及其行业所带来的影响

近数十年来，一次又一次波澜壮阔的科技革新浪潮，不仅使人类社会的生产和生活方式发生了重大的变化，同时，也使得人类探索、获取知识的方式变得更加多样化。对于调查研究领域来说，最突出的变化莫过于调查数据收集方式的日益多样化。在调查研究发展的早期，数据收集的方式无外乎两种：一是访谈，二是问卷。前者是由访谈员来负责的面对面式的访谈，后者是受访者自主管理式的问卷填写。其后，随着电话的出现和普及，又出现了电话调查法，电话调查法在很大程度上拓展了调查研究的范围。许多研究者都认为，电话调查法的出现，极大地促进了美国及其他国家中小型调查研究机构的发展，尤其是在美国大学中，大量的调查研究中心如雨后春笋般地出现。相关调查结果显示（Diane O'Rouke，1996），在20世纪70年代早期至90年代中期，由美国大学和非营利机构所创办的调查研究中心数量增加了5倍（见图3）。

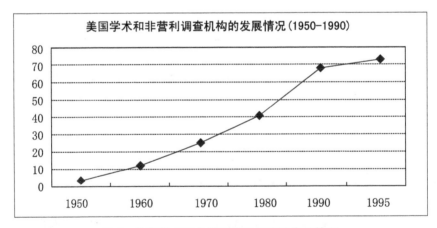

图3　美国学术和非营利调查机构的发展情况

资料来源：Diane O'Rouke, Seymour Sudman and Marya Ryan, (1996), The growth of academic and not-for-profit survey research organization, Survey Research, Volume 27, Numbers 1-2, 1996.

如今，研究者在实施调查时，只能使用面访调查和问卷调查的时代早已成为历史，摆在研究者面前的数据收集方式五花八门，各种方式的前缀缩略词甚至让人感到眼花缭乱：是使用计算机还是使用印刷问卷来调查？是采用自主式还是访谈员控制式？是选择Text-CASI（文本式计算机辅助自主访谈）还是Audio-CASI（语音式计算机辅助自主访谈），或者Video-CASI（视频计算机辅助自主访谈）？如何来使用问卷甄别题？如何进行抽样？是采用单一模式的调查还是使用混合模式的调查？是采用固定样本调查还是随机抽样调查？选择哪些跟踪方式，电话还是信函？甚至，对于网络调查这种比较新颖的调查方法来说，它同样也有多种可供选择的方式，例如 E-mail 调查或网页调查。面对如此众多的各具特点的调查方法，研究者在选择使用时，一个重要的前提就是，应该对每一种方法的特点和局限性都胸有成竹，尤其是对每一种方法可能会对调查数据所产生的估量误差、抽象误差等缺陷更是必须心中有数。

近年来，技术的迅速发展，尤其是互联网的普及应用，对于调查数据收集方法的多样化产生了重大的促进作用。在计算机尚未普及应用的时代，计算机设备高昂的价格和庞大的维护费用支出使中小型调查研究机构根本无法使用计算机。当时只有一些大型调查研究机构方能有实力在研究中使用计算机。第一代的 CATI（计算机辅助电话调查）系统是基于大型计算机来运行的，其价格在当时极其昂贵。后来，随着个人计算机（PC）的出现和普及应用，基于 PC 机的 CATI 系统为那些小型调查研究机构和大学内学术性调查研究中心使用这种新调查方法开辟了道路。这些机构在开始使用 CATI 之后，就可以有能力进行大范围的全国性调查研究项目，而不像以往那样只能局限于其所在的城市和地区。不过，即使相对于大型机而言，PC 机的价格已有大幅度降低，但在当时，对于多数中小型调查研究机构来说，购置、维护和使用 CATI 系统所需要支出的各种设备和相关配套设施的费用仍然是一笔相当庞大的支出，并非是每一个研究机构都能够承担得起。其后，随之出现的 CAPI（计算机辅助自主访谈）亦是如此。根据有些学者的研究结果（Rudoph & Greenberg，1994）表明，在 CAPI 刚刚出现时，调查机构若想实现从印刷问卷访谈向 CAPI 的转换，其初始投资的费用至少需要 100 万美元。实际上即使在今天，当调查机构使用 CAPI 时，其为访谈员所配置的便携式计算机及相关的应用软件和管理支持系统方面所花费的支出仍然是一个庞大的数字。因此，也就直接导致了这种方法仍然主要局限于在一些大型调查机构中使用。

例如，许多学者认为，基于互联网的调查，可能是一种真正具有能够将调查研究演变为大多数研究者都能承担得起的研究方法。与上述 CATI 和 CAPI 相比，网络调查具有成本低、调查周期短和实施简便的独特优势，它大大降低了实施调查研究的门槛。但是，与此同时，我们也不得不注意到，正是由于网络调查法所带来的调查研究门槛的降低，使得调查研究成果的质量监控问题正在变得愈来愈突出。

更为严重的一个问题是，伴随调查工具日益大众化和数据收集方式多样化，所带来的一个非常令人担忧的现象，就是调查泛滥和拒答率的急剧上升。类似的情景早在电话调查时代就曾经出现过：在 20 世纪 80 年代，蜂拥而至的商业性市场调查公司大量采用电话调查法，接二连三的调查电话很快就使得受访者不厌其烦，进而导致调查拒答率的迅速上升。如今，互联网上各种"垃圾邮件"的盛行已开始令网络用户颇为头痛。而那些不邀自来的网络调查邀请 E-mail 在很多情况下也被调查对象视为一种"垃圾邮件"而随手删除。这种情况说明，即使对于网络调查这种新生事物，已经开始出现滥用的苗头。

但造成这种后果的原因，仅仅是由于商业性市场调查公司对各种新研究工具趋之若鹜而造成的吗？也不尽然。有学者认为，即使市场调查公司不这样做，调查研究领域的研究者也有可能自己这样做，因为新的研究方法和工具的诱惑力实在太强烈了。对于普通民众来说，在以前面访调查占主流的年代里，出于研究成本的考虑，所抽取的调查对象样本很小，因此普通民众被抽中作为访谈对象的可能性微乎其微；而随着电话的普及和电话调查法的广泛应用，由于调查成本的降低，使得调查的抽样样本数量急剧扩张，民众被抽中调查的概率也就随之上升。而如今，网络调查法更是为这种趋势起到了推波助澜的作用。任何一个具备上网条件的调查研究者都能够以花费数十美元的微小代价来对全世界范围内的网民实施一次网络调查，而且其反馈人数可能少则数千人，多则上万人。而且在不远的将来，很有可能任何一个网民都能够举办这样的网络调查。现在只需在搜索引擎中输入"调查"或"投票"等关键词，就会发现互联网上提供实施网络调查的应用软件或网站数不胜数。另外，绝大多数大型网站、门户网站都会在其网页设置一个可能包括数个问题的投票调查。例如，美国CNN的网站（www.cnn.com）和中国的搜狐网站等。

然而，任何一位受过专业训练的研究者都知道，高质量的研究必然意味着大量的时间支出和巨大的智力劳动，自然也意味着高额的研究成本。但现在的问题是，有多少调查对象真正了解高质量调查与低劣调查之间的区别呢？或者说，又有多少研究对象愿意花费时间和努力去搞清楚两者之间的差别呢？如今，不仅调查研究的数量在不断增加，而且调查研究的质量也正在变得良莠不齐。长此以往，很有可能出现"良币驱逐劣币"的严重后果。因此，今后调查研究领域可能需要倾注更多的时间和努力来向公众普及调查研究方法方面的基本知识，使公众能够清楚地分辨出快餐式的廉价调查与真正高质量调查之间的本质区别。要使人们懂得，要想获得真实可靠的调查数据和研究结论，必然需要更长的时间、更多的人力成本和更高的研究经费。

同时，伴随着各种新式调查方法的应用，对调查研究者的专业技能也提出了新的要求。以前在调查研究发展的初期，一位研究者就可能设计整个调查流程并将之付诸实施。但如今，除了那种最简单的调查项目以外，绝大多数调查研究项目都需要涉及各种不同的专业知识和技能，一位研究者要想完成整个调查流程显然是不可能的，它需要众多拥有不同专业训练的研究者的共同参与。因此在这种情况下，研究者之间的有效交流与合作已经成为影响一项调查研究成功与否的重要因素，有时甚至是关键因素。

与之相对应，随着技术的发展，调查研究过程中的数据统计分析工作也产生了重大变化。多年来，统计分析的基本对象就是一个或数个表格中的数据，其中可能仅包含数个用于分析个案的一系列变量。而如今，调查所获得的数据不仅包含复杂的层次（例如个人访谈、小组访谈和入户访谈），同时还可能包含调查对象的空间和地理位置方面的信息和数据、电子传输数据和无结构的观察性资料。这种情形，一方面为研究者提供了越来越丰富的数据分析来源，另一方面也相应提高了数据分析的复杂性和难度。因此，伴随着调查方法的多样化发展，与调查的设计与实施一样，调查数据的分析同样也面临着新的机遇与挑战。

技术发展为调查研究领域所带来的另一个影响，就是调查研究与实验之间的界限正在变得越来越模糊。目前由于各种现代调查工具的运用，研究者对于调查问题的抽样、激励措施的控制、多媒体信息的传播和调查反馈的记录等方面的把握能力都在不断提高。这就直接导致了研究者即使在进行调查实验时也经常会采用大量不同类型的样本（经常是通过互联网）。在这种情况下，与调查本身一样，调查实验也成为数据收集的组成部分。例如，一项名为"暗示态度测验"（Nosek，Banaji and Grreenwald，2002）的在线实验曾吸引了150万网民参加。所以，可以这样说，现在的实验确实已经不仅仅局限于同质群体（如大学生）中的小规模样本。不过需要指出的是，尽管这种网络实验的样本数量非常巨大，但由于它并非是基于概率抽样的研究，因此其调查结果无法进行推论。

与此类似，美国斯坦福大学的戴维·斯皮格尔（David Spiegel）及其同事们在2001年9月在互联网上发布了一项关于基于便利抽样的"外创伤后压抑紊乱症"（PTSD）网络调查问卷。在数星期的时间内，研究者们共获得了10 000份反馈数据。而且其中70%的调查对象还参加了在6个月之后所举办的另一次跟踪性调查。尽管这项调查没有使用概率抽样，但是所获得的数据毫无疑问是非常珍贵的。这项调查也引起了众多调查研究者的关注，开始逐渐意识到网络调查法在大规模调查方面所具有的独特优势。

综上所述，研究者在实施调查之前应充分考虑：调查研究的有机组成因素是什么，或者更确切地说，一项高质量的调查研究，其成分应该包括哪些内容。面对当前那些由于技术进步而为我们带来的令人眼花缭乱的调查方法，清醒地意识到和准确地把握住这个问题，确实至关重要。

3.2 技术发展对调查研究未来发展的影响

实际上，从前面对各种新调查技术和工具的介绍中就可以发现，目前调查数据的收集方式已从传统的语言和视觉文字阶段发展到了多媒体阶段，如今正在向虚拟现实的方向大跨步前进。在突飞猛进的信息技术的推动下，足以乱真的模拟技术已使得人与计算机之间的界线越来越模糊：人们有时已经难以辨认哪个是计算机，哪个是真正的人。最典型的一个例子就是特林（Turing，1950）关于人工智能的实验。在20世纪50年代，当特林做这个实验时，由于当时计算机技术发展水平的限制，受试者可以相当清楚地辨别出人工智能与真人之间的显著区别。然而如果现在再重复这个实验，最终的结果就很难预料了。也就是说，人工智能技术的迅速发展已经逐渐达到了足以乱真的地步。例如，随着计算机语音生成系统的发展（包括语音输入和语音输出），在将该系统所生成的人工语音通过电话传输时，收听者有时确实已无法分辨出究竟是在与真人还是计算机谈话。同样，利用数字肖像合成技术，可以非常容易地"生成"一个现实世界中并不存在的"人"的电子影像，并且赋予其与现实世界一样丰富多彩的个性特点。现在已经出现了一种 3D 肖像编辑软件，使用者只需从不同角度拍摄一个真人的头像，然后再将真人谈话的声音录制下来，软件就可以自动生成一个能够自动合成语音的栩栩如生的 3D 肖像动画。相信随着人工智能技术的进步，这类虚拟电子人物将会变得越来越逼真，人们也会愈来愈难以分辨真假。

对调查研究界来说，上述人工智能技术所带来的一个问题就是，研究者应该如何恰当地在调查中使用这种技术。换言之，何种调查活动适用于真正的访谈员来做，例如激发受访者的参与动机，说明受访者予以配合或者找到受访者的住址等，何种调查活动可以使用计算机来完成，例如数据处理、计算、标准化的提问、程序化的记录和数据传输等。许多研究者认为，正如在 CASI 中所表现出的那样，利用计算机来进行标准化的调查提问是一个非常理想的选择。尤其是当研究者希望完全去除或控制访谈员在场可能对调查数据可靠性产生的不利影响时，这种方法显然是最佳选择。不过在使用这种方法时，切莫矫枉过正。因为人工智能毕竟是由计算机程序生成的，它无论如何先进，也不可能具有真实访谈员那种随机应变的能力，因为在调查过程中，访谈员的任务不仅仅是向受访者提问和记录答案，他还有许多事情要做。所以，今后究竟是将这种新调查技术当做访谈员的替代者还是补充者，是一个需要进一步探讨的问题。

伴随着计算机技术在自主管理式调查中的广泛应用，还出现了另外一个争论较多的问题，那就是"社会期待效应"[①]。尽管已经有许多研究表明，使用计算机辅助自我访谈调查法能够有效地降低（或消除）受访者在回答问题时的社会认可效应，但也有一些研究认为，在使用计算机辅助自我调查时，若增加了人性化的因素（如计算机屏幕上显示的头像和提问的语音），则有可能使受访者在回答问题时产生社会期待的倾向性。由于这个问题关系到 CASI 调查法能否推广应用及使用效果的问题，因此，库珀等学者（Tourangeau, Couper and Steiger, 2002）专门从美国自然科学基金会申请设立了一个研究课题，就这个问题进行了实验研究。通过在网络调查法、交互式语音反馈（IVR）和语音式计算机辅助自主访谈（Audio-CASI）方面的实验，结果表明，在调查过程中，"社交临

[①] 社会期待效应（Social Desirability）：也被称为"社会认可误差"或"社会渴望误差"，是指在参加实验或调查的环境下，当受访者知道别人正在观察他的时候，其可能会有意识或无意识地表现出与主流社会相符的行为、观念，或者在问卷中选择更能为社会所接受的答案或选项。例如，受访者在接受访谈时，当被问及其日常行为与习惯时，可能会更多地报告被社会所认可的活动，如跑步、健身等，同时却隐瞒类似酒后驾车等不被认可的行为。

场效应"①，即在自主管理式的调查中增加人性化的变量和因素，对于受访者回答敏感性问题并未产生显著影响。如果这个研究结论最终能够成立的话，那么就表明，在各类计算机辅助自主调查方法中，增加一些额外的视觉或听觉的辅助手段，可能会鼓励或促进受访者在接受调查时提供更加真实可靠的反馈数据。

不过另一方面，库珀等人的研究也发现，当使用 Video-CASI（视频计算机辅助自主访谈）时，如同使用真实的访谈员进行调查时所存在的"访谈员种族效应"② 一样，不同人种形象的"虚拟访谈员"同样会对反馈结果产生影响。这些情况都提醒研究者，当使用"虚拟访谈员"来替代真人访谈员时，尽管可能会降低或消除某些不利因素的影响，但同时也有可能会相应引发另外一些效应，这同样会影响到调查数据的质量。

除上述与调查方法直接相关的问题外，调查研究界如今还面临另一个问题：受访者的隐私权和个人信息保密。无疑，技术的发展为研究者深入探索受访者的生活提供极大的便利，使得研究者获得了前所未有的机会，能够以较低的成本进行大规模的调查，或者研究一些使用传统调查方法根本无法完成的问题。早在 1998 年，贝克尔（Baker）就曾经指出，"我们正在逐渐步入一个日常生活数字化的时代"。同样，本尼格（Beniger）则进一步预测，也许在不久的将来，研究者可以通过付酬劳的方式来说服调查对象将其日常生活中的各种电子信息和数据都提供出来进行研究。在许多情况下，尤其是在市场调查、广告调查、产品测试等领域，上述这种自我选择式的样本调查早已司空见惯。但作为学术性的调查研究来说，如果要想对人们态度、行为、价值观念、个性特点等方面进行研究，就可能会遇到很大的困难，因为这些都是人们不愿公之于众的个人隐私。也就是说，对于多数人来说，他们也许会同意将其"常规和程序化"的日常生活内容呈现给研究者，但同时会将更深层次的真正的"自我"隐藏起来，而这些却正是调查研究者或社会学家们真正感兴趣的地方：性行为、吸毒等违法行为、偏见、欺骗行为以及消费意图（而不是像以往市场调查所研究的消费行为）等。显而易见，无论调查技术工具如何先进，似乎也很难获得这些人类

---

① 社交临场效应（Social Presence）：肖特（Short）将社交临场定义为在交互过程中显著的感到另一个人的程度和随后感受到的人际关系的显著程度。后来，瓦尔特（Walther, 1992）指出只用基于文本的媒体诸如基于计算机的交流（CMC）来相互交流的人们，会通过对文本环境中的直接呈现的言语的控制而努力试图达到理想的密切程度。有研究者认为，在计算机界面中，一种相对较微妙的暗示线索能够对计算机使用者产生一种与现实人际交往中相类似的心理影响效果。

② 访谈员种族效应（Race-of-Interviewer）：源自心理学中的"种族激活"概念（Race Activation），美国心理学家 Devine 在 1989 年的实验研究表明，当白人受试看到一张黑人的照片或其他可能引发其潜意识中能够联想到黑人的相关物体时，就可能"激活"其头脑中与黑人相关的各种偏见和对立情绪。进而，这些偏见和情绪就有可能会影响到其随后行为的倾向性。密西根大学的 Mick P. Couper 的研究也表明，在网络问卷调查环境中，向受访者呈现的访谈员种族形象的不同，会在一定程度上影响受访者回答问卷问题的倾向性。例如，当白人受访者在填写问卷时看到一个"白人虚拟访谈员"的照片时，其在回答有关种族问题时显示出更强烈的保守性倾向（如更多的种族偏见等）；而看到一个黑人"虚拟访谈员"照片时，回答有关种族问题时则表现出较弱的保守性倾向（即较少的种族偏见）。

内心深处的问题答案。

也就是说，虽然调查技术的发展为研究者探究人们生活中最隐秘的角度提供了越来越强的机会，但与此同时，这种探究能力的增强也可能会招致对象的对抗性反应，最终反而降低研究的机会。正如罗林斯（Rawlins, 1998）所说的："如今的加密技术，如果能够广泛使用的话，足以使我们终生都无须担心自己的隐私被他人窥视……然而，如果使用不当的话，也可能会使我们终生都无个人隐私而言。"

另外，尽管调查技术工具的进步为研究者拓宽了调查的领域和提高了反馈数据的质量，但从另一方面来看，新技术的应用似乎并没有为解决无应答和拒访误差问题提供多少帮助。

首先是调查的抽样方法，显然，网络调查法是目前试图摆脱"概率抽样"原则的先驱者。各国的研究者都已经尝试进行了大量的"自选"式（即便利抽样）的网络调查。许多研究者之所以非常愿意这样做，原因是多方面的：第一，在上网者群体中，存在着大量自愿参加这种调查活动的网民，其中有些甚至签约参加了近年来颇为盛行的"网络固定样本"，定期地参加调查项目；第二，即使是在那些自愿参加网络问卷调查的网民中，不加选择地参加任何一种网络问卷调查的比例也非常小；第三，上网者是否愿意参加某一项网络调查，在很大程度上取决于调查的主题或内容，正如 E-mail 邀请信"主题"上所标明的那样。研究表明，许多上网者在收到这样的调查邀请信后，在看到 E-mail 的主题后就基本上决定参加与否。从这种情况就可以清楚看出，网络问卷调查的参加者带有明显的选择性特点。但是尽管如此，许多举行网络问卷调查的研究者仍然将所获得的调查结论推论至整个上网群体，甚至那些从不上网的群体。

其次是无应答问题，多数研究者都认为，调查技术工具的进步并未改善调查的无应答问题。一些研究结果表明，除个别特殊群体外（如大学生），在对其他群体进行调查时，信函调查都毫无例外地比网络问卷调查所获得的反馈要高，而且，当为调查对象提供反馈方式的选择时，绝大多数都更愿意选择信函。显然，网络调查法在调查反馈率上的作用与 CATI 和 CAPI 的作用如出一辙。当年在 CATI（计算机辅助电话调查）和 CAPI（计算机辅助个人调查）刚刚面世时，也曾有人大肆宣扬将会有效提高调查的反馈率，或者至少会有效阻止反馈率急剧下降的趋势，但实际结果正好相反。不过值得庆幸的是，当年有些人所预言的这些调查技术的应用可能会导致人们参加调查的意愿大幅降低的情况，同样也未出现。这些历史经验说明，在访谈员管理式的调查中，调查技术本身对于反馈率的影响作用并不明显。正是这个原因，尽管 CASI 有效地降低了调查的测量误差，但它对于无应答问题的影响却微乎其微。

综上所述，科技的发展是人类社会不可逆转的潮流，新调查技术和工具的应用同样也是如此。无论技术对调查研究方法影响的主流是积极的还是消极的，目前的现实情况就是：它已经开始被使用，而且在可以预见的未来数年内，其应用会越来越广泛。因此，调查研究界必须正视这个问题。虽然关于技术应用对调查数据质量和研究成本影响的看法见仁见智，各不相同，但归纳起来可以用一句话来概括：技术应用对调查数据收集影响的效果，取决于研究者如何看待技术在调查研究中所扮演的角色。

那么，调查研究者通常是如何看待技术的角色呢？库珀提出以下数种观点：

将技术视为一种替代性因素：在计算机环境中，研究者如何利用信息技术模仿访谈员的角色？如果利用技术与替代访谈员，研究者如何做到有效地降低调查研究成本？

将技术视为一种支持因素：研究者如何充分利用技术来提高访谈员的工作效率？

将技术视为一种创新的工具：研究者如何利用技术来进行一些以前无法完成的调查？利用新技术工具，能够开创哪些形式的数据收集方式、测量方式和不同类型的数据形式？如何进一步利用新技术来拓展现有调查方法的范围？

将技术视为一种提高成本和效益的工具：随着各种计算机辅助调查系统功能的不断发展，除个别情况外，调查的成本不但没有降低，反而也随之上升。在这种情况下，研究者如何有效地平衡数据收集的成本和效益问题？

将技术视为一种控制的工具：研究者如何利用新技术来更加有效地控制整个调查过程，例如保证调查实施的标准化，或者通过技术手段来有效监控访谈员与受访者？

将技术视为一种提高的工具：研究者如何利用新技术来获得对数据收集过程的更深入的认识，如何充分利用在自动化调查过程中所产生的辅助数据①来改进研究方法？

为技术而技术：在采用技术时事先并没有明确的目标，只是想在调查中使用最新的技术手段。

在新的数据收集技术被引入和不断成熟的发展过程中，上述观点在不同的阶段都可能表现出来。相应的，这些不同的观点也可能会影响到新技术应用的发展方向，并产生出不同的调查工具和使用方法。无论在评价当前还是未来的革新潮流时，我们都会发现，在不同指导思想的引导下，技术所带来的影响是各不相同的。

时代在进步，技术在发展，调查研究自然也在不断变化。但是在调查研究领域，仍然有一些稳定的成分，其中之一就是评价调查质量的标准。今天，虽

---

① 辅助数据（Paradata）：是指在调查数据收集过程中所产生的一些额外的信息，通常情况是自动化调查系统的副产品，其内容包括问卷填写者的点击次数、时间标记、通话记录信息等。

然我们在缩短调查时间、获得敏感性调查数据和降低调查成本等方面都取得很大的进展，但同时不可否认的是，调查研究本身的复杂性也在随之增加，而且在抽样方法、调查覆盖率和无应答率等方面所存在的问题仍然未被完全解决。这些都是将来需要进一步解决的问题。

另外，正如我们前面所提及的，随着技术发展所带来的调查方法的多样化，提高调查研究人员本身的专业训练和公众对调查项目质量优劣的辨别能力，是摆在我们面前的一个重要问题。只有这样，才能在提高调查研究本身质量的同时，使公众也能够具备判断调查结果的质量，并据此决定是否参加调查。

当然，必须承认的是，质量的内涵并非是绝对和静止的，而是一个动态的概念。在判断一个调查项目本身质量高低的时候，不仅需要考虑样本的数量、调查设计，同时还必须考虑调查的成本和所花费的时间。因此，从这个角度来说，一项优秀的调查设计必然需要在质量与支出之间找到一个合理的平衡点。所以，尤其是当新的调查方法被引入之时，利用整体调查误差框架来全面地衡量调查的质量，是一个非常理想的选择。因为随着调查研究本身复杂程度的提高，调查研究方法专业性的发展，在整个调查研究界形成一套统一的质量评估标准是一个非常重要的发展基础。

因此，正如有研究者所提出的，在这个技术不断更新的时代里，要想应对这种挑战，以下两个方面的工作是必不可少的：

第一，教育和培训：专业技能和知识至关重要。调查研究不是一个将不同的活动机械地组合在一起的简单过程。在整个调查研究中，某一个流程（如抽样设计、访谈员培训）将会相应地响到其他环节（如数据分析、减少拒答和调查模式选择）。我们现在越来越迫切地感受到，需要加强研究者在调查设计、实施、分析和评估等方面的专业知识训练。

第二，恰当的理论和深入的研究：如今技术的更新速度正在超出我们的接受能力，许多新的方法在被采用之前很难有时间对其进行足够的研究，以便对其效果进行测试。在这种情况，我们不得不在追求技术的先进性与稳妥测试之间寻求一个平衡点，至少在获得足够的研究和实验证据之前，不要急于决定取舍。

我们相信，这两种力量结合在一起，将会有效地推动调查研究方法成为一个更加完善的专业和学术研究学科。随着理论和实践基础的不断完善，随着技术的飞跃，调查研究领域将会迎来一个机遇与挑战同在的新时代。

思考题

1. 请简述"整体设计法"（TDM）的主要含义及其对调查研究设计的重要影响。
2. 调查误差主要有哪些类型？请谈一谈如何在调查过程中尽量减少调查误差。
3. 根据你的理解，你认为，现代科学技术的发展使得调查研究领域呈现出哪些发展趋势？

动手研究

现代信息通信技术对调查研究法的发展产生了重要影响。请以"computer"、"Internet"或"web"等词与"survey"等结合作用检索词,在搜索引擎(如google)上检索一下,看能查到哪些有关文献资料。然后,对其进行分类整理,分析目前世界各国研究者在调查研究领域中应用各种新技术的情况。最后,以上述材料为基础,撰写一篇有关信息技术对调查研究方法影响的小论文,题目自定,字数在 5 000 字左右。论文的格式要求符合学术论文的基本规范,要有摘要、关键词和参考文献。

参考文献

中文文献

[美] 艾尔·巴比(2005). 社会研究方法(第 10 版). 北京:华夏出版社,2005.

[美] Aiken, Lewis R.. 心理问卷与调查表——民意调查与价格评估. 北京:中国轻工业出版社,2002.

[美] 保罗·J. 拉弗拉卡斯(1993). 电话调查方法:抽样、选择和督导. 重庆:重庆大学出版社,2005.

[美] 弗洛德·J. 福勒(2002). 调查研究方法. 重庆:重庆大学出版社,2004.

[美] L. Kish(1985). 抽样调查. 北京:中国统计出版社,1997.

[美] Judith T. Lessler & William D. Kalsbeek(1992). 调查中的非抽样误差. 北京:中国统计出版社,1997.

[英] Robin J Birn(2000). 市场调研技术手册. 北京:人民邮电出版社,2005.

刘萃侠,肖健. 调查方法的认知研究思潮介评. 心理科学,2001 年第 6 期. pp. 724-726.

英文文献

Baker, R. P. (1998). "The CASIC Future" In M. P. Couper, R. P. Baker, J. Bethlehem, C. Z. F. Clark, J. Martin, W. L. Nicholls II and J. O'Reilly (eds.), Computer Assisted Survey Information Collection, New York:Wiley.

Beniger, J. (1998). "Survey and Market Research Confront Their Futures on the World Wide Web." Public Opinion Quarterly, 62 (3):442-452.

Bethlehem, J. G. (1999). Research Methodology in the Social, Behavioral & Life Science, Sage Publications, London, pp. 110-142.

P. Biemer, J. Morton, D. Herget and Sand, K. (2001). "Computer Audio Recorded Interviewing (CARI):Results of Feasibility Efforts", Paper present at the annual meeting of the American Association for Public Opinion Research, Montreal, Quebec, May.

J. Beyer, M. Denyes and A. Villaruel (1992). "The Creation Validation and Continuing Development of the Oucher:A Measure of Pain Intensity in Children." Journal of Pediatric Nursing, 7:335-346.

C. Cannell, P. Miller & L. Oksenberg (1981). Research on interviewing techniques. In

S. Leinhardt (Ed.), Sociological methodology1981 (pp. 389-437). San Fancisco: Jossey-Bass.

Couper, M. P. (2002). New Technologies and Survey Data Collection: Challenges and Opportunities. Paper presented in the ICIS 2002. Copenhagen, Denmark.

M. P. Couper, M. Traugott and M. Lamias (2001). "Web Survey Design and Administration." Public Opinion Quarterly, 65 (2): 230-253.

C. F. Cannell, S. A. Lawson and D. L. Hausser (1975). A Technique for Evaluating Interviewer Performance. Ann Arbor: Institute for Social Research, University of Michigan.

Dillman, D. A. (2000). Mail and Internet Survey: The Tailored Design Method, John Wiley & Sons, Inc.

Dillman, D. A. (1978). Mail and Telephone Surveys: the Total Design Method. New York: Wiley _ Interscience.

E. D. Leeuw, Data Quality in Mail, Telephone and Face to Face Surveys, Ph. D. dissertation, University of Amsterdam, Netherlands, 1992.

Diane O'Rouke, Seymour Sudman and Marya Ryan (1996). The Growth of Academic and Not-for-Profit Survey Research Organization, Survey Research, Volume 27, Numbers 1-2, 1996.

Fowler, F. J., Jr. (1993). Survey Research Methods, 2nd ed., Applied Social Science Research Methods Series, Vol. 1, Newbury Park, Calif: SAGE Publications.

Graham Kalton (2000). Developments in Survey Research in the Past 25 years, Survey Methodology, June 200, Vol. 26, No. 1, pp. 3-10, Statistics Canda.

E. R. Gerber. The View from Anthropology: Ethnography and the Cognitive Interview. In: M. G. Sirken, D. J. Herrmann, S. Schechter et al. eds. Cognition and Survey Research, John Wiley & Sons. Inc. 1999: 2172234

A. C. Graesser , T. Kennedy Wiemer P. Hastings. The Use of Computational Cognitive Models to Improve Questions on Surveys and Questionnaires. In: M. G. Sirken, D. J. Herrmann, S. Schechter et al. eds. Cognition and Survey Research. John Wiley & Sons. Inc. 1999: 199 - 216.

V. L. Hutchings, N. A. Valentino and L. Rusch (2001). "Priming In-Group Identity: The Effects of Subtle Racial Cues in Campaign Ads. " Unpublished paper.

M. Just , P. Carpenter. A Capacity Theory of Comprehension: Individual Differences in Working Memory. Psychological Review, 1992; 99: 122 - 149.

J. Johnston and C. Walton (1995). "Reducing Response Effects for Sensitive Questions: A Computer-Assisted Self Interview with Audio." Social Science Computer Review, 13 (3): 304-309.

M. Krysan and M. P. Couper (2002). "Measuring Racial Attitudes Virtually: Respondent Reactions, Racial Differences and Race of Interviewer Effects. " Paper presented at the annual conference of the American Association for Public Opinion Research, St. Petersburg Beach, FL, May.

Lyberg, L. E. (1985). "Plans for Computer Assisted Data Collection at Statistics

Sweden." Proceedings of the 45th session, International Statistical Institute, Book III, Topic 18. 2.

J. L. McClelland, B. L. McNaughton, R. C . O'Reilly. Why There are Complementary Learning Systems in the Hippocampus and Neocortex: Insights from the Successes and Failures of Connectionist Models of Learning and Memory. Psychological Review, 1995; 102: 4192457.

D. W. Maynard, H. Houtkoop-Steenstra, N. C. Schaeffer and Van Der Zouwen, J. (eds.) (2002). Standardization and Tacit Knowledge: Interaction and Practice in the Survey Interview. New York: Wiley.

Moon, Y. (1998). "Impression Management in Computer-Based Interviews: The Effects of Input Modality, Output Modality and Distance." Public Opinion Quarterly, 62 (4): 610-622.

C. Muircheartaigh CASM: Successes, Failures and Potential. In M. G. Sirken, D. J. Herrmann, S. Schechter et al. eds. Cognition and Survey Research. JOHN WIlEY & SONS, Inc. 1999: 39262.

Monroe G. Sirken et al. (1999). Cognition and Survey Research, A Wiley-Interscience Publication, JOHN WILEY & SONS, INC.

B. A. Nosek, M. Banaji and A. G. Greenwald (2002). "Harvesting Implicit Group Attitudes and Beliefs from a Demonstration Web Site." Group Dynamics, 6 (1): 101-115.

J. M. O'Reilly, M. Hubbard, J. Lessler, P. P. Biemer and C. F. Turner (1994). "Audio and Video Computer Assisted Self-Interviewing: Preliminary Tests of New Technologies for Data Collection." Journal of Official Statistics, 10 (2): 197-214.

Roger Tourangeau, Lance J. Rips & Kenneth Rasinski. The Psychology of Survey Response, Cambridge University Press 2000.

Robert M. Groves (1989). Survey Errors and Survey Costs (Wiley Series in Probability and Statistics), Wiley-Interscience, July 1989.

Rudolph, B. A. and Greenberg, A. G. (1994). Surveying of Public Opinion: The Changing Shape of an Industry, Chicago: National Opinion Research Center: Report to the Office of Technology Assessment.

P. R. Rosenbaum, D. B. Rubin. The Central Role of the Propensity Score in Observational Studies for Causal Effects. Biometrika, 1983, 70: 41-55.

H. Schuman (1966). "The Random Probe: A Technique for Evaluating the Validity of Closed Questions." American Sociological Review, 31 (2): 218-222.

Steve Jones (1999). Doing Internet Research: Critical Issuese and Methods for Examining the Net, SAGE Publications, Thousand Oaks London New Delhi.

F. Strack, L. Martin (1987). Thinking, Judging and Communicating: A Process Account of Context Effects in Attitude Surveys. In: H. J. Hippler, N. Schwarz, S. Sudman eds. Social Information Processing and Survey Methodology. New York: Springer Verlag. 1987: 1232148

N. Schwarz, B. Knauper, H. J. Hipper, Noelle E. Neumann F . Clark. Rating Scales:

Numeric Values may Change the Meaningof Scalelabels. Public Opinion Quarterly, 1991; 55: 5702582

N. Schwarz, H. Bless (1992). Constructing Reality and Its Alternatives: Assimilation and Contrast Effects in Social Judgment. In: L. Martin A. Tesser A. The Construction of Social Judgments. Hillsdale, NJ: Erlbaum. 1992; 2172245.

F. Strack, L. Martin, N. Schwarz (1988). Priming and Communication: The social Determinants of Information Use in Judgments of Life-Satisfaction. European Journal of Social Psychology, 1988; 18: 4292442.

F. Strack, N. Schwarz, E. Gschneidinger (1985). Happiness and reminiscing: The Role of time Perspective, Mood and Mode of Thinking. Journal of Personality and Social Psychology, 1985; 49: 146021469

E. R. Smith, J. B. Jobe. Validity of Reports of Long Term Ddietary Memories: Data and a model. In: N. Schwarz, S. Sudman eds. Autobiographical Memory and the Validity of Retrospective Reports. New York: Spring2Verlag. 1994: 1212140

N. Schwarz (1999). Cognitive Research Into Survey Measurement: Its Influence on Survey Methodology and Cognitive Theory. In: M. G. Sirken, D. J. Herrmann, Schechter S et al. eds. Cognition and Survey research. JOHN WIIEY & SONS. Inc. 1999: 65275

Turing, A. M. (1950). "Computing Machinery and Intelligence." Mind, 59 (236): 433-460.

R. Tourangeau, M. P. Couper and Steiger, D. M. (2002). "Humanizing Self-Administered Surveys: Experiments on Social Presence in Web and IVR Surveys." Computers in Human Behavior, forthcoming.

P. Winkielman, B. Knauper, N. Schwarz (1998). Looking back at Anger: Reference Periods Change the Interpretation of (emotion) Frequency Question. Journal of Personality and Social Psychology. 1998;75:7192728.

G. B. Willis, P. Royston, D. Bercini (1991). The Use of Verbal Report Methods in the Development and Testing of Survey Questionnaires. Applied Cognitive Psychology, 1991: 5: 251 - 267.

Wong, D. and Baker, C. (1988). "Pain in Children: A Comparison of Assessment Scales." Pediatric Nursing, 14 (1): 9-17.

Wherrett, J. R. (1999). "Issues in Using the Internet as a Medium for Landscape Preference -24- Research." Landscape and Urban Planning, 45: 209-217.

第二章　基于信息技术的新调查研究法

【本章导读】
　　本章将以信息技术对调查研究方法的影响为主题，系统介绍各种新技术工具在调查研究的具体应用情况。自20世纪50年代以来，随着技术的突飞猛进，调查研究所使用的工具和手段日新月异，出现了各种新式工具，例如电话调查法（Telephone survey），计算机辅助电话调查（CATI），计算机辅助数据采集（CASIC）以及近年来的网络调查（Web Survey）等。这些新工具、新方法的应用，为调查研究法的发展注入了源源不断的动力。在本章中，将重点介绍网络调查法在世界各国调查研究领域中的应用状况，同时也将会讨论不同研究者对于这种新方法的争议和看法。

1. 技术的发展与调查研究方法的演变

　　调查研究法之所以在社会科学研究中备受重视，一方面源于该法本身所拥有的各种优势，另一方面也是社会科学本身的研究范式朝着实证主义方向发展的一个显著表现。众所周知，从理论渊源上看，实证主义研究范式与自然科学技术本身的进步密切相关，可谓是西方近代科技革命之产物。因此，从这个意义说，无论在自然科学还是在社会科学领域内，科学技术的发展不仅对其研究内容，同时对其研究方法的变化都有着极其重要的影响。这一点，从调查研究工具本身的发展过程上，就可以清楚地反映出来。

　　总体来看，自20世纪之后，技术发展对调查研究法所产生的影响，可以概括地分为三个阶段（见表2）：

　　第一阶段：自20世纪70年代开始，随着电话在西方发达国家中的普及，数据搜集所使用的工具除了原有的纸、笔之外，又增加了电话这种新媒介，进而产生了电话调查法。电话的普及和使用不但使调查成本降低，且更具时效性，同时，也使学术研究界开始大量采用调查研究法进行社会科学研究，有效地带动了调查理论和方法的蓬勃发展。

第二阶段：20世纪80年代个人计算机及软件的进步，计算机辅助电话访谈（CATI）诞生。这时数据搜集所使用的媒介为计算机和电话。与第一阶段相比，第二阶段因计算机的普及应用而有效地降低了调查成本，缩短了调查所需要的时间，使调查更具时效性，同时也降低了资料搜集与整理的误差。另外更为重要的是，降低了调查的进入门槛，促进了调查研究法的推广应用。

第三阶段：20世纪90年代之后，国际互联网的发展与迅速普及为研究者带来网络调查工具，其不但节省了调查成本，且增进了调查效率。数据搜集所使用的媒介为网络和计算机。资料搜集方法是互联网，其优势是：成本低、具时效性、降低数据输入的误差。与第二阶段一样，网络调查法的应用进一步降低了实施调查的进入门槛。

表2 技术的进步与调查研究方法的演变

	第一阶段	第二阶段	第三阶段
时间	20世纪70年代	20世纪80年代	20世纪90年代至今
发展契机	电话的普及	个人计算机及软件的发展	互联网的普及
数据搜集工具	纸、笔和电话	电话和计算机	计算机和互联网
资料搜集方法	电话调查（Telephone survey）	计算机辅助调查信息采集（CASIC）	计算机辅助网络访谈（CAWI）
特点	成本降低，且更具时效性	成本低、具时效性、降低资料搜集与整理的误差	成本低、具时效性、降低数据输入的误差
意义	带动民意调查与市场调查的蓬勃发展	降低普通研究者实施调查的进入门槛	进一步降低了调查的进入门槛

可以看出，科技发展的影响确实无处不在，表现在研究方法领域同样亦如此。那么，在这种背景下，究竟应该如何看待科技发展对调查研究方法领域的影响呢？

目前对于这个问题可谓是见仁见智，众说纷纭。有些研究者认为，每一次新技术浪潮都能为研究者提供各种全新的调查工具和途径，因而能够为调查研究开拓出一片更加广阔的天地；但同时也有些人认为，新技术不仅可能会将各种成熟的调查研究手段和方法淘汰，同时也可能因过于强调工具的先进性而忽视调查研究的基本理论和规范，从而降低调查数据的质量，因而将之视为是调查研究者的潜在威胁。不过，总体来看，历史的经验表明，新技术的吸引力总是难以抵御的。通常的情况是，在各种最新技术浪潮的推动下，技术支持论者的欢呼声经常会掩盖了反对者的呼声，愿意和敢于尝试的研究者总是率先在调查中采用各种新的技术手段,进而在整个研究领域引发诸多的争论,甚至招来各种非议,但同时也促进了研究方法和工具的不断前进。

例如,1999年,美国著名的市场调查公司Harris Interactive的首席执行官高顿·布莱克(Gordon Black)曾宣称:"网络调查(Internet Survey)是一种替代性的技术——这里所谓的'替代性',是指网络调查这种全新的调查手段完全具备替代以往各种常规调查方法的能力,就像以前汽车取代马车一样[1]"。面对众多对该公司所开设的"Harris在线民意调查"的批评,布莱克则反驳道:"科技革命的过程确实是一件非常有意思的事情。那些墨守成规者总是顽固不化,但迟早会被适应技术发展潮流者所替代。"[2]

显然,对网络调查持反对意见者也大有人在。美国公众民意研究协会[3]的主席吉姆斯·本尼格(James Beniger)在其就职演说中,当谈到由于网络调查法的应用而对调查研究界所产生的影响时,则使用了"混乱的调查时代"这一词。他说:"在如今各种良莠不齐的非专业调查大行其道之时,我真心希望那些坚持调查研究的基本原则的调查机构能够逃过此劫。"

实际上,有关技术对调查研究领域影响的争论屡见不鲜,每一次技术的进步都会引发类似的争论。从20世纪70年代的"计算机辅助电话访谈"(CATI),80年代的"计算机辅助个人访谈"(CAPI),到90年代的"基于互联网的调查"(Internet-Based Survey),概莫能外。而且每次争执双方的态度和论调也同样如出一辙:一方总是为某种新技术的出现而兴奋不已;另一方则忧心忡忡。

1972年,调查专家尼尔森等(Nelson, Peyton, Bortner)发表了名为《论电话交互调查系统的使用》一文。文章指出,CATI能够有效地降低调查成本,缩短调查时间和提高调查数据的质量。现在,如果将此文中的CATI改为Web Survey,会发现这篇文章所阐述的观点同样也适用于今天对网络调查的争论。在文章的最后,通过对关于计算机辅助调查各种研究数据的多方比较之后,研究者得出的结论是:"从面对面调查方式转变为计算机辅助调查法,虽然通常都可以在某种程度上提高调查数据的质量,但总的来说,这种提高的程度并非如人们所想象的那样大。"同时,他们也指出:"当研究者真正使用了CATI和CAPI调查法之后,他们都会发现,以往各种有关这些新式调查工具的预言无一能够真正实现。换言之,CATI和CAPI既未像其支持者所预言的那样具有神奇的效果,同时也没有像其反对者所预料的那样使各种常规调查方式淘汰出局。"

此项研究说明,技术本身并无绝对的优劣之分,关键在于如何恰当地根据需要在研究过程中有效地利用它。众所周知,每一次技术的进步都为调查研究提供了新的技术手段和工具,也拓宽了调查研究的范围和广度。但同时不可否

---

[1] 1999年8月1日,Harris Interactive网站http://www.harris.interactive.com。
[2] *Wall Street Journal*,1999年4月13日。
[3] 美国公众民意研究协会:American Association for Public Opinion Research,简称AAPOR,是美国著名的调查研究机构。

认的是，这种新技术的应用同时也给调查研究领域带了新的需要解决的挑战和问题。因此，技术对调查研究的影响利弊参半，不能将之绝对化。例如，在调查研究领域，某些新技术手段的应用，确实在一定程度上提高了调查数据的质量，或者，至少降低了调查成本和调查时间。这方面，一个典型的例子就是"语音计算机辅助自我访谈"[①]。许多研究结果（Turner，1998）表明，当调查主题涉及各种敏感话题时（如私生活、经济收入等），利用这种新式调查工具，可以非常有效地提高调查数据的质量。

但另一方面，对于各种基于新技术的调查工具的不恰当使用，也可能会给调查研究行业带严重的消极影响。以往的情况表明，当某种新的调查技术工具出现后，不仅专业的调查研究者会采用它，同时其他一些非专业的人员或机构，同样也可能会由于这种技术进步所带来的调查研究活动本身复杂程度的降低而使用它。这种非专业人员大量利用新技术手段来进行调查活动的情形，极易造成各种缺乏严格科学组织的质量低劣调查活动的泛滥，使调查对象在面对铺天盖地的调查要求时不胜其烦，进而对这种调查方式产生不信任感。这种情况所造成的一个直接后果就是，当专业的调查研究者在进行严肃和有重大意义的调查项目时，调查对象也将之与前者一样拒之门外。这方面一个突出例子，就是美国80年代以后所出现的电话调查的过度使用。由于电话调查方法具有成本低、时间短和效率高的特点，一时间许多商业性的市场调查机构都将之作为最主要的调查方式，使得调查对象经常被各种调查电话所打扰。其直接后果就是导致电话调查的反馈率逐年下降。更令人担忧的是，这种状况使得那些进行真正有意义的专业调查研究者也深受其害。实际上，近年来，刚刚崭露头角的网络调查也即将面临类似的困境：由于愈演愈烈的电子邮件调查活动，使得许多调查对象都将之视为"垃圾邮件"。

因此，研究者认为，对于各种新的研究方法和研究工具，科学的态度应该是在保持开放接纳态度的前提下，对其应用方式、特点和优劣之处加以详细考察，在掌握其特点的情况下因材适用，在选择科学研究工具中扬长避短，根据研究项目的主题、对象和课题特点等来选择工具，提高科研之效率。

2. 计算机在调查研究中的应用——计算机辅助数据采集

如今在调查研究领域，计算机技术所带来的变化已经有目共睹：提高了调查的速度和效率，增强了数据采集的完整性和一致性。但更为重要的是变化还正在酝酿过程之中：调查数据采集种类的增加，可供选择的技术媒体、方法和模式的扩展等。相应地，这些变化同时将影响到调查研究的各个方面：受访者反馈的意愿和动机，调查员在数据采集过程中的角色，调查偏差和误差的降低，

[①] 语言计算机辅助自我访谈（Audio-Computer Assisted Self-Interviewing）：简称 CASI。

调查数据的表现形式，以及调查机构本身的人员结构和组织形式等。

2.1 计算机在调查研究领域的应用与发展

在西方调查研究领域，早在20世纪40年代，计算分类器①、制表机②和穿孔卡③等电子设备就开始被应用于调查数据的处理和分析。其后不久，随着计算机功能的不断增强，计算机开始逐渐替代数字记录器成为一种重要的研究工具。自20世纪60年代起，计算机技术本身的不断革新成为调查数据分析方法进步的主要动力之源。可以说，正是由于计算机技术的应用，才使得调查研究者在处理和分析调查数据方面的能力不断增强，越来越多的复杂和高级的统计方法被广泛地运用于调查研究之中。另外，随着时代的发展，政府和各类机构对调查数据的要求也愈来愈高，愈来愈复杂，如果缺少计算机的强有力支持，那么调查研究者根本无法应对这种日益增长的需求。

自从20世纪60年代之后，美国一些大型的市场调查机构和学术性研究部门开始在调查数据处理和统计过程使用计算机。例如，美国历史最为悠久的专业市场调查机构盖洛普公司最早在50年代末期就开始利用计算机来处理市场调查和民意测验的数据和结果；到60年代，美国少数大学中的调查研究中心也开始装备计算机。60年代初期，加州大学伯克利分校的调查研究中心就装备了一台IBM1620型计算机供研究者记录、统计和分析调查数据之用。从早期的应用情况看，计算机主要被用于调查数据的后期处理工作，如问卷调查结果的数据编码、输入、处理和统计等工作，同时，对于问卷编辑、排版、印刷和问卷的发送等方面并无实质性影响。但即使这样，计算机的应用仍然大幅度地提高了调查研究的整体效率。正如艾尔·巴比在回忆他在加州大学伯克利校区读研究生时所说的，"这种电脑（指IBM1620）记忆容量是24K，大约相当于24 000个字符的信息。但它足以供30~40个研究者使用，使这些研究者可以每年出一些书并发表一些文章"。（艾尔·巴比，2005）

而到20世纪70年代之后，计算机技术的迅速发展和推广应用又为调查法自身的改善与发展开拓了另一条更为广阔的途径。尽管由于研究对象的差异，在社会科学研究领域中，计算机技术对其研究效率和效果上的影响，远未达到像自然科学研究那样显著的程度，但确实为社会调查研究界展现了一幅令人向往的前景：计算机技术的快速发展很快就将其影响力扩展到调查研究过程的各个方面。在短短数年里，计算机技术对调查法的影响已不仅仅局限于数据收集方面，而是在整个调查流程上，从问卷设计、数据收集、录入、处理、分析、呈现以及研究效率

---

① 计算分类机（Counter—Sorter）：一种按照卡片上的孔的排列图形，把已穿好孔的卡片送入选定集卡箱中的设备。
② 制表机（Tabulator）：一种从穿孔卡上读取数据并将结果或结果的总和打印出来的装置。
③ 穿孔卡（Punch Card）：一种用于将数据输入计算机的媒介，是一张上面穿有代表字母或数字或表示相关信息的小孔组成的卡片，也被称 Hollerith Card。

和数据质量诸方面，都产生了重大影响。"电脑不仅对于问卷制作来说是一个很有价值的工具，从草拟、测试、修改到定稿，电脑都可以介入。同时，调查访谈的整个后续工作，例如，训练、制定工作进度、督导访谈员等等，也都可以交给电脑来处理。"（艾尔·巴比，2005）这一点在美国等西方发达国家的社会科学研究界表现得尤为明显。

另一方面，社会对于调查研究的强大需求，同样也对各种计算机辅助数据采集方式的出现和发展产生了很大的影响。70年代之后，在西方发达国家中，无论在公立还是私立机构中，对于经济发展水平评估，社会和健康发展趋势，市场决策，政府计划评价、政治选举和销售量变化等方面的调查要求日趋上升。这种情况不仅导致了调查数量的大幅度上升，同时也促进了调查机构本身数目、规模的不断扩大。在美国，从20世纪70年代初至90年代中期，大学和非营利机构调查机构的数目增加了5倍之多。与此同时，社会各界对于调查的时效、深度和主题方面的要求也都在不断提高，尤其是对一些敏感性问题的调查要求，如个人保健、毒品滥用和性生活等，也在不断增多。计算机辅助数据采集方法正是符合了上述的各种调查要求应运而生，并很快得到推广。调查领域本身的增长和对调查质量要求的提高，助长了这些新技术手段在调查研究中的出现和应用。

在美国，一定程度上，电话调查法的出现和迅速广泛应用，实际上就部分反映了上述调查行业发展的要求。1966年，美国建立了第一个面向全国的电话调查系统。最初开发计算机辅助电话调查（CATI）系统的主要目的，是想为管理和传递电话调查所获得的数据提供一种工具，以便促进其发展。当时只需要购买一套功能完整的CATI系统，再加上统计分析软件包和电话抽样本，就能够在只有数名专业人员的情况下建立一个调查机构。此后在美国，使用集中式电话系统作为主要调查手段的机构如雨后春笋般地发展起来。这种情景被一些调查研究者认为是调查研究行业"分权化"的集中表现。同时在欧洲，在20世纪80年代之前，几乎没有机构使用电话调查和CATI系统。但80年代之后，随着欧洲国家电话普及率的上升，这两种调查方法同样也开始盛行起来。

到20世纪80年代，受经济发展形势的影响，加拿大、荷兰、瑞典、英国等国的政府统计部门的经费预算被大幅度削减。这种外部的经费压力使得这些国家的统计调查机构不得不采取相应的措施以减少调查成本，如缩小数据的收集范围，采用更经济的数据处理工具和方法，以及利用各种技术手段来降低调查成本。在这种情况下，基于计算机的调查方法成为上述各国政府统计部门的发展重点，进而促进了"计算机辅助调查信息采集"（CASIC）的面世。

2.2 CASIC 的概念

"计算机辅助调查信息采集"[①],是由美国统计政策办公室的联邦统计方法委员会下属的 CASIC 小组委员会在 1988 年提出的一个调查研究领域的新术语。最初,他们对 CASIC 的定义是:"以应用计算机技术为特征的各种数据收集方法的统称,同时也包括在调查后期数据处理过程中各种基于计算机的电子数据交换方法。"当时研究者们提出这种定义的主要目的是试图提供一个概括性的专门术语[②],将以往常用的基于计算机技术的数据采集方式,如 CATI 和 CAPI,以及后来新出现的各种基于计算机的自填式数据采集方式,如 CSAQ、TDE、VRE 等,都统合于其中。

在对这个术语进行探讨和界定的过程中,虽然 CASIC 小组委员会强调,"计算机辅助调查信息采集"是一个专门针对调查数据采集的术语,不过他们同时也承认,这个术语同时也包括将计算机应用于"调查后期数据处理过程中各种基于计算机的电子数据交换方法",以及"将数据转换为各种恰当的格式"。因此,后来美国人口普查局和其他一些部门在使用 CASIC 这个术语时,则扩充了其涵盖范围:一是将上述所有的基于计算机的数据记录和数据处理的方法都囊括其中;二是也将各种与计算机数据采集和记录相关准备、支持和管理工作都名列其中;三是也把那些为后面的调查活动设计调查问卷交互界面方面的工作也当做 CASIC 的组成部分。

后来,密西根大学米克·库珀(Mick P. Couper,1998)教授则进一步对此概念进行梳理,使之成为一个调查研究方法界广泛认可的专门术语。按照他的观点,CASIC 可以被定义为:"一种将计算机技术应用于调查数据采集、记录、处理及与后期调查活动有关的各种工作的综合性方法,其中也包括将计算机技术应用于调查活动的准备、支持、管理以及各阶段工作之间的相互协调和配合等方面[③]。"

---

① 计算机辅助调查信息采集(Computer-Assisted Survey Information Collection):简称 CASIC。
② 当时,CASIC 小组委员会也提出了一个"计算机辅助自我调查"(CASI)的术语来将所有利用计算机来进行自填式数据采集的方法都囊括于其中。但实际上在这些技术中,许多方法都被当做一种纸笔调查法的补充形式,而不是一种独立的调查方法。有研究者指出,CASI 至少有三种含义:一是指当代各种基于计算机问卷的自填式数据方法的统称,通常包括"按键数据记录法"(TDE)和"声音辨别记录法"(VRE);二是被当做要求受访者通过操作计算机来进行自填式数据采集的各种方式的统称;三是特指那种有调查员在场的要求受访者自行操作计算机来进行数据采集的调查方法。
③ 由于 CASIC 最初是由美国政府调查统计机构提出,故其在北美诸国使用比较广泛。而在欧洲国家中,研究界则更多的是使用"计算机辅助数据采集"(Computer Assisted Data Collection,CADC)。另外也曾有学者建议使用一个更具有概括性的术语"计算机辅助调查方法"(Computer Assisted Survey Methodology,CASM)来代替原来含义模糊的 CASIC,但 CASM 恰好与另一个术语的简称"调查的认知研究"(CASM)相同,很容易产生误解。目前在英语国家的调查方法研究界中,"计算机辅助调查信息采集"(CASIC)在文献和学术交流中使用频率较高,已基本上被当做一个专门术语来使用。

综上所述，可以看出，CASIC并非是一种单独的调查技术，而是一系列基于计算机技术的多种调查方法的统称。具体地说，CASIC通常包括以下三类与计算机技术相关的调查方法：

  计算机辅助电话调查（CATI）
  计算机辅助个人访谈（CAPI）
  计算机辅助自填式数据采集（CSDC）

其中每一类又下属数种具体的调查方法。详细内容参见图4。

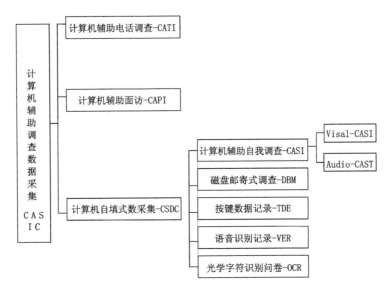

图4 计算机辅助调查信息采集（CASIC）分类示意图

2.3 CASIC的类型概述

以下将按照每一类方法出现的年代顺序，介绍其技术特点及应用状况。

2.3.1 计算机辅助电话调查（CATI）

  CATI是计算机辅助数据采集的第一种形式，其最初发源地在美国，后来在世界各国得到了广泛的应用。CATI的概念和想法首先是由AT&T公司的格莱伯（R. M. Gryb）提出的，而第一套CATI系统则是由科尔顿研究服务中心于1971年率先研制成功。"计算机辅助电话调查"及其简称CATI最初是由杰拉德·格莱瑟（Gerald Glasser）提出并申请了专利权，他与盖尔·梅提哲（Gale Metzger）共同合作在统计研究公司开发出第二套CATI系统。不过杰拉德并未继续坚持其对 CATI 系统名称的专有权，因此，使得 CATI 这个名称后来就演变成为类似系统的统称。此后，在随之而来的 70 年代和 80 年代初期，CATI 在美国等地风靡一时，许多市场调查机构都争先恐后地开发出了各自的 CATI 系统，或者向其他研发机构租借。到 80 年代以后，随着其他国家电话普及率的不断上升，CATI 的影响范围逐渐向欧洲等国家扩散。

CATI 在调查研究，尤其是在市场调查中的优势，自开始应用以后就得到了广泛的认同。那些第一批使用 CATI 系统的市场调查公司，如尼尔森（Nelson, 1972）都曾连篇累牍地宣传，认为 CATI 与传统的纸笔式电话调查相比，它能够有效地降低调查成本，减少调查时间和提高数据的质量。不过，对于这些优点，这些公司并未提供令人信服的实证性比较数据来支持这种观点。

当然，通过观察 CATI 的操作程序也可以清楚看出，由于将数据采集、数据记录和数据编辑三个调查流程合而为一，它确实可以减少整个调查所需的时间。然而，CATI 究竟是提高还是降低调查设计、组织管理和访谈的时间和效率，还有赖于系统的功能、实际使用情况以及调查本身的复杂程度。对许多市场调查公司来说，CATI 在理论上来说可以实现 24 小时连续不断地进行调查，确实明显地提高了调查组织管理效率。另外，由于可以通过计算机来控制问题跳转，而且在答题的同时进行逻辑错误检验，CATI 也被认为可以有效地减少跳答题错误和调查后期的资料编辑工作。不过对于国外多数调查机构来说，实际上并未将降低成本看做是采用 CATI 的主要原因，他们更多的是强调使用 CATI 可提高数据的质量，或者跟上调查行业变革的步伐。

美国大学里的调查研究中心从 20 世纪 70 年代起就开始独立地进行 CATI 系统的研制和开发工作。1978 年，加州大学伯克利分校和洛杉矶分校调查研究中心所实施的"加州残疾人调查"，是商业领域以外的第一次大规模 CATI 调查。在美国和加拿大，使用 CATI 系统的学术性非营利性机构的数目从 1978 年的 3 所增加到了 1987 年的 16 所；到 1990 年，采用 CATI 的机构数目则又增加到了 29 所，另外还有 10 个机构计划将在两年之内使用 CATI。在欧洲，第一所使用 CATI 系统的机构是荷兰的乌特勒支州立大学和英国的"社会与社区规划研究中心"。

在大学的调查研究中心中，研究者们为 CATI 系统的改进和完善作出了重要贡献。这主要表现在以下几个方面。第一，为了在学术和政府调查中获得较高的反馈率，研究者非常重视在使用 CATI 过程中安排有效的电话拨号次序和提高样本的复查；第二，为符合学术性调查问卷题型多样性的要求，研究者们增加了 CATI 系统中问卷设计方法的灵活性；第三，通过各种方法扩大了 CATI 系统受访者的反馈方式，使之已经接近于以往传统学术性民意调查的要求；第四，威斯康星大学调查研究实验室率先开始试用基于微型计算机的 CATI 系统。在当时，单机和联网微型计算机的出现，使得当时最小型的调查机构也具备了使用 CATI 系统的机会。

通过各种学术性会议和刊物，大学里 CATI 系统的研制者对这种新的调查方法在调查和统计行业的宣传和推广方面做了大量的工作。不过，与商业调查机构相比，学术性机构使用 CATI 系统以后，实际上并未在降低调查成本、提高问卷设计效率以及在电话调查的组织管理方面取得显显著效果。对于这些学者们来说，他们更强调的是 CATI 在数据采集方面的另外一些优点和目标。例如，学者非常强调 CATI 系统在使用"随机数字拨号"（RDD）进行抽样上的优势，也重视 CATI 在促进调查活动标准化和规范方面的作用。另外就是 CATI 在调查数据的编码、处理和统计等中的作用。此外，大学里的学者们也试图通过 CATI 的音视频监视功能和自动监控记录装置记录下的数据来研究受访者在调查过程的行为变化情况。可以说，这些学者们都非常重视技术进步对调查方法的促进作用。

除学术性调查机构以外，美国政府的一些官方机构也对 CATI 系统表现出了极大的兴趣。不过它们并没有自己来开发 CATI，而是采用研究资助和合同的方式支持大学对 CATI 系统的研制工作。1982 年，第一个采用 CATI 系统的美国政府机构是全国人口普查局（ACB）和全国农业统计服务中心（NASS）；同一年，荷兰统计局也开始使用 CATI。当时这些政府机构在收集数据时更多采用的是混合式调查法[①]，CATI 调查法只不过是其中的一种方法而已。

到 20 世纪 90 年代，在西方发达国家中，CATI 调查法已成为市场调查行业、大学研究机构和政府调查部门中被广泛应用的方法。1991 年，塞里斯（Saris）曾估计，在世界范围内，已有超过 1000 所机构正在使用 CATI 调查系统。不过 CATI 并未完全替代面对面的调查方式，尤其是在一些小型调查机构，传统的面访式调查仍然在使用。在 1992 年，一项针对美国专业调查机构的研究发现，虽然已经有 92% 的调查机构开始使用 CATI 系统，然而在实施调查时，在应用 CATI 系统的机构中，只有 10% 的机构将之作为唯一的调查方式。因此，实际上，美国的调查机构多数都在将 CATI 和面访结合在一起使用。同时，德国的研究者（Schneid，1991）也发现，1991 年大约在三分之一的德国调查机构正在使用 CATI 系统。这种情况说明，先进的调查技术或工具的应用并不会使传统调查方法失去市场，它们各有优势。

2.3.2 计算机辅助面访（CAPI）

就在 CATI 在市场调查研究行业大行其道之时，另一种基于计算机技术的调查方法——"计算机辅助面访"（CAPI）又出现在美国政府的统计部门中。CAPI 之所以首先在政府部门应用，一个重要原因是政府统计机构在实施调查时，

[①] 混合式调查法（Mixed-Mode Survey）：指在一项调查研究中，将面访、信函调查、电话调查或网络调查等方法综合于一起来收集数据的调查方式。其出发点是，每一种调查方法都各有利弊，其适用对象、适用研究主题、调查成本和数据质量各有优劣，将之综合应用，将在数据质量和调查成本方面达到一个较合理的协调。

为保证数据的准确性，非常强调采用面对面的调查方法；同时，还由于政府机构具备较雄厚的经济实力，有条件为大量的调查员配备当时还相当昂贵的便携式计算机设备。

实际上，早在20世纪70年代末期，就已经有人提出了将便携式计算机应用于面对面调查的想法。不过当时所面临的最大障碍是无法找到合适的硬件设备来将这种想法付诸现实。直到1985年，当第一代便携式计算机被制造出来之后，CAPI才开始步入实际应用。

1987年，美国斯坦福研究所和反馈分析研究中心进行了一次CAPI的实验：调查员带着重达20～25磅（9～11公斤）重的"便携式计算机"到受访者家中，然后通过电话拨号方式与总部的大型机联网，将受访者在计算机问卷上的答案直接通过电话线传递到总部的数据库中。不过，这次CAPI实验令多数调查员都叫苦不迭：一是这种便携式计算机一点儿也不"便携"，带着10余公斤重的设备到处访谈显然是一件非常辛苦的事情；二是当受访者在通过电话联网的便携式计算机上回答问题时，由于网络速度太慢，反馈答案向总部数据库中传递的速度慢得令人无法忍受。更令人恼火的是，受访者在回答问题的过程中经常掉线，使得调查不得不重新开始。

除美国以外，欧洲个别国家也开始了CAPI实验。瑞典统计局和荷兰统计局分别于1982年和1984年进行了试用。当时，尽管便携式计算机已经可以随身携带而且电池也已可支持一定的使用时间，但其运算速度、存储量和显示能力都无法适应调查的实际需要。例如，瑞典统计局在与一家计算机设备制造公司签订调查专用的便携式计算机合同时写道：这种计算机"不仅应该操作简便、性能可靠、重量轻便，而且也要符合人体工程学要求，……能够同时用于4至5次调查活动，并且无需充电就能至少够支持存储一天收集的调查数据"（Lyberg，1985）。当时的设想是，这种便携式计算机可用于面对面的调查、在受访者家中的面访以及在外的数据录入工作。经过技术人员的努力，这种便携计算机的样机虽然被成功制造出来，但却很快被在20世纪80年代中期出现的商业化笔记本电脑所替代。尽管这种商业化通用笔记本电脑并不能完全符合瑞典统计局所提出的全部要求，但它证明了这种为调查行业专门设计的设备道路是行不通的。

1987年1月，荷兰统计局使用一种运行CP/M系统的便携式计算机举行了"荷兰劳动力资源调查"，这是世界上第一次使用CAPI进行全国性的社会调查。同一年，美国分析中心（National Analysts）在实施"全国食品消费调查"中，也将CAPI作为一种数据采集方式。另外，法国在1987年的"劳动力资源调查"中也实验性地使用了CAPI。在这一时期，CAPI所使用的便携式计算机的主要局限在于其重量（重达15磅或7公斤）、屏幕的显示效果、运算性能以及电池寿命等方面，这使得在调查过程中受访者在操作时都感到极不舒服。不过在随后的数年里，这些问题都被技术的迅速发展而解决。

从1988年至1994年，CAPI的应用范围不断扩大。在经过一段时间的实验性应用之后，英国、加拿大、法国、瑞典和美国等国政府的劳动力调查都开始采用 CAPI（或者是 CAPI 与 CATI 结合使用）。同时，美国和英国的各种私立调查机构也开始在调查中采用 CAPI。到 90 年代末期，多数大型调查机构都已开始从传统的面对面调查向 CAPI 调查转变，或者已经完成这种转变。格林伯格（Greenberg，1994）的研究结果显示，在 1992 年，约有 23％的美国专业调查机构正在使用 CAPI 作为数据采集的一种方法；同时，约有不到 1/3 的专业调查机构仍然在使用面对面调查方法。

依据机构性质的不同，其对从纸笔式面访到 CAPI 转变所带来的优点的期待也各不相同。按照荷兰统计局和英国国家统计办公室（ONS）的设想，它们采用 CAPI 的主要目的是降低调查成本，而且它们也认为确实达到了预期效果。在所减少的调查成本中，效果最明显之处，就是大幅度地降低了调查后期的数据处理成本。这一点就在一定程度上抵消了采用 CAPI 时前期的设备和人员培训支出。不过通常情况下，无论学术性还是商业性调查机构采用 CAPI 的主要目的，更多的是通过使用更加复杂的问卷设计方式等其他更为先进的调查技巧来提高数据的质量，而不仅仅是降低调查的成本。

在早期的 CAPI 调查中，电子调查问卷或者是在调查机构的总部就事先安装在便携式计算机中，或者是通过磁盘传送给各地的调查员。而所获得的调查数据则被存储在磁盘中，通过信件返回机构总部进行处理。也就是说，虽然采用了 CAPI，但调查工作的组织管理和各地调查员的工作进度安排，仍然要通过书面表格、电话联系或磁盘交换的方式来进行。为了进一步简化机构总部与分散于各地的调查员之间的联系，1988 年，RTI 率先开始使用基于调制解调器的远程通信方式，并很快被其他机构进一步完善和推广。

当这些配备了 CAPI 便携计算机的调查员到全国各地进行调查时，他们就可以使用统一的设备在受访者家中实施调查。同时，一种通用的计算机辅助调查数据采集管理系统也被研制出来，用于统一管理和处理 CAPI 和 CATI 两种调查方式所收集到的数据。

目前，尽管便携式计算机已经成为政府统计部门实施 CAPI 调查的标准设备，但实际上随着技术的发展，又出现了一些可用于特殊调查的计算机类设备。例如，美国劳动力统计局（BLS）就正在计划使用手写式平板电脑来进行"消费者价格指数调查"；在 A. C. Neilsen 公司，其所使用的便携计算机则安装了条形码扫描仪，用于读取受访家庭所购买消费品的通用产品代码（UPC）和自制调查问卷中的反馈答案。另外，另外一种更加先进的"掌上电脑"（PDA）也开始被应用于 CAPI 调查之中。虽然 PDA 的屏幕和运算性能都要比笔记本电脑要逊色一些，但它的优势是轻便、耐用、价格便宜，而且电池的使用时间也更长。因此，PDA特别适用于在相对恶劣的环境下进行简单调查。另外这种设备也比较适用于在发展中国家进行的健康和人口调查中使用。

2.3.3 计算机自填式数据采集（CSDC）

所谓"自填式数据采集"，就是受访者自己阅读调查问卷，并自行填写答案的一种调查方式。以往将印刷问卷或表格通过邮件方式邮给受访者，并让其填写完毕之后再寄回的调查方式，就属于此类。当然，在办公室里以小组形式进行填写，或面访时直接交给受访者填写并当场回收，也是属于这种方法的一种表现形式。在过去的半个世纪里，由于计算机自填式数据采集方式产生了多种变化形式，不仅具有多样性的特点，而且在名称上相互之间也多有重复。这种多样性的变化，实际上就反映了调查研究中印刷问卷及与之相关的计算机电子问卷调查方式之间的密切关系。

实际上，早在很久以前，当计算机应用于医疗诊断和心理测验行业时，自填式电子问卷就已经开始使用了。在 1969 年 CATI 出现之前，这种让患者通过自己在计算机屏幕上阅读问卷并通过键盘填写的病历填写方式，就已经在大学的医学研究过程中得到了应用（Evan and Miller, 1969）。不过在调查研究领域，计算机自填式数据采集（Computerized Self-Administered Data Collection, CSDC）则是到 20 世纪 80 年代之后才开始出现在英国和美国（Kiesler and Sproull, 1986）。在这些早期的应用中，计算机自填式数据采集通常都被当做纸笔面访或邮件问卷的一种补充方式。

CSDC 实际上是利用计算机技术直接模仿了纸笔式问卷的寄出和返回的整个流程。在计算机自填式问卷调查中，电子问卷可以拷贝在软盘上邮寄给受访者，这种方法被称为"磁盘邮寄式调查法"[①]；另一种则是通过调制解调器或电子邮件发送至受访者的计算机中，这种方法被称为"电子邮件调查"[②]。在这两种方法中，受访者收到问卷后，在自己的计算机上打开电子问卷，填写完毕后，用信件或调制解调器再返回至调查机构。这种 CSDC 方法目前不仅被学术和商业性调查机构用于对特定专业群体的调查，同时也被政府机构用于对工商业机构的全国性调查。CSDC 的首次应用是在 1988 年美国的"能源信息管理委员会"（EIA）的调查中。

显然，CSDC 的一个重大缺陷就是它只能被用于对那些拥有计算机的受访者进行调查，而且还要求计算机必须安装有适当的操作系统和进行相应的设置。由于这种对象覆盖偏差的存在，这种方法根本不适用于针对普通公众的调查。克服这种障碍的一个办法，就是通过正常的抽样选出抽样对象，然后为那些没有计算机设备的对象提供相应设备。这样，计算机就可以被当做一种诱使受访者经常参加调查的诱因。1986 年，盖洛普荷兰分民意调查公司就利用这种方法进行了第一次欧洲消费者固定样本调查。

---

① 磁盘邮寄式调查法（Disk-by-Mail Survey）：简称 DBM。
② 电子邮件调查（E-Mail Survey）：简称 EMS。

同时，另外一种计算机自我调查法则体现了 CAPI 的进一步发展。在 CAPI 调查中，调查员在把便携计算机送至受访者家中之后就会离开，让受访者自己阅读电脑屏幕上的问卷并通过键盘自行选择回答。等到受访者完成问卷之后再回来取走计算机。这种方法可以有效地避免在传统纸笔面访时，受访者在面对各种敏感性问题或当着家人时不愿作答情况的出现。这种调查法被称为"计算机辅助自我调查"（CASI）。

后来又出现了一种新式的计算机辅助面访，被称为"语音计算机辅助面访"（Audio-CASI，或 ACASI）。这种方法的使用过程是：受访者戴着耳机坐在便携计算机屏幕前，在调查问卷显示在屏幕的同时，受访者也会在耳机中听到通过电脑语音合成器传出的阅读声。当受访者通过键盘选择了一个题的答案后，下一道题的文字内容和声音就会自动呈现。为了与这种语音 CASI 区别，原来那种没有语音提示功能的 CASI 则被称为视觉 CASI（Video-CASI，或 VCASIC）。语音 CASI 的优势在于最大限度地保护了受访者在回答敏感性问题时的隐私权，而且也使得受访者无须识字就可回答问题。

另外一种调查法则只需受访者按电话机的按键就可以参加调查，这种方法被称为"按键数据输入法"[①]。其一般使用法是：受访者拨通调查机构提供的免费电话，系统则会自动通过语音的方式向受访者读出事先录制好的调查问题，根据系统的提示，受访者则通过按电话机上不同按键的方式进行回答。

第一次使用 TDE 是美国劳工统计局（Bureau of Labour Statistics）在 1987 年进行的"美国就业率统计调查"。从此以后，TDE 就开始被广泛用于其他商业性调查。1994 年，TDE 也曾在针对一般公众的调查中试用。TDE 在功能上与前面提到的"电话 ACASI"非常类似，只不过在 TDE 中，受访者是直接拨通调查机构的电话，而在"电话 ACASI"中，调查员要先与受访者通过电话进行联系，然后再把访谈的任务转交给计算机系统完成。

"声音识别记录法"[②] 则是另一种与 TDE 类似的调查方法，它们的主要区别在于：VRE 能直接记录受访者的声音回答，而 TDE 则需要受访者通过按键方式回答。其使用方法是：当受访者拨通电话后，计算机系统就会自动向受访者朗读出调查问题；受访者回答之后，系统则会自动分析、识别和记录答案。若系统无法识别受访者的回答，则会自动重复提问或提出相关的问题。根据不同类型 VRE 系统的复杂程度，受访者可以用是或否、单个的数字、连续的数字、语音单词或姓名的字母拼写等方式来进行回答。

在商业性调查机构中，小型的 VRE 系统可被用于替代或补充 TDE 调查，也可用于固定样本调查。1992 年，这种调查方法被英国环境研究中心（Centre for Environmental Studies）用于调查。另外，大型的 VRE 系统则被当做 CATI

[①] 按键数据输入法（Touchtone Data Entry）：简称 TDE。
[②] 声音识别记录法（Voice Recognition Entry）：简称 VRE。

消费者固定样本调查的补充。在 2000 年，VRE 也曾被当做一种可选方法用于美国每十年一次的人口普查。

2.4 CASIC 对调查研究行业的影响

关于 CASIC 对于整个调查研究行业所产生的影响，最为重要的表现形式，可能就是使整个调查研究领域都对计算机技术的强大潜能留下了深刻印象，正如有研究者所指出的，"过去二十多年计算机技术的成功应用经历，也使得人们对其未来发展前景的预测产生了重要影响。包括调查研究界在内的许多决策者都认为，计算机的应用能够极大地提高各种与纸笔有关的事务性工作的速度、效率和准确性。的确，过去的经验已经充分证明了这一点，无论在金融、商务旅行，还是在各种调查活动中，计算机的应用确实提高了工作的效率。毫无疑问，以往这些计算机技术成功应用的经验，使调查研究者自然而然地对于计算机将来可能在调查数据采集扮演的角色更是充满了信心。相应地，这种信心又推动了计算机辅助调查数据采集的快速发展。即使它的效果在短期内无法显现的情况下，调查研究者们仍然对其作用坚信不疑"。（Couper，1998）

除此之外，CASIC 同时也对调查研究的效率、调查过程和调查机构的发展产生了重要和深远的影响。

2.4.1 对调查研究效率的影响

计算机辅助数据采取对于调查研究效率的影响实际上并不是一个很容易回答的问题。有研究者曾经指出，"CASIC 对于调查研究效率的影响实际上并非是线性关系，或者说是一一对应的关系"。（Couper，1998）许多实践和研究结果表明，若想比较和评价 CASIC 与传统纸笔调查之间对调查研究效率的影响，首先应考虑以下三个方面的因素：

第一，对于特定的调查来说，使用 CASIC 的实际效果部分地取决于该调查项目管理者事先的预期。有些管理者采用 CASIC 的主要目的，可能是看中了 CASIC 降低调查成本或减少调查时间的特点；也有一些则更希望使用 CASIC 之后能够提高调查数据的质量，而降低调查成本只是次要的考虑因素；同时另外一些调查管理者使用 CASIC 的原因，可能是它能够使调查者获得更多类型、更详细、更有深度的调查数据，而这是传统纸笔面访所无法提供的。当然，还会有其他更多的原因，如能够提高调查活动的标准化，或者使调查具备更强的灵活性等。塞里斯（Saris，1990）的研究发现，尽管 CASIC 具备降低调查成本、增加调查效率和提高数据质量的功能，但是要想在同一时间内实现这三种功能则几乎是不可能的。虽然人们可以列出一长列 CASIC 的各种优点，但这种原则仍然适用。换言之，调查者不可能同时实现 CASIC 的所有优点，通常的情况是顾此就可能失彼。

第二，在 CASIC 这个术语所包含的各种不同的技术应用方式中，每种方式都各有优劣之处。例如维克斯（Weeks，1992）的研究表明，与传统的纸笔调查法相比，计算机辅助调查若应用得当的话，可以提高数据的质量，但同时并不一定能够降低调查的成本；同样，尼古拉斯（Nicholls，1997）等人的研究也说明，在商业调查过程中，利用 TDE 来代替纸笔式问卷或电话调查，经常可以在不影响数据质量的前提下，能够达到降低调查成本的效果。

第三，调查设计和应用方式中的其他一些因素也会影响到 CASIC 的相对绩效特点。迪尔曼指出，在大型调查中，与传统的数据键盘录入方式相比，光电扫描法和光学字符识别技术可以降低调查的成本。但是在小型调查中则未必如此。其主要原因在于，学术性、商业性和政府性调查项目在调查设计和目标上各有特点，在某一种类型的机构中使用 CASIC 的经验未必能够适用于另一类型的机构。

在以上三个原则之上，有研究者提出了关于 CASIC 对调查研究效率影响的看法：

首先，在数据和数据制表方面，CASIC 方法通常会减少时间，提高工作效率。

其次，尽管已经有了大量的实例证明，CATI 或 CAPI 的应用会通过调查机构人员结构的方式而相应带来成本的降低，但这并不意味着从纸笔式的调查转变到 CATI 或 CAPI 肯定都达到降低成本的效果。

最后，虽然大量研究结果表明，CAI 运用得当的话，可以提高调查数据的质量。但是正如尼古拉斯所指出的，尽管"通过减少问题选项的无应答率和调查后期的数据编辑错误，CAI 的应用已经大大提高了数据的质量"。但实际上，这种说法都处于"未曾经过严格控制研究"而得到证实。有关 CASIC 的应用而导致数据质量提高，尤其是减少测量误差的说法，都是一些模棱两可的结果。

2.4.2 对调查机构发展产生的影响

整体来看，目前 CASIC 对于调查界的影响可能仍然处于初期，由于技术日新月异的变化经常使得人们对未来的预测总是不断落空。因此，从这个角度来说，不同的 CASIC 技术可能为调查领域带来各不相同，甚至截然相反的结果。例如，CATI 系统的应用导致了集中式电话调查的扩展，并打破了以往大型调查机构垄断整个调查行业的状况。因为对于那些财力不太雄厚的中小型调查机构来说，它们也可以在不需要大量专业调查人员的情况下，就能以相对较低的成本建立起自己的 CATI 系统进行各种调查活动。而与此相反，其他一些更先进、更昂贵的 CASIC 调查方法，如 CAPI 和 ACASI，则起到了相反的效果，尤其是电话调查反馈率持续下降和国际调查快速上升之时。只有那些最大型、资本最雄厚的调查机构才有能力建立和维持这样一种跨地域性的庞大数据采集系统。而对于那些实力较弱的调查机构来说，其要么被淘汰出局，要么就是致力于使用一些最便宜的 CASIC 方法，如通过互联网来实施调查活动。

因此，在未来的发展过程中，究竟哪一种 CASIC 技术将会成为今后的主要调查方法，可能更多的是依赖其自身的技术能力和能在多大程度上满足调查研究的传统绩效标准：成本、效率、覆盖率、问卷和选项反馈率以及测量的准确性等。

英国的一项调查结果显示（见表3），在 202 所调查机构中，43％的机构宣称提供 CATI、CAPI 或两者都提供。其中有 38％的机构使用 CATI，22％的机构使用 CAPI。这说明，CATI 的应用要比 CAPI 广泛得多。

表 3　1996 年英国市场调查业年鉴中关于各调查机构使用 CAI 的情况

	年营业额　货币单位：英镑		
	低于 100 万	100 万～500 万	高于 500 万英镑
使用某种 CAI 的机构	23	63	88
只使用 CATI 的机构	13	36	17
只使用 CAPI 的机构	5	8	——
同时使用 CATI 和 CAPI 的机构	5	19	71
使用 CATI 的机构总数	18	55	88
使用 CAPI 的机构总数	10	27	71
基数	(111)	(67)	(24)

数据来源：M. P. Couper, R. P. Baker, J. Bethlehem, etc. Computer Assisted Survey Information Collection. New York：Wiley, 1998.

研究结果也表明，机构的规模不同，其应用 CATI 和 CAPI 的情况差异很显著。如上表所示，在规模最小的调查机构中（每年的营业额少于 100 万英镑），只有 1/4 的机构使用 CAI 调查，同时，只有 1/10 的机构使用 CAPI 调查。而另一方面，在那些规模最大的调查机构（每年营业额高于 500 万英镑）中，88％的机构使用 CAI 调查；71％的机构同时使用 CAPI 和 CATI。

另一项调查结果显示了计算机辅助调查信息采集（CASIC）的三种形式（CATI、CAPI 和 CASI）在英国调查机构的应用与发展情况（见图5）。从中可以看出，在 20 世纪 80 年代之后的 10 年中，采用 CATI 的机构数量出现了大幅度的上升；另外在 90 年代以后的 6 年中，采用 CATI 的机构数量则增加了一倍。同样可以看出，在随后几年中，采用 CATI 的机构数量仍然呈上升趋势。

相对来说，CAPI 则是一种近年来才发展起来的技术。尽管自 90 年代以后，采用 CAPI 的机构数量增加了三倍，但其总数仅略高于 10 年以前使用 CATI 的机构数目。这种结果是研究者意料之中的，因为采用 CAPI 需要比 CATI 更多的投资经费。除此以外，还有一个更重要的原因，CATI 是基于电话调查法而出现的一种相对较新式的调查方法；而 CAPI 则代表了传统面对面调查的进一步拓展。从发展趋势来看，在未来数年里，采用 CAPI 的机构毫无下降的迹象。CASI 则是 CAPI 的进一步发展。如图所示，近年来它的增长速度也很快。

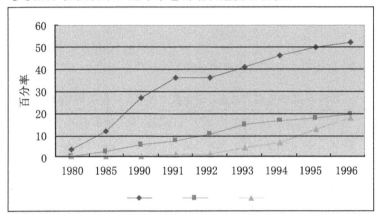

图 5　英国调查机构中 CATI、CAPI 和 CASI 的采用比例

综上所述，可以看出，基于计算机技术的各种新式调查研究方法确实对调查行业的发展产生了不可忽视的影响，而且这种影响的程度还在不断加深。

3. 互联网在调查研究中的应用——网络调查法

20 世纪 90 年代之后，美国政府 NII 工程（National Information Infrastructure）的建设开始使之在全球范围内率先步入了互联网时代。其后，随着互联网络在世界各国的广泛应用，一种新式的基于互联网的调查方法开始出现：网络调查法，它为调查研究法的数据收集方式提供了一种更加方便和快捷的工具。

基于互联网的调查最早出现于 20 世纪 80 年代末期至 90 年代初期。实际上，在互联网尚未普及应用之前，就已有研究者开始尝试利用电子邮件来进行调查研究，出现了最早的电子邮件调查（E-mail Survey）。不过与今天网络调查不同的是，当时的电子邮件仅包含静态和 ASCII 形式的内容信息，然后通过局域网来发放[①]。当时的电子邮件问卷与印刷问卷一样，都采用线性编辑格式，而且问卷的长度也受到限制。另外，由于当时的电子邮件都是文本格式，因此其文档排版都处于初期。虽然当时也有研究者曾设想这种新颖的调查工具有可

---

① 后来，电子邮件具备了发送附件和可执行性文件之后，大大拓展了其应用能力。如今电子邮件已经能够向调查对象发送能够在其计算机上运行的问卷程序。调查对象填写完问卷之后则可通过信函或电子邮件的方式返回。

能提高调查反馈率,但实际上与印刷问卷相比,当时这种电子邮件的主要优势还是集中在能够减少问卷发放和回收的时间及成本方面。尽管如此,那些刚开始使用电子邮件调查法的研究者还是对它表现出了极大的兴趣。例如斯布罗尔和凯瑟勒(Sproull & Kiesler,1991)曾归纳出电子邮件调查的特点:

电子邮件调查具有即时性:电子邮件的传输非常迅速,传递出去的讯息最快几乎可立即被接收,即使是越洋传输,也只需数小时即可抵达沟通对象。

电子邮件调查具有异步性:这是电子邮件最与众不同之处,使用时不必沟通双方同时都在线,这使电子邮件比电话更人性化,使人际沟通更自由。

电子邮件问卷具有随时保存性与可编辑性:将信件存于计算机,不但节省空间,也很方便,检索起来更有条理,非常省时。

电子邮件调查具有群发性:电子邮件提供沟通者可同时向多位受访者传播信息的功能,省了一对一沟通的麻烦与重复,另外又达到比布告栏更直接的信息传递效果。

20世纪90年代初期和中期之后,伴随着互联网的迅速发展,基于网络的调查(Web Survey)逐渐开始成为一种替代电子邮件调查的新式工具。与早期的ASCII文本格式的电子邮件问卷相比,这种基于网络的问卷不仅使电子调查具备了多媒体的功能,如音频和视频,而且还提高了问卷的用户界面友好性和交互功能。例如,相对于便利抽样来说,研究者即使不知道调查对象的电子邮件信箱,同样也可进行网络问卷调查。

90年代末期,越来越多的研究者开始关注互联网在调查研究领域的应用。美国内华达州大学商学院的学者朱迪·斯特斯(Judy Strauss,1998)就曾指出,"目前,无论学术界还是市场调查行业,都在为一种高效便捷的新调查研究方法而欢欣鼓舞,这种新方法就是各种基于互联网的调查法,如电子邮件、新闻组和网络问卷等"。他在一项研究中发现,早在1986年,就已经有美国学者开始使用所谓的"在线研究法"[1]进行研究活动(见表4);而到了90年代之后,有部分美国研究机构也利用这种方式进行调查研究活动(见表5)。

---

[1] 在线研究法(Online-Research):简称OLR,按照朱迪·斯特斯的观点,所谓"在线研究法"是指一种通过计算机网络而实施的市场调查研究方法或活动。这里,"网络"既包括某个机构内部的局域网(Intranet),也包括遍及全球的国际互联网(Internet)。通常,"国际互联网"的常用应用方式包括电子邮件、电子公告板和万维网(WWW)等。有研究者认为,"在线研究"实际上与以往各种基于计算机的调查研究方法,尤其是计算机辅助自我调查(CAPI)有着千丝万缕的联系。从某种意义来说,"在线研究"实际上是一种网络环境下的CAPI研究方法。

表4　1986－1995年期间美国研究者利用在线调查法实施的研究项目

研究者	时间	抽样方法	样本数量	反馈率
Haines & Rabinowitz	1995年	1. 随机电子邮件fingering 2. 新闻组网络发布 3. 邮局发送	24 11 4	51% 32% 57%
FIND/SVP2		新闻组网络地址收集	22	21%
Kiesler & Sproull	1986年	大学校园网的电子邮件	100	66%
Miller	1994年	6个邮件列表（mailing list）	300	—
Perry	1995年	18个邮件列表	84	—
Walsh 等人	1992年	私立科学网络用户	228	76%

表5　1994－1995年期间美国使用在线调查法的调查机构

研究机构	调查样本数	研究目标	调查时间
CyberPages#	510	关于焦点时事的民意调查	8个月
Dalton Associates#	250	新产品开发调查	3周
DASAR#	3000	顾客满意度调查	5个月
GVU（1994） 包括以下5项调查： 调查1 调查2 调查3 调查4 调查5	全体上网者 1344 701 481 1079 1000+	第一次互联网使用者状况调查 上网者的一般情况及人口统计状况 Html使用经验 HTTP使用经验 Mosaic（最早出现的Internet上的WEB浏览器）软件评价 网络浏览器和互联网应用	共计 1个月
GVU和Hermes（1994） 包括以下5项调查： 调查1 调查2 调查3 调查4 调查5	 3522 2921 1669 — —	第二次互联网使用者状况调查 上网者的一般情况及人口统计状况 有关网络浏览器方面的信息 Html使用经验 Hermes客户调查预测验 Hermes客户调查预测验	共计38天
GVU和Hermes（1995） 3项调查 2项调查※	2134－13006 —	第三次互联网使用者人口统计学背景、网络浏览器和编程状况调查	—
On-line Advertising※	250	网站访客登录	3周
Mika Rissa 和Co Oy	554	上网者概况	30天
SRI－VALS survey#	8500	VALS及其使用者特征	6个月

注：# 表示该机构同时也使用电话调查法或电子邮件调查法

朱迪·斯特斯认为，实际上，"在线研究法"（Online Research）是一种计算机辅助自我调查法（CAPI）与自填式问卷相互结合的产物。在 CAPI 中，在访谈员的协助下，调查对象可直接通过操作键盘和鼠标的方式来填写显示于计算机屏幕上的调查问卷。而在线研究方法中，电子调查问卷则通过计算机网络传递给那些具有相应技术条件的受访者。这时在线研究是通过受访者的自选（自愿）和自填问卷来进行，计算机和互联网扮演着一种联系研究者与受访者之间的中介物而非访谈员的角色。

虽然存在着一些争论，但整体来看，国外研究者对于这种基于互联网的新式研究方法的未来发展前景都充满了信心。美国 Results Direct 市场调查公司的专家汤姆·麦克乃姆（Tom McName，1995）曾指出，利用互联网进行市场调查研究是一种快捷、低成本和能够提供无须录入数据的一种新式调查方法，同时它也有利于研究者来实施长期的历时调查研究。因此，无论对于研究者还是商业客户，网络调查法的吸引力都将是巨大的。另外一些专家们也曾指出，在线研究法不仅能够方便分布于世界各地的对象前来参加调查，同时，其独特的问题选择自动跳转功能也有利于减轻受访者的填写负担，而且问卷的提交也是非常方便。更为重要的是，计算机和互联网所构建的匿名环境也非常有利于研究者进行各种敏感性问题的调查和研究，它可以有效降低调查对象回答问题时的社会期待效应。目前互联网上存在的各种新闻组和邮件列表包含了大量能够满足特殊研究需要的特殊群体，这为研究者实施一些特殊的研究课题提供了前所未有的方便条件。而且从长远发展的角度来看，无论在发达国家还是发展中国家，互联网的普及率都在逐年上升，网络用户也在迅速增长，这同样也为在线研究法的应用提供了越来越坚实的技术基础。

3.1　网络调查法的术语与概念

作为一种新兴的研究方法和工具，目前世界各国的研究者对于"网络调查法"的术语、概念、类型和使用方式等问题都处于探索过程之中，尚未形成较一致的看法和观点。例如，目前各国研究者即使对于这种方法所使用的术语和名称仍然各不相同。有学者称之为"互联网调查法"（Internet Survey），也有人称为"在线调查法"（Online Survey），或者是"网络调查法"（Web Survey）、"电子调查法"（E-survey）等，不一而足。

通常文献检索，研究者发现，根据目前的术语使用现状和未来发展趋势来看，"网络调查法"（Web Survey）使用的频率相对较高，是国外研究者在提及此方法时经常使用的一个术语。文献检索结果显示，在目前网络调查法应用最为普遍的美国，研究者们在谈到网络调查时，多数都使用"Web Survey"。例如，目前美国调查研究界最为著名的两位学者：美国密西根大学社会研究所①的米克·库泊（Mick P. Couper）教授②和美国华盛顿州立大学社会科学研究所的唐·迪尔曼（Don. Dillman）教授③，在他们所发表的各种学术论文和专著中，都将这种基于计算机和互联网的新式调查方法称为"Web Survey"。

另外，目前在欧洲国家中，研究者也主要倾向于使用"Web Survey"这个术语。例如，在欧盟的一个名为"第五框架计划"（The Fifth Framework Programme）的研究资助计划中，将有关网络调查法的研究作为重点资助的一个项目，该项目名称为"网络调查研究方法"（Web Survey Methodology）④。目前，该项目的参与者来自于德国、瑞典、意大利和斯洛文尼亚等国，是目前在欧洲影响最大的一个关于网络调查法的科研项目。

同时从技术的角度来看，虽然"Web Survey"这个术语最初的含意主要是指"基于网页的调查"，即利用各种网页制作技术（如 Html 等）来将问卷转换为网页，置于互联网上让受访者来填写。它应该属于是"在线调查法"（Online Survey）的一种，实际上还有其他各种在线调查法，如电子邮件调查（E-mail Survey）和下载式文件调查（Downloadable Survey）等。但随着信息技术的发展，目前从技术的先进程度、成熟性以及应用的普遍性来看，这种"基于网页的调查"已经成为目前世界各国研究者使用最为广泛的方式，绝大多数网络调查项目都是利用网页方式来实施，电子邮件和下载文件式的调查方式已经比较少见。因此，从这个角度来说，使用"网络调查法"（Web Survey）比较符合该方法目前的实际情况及未来发展趋势，故本书中将统一使用此术语来特指网络调查法。

在确定所用术语的基础之上，下面接着讨论网络调查法的概念及内涵。

与上述术语应用类似，目前研究界对于"网络调查法"概念的理解同样也有一定的差异。例如，美国著名调查专家米克·库泊就曾指出，"'网络调查'（Web Survey）这个词包括许多种方法，它们有不同的目的、不同的总体和目标群体。"（Mick P. Couper, 2002）。同时，国内也有研究者（柯惠新，2002）认

---

① 美国密西根大学社会研究所：该所是美国大学中最早成立的社会调查研究机构之一，自 20 世纪 60 年代起便开始社会调查研究方法的应用与研究，被认为是美国调查研究领域具有代表性的研究机构。

② 米克·库泊（Mick P. Couper）教授：美国 GPS（General Population Survey）的调查方法专家组成员之一。米克·库泊原来一向专注于信函和电话问卷设计与实施方法的研究，他是目前在计算机辅助电话调查中普遍使用的抽样方式 RDD 法的最早提出者，但自 20 世纪 90 年代起，他开始关注电子问卷的设计与应用，并于 1997 年主编出版了第一本有关电子问卷设计与应用的著作：*Computer Assisted Survey Information Collection*，同时也发表了大量的有关电子问卷设计的论文。另外，米克·库泊也正在主持一项美国自然科学基金资助项目，"Social Presence Effect in Web Survey"。

③ 唐·迪尔曼（Don. Dillman）教授：是美国联邦人口普查局（U. S. Bureau of the Census）邀请之研究方法专家，其于 20 世纪 80 年代所著之 *Mail and Telephone Surveys: The Total Design Method*，被认为是电话调查法的奠基性著作，开启了电话调查法在美国乃至西方社会科学研究领域应用之先河。而 1999 年，到此书第二次修订时，其书名则变成了：*Mail and Internet Surveys: The Tailored Design Method*，从中可以看出互联网对调查研究方法的深刻影响。

④ "网络调查研究方法"（Web Survey Methodology）：详细信息见其网站：http://www.websm.org。

为,"目前关于网络调查的概念比较混乱,不少人所理解的网络调查可能指的是完全不同的研究。"

例如,有研究者指出,不同行业或领域的研究者在使用"网络调查"这个概念时,其所包含的概念和内涵可能大相径庭。通常来看,"互联网调查有三个主要方面:受众测量,通常是通过观测来实现而不是通过问卷访问受访者;定量研究,例如问卷调查;定性研究,如开放问题的讨论等。"(Kuma,2004)其中,所谓"受众测量",就是指对互联网受众最基本的测量或者那些可以登录互联网的用户数量,主要方法包括:日志文件分析法[①]、固定样本调查法以及 ISP 缓存法[②]。

同样,郝格(Hogg,2002)也曾将"在线研究"(Online Research)分为三种:"网站行为监控研究"、"网络质化研究"及"网络调查研究"。其中,"网站行为监控研究"是由软件可用性测试而来,为伴随着互联网的产生而兴起的崭新研究领域。研究者利用实验环境或网站服务器使用之纪录,经监控而了解使用者利用网站的行为,可作为改善网站及浏览设计与宣传上之用途等。

另外,国内也有研究者(柯惠新,2002)认为,从研究目的、内容和技术手段等方面来看,目前有两种不同含义的网络调查:

第一种是以互联网络为数据收集工具进行的调查:在调查目标方面,这一类调查与通常的社会科学调查、商业性的市场调查和民意调查基本相同。不过与传统的调查相比,其主要的区别在于,以往所使用的数据采取工具,如印刷问卷、访谈提纲和电话访谈,现在变成了基于互联网的诸类工具和手段,如网页问卷、新闻讨论区和在线聊天室等,以此为基础来研究调查对象的行为或心理特征等。概括而言,这种网络调查方法可细分为两种:网络定量研究方法和网络定性研究方法。

第二种是测量互联网络使用情况的调查:这一类调查的目的主要是测量网站的流量以及网站使用者的数量、结构和行为。其中测量网站的流量主要包括网站数量、网页数量、网站的访问量、唯一用户数、页面浏览数、浏览时数、到达率、忠诚度(重复访问的频率)、购买率等;测量网站的使用者主要包括使用者的数量、结构和分布、上网的目的、使用网络的基本情况、行为、态度等。另外,这一类调查还包括网络广告方面的监测:网络广告的发布量、网络广告被点击的情况等。有研究者(Jephcott,2000)将之细分为三种:"基于网

[①] 日志文件分析法:日志文件指的是 Web 服务器或代理服务器创建的文件,文件上包含着服务器上访问活动的全部信息。在服务器上安装了相关的统计软件,就可以收集到所有入站的流量。为了保证准确性,一般还要结合人工检查。

[②] ISP 缓存法:是一种测量网站用户的方法,由于大多数的用户通过 ISP 登录互联网,并且所有的 ISP 都使用代理缓存,分析 ISP 自己的日志文件可以提供关于网站使用的准确数字,前提是只要 ISP 的样本有足够的代表性。

站的测量方法"[①]、"基于用户的测量方法"[②] 和 "基于广告的测量"[③]。

出于主要为社会科学研究服务的目的，在本书中，研究者将"网络调查法"界定为一种以互联网为数据收集工具的调查研究方法，同时并不包括针对互联网自身应用情况的调查。换言之，在本书中所谈及的"网络调查"，都采用上述第一种含义。

综上所述，以下对"网络调查法"提出一个初步的描述性定义：

"网络调查法"（Web Survey），是一种以各种基于互联网的技术手段为研究工具，利用网页问卷、电子邮件问卷、网上聊天室、电子公告板等网络多媒体通信手段来收集调查数据和访谈资料的一种新式调查方法。该方法充分利用了计算机国际互联网（Internet）的信息交流与远程交互功能，将网页制作技术、数据库管理技术和远程控制等技术结合于一体，使得研究者能够通过互联网络来收集、管理和处理调查研究的数据和信息，不仅降低了科研的成本，提高了科学研究的效率，同时也增加了调查数据收集的准确性和科学性，有效地降低了传统印刷问卷调查可能出现的各种调查测量误差。

3.2 网络调查法的类型

作为一种以现代信息通信技术为工具的调查方法，网络调查法的突出特点在于其技术性。因此，计算机和网络技术的任何新发展，都有可能被很快应用于网络调查之中；同时，那些落后的技术则可能被很快抛弃，以这些技术为基础的那种网络调查法也就很快随之消失。正是由于具有这种特点，使得网络调查的类型呈现出多样化和多变性的特点。例如，在网络调查法发展的早期，电子邮件调查法（E-mail Survey）和下载式交互调查（Downloadable Interactive Survey）是两种最常用的网络调查方法。但到90年代后期，随着计算机技术的迅速发展，这两种操作复杂且容易传播计算机病毒的调查方式则很快被淘汰。基于网页的调查（Web-Based Survey）则成为使用最为普遍的网络调查方式。

从目前国外研究者对于网络调查法分类方面的研究成果来看，对于网络调查法的类型，研究者主要提出了两种分类方式：

第一种是以研究范式作为分类标准，将网络调查法划分为"网络定量研究"

---

① 基于网站的测量方法：也称为"服务器方测量"，主要通过网站服务器的 log 进入量的统计来提供网站的使用情况或受众的测量量，提供的是有关网站的"供应量"的数据。这一类的测量需要有专门的软件，例如 WebTrends 软件等。

② 基于用户的测量方法：主要通过对使用网络媒体的个人的即时跟踪来提供对受众的测量量，测量的对象主要是互联网用户或网民，提供的是有关用户的"消费量"的数据。目前国际上常用的具体测量方法有两类：固定样本的用户测量以及用户结构、分布和行为的调查。

③ 基于广告的测量：主要通过广告服务器的 log 进入量的统计来提供网站的使用情况或受众的测量。实际上这一类的测量也属于用户为中心测量中的基于固定样本的测量，只是这一类的测量更强调对广告横幅的跟踪，其数据报告一般会详细地给出按照横幅广告、广告主和域名分类的结果。这一类的测量类似于传统媒体中的广告监测。

和"网络质性研究"。其详细分类如图 6 所示。

第二种分类方法则是以调查抽样方式为分类标准,据此将网络调查划分为"基于便利抽样的网络调查"和"基于概率抽样的网络调查"。其详细分类如图 7 所示:

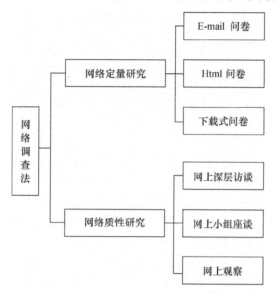

图 6 以研究范式为分类标准的网络调查法类型

3.2.1 基于研究范式的网络调查法分类

如同各种传统社会科学研究方法的分类一样,在基于互联网的研究中,同样也存在着定量与质性两种不同的研究范式。吉姆斯·考斯提根(James T. Costigan, 1999)曾指出:"网络之社会科学研究可分两道主流:一以大样本数据收集为标的,试图从整体社会趋势归纳出网络对人类社会之影响,此为量化分析;二则着重研究数字空间互动及沟通脉络分析,以电子邮件、聊天室、泥巴游戏①为内容,深入诠释其主体表述,及虚拟社群之社会结构与互动。"

网络定量研究法主要是指利用互联网的信息传递和交换功能,通过让调查对象来填写多种格式的电子问卷(如 Html 问卷、txt 问卷和下载式电子表单问卷等)的方式来收集数据的研究方法。按照"美国调查研究机构委员会"(CASRO)的分类,网络定量调查主要分为三大类:E-mail 调查、网页问卷调查(Html Form)和下载式交互程序调查(Downloadable Interactive Survey Application)。

同时,在定性研究方面,互联网同样也扮演着重要角色。正如美国定性研究

---

① 泥巴游戏(MUDs):一种早期的网络游戏,主要以文字界面为主。

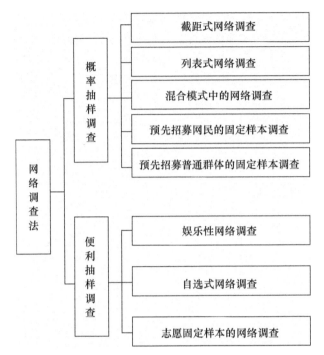

图 7 以抽样方式为分类标准的网络调查类型

顾问委员会①前任主席帕特丽夏·塞伯娜（Patricia Sabena）所说的，"在线调查研究，无论在网络聊天室进行的 90 分钟访谈，还是持续一周的 E-mail 交互式访谈，现在都日益得到了广泛的应用。"网络质性研究法则同样也是以互联网为基础，通过各种同步或异步的网络通信工具（如聊天室、BBS、双向视频会议系统和 E-mail 等）来收集调查对象各种文本、音频和视频资料的研究方法。在形式上，网上定性研究又可分为网上一对一深层访谈、网上小组座谈和网上观察等。

3.2.1.1 网络定量研究方法

根据国外研究者的成果，可以概括地将网络定量研究方法划分为三大类，分别是电子邮件调查（E-mail Survey）、网页调查（Web-Based Survey）和可下载调查（Downloadable Survey）。同时，每一大类又包括一些小的分类，具体如下所示：

第一种　电子邮件调查。

电子邮件调查是指将调查问卷作为电子邮件的组成部分的一种调查方法，问卷数据的回收一般也采用电子邮件完成。在可以获得较完整电子邮件列表的

---

① 定性研究顾问委员协会（Qualitative Research Consultants Association）：简称 QRCA，该协会成立于 1983 年，拥有 750 个独立会员以及定性研究专家。

情况下，此种方法最适用于针对机构内部人员的调查，如对某公司雇员、顾客、经销商等的调查。这里，由于问卷生成的工具不同又可分为三种：

文本式的电子邮件调查（E-mail Text Survey）：是 ASCII 文本文件，一般不具备数据自动采集功能。这种问卷虽然可以通过电子邮件发放和回收，但在分析调查数据时通常还需使用人工方式来输入数据，使用起来比较麻烦，目前已经很少使用。

电子邮件软件调查（E-mail Program Survey）：是利用电子邮件管理软件生成的问卷，这类软件可以根据用户需要设计个性化邮件管理系统，支持关系型数据库如 Oracle 或 SQL 服务器，可实现自动采集数据。

附件式电子邮件调查（Converted Disk by Mail Survey）：可执行文件调查与传统调查中的 DBM（Disk by Mail）有些相似，是把问卷包含在某种格式的文件[①]中，把此文件作为电子邮件的附件发送出去，然后在被访者的 PC 机上执行生成问卷，被访者回答内容直接储存在文件中。不过目前由于网络上计算机病毒盛行，绝大多数上网者通常不会接收和打开带有附件的陌生人的电子邮件，因此这种方式已经很少使用。

第二种　网页调查。

网页调查即问卷以网页作为载体的网上调查形式。根据问卷格式和生成系统不同可分为以下三种：

纯超文本格式网页调查（Web Html Survey）。纯超文本格式网页调查的问卷是超文本格式的（Html）。据估计，目前 80% 的网上调查采用的是这种形式。这种调查往往是单页长问卷的形式，被访者点击按钮或填写文字框完成问卷，最后把数据一次提交发出。这种形式的调查往往需要利用其他程序回收数据，最常用的是 CGI 系统。此外还有一些软件包可编写 Html 格式文件并在数据发送时自动回收。这种调查不能实现真正的交互功能，不能逻辑跳跃、不能控制答案修改和不能实现实时差错等，但它可实现最大灵活的设计问卷，例如可插入图形、声音、录像剪辑、动画等形式的多媒体组件。

固定表格式互动网页调查（Web Fixed-Form Interactive Survey）。是利用调查生成软件的另一种新的网上调查形式，就是经常所说的专业调查软件。这类软件大多是由支持 CATI 软件发展而来的。大部分此类工具是以软件包的形式存在，调查者可以在自己的计算机上使用。此外现在还出现了一些新网站，调查者无须下载软件，可以在线使用软件设计问卷。这种方法最新颖之处在于调查方可以设计复杂问卷，它支持逻辑分支和跳跃、筛选甄别和自动差错等功能。此类方法之所以称为"固定格式"是因为调查问卷的格式受所使用软件的限制只能选择某种问卷格式，如有的每页只能显示一个问题或几个问题，问题的版

---

① 最常见的文件格式为 .doc、.pdf 等，受访者要想打开这些格式的电子问卷，必须事先在自己的计算机上安装相应的应用程序。

面和背景只有有限的几个选择等。在费用方面，有些软件公司会要求调查方只能把调查问卷放在他们的服务器上并支付一定的使用费用，或者调查方可以使用自己的服务器，但需支付的费用会更高。

定制互动式网页调查（Web Customized Interactive Survey）。是功能最强的网上调查方式。这种方式需要高级技术人员按照客户需要编辑问卷。这种形式的调查同样具有固定格式互动网页调查所具备的一些技术控制功能，如逻辑分支和跳跃、筛选甄别和自动错误检验等，此外还可以根据需要设计更复杂的问卷。在版式方面，可以满足调查方对于美观的要求，还可以在调查中插入实时网页或文件下载以满足不同的调查需要。但功能增强同时会加大时间和成本的投入。这类调查所花费的时间和金钱是固定格式的数倍，而且调查一般是装载在提供编辑服务机构的服务器上，调查方对调查问卷的控制能力也会相应减弱。

第三种 可下载的调查问卷。

可下载的调查问卷一般是指被访者下载调查文件，用事先安装在自己计算机上的软件打开。因为事先安装了软件，所以只需下载很小的文件。问卷效果与固定格式的网页调查问卷相似。运行时会生成一个数据文件，当 PC 下一次联网时，数据文件就会上传，完成数据回收。所有可下载调查比其他形式的网上调查方法更费钱费时间。而且由于需要安装软件，对被访者的操作计算机的技术要求也比较高。此外离线填答问卷和再次上网都会延长调查周期，还可能造成无应答率上升。所以这种方式通常应用在利用固定样本库和预先招募被访者的调查项目中。

3.2.1.2 网络定性研究方法

相对于定量网络调查研究来说，目前网络定性调查的应用相对要少一些，不过，目前国外许多研究者也开始尝试和使用。

郝格（Hogg, 2002）认为，网络定性研究方法主要包括："在线焦点团体"、"网络空间中的民族志研究"、"自然在线论坛"、"跨国跨文化研究"以及"在线个案研究"等。

第一种：在线焦点团体。

在线焦点团体是利用专门基于在线社区的调查软件实现的一种实时定性调查方式。目前很多调查公司都有类似软件，操作比较简单方便。客户可以实时通过另一个界面监测讨论的进程，可以随时向讨论主持人秘密地提出对讨论内容的意见和建议。主持人一般是两位，一位擅长主持讨论，控制讨论局面；另一位对互联网和计算机技术精通，以便排除可能发生的意外技术问题或提供术语解释等，可在一定程度上代替传统的小组访谈和头脑风暴等方法。

在具体应用时，网络焦点团体可分为同步与异步的两种形式。"同步的网络焦点团体"通常使用在线聊天室，所有成员同时上线进行；而"异步的网络焦点团体"则使用电子邮件和电子邮件列表等方式，受访者可在任何时间阅读或送出信息。目前,随着宽带网络的应用。交互式视频会议系统也逐渐成为一种常用的在线访谈工作。

目前不同研究者对这种研究方法的看法各不相同。例如,格林堡姆(Greenbaum,2001)认为,在线焦点团体无法取代现实方式的面对面访谈,因为在传统的焦点团体中,研究者所担任的角色非常重要,其所具有的控制和运用时间的"权威性"特点在网络焦点团体中很难体现。另外,受访者所遇到的各种技术问题(如阅读与打字)也会影响研究。另一方面,那易斯(Nuys,1999)则认为在线焦点团体在"虚拟房间"中进行可节省相当多的时间与金钱,如备置单面镜的场地与记录器材等成本,而且受访者在看不到他人的状况下更有可能自在地表达丰富想法。因此,虽然这种方法牺牲了如肢体语言等较深层的研究信息,但非常适用于跨地区和长时间的跟踪研究。

第二种 在线讨论访谈。

通过BBS或网络聊天与对象进行访谈是另外一种常用的网上定性研究方法。它区别于在线焦点团体之处在于,这种在线讨论或访谈通常会持续比较长的时间。其具体操作方法通常是,首先建立一个讨论区,邀请目标人员进入某个网页,参加关于某个话题的讨论,持续时间往往比较长。对开放式问题,调查者可以从参加者提供的答案中得到非常丰富的信息。对封闭式问题,也可以得到一个倾向比例等信息。这种方法不支持数据自动回收,尤其适用于以得到关于某主题的快速反馈或了解人们对某事物印象为目的的调查。

台湾研究者张维安(2001)曾专门研究过文字模式在线访谈的特点与限制,他认为在线访谈相对于传统面访的差异性主要可分为三点:设备及时空特性,与受访者的关系和文本性质。既然是一种基于计算机的交流方式,则必然涉及设备的问题,受访者与研究者之间是否有合适的软硬件设备,其可用性与使用能力皆会影响到此方法的应用效果。另外,使用之时间与所在场所同样亦有所影响,访问过程中由于受访者的疑问无法随时提问而必须要借助于文字。同时,这种方法的优势也是明显的,如突破了传统访谈的地理限制,可节省将口述转换为文字数据的大量人工成本。另外表现在时间上,聊天室在线对谈方式类似于传统面访,而若以电子邮件方式分次完成则可以让受访者有较充分的时间考虑,类似邮件问卷但递送时间较快,因而可能回收比率较高;而在抽样上,在线访谈利用电子邮寄列表或以广告方式于新闻群组或电子布告栏招募受访者,其代表性问题可能较传统访谈更为严重。建立与受访者的关系是招募受访者后下一个重要的问题,能否使用文字形式的电子邮件沟通与受访者成功建立有效的人际关系,将是影响此方法应用的一个关键性因素。

第三种 网络民族志。

考兹奈特(Kozinets,2002)曾提倡以"网族志法"[①] 进行在线社区的研

---

① 网族志法(Netnography):衍生自民族志法 Ethnography。

究。他认为,在使用网族志法时,其研究资料来自于以下两方面:网络论坛内容的复本;研究者对于社区之成员、互动与意义的观察记述。其中,复本的获得相对比较容易,因为网络论坛的内容本为文字的形式。而资料的搜集必须情境化,网族志法需克服其相对于面对面研究之社会与实体线索的缺乏,转而以情境、隐喻、符号来诠释意义,并利用社会科学研究软件在编码、内容分析、数据链接、展示与理论建立上的协助(Paccagnella,1997)。

3.2.2 基于抽样方式的网络调查研究分类

总的来说,这种以抽样方式为分类标准的基本依据,就是视研究者是否将调查结论推论至更大范围的人群而定。例如,基于概率抽样的网络问卷调查结论可以推论至样本之外的人群,而基于便利抽样的结论则通常无法做到这一点。表6显示了网络调查两种基本的抽样方式。

表6 基于抽样方式的网络调查研究分类

抽样类型	选择方法
便利抽样	不限制调查问卷的发放范围 网站浏览者的系统抽样 志愿者组成的固定样本
概率抽样	样本选自一个封闭的人群名单 样本选自一般人群 预先招募的固定样本

3.2.2.1 基于便利抽样的网络问卷调查

便利抽样的特点,就在于是运用一种无计划性的方式来选择调查对象。这种方法允许任何一名潜在的调查对象都自由选择是否参加调查。换言之,在调查研究中,当样本成员被选择的概率无法计算时,则属于是便利抽样。正如前面所提及的,便利抽样所需要的时间和工作量要比概率抽样少得多,因此其成本一般较低。但是这样做的一个直接后果,就是便利抽样的统计推论会出现许多问题。举例来说,当进行一项环境调查时,如果采用便利抽样的话,那些对环境问题感兴趣的对象参加此项调查的可能性要远远大于那些不感兴趣的人群。在这种情况下,调查所获得的结果毫无疑问会过高估计普通人群对环境问题的关注程度。

然而,尽管便利调查有许多难以克服的缺陷,但仍有其可用之处。例如,当研究一些利用常规方式很难接触的人群时,便利抽样就有其用武之地。此外,在特定的假设条件下，便利抽样也能被用于"基于模型的推论"①。在这种情况下，它的前提假设是这个回归模型是被正确修订的，即所有影响反馈的变量都包括在这个模型中。通常情况下，并没有一种可靠的理论来指导研究者如何来修订模型，因此一般都采用变量选择程序来进行。而且这种理论只能被证伪而无法证实。因此，上述这种回归模型被修订的假设是否成立，还是一个问题。

总之，便利抽样并不适用于总体与部分人群之间关系的估算。这通常是概率抽样的擅长之处。

第一种　无限制式网络调查。

简单地说，所谓"无限制式网络调查"就是将调查问卷贴于网站上供人自由填写。目前，这种网络问卷调查形式可以说是随处可见。例如，一些新闻机构经常会定期地组织一些娱乐性的网络民意调查；而有些网站则是专门用来进行网络问卷调查，如misterpoll.com和survey.net之类。参加这类网络问卷调查纯粹是自愿行为。

这种调查之所以被称为"无限制"，是因为任何可以登录问卷所在网站的人都不仅可自由填写问卷，而且也无任何填写次数的限制。虽然也有些网络问卷试图通过一些技术手段来防止一台计算机用户的重复填写行为，但通常这些技术措施并不可靠，那些技术熟练的网民可以很容易地破解这些限制。实际上，即使真正能够做到杜绝重复填写，这也无法改变其便利抽样的本质。

除此之外，一些商业性调查项目也会通过各种媒介途径来主动地为调查做宣传，以便吸引更多的参加者。如同商业性广告可用于某种类型消费者一样，网络广告也可被用于吸引特定类型的调查参加者。例如某个网站或新闻组的访问者。不过由于这种宣传性的网络问卷调查无法将对象只限制在特定的广告受众，任何看到这个宣传广告的人都可能前来填写问卷。因此，这仍然属于无限制式的网络问卷调查。

一般情况下，无限制式网络问卷调查通常都发布于网站或报刊文章中，不过也有一些调查是例外。科姆（Coomber，1997）做的一项调查就是这种例外情况的一个代表，其调查是以世界范围内的药品销售商为研究对象。科姆对药品稀释问题（即用其他物质来部分代替药品，以获取更大的利润）非常感兴趣。他特别想了解危险的药品稀释现象究竟在药品销售行业达到了何种程度。显然，他不可能找到一份列出全部有这种违法行为的药品销售商名单，自然也就无法创建一个抽样框。在这种情况下，科姆在报纸上刊登了一份广告，并列出了调查问卷的网站，邀请愿意参加的药品销售商前来参加。同时，他也向那些在调查网站的新闻组中发言的个体发出了电子邮件邀请函（为避免暴露参加者的电子邮件信箱而导致被法庭传讯，科姆也没有试图获得参加者的身份）。他在广告

---

① 基于模型的推论（Model-Based Inference）：这种方法通常被调查研究之外的一些统计行业所应用。目前，有关这种方法是否适用于调查研究的统计仍然存在着许多争论。这与调查统计学分支自身的发展历史有一定关系。

中建议，愿意参加者可以在公共场所，如公共图书馆，上网填写问卷；也可以将问卷打印出来，通过邮寄方式返回研究者。最后，他收到了来自世界14个国家的80份反馈问卷。其中40%的问卷来自美国。

第二种　对网站访问者的系统抽样式网络问卷调查。

所谓"系统抽样"，是指在抽样框中有规律地每隔N个对象抽取一名样本。例如，在某个网站的访问者中，每隔一定的数量就自动在访问者屏幕上"弹出"调查问卷，邀请对象来填写。要使问卷实现这种功能，显然需要一定的技术支持手段。一家名为Zoomerang（www.zoomerang.com）的公司就提供这种技术，该公司能够使网络问卷实现每隔一定数量的访问者就自动弹出邀请函来邀请对象前来填写问卷。

若将目标人群定义为"某个特定网站的访问者"，那么，这种从每隔一定数量的访问者中选择样本的方式是一种概率抽样方式。不过，对于其他目标人群来说，这种方法仍然属于一种便利抽样。此外，在这种网络调查方法中，Cookie也被用于确保每位访问者只能被特定的调查选中一次，其前提是访问者浏览器必须设置为接受Cookie。

第三种　志愿者固定样本式网络问卷调查。

志愿者固定样本法，是一种由许多愿意参加未来调查的志愿者组成的人群。这个人群所组成的固定样本一般是通过各种宣传方式招募而来。Harris Interactive公司就建立了一个包括数百万网络问卷调查志愿者的固定样本数据库。其招募方式多种多样，其中就包括网络广告。Harris Interactive公司就使用便利抽样的方式从这个数据库中抽取样本进行调查。

Harris Interactive公司认为，通过利用倾向指数法的方式，可以将基于便利抽样的调查结果推论至一般人群。这种方法最初出现时只被用于处理选择偏差问题，但从未在这种类型的调查中使用过，其实际效果自然也无从知晓。因此，当该公司宣称这种方法能够成功解决志愿者固定样本的选择偏差问题时，许多研究者都对此表示怀疑（Couper，2000）。尽管如此，Harris Interactive公司的内部权威人士还是宣称，他们已经利用倾向指数法准确地预测了选举的结果（Taylor，2000）。

伯里斯（Berrens，2001）将一项利用随机数字拨号（RDD）进行抽样的调查结果与Harris Interactive公司与知识网络公司使用倾向指数法所做的一项相同调查进行了比较研究。研究结果发现，尽管后者的样本数量非常庞大，但是，当利用回归方式来调整样本的人口背景统计变量（包括收入情况）时，上述三种抽样方式的调查结果在几个问题上都产生了统计上无法分辨的结果。另一方面，在一项利用匹配比较法来研究上述三种调查时，Chang（2001）发现，这三种方法在调查结果上存在着显著的差异性。

3.2.2.2　基于概率抽样的网络问卷调查

在网络调查中，若研究者欲采用概率抽样的方法来选择样本，那么，其所面临的一个关键问题,就是如何创建一个覆盖绝大多数或全部目标人群的抽样框。在讨论这个问题时,我们将首先需要谈讨论目标人群的本质特点问题。同时,还要探讨封闭目标人群、开放目标人群或一般目标人群之间的区别和联系。

第一种　基于封闭目标人群的抽样。

所谓"封闭人群",是指在某一个组织内部能够列出某种形式的成员名单的目标人群。举例来说、公司雇员的名单,大学教职员工的名单或杂志的订阅者名单,都属于是封闭目标人群。通常,在这种情况下,要想针对这样的人群创建一个抽样框是一件相当容易的事情。在某些情况下,即使一个组织没有一份现成的成员电子邮件信箱名单,但仍然有可能通过某种系统的方式来创建这样一份名单。例如,按照某组织内部电子邮件信箱的命名规则来列出其全体成员的电子邮件地址(如名+姓氏@pku.edu.cn)。当然,这样做的前提是该组织预先已经为全体成员提供了这种电子邮件服务。同时,也可通过普通信函的方式来与个体进行联系。总之,在这种情况下,创建一个针对封闭目标人群的抽样框显然是可以做到的。因此也就可以进行相应的概率抽样。

第二种　基于一般人群的抽样。

通常,研究者将那种与封闭人群相对的人群称之为"一般人群"(或开放人群)。例如,某一个省份或城市的居民,或者是那些具有不良药物反应的患者,都属于一般人群。显然,要想与这样的一般人群进行联系,实属难事。因为研究者基本上不可能获得一份涵盖全体成员的电子邮件地址的名单,自然也就不可能据此创建一个抽样框。

不过另一方面,虽然目前无法获得一份覆盖大范围人群的电子邮件名单,但这种情况可能在今后会有所改变。就目前的实际情况来说,要想在网络调查中进行概率抽样,唯一可行的方法就是通过各种常规的通信手段来与潜在的调查对象进行联系(如信函和电话)。然后,要求对象通过网络(或其他某些方法)来填写问卷。不过,这种做法的结果就是,通过网络来进行调查而节省下来的成本将基本上都被抵消。

因此,在网络调查中,当研究者采用一种基于网络的反馈方式时,必须首先通过一种常规的方式与那些潜在的调查对象进行联系,或者将其引向网络问卷所在的网站,或者获得他们的电子邮件地址,然后通过电子邮件来向他们发送电子邮件问卷,即所谓的"基于名单的抽样法"[①]。考虑到目前一般人群的上网率还很低的现实情况,使用这种方法就意味着:研究者必须采用混合调查模

[①] 基于名单的抽样法(List-Based Sampling):要求——列举出某个人群的全部成员名单,如电子邮件地址。除此以外,还有一种被称为非名单抽样法(Non-List-Based Sampling)。例如,RDD就不要求列举出一个人群的全部成员名单或者其他一些不常用的方法(如地域抽样法)。不过对于网络调查来说,目前还没有一种类似于RDD或其他方法的此类抽样法。如果研究者在进行网络问卷调查时使用这种非名单抽样法,那么,就意味着需要发出大量的"不速之客"式的电子邮件。通常情况下,这种方式会遭到网络服务提供商(ISP)的拒绝,因为这会被认为是一种"垃圾邮件"。

式,以便使那些尚未上网的对象也能够回答问卷;或者研究者为那些尚未上网的对象提供必需的软、硬件设备作为整个调查过程的一个组成部分[①];或者研究者自己必须愿意接受这样一个现实:即抽样框与目标人群之间存在着巨大的差异。

第三种 预先招募的固定样本。

所谓"预先招募的固定样本",是指事先通过一些概率抽样的方法招募而来的潜在调查对象,他们可重复参加以后的调查。知识网络公司的做法就属于此类,是事先通过 RDD 招募并组成了一个用于以后调查的固定样本。通常,成员每月参加 3~4 个平均填写时间 10~15 分钟的调查项目。同时,在抽样过程中,研究者会控制每位对象在三个月之内的时间不会被抽中参加主题类似的调查。

无论是志愿者组成的固定样本,还是预先招募而来的固定样本,目前困扰许多研究者的一个重要问题是"固定样本厌倦症"的出现。伯里斯(Berrens,2001)的研究发现,将知识网络公司的网络问卷调查与 RDD 调查结果进行比较后显示,在相同的问卷中,网络调查的固定样本成员回答"不知道"的比例明显高于 RDD 调查。不过,也有研究者认为,出现这种情况是因为网络调查这种方法本身的影响,另外也有可能是由于问卷的设计原因造成的。因为网络调查经常在问题的答案中提供一个"不知道"的选项;而在电话调查问卷中,则通常不使用"不知道"选项。

3.2.2.3 混合式抽样:能否将便利抽样与概率抽样相互结合?

既然在互联网上利用便利抽样法的成本相对较低,那么,人们就会自然地想到,是否可以将这种大样本的便利抽样方式与概率抽样结合使用呢?这种想法的假设是,使用这种混合抽样方法由于具有样本数量大的特点,因而应该比单独使用随机抽样得到的结果更加精确;或者,概率抽样可被用于修正便利抽样所造成的偏差,这样的话,就会得到一个基于大样本的更加精确的结果。实际上,确实有研究者对这种可能性进行了研究。但研究结果发现,各种试图校正便利抽样偏差的措施都以失败而告终,因为这种方法本身无法为随后的统计估算提供任何额外的信息。除非研究者知道便利抽样的偏差很小,而且概率抽样的数量至少达到数千人。否则,将这种无法校正偏差的便利抽样与概率抽样相互结合是毫无意义的。此外,在绝大多数情况下,研究者是无法预先得知偏差的数值的。因此,上述这种结合使用的假设在调查中是无法实现的。

3.3 网络调查法的特点

显而易见,作为一种以计算机和互联网为主要技术工具的研究方法,网络调查研究法必然具有一些与计算机和互联网直接相关的特性。例如,由于

[①] 若从调查成本的角度考虑,这种方法只适用于固定样本调查。这样调查对象使用这些设备重复参加其他网络问卷调查项目。

互联网所具备的跨越时空的特点，使得研究者在选择和招募受访者时可以轻易地跨越地域范围的限制，扩大研究的范围，同时亦有利于进行跨国或跨文化之研究；借助于数字化通信技术特有的快速、复制编辑和实时传播等特性，可使研究者与受访者之间实现信息的低成本和高速传递，可有效减少调查所用的成本和时间；利用多媒体的特性，也可以为研究者提供更加丰富的研究素材，同时在线研究工具可以多媒体形式呈现，既作为表达方式之辅助，也刺激被研究者的配合意愿；分散互联的全球信息网架构，赋予研究之资料搜集无限的可能性。另外，由于互联网的匿名性特点，在一定程度上也有助于受访者提供相对较真实的回答和信息；而互动与虚拟社区的特点给予了被研究者特殊的表达方式与参与之环境及情境等。可以说，与以往各种常规的调查方法相比，网络调查法具有更加丰富多彩的特点，为研究者提供了更多的个性工具与选择（见表7）。

表7 各种调查法特点综合比较

方法 特点	面访调查	电话访谈	传真调查	信函问卷	网络调查
沟通模式	一对一	一对一	一对一	一对一	一对多
交互方式	双向同步	双向同步	单向异步	单向异步	双向同步
样本分布	窄	广	广	广	全球性
回收速度	最慢	慢	普通	普通	最快
花费时间	最长	长	普通	普通	短
受暗示程度	高	普通	无	无	无
优点	有回馈反应、可反应复杂问题、面谈者高度参与，故有机会做进一步探问	可配合电脑来协助样本选取、访问和记录等动作，并且无面对面的尴尬	和邮寄问卷相比更快速，回答结束后直接透过传真的方式将结果传回	地理弹性比面谈调查大，并可以减少面谈调查所需花费的时间和成本	可突破时空的限制、成本低、受访者可选最方便时机地点回答、标准化问卷易获得；可立即快速回馈调查结果给受测者
缺点	成本高、无匿名性，有时受访者会害怕而拒答、有时间压力	样本可能有偏差、缺少视觉观察	研究者无法引导受访者进行问卷调查	所需成本和时间极高	在针对普通群体时，目前样本代表性较差；反馈率较低

资料来源：林承贤（2005），网络问卷调查回收率影响因素之初探分析——以1999—2003年台湾硕博士论文为例，指导老师：刘骏州，台湾中正大学电讯传播研究所。

另外，也有研究者（林承贤，2005）曾整理国内外研究者对网络调查特性之研究结果，列出了经过实验研究所总结出的网络调查法的一些优势，如表8所示：

表8 国内外研究者关于网络调查法特点的研究结论

	网络调查法的特点	提出此特点的研究者
问卷形式与回答	互动性	Heerwegh, Loosveldt, 2002；Dillman, et al. ,1998
	可降低社会期待效应	Sproull, 1986；Tuten, 1997；蔡承志等, 2000
	反馈迅速，具有前快后慢的特点	Cobanoglu, et al. ,2001；Biffignandi, et al. ,2002；Weible & Wallace, 1998
	不需要数据录入，可降低录入误差	Mertler, 2002
	个性化	Dillman, 1978、1991
	对开放题的回答较佳	苏蘅等, 1997
	问题的逻辑分支和跳转方便，可减少测量误差	Tuten, 1997
	网络问卷可以多媒体方式呈现	Bachman et al.
	网络问卷可以避免面对面访问时对受访者造成的威胁感，特别是当问卷内容涉及较敏感的议题时	Walsh, Kiesler, sProull, & Hesse, 1992
	在某些研究主题的母体范围不详或受访对象身份特殊敏感情况下，网络调查较具有私密性与填答者自我选择的特色，有助于克服这些困难	Coomber, 1997；Koch & Emrey, 2001
调查实施	研究者可确认问卷发送状况	Paolo, et al, 2000
	反馈率较高	苏蘅, 1997；许峻彬等, 1998；高玉芳, 2002
	容易进行回访并建立固定样本	蔡承志等, 2000
	网络问卷的内容还可以随时进行修正或是补充，免因为事先没有发现的错误而使得整个调查功亏一篑，浪费宝贵的资源	Watt(1997)
调查成本和时间	可降低调查的成本	Tuten, 1997；Dillman & Schaefer, 1998 Sheehan, 1999；Crawford, et al. ,2002 Bategelj, et al. ,2000；Cleland, 2000 周倩, 1997；许峻彬等, 1998
	可以减少人工输入的错误，并且省下人工输入所花费的时间	Mertler, 2002

总之，通过以上对网络调查法各方面特点的分析，总结如下：

以多媒体形式呈现，具有较强的互动性；
调查时间较短、范围广和反馈快，可降低调查的成本；
互联网匿名特点可降低社会期待效应，提高数据质量。

3.3.1 以多媒体形式呈现，具有较强的互动性

迪尔曼等指出，在网络的研究应用上，Html 语言的不断演进使网络问卷设计者能运用颜色、创新的问卷呈现、分割窗口、插件、动画、音乐与其他传统纸本问卷不可能达到的独特设计特征，巴克曼等也指出网络问卷可以多媒体方式呈现，图文并茂，吸引受访者作答，影音动画也可作为问答的辅助（Bachman，1996），克奈瑞克等认为网络提供了能运用图片、声音及影片的机会，可改进受访者整体的受访经验（Kanarek & Sedivi，2000）。网络问卷的这些特点使研究实现了问卷设计多样化，使得受访者在回答时有多种选择，例如按钮式选项、下拉菜单选项等。尤其值得一提的是，网络调查还具有强大的逻辑跳转功能，可有效降低受访者在填写问卷时的认知负担，减少填写错误。这种适应性的设计让问卷内容随着受访者回答的答案而有所改变，受访者就不会看到与自身无关的题目，可降低受访者的困惑（陶振超，1997；张一帆，1997），并且让问卷更具个人化的特性。

此外，在网络问卷中可为受访者提供问卷填写进度计数器，使之清楚问卷进行的进度，在一定程度可降低中途放弃问卷调查的概率。同时，当受访者对问卷内容有不了解或是疑问的地方，随时可以通过 E-mail 等方式对研究者提出疑问，这种研究者与受测者间的良好互动可以使调查研究进行得更为顺利，并进而达到提升内容效度的可能。

在网络调查实施过程中，研究者还可以利用发送 E-mail 的方式来提醒受访者填写问卷，这种无应答催复[①]和提醒的功能可以有效提高回收率。苏蘅、吴淑俊（1997）的研究中发现，通过三次催复和提醒的方法，能够有效提高调查的反馈率。

尤其重要的，由于互联网强大的信息传递功能，使得研究者较好地掌控调查过程中数据的传递状况。当调查问卷传递的过程出现错误时，研究者通常都可以很快知道错误状况已经发生。例如，当受访者完成问卷填答时，在按下传送键之后，经过互联网连接服务器上的程序对资料作出相应的收集动作，此时

---

① 无应答催复法（Non-Response Follow-up Method）：指在调查研究中为提高反馈率而对那些在指定期限内未返回问卷者所采用的一种询问和提醒方式。斯考特（Scott）认为它是"提高反馈率的最有效的技术"。另有研究者也指出，利用多次催复技术（Multiple Follow-up）可以显著地提高调查的反馈率。例如，有研究表明，未使用跟踪技术的反馈率为 21.1%；用信函跟踪一次的反馈为 28.5%；跟踪三次的反馈率则达到37.3%。最后，跟踪四次的则达到 47.9%。不过，利用跟踪技术同时会大大增加调查的成本。

如果服务器上的程序执行发生问题，浏览器便会发出一个错误信息告知使用者，使用者便可以立刻重新操作并再次传送作答资料。另一方面，采用电子邮件系统作为调查工具时，如果电子邮件投递失败，邮件服务器系统会立刻回传传递失败的信息，或者研究人员要求收信者一个收执回条，意即当收到电子邮件时，会同时回送一个信息给研究人员，研究者因此可以确知问卷传递的状况，采取补救的措施。这些独特的功能，都使得研究者能够控制和了解整个调查流程，提高了研究者与受访者之间的互动程度。

3.3.2 调查时间较短、范围广和反馈快，可降低调查的成本

目前，能够节省调查成本几乎已成为网络调查法必定提及的长处之一。在网络调查的成本方面，当建置网络调查系统时，虽然起初的建置成本较高，但是当进行大样本的问卷调查时，则可以省下传统邮寄问卷之印刷、装订、邮资等成本。因此，随着调查的样本数增加，网络调查的成本通常会随之降低。而传统问卷调查则因为样本的增加，花费更多的印制、邮寄等成本，所以网络调查特别适合使用于大样本的问卷调查上。例如，在一项比较信函调查、传真及网络调查等问卷法的研究中发现：问卷所花费的各项成本加总后，以网络调查的成本最低（Cobanoglu, et al., 2001）。此外，网络问卷回收的数据可自动编码，而邮寄或传真等问卷则需人工编码。

在调查的反馈时间方面，网络调查法也具有回收迅速的特点。在一项研究中，研究者发现，网络调查的回收速度最快，在第一天就有受访者回应（Cobanoglu, et al., 2001）。另外也有研究者指出，大部分的网络调查回收的速度通常在开始进行的前几天最快，然后会随着时间越来越久而减少其速度与回收率（Weible & Wallace, 1998）。在比弗哥奈第等人的研究中发现：大部分的受测者在接收问卷的第一天就完成问卷作答（Biffignandi, et al., 2002）。

突破时间和空间的限制也是网络调查的一个突出特点，受访者不论在何时、何地，只要是在调查期间内参与调查即可，相较一般的计算机辅助电话调查系统和访谈，时间和空间上可说是更具有弹性。

另外，利用计算机技术进行分析也可省下许多人力成本。网络调查结束后，研究者可以直接从系统中下载问卷调查数据，不需要进行人工的资料整理和分析动作，省掉了许多传统问卷调查所需要花费的时间。

美国一个名为 WebSurveyor 的网站曾经进行过一项研究，比较网络调查、电话调查与邮寄调查对 10 000 名样本的调查结果。研究结果显示，网络调查的回收时间是 7 天[①]，回收率为 34%[②]，成本为 1 500 美元[③]，故平均每份网络调查数据回收的成本为 0.44 美元，远低于电话调查的 3.57 美元与邮寄问卷的

---

① 电话调查的时间为 60 天，信函调查的时间为 73 天。
② 相较于电话的 17% 与邮寄的 2%。
③ 相较于电话的 $28,000 与邮寄的 $16,000。

80.009 美元。显然极低的复制与递送成本，对具有大量样本的问卷调查研究有很大的帮助，而前置的设计制作与后续之回收处理、筛选、转码及统计等过程，得以计算机之辅助进行，大大降低人力成本。另外除了问卷的实时传输外，作答与编辑相对较容易也有助于迅速完成问卷回收。

3.3.3 互联网匿名特点可降低社会期待效应，提高数据质量

凯斯勒和斯布罗尔（Kiesler & Sproull，1986）指出，匿名性会影响受访者的反应形态和社会期望效果，而电子问卷通常不会造成受访者还愿式的答复，也可促使受访者提供较真实的答案。库珀（Couper，2000）的研究中也指出，透过自我监督式的调查可收集到较敏感的信息。

以往的研究显示，计算机辅助自填问卷被认为较访员主持的调查可避免产生社会预期回应。网络问卷属于自填式问卷的一种，减少了研究者与其他受访者受作答情境的影响，加以网络之匿名性，更足以使受访者减少作答时的无关考虑，而减少测量误差。台湾学者罗致良（2002）认为，计算机邮寄问卷不同于纸笔问卷的"作答情境"可能使参与者比较愿意提供自己真正的意见。他举出两假说可解释此现象：

一是缺乏社会线索假说：学者认为在以计算机为基础的沟通环境中，人与人未直接接触，所以会减弱或消失一些社会线索，如彼此的外貌、个人特质、社会地位与非语言线索等，在面对面接触时会被注意到，却被计算机网络隔绝了这些社会线索。所以计算机网络所造成的人际距离可使期间的意见表达更为开放、自由，沟通与交流平等且不会有明显的社会阶层区分。

二是过程匿名：计算机邮寄问卷以电子档案形式传输问卷，参与者与研究者未曾同处一地，参与者自我完成问卷，感受匿名的调查过程。

冈特（Gunter，2002）等也曾指出，有越来越多的研究显示，网络调查可以产生较传统研究方法更高的回复质量。在线填卷可减少问题被受访者遗漏，也较少发生错误，因为在网络上，受访者可获得更周密的指引。网络与传统问卷最大的差别即在于前者可引起开放性问题有更丰富的响应，问卷中的开放性问题的回答通常较邮寄问卷者更长和更翔实。

4. 学术界对于网络调查法的争议

尽管网络调查法具有一些传统调查法所无法比拟的特点，但不难想象，作为一种新出现的研究方法，网络调查法的应用与发展显然不可能一帆风顺，在其发展过程中遇到了各种各样的问题与障碍，其中既有观念方面的，也有技术

方面的。正如有研究者所指出的,"互联网的逐渐普及让许多社会科学研究人员开始注意到运用网络进行数据搜集的可行性,互联网逐渐从原本只是被研究的对象而转变成为一种实施研究的工具……然而,由于利用互联网进行研究数据搜集的方式有逐渐拓展应用范围、甚至滥用的趋势,因此不论是学术界还是实务界,已经有许多机构投入学术或商业资源来探讨网络作为另一种调查工具的可行性或缺失,或者提出修正或解决问题的建议,或是坚持网络调查的不妥性"。(李政忠,2004)

许多文献资料显示,网络调查法在发展的初期,就有许多研究者对其科学性和有效性表示过诸多怀疑。例如在西方社会科学研究领域,有关网络调查方法的研究性文献直至2000年前后才开始陆续出现在主流的学术性刊物中。一个重要原因就是当时多数学术性刊物都对网络调查法所获得数据的有效性不太认同,因此不肯接受和发表与网络调查法相关的研究成果。据美国奥克兰大学的戴尔·奈斯博锐博士(Dale K. Nesbary)的文献检索统计结果,在1995年以前,与网络调查方法有关的研究成果主要都发表在市场调查和商业性出版物中。从当时的文献内容来看,主要集中于传统信件调查与E-mail的可用性及调查数据可靠性的比较研究方面,而关于网络调查的研究成果则屈指可数。实际上,当时西方调查界使用互联网进行研究的实际情况是,那些致力于设计和实施网络调查的先行者并非是专业从事调查方法研究的专家,反而是一些计算机程序设计员。虽然这些人很少或根本未接受过专业的调查方法训练,但由于其在计算机知识和技能方面的先天优势,反而成了网络调查法的"专家"。正如美国华盛顿州立大学社会科学研究所教授迪尔曼(Don A. Dillman)所说的:

"谈到网络调查法的研究,我们就会发现一个令整个调查研究界都颇感不安的现象:目前无论是网络调查的设计者、实践者,还是提倡者,其代表人物都是精通计算机程序的技术人员,而非如人们所想象的是专业从事调查方法研究的专家们。而更让人惊讶的是:多数计算机技术人员对调查研究方法本身知之甚少,或者干脆一无所知。但是,缺乏研究方法的培训似乎并没有影响这些程序员对网络调查的热情和实干精神,一份又一份的功能复杂、样式新颖而且具有动态交互功能的网络问卷被设计出来,并很快获得了令人瞠目结舌的庞大问卷反馈量。而与此同时,那些精通常规印刷问卷设计但却又对网络问卷不甚了解的调查专家们似乎对这种新情况束手无策,不知如何应对。"

可见,在社会调查研究方法本身的改革方面,调查方法研究界远未跟上时代发展的形势,也未能立于研究的最前沿。不过,从另一方面来说,尽管调查研究专家们对于网络问卷的技术细节知之甚少,并非就意味着他们无法对网络调查法的发展做出其应有的贡献,实际上,这些专家们在长期实践中积累的有关调查研究的抽样、问卷的设计原则、策略以及调查研究的实施流程等方面丰富的专业知识,仍然能够对网络调查的健康和顺利发展起到极其重要的作用。因为对于那些熟练的计算机程序员来说,他们可能并不知道,或者至少并不非常清楚调查误差的来源及其对调查数据质量的重要影响。同样,他们也很难通过系统设计的方式在网络问卷设计时就利用各种有效的方法来减少和避免各种误差。而毫无疑问这些调查设计方面的专业知识和经验,对于实施一项真正科学和有效的调查研究项目来说,绝对是必不可少的。

正如前面所提到的,从理论上来说,抽样调查的最大优势就在于,能够对特定目标群体的某种特征分布状况进行精确的估算。换言之,抽样调查的一个重要特点就在于,研究者只需对目标群体中的一小部分而不是全体进行调查,就能够精确地估算出全体研究对象所具有的某种特征。然而需要指出的是,这种精确估算并非是无条件的,研究过程中所出现的各种误差会或多或少地影响到估算的精确性。大量研究表明,抽样调查主要存在着4种重要的误差:覆盖误差、抽样误差、测量误差和无应答误差。其中每一种都会对整个抽样调查的结果产生非常重要的影响,因此,必须严格控制。

如同信函或面访调查一样,上述四种形式的误差同样也适用于网络调查。然而在网络调查发展的早期,某些方面的误差,尤其是覆盖范围误差和无应答误差,并没有受到使用者的充分重视。至于抽样误差,尽管多数网络调查研究者都没有忽视这个问题,但却经常据此做出不恰当的调查推论。例如,很多网络调查都是使用便利抽样,因此,其反馈数据基本上都依赖于利用各种方式来吸引志愿者主动前来填写问卷。在这种调查形式中,前面提到的每一种调查误差,尤其是测量误差,都有可能在调查中出现,值得研究者认真探讨。

综合近年来有关互联网作为调查工具的可行性与缺失的相关研究,可以发现造成网络调查难以令人信服的最大原因,主要来自于网络使用人口不具有全体人口的代表性、缺乏有效的抽样框以及自愿性样本等问题。这些障碍都让调查的实施过程与结果具有许多难以克服的问题,例如覆盖误差、无应答误差以及非随机抽样误差等等。以下将分别论述。

4.1 网络调查法目前存在的主要问题

4.1.1 网络调查的抽样误差

调查研究中的一个基本假设,就是认为能够利用简单抽样所获得的样本来推论或解释某个特定群体。这时调查结果的精确度与样本的规模或调查对象的数量紧密相关。例如,一个通过简单抽样而获得的100名样本,其调查精确度为$\pm 10\%$;1 100~1 200名样本的精确度为$\pm 3\%$。可以看出,抽样误差随着样本数量的增加而降低,即样本量增加4倍,抽样误差则降低一半。因此,若样本量达到数千名,则测量准确度可达到0.1%。但需要注意的是,只有在假设没有出现其他误差的前提下,样本数量与测量准确度之间才具有这样的关系。

但是，在网络调查中，调查实施者却经常忽视上述调查准确度与样本量之间关系的假设前提，片面地强调样本量的规模。也就是说，调查反馈者的数量，这种在传统抽样调查中最常用的调查效度指标之一，在网络调查中却被当做标榜其调查结果可靠性的最重要的指标，有时甚至是唯一标准。

例如，美国网络心理学研究者 Brenner 在美国广播公司的新闻网站上（ABCNEWS.com）曾实施了一项关于"网络成瘾"[①]的网络调查问卷。由于该调查主题当时是一个非常热门的话题，因此在很短的时间内就获得了 17 251 份反馈。随后不久，报纸的头条新闻中很快就出现了这样的调查结果："调查表明，全世界的网络成瘾者已达到 1 100 万人。"（Laurence，1999）很显然，此结论是从源自于网络问卷自愿填写者的反馈数据中推论出来的。但实际上，这种推论违反了调查的基本逻辑原理，因为这些自愿填写者所提供的信息可能根本无法全面代表全世界上网者的实际情况。这里，正是由于样本数量相当大，调查实施者就想当然地认为，这些自愿填写者所提供的信息完全能够代表全世界上网者的情况，因而草率地得出了上述结论，同时却根本未考虑调查样本的代表性问题。

可以说，上述网络调查中，在从目标总体中选取调查样本时，研究者完全没有考虑"相同或已知非零的被抽中机会"这个基本抽样原则。而是采用了通过各种宣传方式来吸引上网者自愿填写的方式来获得样本，但与此同时，研究者对于这些自愿填写者的个人背景特征又一无所知。在这种情况下，即使所获得的反馈量很大，但从推论统计的角度来说，要将调查结果推论至任何超出样本范围的群体，都是不科学的。

那么，既然如此，网络调查的组织者为什么还要这样做呢？最重要的原因恐怕就是网络调查的成本问题。以往在使用面访调查、电话调查或信函调查来收集数据时，出于调查成本的考虑，研究者会尽量控制调查样本的规模，抽样的数量能够符合研究需要即可，绝不会无限制地增加样本量。因为对这些传统调查方法来说，每增加一名调查对象，就意味着研究者需要在与之通信、问卷数据录入和处理等方面增加相应的研究费用支出。

因此，从调查研究方法本身发展的历史来看，正是由于基于调查成本的考虑，才使得调查研究专家们都坚决拥护那些业已确立的调查研究方法实施原则，并将之视为实施科学的调查研究的"金科玉律"。而这些调查研究的基本原则，即认真界定调查的目标总体，然后为目标总体中的每一名对象都提供可知的被随机抽取的机会，最后采取各种必要的措施来尽可能提高调查的反馈率，确实有着非常坚实的理论和实践基础。在这种情况下，对于遵循上述基本原则的调查研究来说，如果只需要 1 000 份反馈数据就能够达到特定调查目标所需要的准确度，那么，将调查样本量扩大 10 倍的做法就显得毫无意义。因为这样做的结果，会直接导致各

---

① 网络成瘾（Internet Addiction）：是指由于重复使用网络所导致的一种慢性或周期性的着迷状态，并带来难以抗拒的再度使用之欲望。同时会产生想要增加使用时间的张力与忍耐、克制、戒断等现象，对于上网所带来的快感会有一种心理与生理上的依赖。

种调查成本的急剧上升,如增加访谈员的外出调查时间和工资支出,与调查对象的长途电话联系费用或信函调查问卷的邮寄费用,以及后期的数据录入和处理费用等。而且,对于特定的调查研究项目来说,伴随着重要程度和对象范围的扩大,其所需要对调查结果的科学处理和分析的要求也随之上升。这些因素同样也会增加研究的成本支出。

网络调查的出现,则意味着为调查研究者带来了一种新的工具:在花费相同的调查经费的情况下,利用其他调查方法研究者或许只能获得和处理几百份数据,而利用网络调查法时,所能获得和处理的数据量则成十倍或百倍地增加。因为对于一份公开张贴于互联网上的问卷来说,处理100份问卷数据所需要的工作量与1 000份从技术上来说基本上毫无区别,在成本上同样也是几乎相同。在这种情况下,目前在美国许多大学所出现的那种调查问卷蜂拥上网的热闹情境也就不足为奇了。同样道理,大量的商业公司也开始将其雇员和产品满意度调查问卷置于互联网,公开邀请人们前来填写,并把通过这种方式而获得的反馈数据完全等同于以往基于概率抽样调查而得到的结果,究其原因,同样也是如出一辙。对于许多调查研究者来说,只需付出比以往用概率抽样法调查100名本地受访者所用成本还要少的时间和经费,就能够获得1 000名分布范围更广的对象的反馈数据,即使这些调查对象属于是未被界定的群体,也确实是一个非常有诱惑力的选择。在某些情况下,这些网络调查研究者还会采用一些复杂的统计分析方法来对反馈数据中的关系变量进行假设检验,并希望将研究结果推论至范围更广的未知群体中去。

从某种程度上来说,网络调查研究者之所以在明知违背抽样调查基本原则的情况下仍然坚持这样做,另外一个重要的诱因就是,希望通过使用超大规模的调查样本这个传统抽样调查中高质量的指标[1],来弥补网络调查中所存在的其他方面的误差,如覆盖范围误差和无应答误差等。但问题是,无论样本量多大,只要调查对象属于自愿参加性质,那么,调查结论就根本无法推论至整个目标总体。

总之,忽视对调查目标总体的严格界定,不采用概率抽样的方式来选择样本,以及不注重通过各种预防措施来尽量提高调查的反馈率,这些都是严重影响网络调查效度的关键因素。

4.1.2 网络调查的覆盖误差问题

显然,对于那些以一般公众为对象的网络调查来说,覆盖误差是其目前存在的最主要的问题。目前即使在发达国家之中,互联网的应用也尚未达到完全普及的程度,在众多的发展中国家则普及率更低。根据comScore Media Metrix最新数据显示(见表9),截至2007年1月全世界上网人口约为7.5亿万,约占

---

[1] 因为在传统抽样调查中,大样本则意味着低抽样误差。

全球总人口数的 11.4%。即使在上网人口比例最高的美国，其使用互联网的人数占其成年人口的 73%，约为 1.47 亿人，远未达到完全普及的程度。而在印度和俄罗斯，网络使用者在 2006 年分别仅为 33% 和 21%。在中国，虽然 15 岁以上的上网者已经有 8 700 万，但也仅占总人口数的 7% 左右，离普及仍然还有很长的路要走。

表 9　2007 年世界主要国家的上网人口数

国家排名	2006 年 1 月上网人口	2007 年 1 月上网人口	增长率
美国	150 897	153 447	2%
中国	72 408	867 575	20%
日本	51 450	53 670	4%
德国	31 209	32 192	3%
英国	29 773	30 072	1%
韩国	24 297	26 350	8%
法国	23 712	24 560	4%
印度	15 867	21 170	33%
加拿大	18 332	20 392	11%
意大利	15 987	18 106	13%

另外，许多研究结果表明，在各个国家中，上网家庭与不上网家庭之间同样也存在着很大的差异性。以美国为例，调查数据显示，从家庭收入情况来看，高收入家庭与低收入家庭的上网比例差别悬殊：若以年收入 75 000 美元作为高收入与低收入家庭的分界线，那么分界线之上家庭的上网数量是分界线之下家庭上网量的 20 倍。同时，家庭的种族背景同样也是影响上网率的一个重要变量：美国黑人和拉丁裔家庭的上网率仅为白人家庭的 2/5。另外，城乡差异所造成的"数字鸿沟"也使得美国城市和乡村家庭的上网率差异显著：在同样的家庭年收入情况下，乡村家庭的上网率仅为城市家庭的 1/2。

对调查研究者来说，上述这些调查数据意味着什么呢？

首先，这种情况说明，对于针对普通公众的网络调查来说，覆盖范围是一个不容忽视的重要问题。而且在可以预见的未来数年内，世界上任何一个国家的网络调查研究者都有可能遇到类似的问题。其次，对于利用 E-mail 来作为问卷或调查邀请函发送工具的研究者来说，由于 E-mail 地址编排方式的非标准性特点，使得研究者无法像在电话调查中那样使用"随机数字拨号"来进行科学的概率抽样。换言之，对使用网络调查法的研究来说，这就意味着在实施一项针对某一特定目标总体的网络调查时，如果使用目标总体的 E-mail 信箱作为抽样框，那就很难保证每一个 E-mail 都以可知的概率被从抽样框中抽取出来作为调查对象。因此，网络调查研究者在面对家庭、商业部门或其他任何一种使用

E-mail 的调查对象时,如何科学有效地选择调查样本是一个重大挑战。

当然,从另一个角度来说,这并非意味着研究者根本无法利用网络调查法来进行科学有效的调查活动。实际上对于某些特定的群体来说,如某些机构的雇员,专业组织的成员,某些类型的商业机构,同教育层次的人群,以及许多大学的学生等,并不存在着很严重的覆盖范围误差问题。也就是说,当某个社会群体的绝大多数成员都拥有计算机和上网的条件时,就像目前电话的普及情况一样,那么覆盖范围就不是一个问题了。

总之,除了这种针对特殊群体的网络调查以外,通常情况下,网络调查中的覆盖范围误差和抽样误差是相当显著的,也是不容忽视的。因此,研究者认为,在网络调查中,除非研究者认真考虑了覆盖率问题并真正使用了概率抽样法,否则,其调查结果根本无法利用科学统计的方法来推演至更大的群体。不过,目前并不是所有调查研究者都认同这种观点,许多学者都对此提出自己的观点,争论非常激烈。在某种程度上来说,这种争论似乎已经超出了科学的范畴而演变成为一种类似信念的纷争:虽然我们对研究目标群体的总体情况并不了解,但是,如果我们从这些群体中获得了成千上万、甚至更多的反馈量,那么,在这种情况下,我们能不能得出结论说,这些反馈者能够代表其所在群体的整体呢?一些研究者认为,由于那些未参加调查的群体的状况和特征未被反映在调查结果中,因而会产生各种误差。但是,通常研究者会假设,那些低收入但有上网条件的反馈者的态度和观点,与其他那些低收入无上网条件者,两者之间并不存在着重大差异。在这种情况下,许多研究者就认为,利用网络调查从一小部分调查对象中所获得的反馈数据,就能够推论至更大范围的群体,即代表其他未上网人群的行为和观点。

4.1.3 网络调查的无应答误差问题

网络调查所面临的另一个问题,或者说可能存在的另一个误差来源,就是无应答问题。目前的研究表明,在网络调查中,其问卷反馈率非常低,而且受到调查主题和反馈技术等因素的制约。众所周知,反馈率是影响调查研究质量的一个非常重要的因素,因此要想使网络调查法真正发挥出其效能,必须要采取各种有效措施来降低无应答误差。

正如迪尔曼所指出的,毫无疑问,只有在充分借鉴其他种类调查方法在其发展过程中所积累的经验的基础之上,网络调查法才有可能合理地利用这些经验来发展出一整套适合自己特点的用于保证较高反馈率的措施和程序(Dillman, 2000)。但不可避免地,这一整套措施将会相应增加网络调查的成本支出。不过,令人欣慰的是,即使由于采取了这一系列措施而导致网络调查的成本与其他调查方法相差无几时,这种新调查方法仍然具有一些其他方法所不可比拟的优势:调查周期短、无须邮寄和印刷成本低,以及极低的数据分析费用等。但无论如何,今后随着网络调查法的不断推广和普及,与以往那种基于有限样本的混合模式调查（有时还要为受访者提供激励奖品）的传统调查方法相比，网络调查这种基于上网者自愿样本的方法仍然对研究者具有相当强烈的诱惑力：因为两种方法之间的调查成本差异极其悬殊。在这种情况下，采用网络调查法的研究者很有可能就会忽视前面所强调的覆盖误差和无应答误差问题。要想解决这两个问题，需要研究者多方面的努力，一方面是需要开发出一整套适用于网络调查法的设计模型，来尽量提高调查的反馈率；另一方面，也应当充分借鉴其他调查方式所总结出的用于降低无应答率和消除无应答误差的各种策略和方法。

有研究发现，网络调查反馈率低的另一个重要原因是，当调查对象接到邀请函试图填写问卷时，在填写过程中遇到各种各样的操作和技术方面的障碍，最终导致受访者中途弃填或无法提交网络问卷。目前的研究表明，受访者在填写网络问卷时经常会遇到两种典型的障碍——缺乏基本的计算机操作技能和拙劣的网络问卷设计，这两个问题都会直接导致受访者中途弃填。迪尔曼的研究结果发现，这些障碍主要表现在以下几方面：

在填写网络问卷时，由于缺乏基本的计算机操作技能，有些受访者经常不知道如何选择和修改问题答案，例如，对于单选题型来说，要想改变答案，只需单击另一个单选钮即可；而对于多选题型来说，则需要再次单击已选中的多选框才能消除框中的打钩符号，然后再单击其他答案；

有些受访者不知道如何对下拉菜单题型进行操作；

受访者不知道需要拉动浏览器左侧的滚动条才能看到问题的全部内容；

在设计问卷时过多使用数据检验功能，而问题的答案选项又无法适合受访者的特殊情况，导致受访者中途弃填或无法进入下一个问题；

有些受访者在完成问卷填写后不知如何提交问卷；

在设计问卷时采用了单题分页形式（即每一页面只呈现一个问题，回答完毕后点击"下一题"按钮进入下一页），但是在回答后面的某一个问题时又需要受访者参照或回忆前面某个问题的答案。这时，受访者不得不琢磨如何返回前面的问题，导致其答题思路中断；

受访者不得不重复多次鼠标操作才能回答一个问题，例如，先单击问题答案，再将鼠标移至问卷网页下方去点击"下一题的操作指南"按钮，然后再单击一次鼠标才能出现下一个问题。

除上述原因以外，导致网络调查无应答的另一个原因是，虽然调查对象成功地登录到网络问卷的页面，但却由于计算机硬件或软件方面的兼容问题而无法辨别问卷中的某些细节内容，最后提供了不准确的反馈，或者不得不放弃填写。从设计的角度来看，网络问卷与纸质印刷问卷的一个显著区别就是，网络问卷设计者在其计算机屏幕上所看到的显示形式不一定与调查对象通过自己的显示器所看到的完全相同。这确实是一个常规问卷设计者从来未曾遇到过的新问题。例如，若问卷是利用高版本的 Html 语言（如 4.0）和该版本的一些高级功能编制而成，那么当调查对象使用一些旧版本的网络浏览器来填写问卷时，就可能出现无法正常显示的故障。另外，有些情况下，即使问卷能够在受访者屏幕上显示出来，也很可能出现某些插件功能无法正常运行或问卷内容显示失真的现象。

这说明，随着调查研究对技术工具依赖性的增强，其在使用过程中出现技术障碍的可能性也在相应增大。当然，随着互联网技术的快速发展和接入带宽的逐步增加，那些纯技术方面的问题都可能迎刃而解。然而，旧问题在被解决的同时也可能会带来新的问题，要想找到一种万无一失的工具或方法显然是不可能的。在这种情况下，正确的态度或许是，调查研究者们应当接受这种技术工具本身的不确定性，然后在设计过程中通过各种措施来尽量减少故障出现的可能性，进而提高调查数据的科学性和可靠性。

4.2 网络调查法存在问题的解决方案

根据上述所指出的网络调查所可能产生的问题，有研究者（Couper, 2000; Dillman, 2000）认为，要想尽量避免或解决这些问题，在运用互联网进行调查时，就必须遵守一些基本原则：

　　基于涵盖误差的考虑，调查内容与目标母体必须具有一致性，避免过度推论。
　　在可能的情况下，计算调查的反馈率；否则，至少也要尽量增加样本的数量。
　　在调查内容与目标母体一致的前提下，尽量提高样本的异质性与代表性。
　　基于样本代表性的考虑，必须要能取得适度的数据作为对比基准，利用统计加权方式，对网络调查数据进行调整，调整除了面向人口变量之外，也应该看重态度的变量。

有台湾研究者指出（李政忠，2004），"就目前情况来看，我们固然必须承认网络问卷调查这种非随机抽样方法在样本代表性上经常遭到质疑，但这并不代表网络问卷调查完全没有可取之处。"因为任何一种调查方法都没有一个绝对的评估标准，在探讨它的可行性时必须同时考虑研究目的以及与其他调查方法在各方面适用性与优缺点的比较（Couper, 2000; Groves, 1989）。在兼顾研究质量与务实的情况下，我们可以从几个方面来探讨网络问卷的可行性（见表10）。

表 10　使用网络调查法时应注意的事项

调查环节	注意事项
抽样程序	为提高样本代表性，必须事先对抽样的母体特性进行严格定义； 将网络问卷的网址张贴在比较常使用的网站，并将网络问卷的消息广泛发布于讨论群组、BBS 或是聊天室，注意调查的内容必须与这些新闻群组或是 BBS 的使用者有相关性； 如果是采用 E-mail 征求愿意填答者，必须先获得同意后才将问卷网址寄给受访者，信中并且附上密码，以避免重复回答； 为避免无关对象回答而影响资料的可靠性，可以在发布网络调查的消息时，注明问卷填答者的适合资格。
宣传网络调查	将网络调查的信息公告在不同的网站，避免只针对少数几个讨论群组，以便提高样本的多样性； 将网络问卷的网址提供给搜寻引擎网站，并提供不同的相关搜寻关键词； 公告的次数适可而止，避免引起公愤； 检查联结到网络问卷的地址在网站上是否显而易见； 问卷中可加问填答者如何发现这个调查的网址，以利评估不同网站的公告效果； 利用赠奖或其他奖励方式来提高反馈率； 也可以利用非网络的广告方式（例如传统书面广告），告知网络问卷的信息，以提高反馈率。
资料搜集	要求填答者留下 E-mail，以此检查是否有重复填答的情形发生，或是纪录填答者的 IP 地址； 受访者填答问卷送出以后，务必发送一个感谢函。
数据处理与分析	利用统计加权方式调整数据，以提高外部效度； 同时进行（或事先取得）随机抽样数据（或是普查数据），作为加权调整的参照指标； 避免过度推论样本数据的结果，注意调查的内容与目标母体与调查方式是否兼容； 在网络普及率大幅提高之前，建议不要利用网络调查的结果进行全国人口的推论。

资料来源：李政忠（2004）．网络调查所面临的问题与解决建议．中正大学传播学系暨电讯传播研究所．资讯社会研究，2004 年 1 月，pp.1-24．

总而言之，要想解决目前网络调查所存在的问题，可能需要从以下几个方面来思考对策：首先，研究者必须考虑研究的母体是否适合利用网络调查的方式执行。其次，也必须考虑研究主题与研究方法、目标母体之间的兼容性。再次，可以考虑在网络调查研究中使用加权处理程序。

4.2.1 将研究对象主要限制于网络使用者

如果想要以一种比较严谨的态度来看待调查方法,那么就应该把研究的对象限定在网络使用人口,而不过度推论到普通人口。但这种做法显然必然会提高网络调查的支出成本。

就现阶段而言,利用互联网搜集的样本是否具有母体代表性仍有待后续观察,但这并不表示网络调查就完全没有其价值存在。休森(Hewson,2003)便提出两个观点来支持网络调查的可行性。首先,并非所有的研究议题都是针对一般大众,而是更多针对于某些特定族体,甚至在偏重质化研究上,故更多是强调个人层面的分析观点,而非一味追求所谓的外部效度;因此,如果互联网的运用能够与研究对象群体具有相关性,则网络调查仍然不失为传统随机抽样方法之外的另一种选择(Dillman,2000)。这里所谓的相关性是指,当我们在考虑必须使用非传统抽样方式的情况下,如果将网络使用行为作为调查的主要研究主题时,利用网络问卷所获得的结果,应该还是具有参考价值,会比利用网络来调查全国的投票行为、政治意识等主题更让人信服。

此外,休森还指出,就现有的社会科学研究成果来看,许多在期刊发表的研究发现也多半是建立在具有高同构型的选择性样本上,其中最常见的是心理学研究论文经常以大学生为研究对象,而社会学研究论文的研究对象也常常是社会中的某个特殊族体,如病人、警察和游民等。如果以这样的角度来看互联网作为调查工具的潜力,它反而能够让研究人员通过互联网来更方便地接触到更具多样性、异质性的研究样本。

事实上,当研究主题着重于某个特定群体时,研究人员都会面临着可能无法取得完整抽样架构的难题,并不是只有使用网络进行采样时才会碰到的问题。在必须同时兼顾研究效度与信度,又受限于研究资源(人力、财力等)的情况下,凯耶和约翰森(Kaye,Johnson,1999)认为,在目前网络尚未全面普及时,相对比较保险的方式是将网络调查的研究母体限制于网络人口,避免过度推论至全国大众。换言之,调查内容与目标母体必须具有一致性,例如他们的研究主题便是针对网络使用者如何利用网络进行政治活动的讨论,因此调查的母体局限于网络使用者,自然也就可以通过网络问卷方式来搜集数据。

4.2.2 提高反馈率并增加样本数

通常,电子邮件调查和网络问卷是网络调查最常见的两种基本形式。就抽样框的可获性而言,两者最大的差异在于,前者一般能够通过搜集讨论群组、BBS、聊天室等相关网站的使用者 E-mail 网址的方式来取得大致可用的抽样框。虽然利用这种方式所建立起来的抽样框并不完全准确,但至少还可以实施某种程度的随机抽样,同时也可以大略计算反馈率。而后者则直接将网络问卷公开发布于网站上,让上网者自愿填写,因而完全没有抽样框的设计和考虑,更无法进行随机抽样或计算反馈率。

因此，休森（Hewson，2003）建议，考虑到抽样程序、计算反馈率以及避免重复填写等因素的情况下，采用电子邮件调查的方式可能会比自愿填写的网络问卷调效果好一些。凯耶和约翰森（Kaye，Johnson，1999）也认为，采用电子邮件式的数据搜集方式比较容易控制研究主题与目标母体之间的相互兼容性，换言之，当利用讨论群组、BBS 版或是聊天室的特殊属性来建构抽样框时，研究者至少会比较清楚知道有机会填答问卷人通常都是与研究议题具有密切关联的。不过他们也强调，在建构抽样框时，同时也必须顾及目标群体的周延性及多样性，在具有兼容性的前提下，仍应该将问卷调查的信息广泛公告于各种不同的网站，以便增加样本的多样性。有时甚至也可以利用其他媒体进行广告，尽量减少因为少数属性过于偏颇而产生的分析上的偏差。

在确定抽样框之后，接着研究者还必须考虑如何提高网络问卷的反馈率。凯耶和约翰森建议，除了广泛宣传之外，还应该提供诱因来提高反馈率并增加样本数，进而降低网络调查数据的偏差。实际上，其他学者也有类似的观点，例如斯特奥斯（Strauss，1996）曾提出，当调查的主体是自愿性样本时，为避免部分自愿填答者具有某些属性而影响结果的推论，可以透过大量样本的搜集来稀释并降低误差程度。虽然这种方式不能完全免除偏差，但在回复率提高、样本数增加的情况下，样本过度偏差的情形相对将会降低，或者至少相对于那种拒答率高、样本数少的情况而言，这种调查的结果更加可信一些。

4.2.3 进行适当的加权处理

以往针对网络调查可行性所进行的相关研究发现，网络调查样本与传统调查样本之间的差异，最主要来自于人口变量。（Bordia，1996；Sheehan & McMillian，1999；Smith & Leigh，1997；Stanton，1998；Szabo & Frenkl，1996）但对于网络问卷样本的效度，则有部分研究学者发现网络样本与非网络样本的差异不大。例如巴坎那和史密斯（Buchanan，Smith，1999）曾对上网者与不上网者两种样本进行性格测验，虽然两个样本的人口统计特质有差异，但性格测验的测量特质则没有显著差异性。其他相关研究也发现类似的结果——人口统计特征有部分差异，但整体的测量变量平均值或变量之间的相关性则相当类似。（Dommeyer & Moriarty，2000；Epstein et al.，2001）

这些研究结果的差异显示，虽然网络样本的人口结构未必能完全反映母体，但在许多情况下仍然与非网络样本所呈现的特征有一定相似性，换句话说，如果利用针对人口变量进行调查后加权调整的方式，或许可以减少网络样本与研究母体的人口特征之间的差异。（Couper，2000）

在调查中，加权最初始目的是为了修正无应答误差。在网络调查可能同时面临无应答误差、自愿性样本，以及覆盖误差等限制的情况下，有学者认为除了以人口变量作为加权基准之外，还必须考虑态度、行为模式或生活形态等变

量。(Rubin, 2001; Schonlau, 2003; Taylor, 2001)

针对人口统计特征的差异,后分层法(Post-Stratification)的方式经常为研究学者所使用。这种方式通常以普查资料作为参考,依据人口变量做不同的人口统计分组,然后进行加权调整,以便减少无应答所造成的误差。针对态度、行为模式等特质的差异,研究学者经常使用倾向指数加权的方式处理,目的是利用网络样本与非网络样本在态度、行为模式或生活形态等变量的相互配对来进行加权调整。这种方式通常需要进行另一项随机调查作为加权的参考指标,调查的内容以态度变项为主,同时网络调查也必须提出相同的问题,以便将两个样本的相同变项进行配对,然后计算倾向指数。(Schonl, 2003)

上述对网络样本的加权处理,主要目的是为了减少网络样本与一般大众的差异性,以便使网络样本的结果能够推论到全国人口;但一些实证的研究结果显示经过两种加权程序的处理也未必能够有效解决问题,因此尚无法得到确切的结论,其有效性还有待于进一步研究。(Schonlau, 2003)

4.3 研究案例:美国调查专家们对网络调查法的态度与看法

此研究介绍了62位来自于"美国教育研究协会"[①]的资深调查专家对于网络调查法的认识与理解。调查结果表明,多数专家都认为,网络调查法最突出的优势在于:降低调查成本(如邮寄、电话费等),用电子邮件来发放调查邀请函或调查后跟踪通知,以及所获得的调查数据与当前常用统计软件的兼容性。同时,这些专家们也指出了网络调查法的一些局限性:覆盖率较低的抽样框,调查的机密性,调查对象的隐私保护以及样本的可信性等。专家们建议,网络调查法的研究设计应考虑到技术环境的差异性、受访者的操作能力等方面的情况,同时也应遵循调查实施的基本原则。

4.3.1 研究过程

本研究所使用的调查问卷共分为三部分:第一部分是4分式李克特等级量表题型[②],用于了解专家们对于使用电子邮件或网络调查方法的态度。问题涉及的内容包括以往相关研究文献中经常提及的抽样框、受访者个人隐私、技术条件和反馈率等;第二部分是4个开放题,主要涉及有关电子调查法应用及其局限性,所适用的调查样本类型,以及使用建议等。最后,第三部分则是专家们的相关背景信息,主要包括专家们使用技术(电子邮件和互联网)的情况,目前的专业职务和所从事的主要专业工作。

在征得了相关部门的同意之后,研究者将"美国教育研究协会"所公布的

[①] 美国教育研究协会(American Educational Research Association):简称 AERA。
[②] 李克特量表(Likert Scale):一种常用的调查题型,针对所提出的一个包括1—5等级的特定问题,调查对象根据自己的情况,可从中选择同意或反对的态度选项。

调查研究领域专家名单作为本次调查的抽样框，该名单包括163名有完整通信地址信息的专家。研究者向这些专家们每人发送了一份调查问卷和明信片。为保证调查的匿名性，研究者要求被调查的专家们将明信片与问卷分开单独寄回，并在其上标注他是否填写了问卷。

最后，研究者收到了63份问卷，另有35份问卷则由于调查对象通信地址变更或已退休而被返回。若将这35份问卷剔除，本调查的反馈率为49%（即发出128份问卷，回收63份问卷）。另外，研究者还收到了64张明信片，其中56张注明已填写并返回问卷，另有8张注明未填写问卷。在这8位未填写问卷的对象中，3位表示他们工作太忙没时间填写，3位表示目前已不再从事调查研究工作，另有2位则表示他们已退休。

问卷数据分析表明，多数调查对象（53%）都在高校工作。另有13%则是职业顾问，10%为测验机构工作，8%为学校系统成员，8%属于研究开发组织。同时，还有8%的对象是联邦、州政府或私立企业的雇员。关于调查对象担任目前工作职务的年限，从1年到30年都有，平均为13.23年；而从事调查研究工作的年限则从1年至45年，平均为17.7%；成为"美国教育研究协会"会员的年限从1年至45年，平均为12.1年。另外，43%的调查对象表示AERA是他们参加的主要专业协会组织，他们成为会员的平均年限为15.2%。

4.3.2 调查结果分析

4.3.2.1 调查对象的电子邮件和互联网的使用情况

整体来看，调查对象使用电子邮件和互联网的频率都较高。统计显示，90%的学者们每天都收发电子邮件，57%每天都使用互联网，另有78%表示每周至少有5天要上网。至于这些调查研究者的电子邮件和互联网操作水平，调查发现，他们通常都对其电子邮件操作技能（如撰写和回复信件、邮件群发和添加附件等）都非常有信心。同时，对于互联网方面的技能，如查找网址、使用搜索引擎和下载文件等，都非常熟悉。不过，这些学者们都对创建和维护一个网页方面的技能表明可能无法胜任。

4.3.2.2 对网络调查法的一般看法

在调查问卷中，受访者回答了33个有关电子邮件或网络调查方法方面的态度量表。其中有6个问题的反馈数据表明，专家们都对电子邮件或网络调查持非常积极的态度。统计结果显示，这些问题之间的内部一致性系数（Cronbach's alpha）是.83。因此，整体来看，这些专家学者们都对电子邮件和网络调查方法的应用持赞同的态度。表11显示了专家们对问卷中有关问题的总结，其中包括均值、标准差和问题选项的频度。

表 11　美国专家们对于网络调查法的态度①

调查问题	N[a]	强烈反对或反对的百分比	非常同意或同意的和百分比
网络调查法能够降低研究成本（如邮寄、电话费等）	60	3.3%	96.7%
与不应答者相比，网络调查的反馈者对技术的熟悉程度更高	62	6.5%	93.5%
电子邮件可用来事先通知受访者，将会收到一份调查问卷	61	4.9%	95.1%
若研究者要想利用统计软件来分析反馈数据，就应采用网络调查法	59	15.3%	84.7%
电子邮件是跟踪催复的有效工具，可用于督促受访者填写信函问卷	61	9.8%	90.2%
我已经考虑过利用电子邮件或网络调查法来实施我的研究项目	61	13.1%	86.9%
若只需点击电子邮件的 URL 就可以填写问卷，那我愿意填写网络问卷	61	14.7%	85.3%
电子调查的回复速度要比常规的印刷问卷快得多	61	19.7%	80.3%
若只需点击电子邮件中的 URL 就可填写，人们可能愿意填写网络问卷	59	13.6%	78.0%
网络调查能够降低反馈数据的分析时间和人工支出	59	22.0%	78.0%
网络调查可无须转录问卷中的开放题内容	57	25.0%	75%
网络调查问卷具有文本编辑功能	57	21.1%	78.9%
网络调查对于校友调查非常有用	61	21.1%	78.9%
对调查对象来说，填写电子邮件问卷需要花费太多的时间和精力	61	86.9%	13.1%
我会上网填写自己感兴趣的网络问卷	58	24.6%	75.4%
通常，如果调查的主题非常有趣，人们会上网填写网络问卷	56	24.1%	75.9%
若反馈结果能直接导入一个文件用于数据分析，我就会使用网络调查	52	28.6%	71.4%
电子调查与常规印刷问卷调查能提供可比较的信息	48	26.9%	73.1%
使用网络调查很难获得机构检查委员会的认可	60	68.8%	31.2%

① 态度量表：1＝强烈反对，2＝反对，3＝同意，4＝非常同意。

续表 11

调查问题	N[a]	强烈反对或反对的百分比	非常同意或同意的和百分比
潜在的调查对象们将会认为网络调查要比常规印刷问卷调查有趣得多	56	53.3%	46.7%
人们不会参加电子邮件调查，因为电子邮件很容易被垃圾邮件所淹没	58	50.0%	50.0%
与电子邮件调查相比，网络调查方法效果可能更好一些	59	55.2%	44.8%
网络调查非常适用于政治性的民意调查	53	45.8%	54.2%
通常情况下，人们会更愿意参加印刷问卷调查	51	49.0%	51.0%
与印刷问卷调查相比，网络调查的可靠性与之相同，或更好一些	60	51.7%	48.3%
通常情况下，我认为网络调查的反馈率会更高一些	61	60.7%	39.3%
使用网络调查将比常规调查法的交流效果更好	60	63.3%	36.7%
我很可能愿意填写网络调查问卷而不是印刷问卷	57	42.1%	57.9%
因为涉及匿名问题，人们不会填写网络问卷	56	60.7%	39.3%
通常情况下，人们更愿意填写网络问卷	60	43.3%	56.7%
网络调查法无法做到匿名性	61	70.5%	29.5%
与印刷问卷相比，调查对象在填写网络问卷时所完成的内容更多一些	59	76.3%	23.7%
与常规印刷问卷相比，网络问卷的反馈数据不易受社会意愿效应影响	59	79.75%	20.3%

数据来源：David M. Shannon, Todd E. Johnson, Shelby Searcy, Alan Lott. Using Electronic Survey: Advice from Survey Professionals, Practical Assessment, Research & Evaluation, Volume: 987654321.

从表中数据可以清楚地看出，这些调查专家们对于以下方面都持非常赞同的态度：使用网络调查能够降低研究成本，将电子邮件作为一种事先通知和后期跟踪的工具，反馈数据与现有统计软件的兼容性。同时，专家们也认为，在网络调查中，如果调查对象只需单击电子邮件中的 URL 就可开始填写问卷，那么，在这种情况下，即使缺少明确的激励措施（如奖品），也不会影响到人们参加调查的积极性和动机。

另一方面，研究结果也显示，专家们同时也对参加网络调查的受访者的技术知识和技能问题表示了担忧。他们认为，如果调查对象对信息通信技术不是非常熟悉的话，那么就很有可能不愿意参加网络调查。另外，他们也提到，与常规的信函调查相比,网络调查可能缺乏个性化的因素,因而导致受访者在填写时更容易出错,且更容易受社会意愿效应的影响。在这种情况下,调查对象所回答的问题数量也可能比常规印刷问卷要少一些。最后,研究者们也指出了在网络调查过程中利用密码来对登录者进行身份验证的问题,指出如果调查对象感觉到参加网络调查无法保证匿名性,那么他们就很有可能不愿参加或干脆拒绝参加。

不过,研究也表明,关于网络调查的某些问题,这些调查专家们的看法模棱两可。这些问题包括:网络调查的反馈率问题,网络调查与信函调查结果的可靠性问题,人们对于印刷问卷与电子问卷的喜好倾向性问题,以及在网络调查中利用邮件列表作为调查抽样来源的适当性问题等。

4.3.2.3 调查研究专家们的建议

在此项研究中,除了以上关于网络调查的一般性看法之外,调查问卷中也向专家们询问了网络调查有效应用、适当的抽样、局限性以及使用建议等方面的问题。这些都是通过4个开放题来进行调查的。通过对调查结果的整理和分析,结果如下:

第一,网络调查法的有效使用。37位专家提出了有关在研究中如何有效使用网络调查的指导性意见。其中,近一半(48%,18位)的专家指出,网络调查法特别适用于针对特定群体的调查研究,如那些公布其电子邮件信箱的专业人员、商业机构人员,或者固定样本调查。27%(10位)专家认为,电子邮件或网络调查的效率更高,因为其回复速度更快,而且调查结果无须编码转录即可直接用于数据分析。16%(6位)专家则特别指出了电子邮件调查或网络调查的各种用途,如用于调查对象的提前通知、信函调查的跟踪通知、市场调查、需求评估和历时研究等。不过,另有3位专家也指出,这类调查必须在特定的情况才能有效使用,比如问卷内容简短,操作简单,而且有一些相应的验证方式,如利用密码来保证调查的匿名性。

第二,网络调查法的抽样对象问题。共有35位调查研究专家提到了在网络调查过程中如何进行适当调查抽样问题。这些建议主要集中于如何使抽样对象有能力和有机会使用信息技术。多数专家们(91.5%,32位)指出,就目前的现实情况来看,只有某些特定社会群体才有较多的计算机应用和上网的机会,如专业组织的会员、校友会、政府雇员和大学教师等。其他3位专家则只是指出,目前,网络调查的抽样对象只能集中于范围很小的人群,而且必须明确界定。

第三,网络调查法的局限性。48位调查专家指出了电子邮件或网络调查的局限性问题。多数专家(52%,25位)明确提出了网络调查的抽样局限,认为这种方法只能用于那些有机会使用计算机和上网的群体调查,但不适用于针对普通公众的调查。

有15位专家（31.3%）认为，网络调查的第二个局限性是调查的机密性和缺乏隐私保护问题。他们认为，网络调查问卷或邀请对象参加网络调查的邮件很容易被受访者认为"垃圾邮件"，同样，如果使用公布的电子邮件列表来向调查对象发送调查邀请信，也存在着同样的情况。进一步，也有专家指出，由于受互联网安全性较差技术条件的影响，电子邮件问卷或网络问卷的数据都是通过互联网来传递，很有可能出现被他人窃取或盗用的情况，进而导致受访者的个人隐私信息被泄露。

25%（12位）的调查专家则提到了网络调查结果的可靠性和真实性问题。鉴于目前的许多网络调查都是开放性的，使得样本之外的人群也有可能填写问卷，因此，专家们特别指出，应该采取身份验证措施来保证调查对象身份的真实性。他们推荐使用密码验证的方式来保证只有抽样对象方能登录问卷进行填写。如果缺乏类似的验证措施，那么，调查所获得数据的真实性是值得怀疑的。

最后，有6位专家（12.5%）则提及网络调查在研究方法本身方面的局限性问题。这些专家们指出，网络调查法要求研究者必须具备比较熟练的技术能力，同时也必须花费大量的时间来设计和编制电子问卷，目前，恐怕多数调查研究者都未必具备这种条件。另外，也有数位专家提到了关于电子问卷与常规印刷问卷之间的兼容性问题，认为在使用混合调查模式时，如何尽量做到网络问卷与印刷问卷之间的格式统一以避免模式效应①，是一个值得重视的问题。最后，也有专家提到，在进行网络调查时，或许同样使用激励措施（如提供奖励）来鼓励调查对象参加调查。

第四，对那些欲采用网络调查法来进行研究的人们的建议。问卷中，有23位调查专家对于那些愿意使用网络调查法来进行的人员提出建议，这些建议主要集中于调查抽样、调查格式和调查实施程序方面。有10位专家（43.5%）提及了调查抽样问题，其中有5位特别指出，在使用网络调查法时，应该对研究目标群体进行"提前抽样"（pre-sample），以便确定他们是否有兴趣参加调查。另外也有专家指出，研究者们应该谨慎使用网络调查法，因为这种方法极大地受制于调查对象的技术基础条件。在使用之前，研究者应充分考虑到，抽样的目标群体的技术条件背景可能差异性很大。

另外，有8位专家（34.8%）在调查问卷的设计和格式方面提出了建议。其中，3位专家建议，电子问卷的设计应简洁易填；另外3位则只是简单提到应遵循正确的问卷设计原则；其他2位则特别指出了网络问卷在图片呈现方面的优势，建议充分发挥电子问卷的这种特点。

---

① 模式效应（Mode Effect）：指在调查过程中，由于数据采集方式不同而导致的覆盖误差、无应答误差和测量误差。换言之，在调查中，可能由于所使用的调查方法不同（如面访、自填问卷、电话调查和网络调查等），而导致研究结果出现差异。有研究表明，当调查主题较大众化时，模式效应并不明显；但当调查主题较敏感时，则会出现明显的模式效应。（Nicholls et al.，1997；Heiskanen and Ahlqvist, 1997）

最后，有 5 位专家（21.7%）提到了调查实施程序方面的建议。其中 2 位认为，目前正是使用网络调查的良好时机，研究者们应及时把握，尽快对这种新式调查方法进行深入的研究，尽快掌握其基本原理和方法。另外 1 位专家则建议，在使用网络调查法时，应向调查对象提供选择的机会，让他们自己选择是喜欢用电子问卷还是印刷问卷。最后 1 位专家则只是表示了对这种调查方法实施时可能遇到的多种困难表示了担忧。

4.3.3　研究结论

整体来看，此研究的结果与以往有关网络调查方法方面的相关研究文献基本一致。研究者发现，调查专家们所指出的网络调查法的主要问题都集中于其调查样本方面，如调查对象是否有机会和有能力使用所要求的技术和设备，调查对象身份的真实性及其隐私保护问题等。其中，专家们特别强调网络调查在调查覆盖范围方面的局限性和注意建立一个可信的样本和保护调查对象的个人隐私问题。

首先，通过以往的相关研究和本次调查可以比较清楚地看出，在使用各种网络调查方法时，抽样框仍然是其目前存在的主要问题，因此，研究者在使用这种新方法时，必须承认这种局限性。从目前掌握的情况来看，上网人群确实无法全面代表普通公众。正是由于这个原因，目前那些公布其电子邮件信箱的专业人员或商业群体被当做网络调查的主要抽样对象。不过，根据美国商业部的调查数据表明，目前美国互联网在一般民众中的普及速度很快，上网已成为一种比较普遍的现象。相信随着时间的推移，互联网的普及率仍然会继续增长，这样，上网者在普通人群中的比例也会越来越高，所谓的"数字鸿沟"也将逐渐缩小。在这种情况下，将来，网络调查法所能覆盖的调查对象范围也会越来越广泛。

其次，在使用网络调查时，研究者也必须承认，调查对象在信息技术素养，如设备条件、信息技术知识和技能方面确实存在着很大差异性。当研究者在设计各种形式的电子问卷时，必须充分考虑到这种差异性。在这种情况下，尽管与文本式电子邮件问卷相比，网络调查问卷具有更多和更强大的功能，但是如果处理不当，可能会导致调查对象无法找到网络问卷或无法填写网络问卷。进一步，就目前的实际情况来看，绝大多数人实际上并不非常熟悉电子问卷的填写方法，如选择下拉菜单，单击单选钮，通过滚动条拉动屏幕移动等。因此，在设计电子问卷时，研究者应注意添加操作指导，以帮助他们了解如何填写。

根据调查专家们的建议，研究者认为，在调查正式开始之前，研究者应事先通过电子邮件来与抽样对象进行联系，以便确定其技术操作水平和是否愿意参加这种调查。这种做法将有助于研究者确保每一位调查对象都能顺利登录问卷，并可避免受访者将这些电子邮件视为是"垃圾邮件"而直接删除。另外更为重要的是，与信函相类似的是，这种提前的通信交流也将为研究提供更为个性化的色彩,提高调查对象的参与动机。例如,在电子邮件中,研究者可以提供关于本次调查的研究目标,信息保密和隐私保护承诺,以及技术支持人员的联系方式等。近期发表的一份关于网络调查的元分析研究结果也表明,研究者在事先进行的前通知式的通信和联系的次数会极大地影响到调查的反馈率(Cook, Heath & Thompson, 2000)。

当研究者与调查对象进行事先通知并确定之后,在接下来的调查过程中,研究者应注意调查对象身份的可信性、反馈数据和个人隐私的保密性问题。研究者应采取各种措施来尽量降低调查的抽样误差。因此,必须通过各种措施来保证只有抽样对象方能参加问卷填写。那种常见的完全开放式的网上民意调查,任何身份的人都可以随意填写问卷,这种方法所获得的数据是很难被接受的,因为无法保证调查的信度和效度。

调查样本必须被清楚界定并确认其身份的可信性。通常情况下,研究者可以考虑使用密码或个人身份号码(PIN)的方式来控制抽样误差和建立一个可信的样本。如果确实无法使用上述验证措施时,那么,研究者也应仔细检查问卷反馈数据,将不符合研究抽样要求的问卷从结果中剔除,以保证结果的可靠性。

另外在使用网络调查时,研究者也应采取必要的措施来保护调查对象的隐私和确保其反馈信息的保密性。在以往的网络调查研究中,已有数位研究者已遇到过关于调查对象隐私保护方面的问题。(Couper, Blair & Triplett, 1997; Sheehan & Hoy, 1999)例如在一项调查中,当分析电子问卷的服务器登录日志时,吉瓦斯(Jeavons, 1998)发现,当调查对象看到需要填写自己的电子邮件信箱时就中途退出了调查。毫无疑问,在填写电子问卷时,只有当调查对象感觉到研究者事先已经采取了各种必要措施来保护其隐私信息时,他才会放心地填写问卷,回答各种敏感性问题。要想做到这一点,可供选择的方法很多,至少,研究者应该在调查正式开始之前的事先电子邮件通知中就向调查对象着重承诺保护其隐私信息。(Couper, Blaire & Triplett, 1997; Kieslerr & Sproull, 1986)另外,在使用电子邮件调查法时,研究者也可提供一个单独的电子邮件信箱用来接收调查对象的反馈问卷(Sheehan & Hoy, 1999),或者,编制一个程序来保证回复的信件中只包括研究者的电子信箱地址,但消除调查对象的电子邮件信箱。(Shannon & Bradshaw, 2000)同时,使用安全的网络服务器和加密措施也将有助于保护调查对象的隐私,提高其参加调查的积极性。

总之,在使用各种基于互联网的调查方法时,研究者必须充分考虑到采取适当的调查设计原则和方法,目前这些原则和方法可能还主要是沿用以往常规调查。今后,显然调查专家们需要加强这方面的研究,进一步完善网络调查设计原则和方法的适用性和可操作性,这样,研究者就可以在保证调查对象的隐私保护和机密性,以及调查结果的可靠性的前提之下,充分发挥这种新式研究方法的优势。研究相信,当网络调查的设计和实施方法体系逐步完善之后,学术界将会越来越多地采用这种方法来进行各种调查和研究。这时，相应的，有关如何在各种基于互联网的研究中保护调查对象的个人隐私权方面的政策和规定也就会应运而生，进而为网络调查方法的发展提供更加完善的应用环境。

思考题

1. 你认为，在计算机技术的影响下，调查研究方法自身产生了哪些变化？这些变化对于调查研究领域的影响表现在哪些方面？
2. 根据你的理解，网络调查法的优势主要表现在哪些方面？
3. 网络调查法目前存在的主要问题有哪些？你认为，应该如何解决这些问题？

动手研究

目前，国内学术界对于网络调查法的研究尚处于起始阶段，利用网络调查法来进行学术研究的案例还比较少。但与此同时，目前在国内市场调查领域，越来越多的机构开始使用网络调查法来收集数据。请通过网络搜索引擎和中国期刊网来检索目前国内与网络调查法相关的研究项目、论文或评论。然后对这些资料进行整理和分析，撰写一篇有关不同行业或领域对网络调查法持不同态度或看法的原因分析论文。题目自定，论文的格式要求符合学术论文的基本规范，要有摘要、关键词和参考文献。

参考文献

中文文献

［美］艾尔·巴比. 社会研究方法（第10版）. 北京：华夏出版社，2005.

陈佳玲（2004）. 跳题功能和填写时间纪录对网络调查问卷资料品质之影响分析. 台湾中华大学资讯管理系硕士毕业论文. 指导教师：黄贞芬. 2004年6月.

蔡佩（1995）. 电子布告栏使用行为与社会临场感研究. 台湾交通大学传播研究所硕士论文.

蔡佩（1996）. E-MAIL——调查研究的新工具. 台湾新闻学研究，第五十三集. pp. 251-260.

［美］弗洛德·J. 福勒. 调查研究方法. 重庆：重庆大学出版社，2004.

黄添进（2000）. 网络问卷调查可行性评估研究. 台北大学统计学系硕士论文.

柯惠新（2001）. 互联网调查研究方法综述（上、下）. 现代传播 2001年第4、5期.

Kuma. 媒体受众调查. http://bbs.kbook.com.cn/simple/index.php? t1074. Html (2007-06-25).

J. Jephcott（2000）. 网民行为监测的方法论. 2000年IT市场研究方法与实践高级论坛，10月12-13日.

林承贤（2005）. 网络问卷调查回收率影响因素之初探分析. 以1999-2003年台湾硕博士论文为例. 指导老师：刘骏州，台湾中正大学电讯传播研究所.

李政忠（2004）. 网络调查所面临的问题与解决建议. 中正大学传播学系暨电讯传播

研究所．资讯社会研究，2004年1月，pp.1-24．

罗至良（2001）．电脑问卷、匿名效果对降低社会期望反应之探讨．台湾东华大学教育研究所硕士论文．

殴柏杉（1995）．E-Mail与纸张问卷之绩效比较研究．台湾交通大学信息管理研究所硕士论文．

Patricia Sabena．美国质性研究的六大发展趋势．http：//cssd.acca21.org.cn/2001/news0808.Html（浏览于2007-06-25）．

邱宇民（2002）．以消费者观点探讨电子邮件广告之适用性．台湾成功大学工业管理科学系硕士论文．

苏蘅、吴淑俊（1997）．计算机网路问卷调查可行性及回复者特质的研究．新闻学研究，第五十四集，pp.75-100．

陶振超（1996）．台湾地区全球信息网（WWW）使用者调查．台湾交通大学传播研究所硕士论文，1996年．

周倩、林华（1997）．计算机网路与传播问卷调查．中华传播学会1997年学术研讨会．

张一帆（1997）．全球信息网与传播调查研究——调适性电子问卷系统之设计与发展．台湾交通大学传播研究所硕士论文．

张宜庆（1998）．计算机网路德菲研究系统之建构及其可行性研究．台湾交通大学传播研究所硕士论文．

张绍勋（2001）．研究方法．台湾沧海书局2001年出版．

张维安（2001）．文字模式线上访谈的特质及其限制．台湾：资讯社会研究，2001年7月，pp.279-297．

英文文献

Allen Hogg（2002）．Conducting Online Research, Adapted from material originally published on the American Marketing Association's www.MarketingPower.com , Web site, http：//www.websm.org/uploadi/editor/Hogg_2002_Conducting_online.pdf.（浏览于2007-6-22）．

P. Berrens, A. Bohara, H. Jenkins-Smith, C. Silva and D. Weimer. "The Advent of Internet Surveys for Political Research: A Comparison of Telephone and Internet Samples," 2001. Available at David Weimer's homepage at www.lafollette.wisc.edu/facStaff/（last accessed October 24, 2001）.

Bachmann, Duane, Elfrink, John, Vazzana and Gary. Tracking the Progress of E-Mail Vs. Snail-Mail. Marketing Research: A Magazine of Management and Applications 8（Summer 1996）：30-35.

S. Biffignandi and M. Pratesi. "Modeling the Respondent's Profile in a Web Survey on Firms in Italy," Development in Social Science Methodology, 2002.

P. Bordia.（1996）．Studying Verbal Interaction on the Internet: The Case of Rumor Transmission Research. Behavior Research Methods, Instruments and Computers, 28：149-151.

T. Buchanan & Smith, J. L.（1999）．Using the Internet for Psychological Research: Personality Testing on the World Wide Web. British Journal of Psychology, 90：125-144.

Z. Batagelj, K. L. Manfreda, V. Vehovar and M. Zaletel. "Cost and Errors of Web Surveys in Establishment Surveys," Paper presented at the International Conference on Establishment Surveys, 2000.

Couper. M. P. (2000). Web Survey: A Review of Issues and Approaches, Public Opinion Quarterly. Chicago: Winter 2000. Vol. 64, Iss. 4; pg. 464, 31 pgs.

M. P. Couper, R. P. Baker J. Bethlehem, etc. (1998). Computer Assisted Survey Information Collection. New York: Wiley. 1998.

Costigan, J. (1999). Introduction: Forests, Trees, and Internet Research. In S. Jones (ed.). Doing Internet Research xvii-xxiv. Thousand Oaks: Sage.

R. Coomber. "Using the Internet for Survey Research," Sociological Research Online, Vol. 2, 1997, pp. 14-23.

Couper, M. P. (2000). "Web Surveys: A Review of Issues and Approaches," Public Opinion Quarterly, 2000, 64: 464-494.

M. P. Couper, J. Blair & Triplett, T. (1999). A Comparison of Mail and E-mail for a Survey of Employees in Federal Statistical Agencies. Journal of Official Statistics, 15 (1): 39-56.

L. Chang. "The Representativeness of National Samples: Comparisons of an RDD Telephone Survey with Matched Internet Surveys by Harris Interactive and Knowledge Networks," Paper presented at the American Association for Public Opinion Research, Montreal, Que., 2001.

C. Cobanoglu, B. Warde and J. P. Moreo. "A Comparison of Mail, Fax and Web-Based Survey Methods," Journal of Market Research, 2001, 43 (4): pp. 441-452.

C. Cook, F. Health, R. L. Thompson and B. Thomas. "Score Reliability in Webor Internet-Based Surveys: Unnumbered Graphic Rating Scales versus Likert-Type Scales," Educational and Psychological Measurement, 2001, 85 61 (4): pp. 697-706.

C. J. Dommeyer & Moriarty, E. (2000). Comparing two Forms of e-mail survey: Embedded vs. Attached. International Journal of Market Research, 42 (1): 39-50.

David M. Shannon, Todd E. Johnson, Shelby Searcy, Alan Lott. Using Electronic Survey: Advice from Survey Professionals, Practical Assessment, Research & Evaluation, Volume: 987654321

W. M. Evan and Miller, J. R. (1969). Differential Effects of Computer vs. Convertional Administration of a Social Science Questionnaire: an Exploratory Methodological Experiment, Behavioral Science, 14, pp. 216-227.

J. EPstein, W. D. Klinkenberg, D. Wiley & L. McKinley (2001). Insuring Sample Equivalence across Internet and Paper-and-Pencil Assessments. Computers in Human Behavior, 17: 339-364.

B. Gunter, D. Nicholas, P. Huntington, P. Williams (2002). Online versus Offline Research: Implications for Evaluating Digital Media, Aslib Proceedings, 54, 4, pp. 229-239.

Greenbaum, T. (2001). Online Focus Groups are no Substitute for the Real Thing. Quirk's Marketing Research Overview, June 2001.

Edward A. Blair and Wagner A. Kamakura ed. Judy Strauss (1998). Early Survey Research on the Internet: Review, Illustration and Evaluation, American Marketing Association Winter Educators' Conference Proceedings. Chicago: American Marketing Assocation, 222-228.

A. Jeavons. "Ethology and the Web: Observing Respondent Behaviour in Web Surveys," Proceedings of the Worldwide Internet Conference, 1998. 40. Jones, R. and N. Pitt. "Health Surveys in the Workplace: Comparison of Postal, e-mail and World Wide Web Method," Occupational Medicine, 1999, 49 (8): pp. 556-558.

Kiesler, S. and Sproull, L. S. (1986). Response Effect in the Electronic Survey, Public Opinion Quarterly, 50, pp. 402-413.

Kozinets, R. V. (2002). "The Field behind the Screen: Using Netnography for Marketing Research in Online Communities", Journal of Marketing Research, Vol. XXXIX, pp. 61-72.

Kanarek, H. and B. Sedivi (2000). "Internet Data Collection at the U. S. Census Bureau," 1999 Federal. Committee on Statistical Methodology Research Conference: Complete Proceedings, pp. 708-717.

Kaye, B. K. and T. J. Johnson. "Research Methodology: Taming the Cyber Frontier," Social Science Computer Review, Vol. 17, 1999, pp. 323-337.

Lyberg, L. E. (1985). Plans for Computer-Assisted Data Collection at Statistics Sweden, Proceeding of the 45th Session, International Statistical Institute, book III, Topic 18. 2, pp. 1-11.

W. L. Nicholls II, R. P. Baker and J. Martin (1997). The Effect of New Data Collection Technologies on Survey Data Quality, in L. Lyber, P. Biemer, M. Collins, E. Deleeuw, C. Dippo, N. Schwars and D. Trewin (eds.), Survey Measurement and Process Quality, New York: Wiley, pp. 221-248.

Nesbary, Dale (1999). Survey Research and the World-Wide-Web, Allyn & Bacon, (editor).

Nelson, B. L. Peyton and B. Z. Bortner (1972). Use of an On-Line Interactive System: Its effects on Speed, Accuracy and Cost of Survey Results," Paper given at the 18th ARF Conference, New York City, November 1972.

B. A. Rudolph and A. G. Greenberg (1994). Surveying of Public Opinion: the Changing Shape of an Industry, Chicago: National Opinion Research Center: Report to the Office of Technology Assessment.

P. R. Rosenbaum, D. B. Rubin. The Central Role of the Propensity Score in Observational Studies for Causal Effects. Biometrika, 1983, 70: 41-55.

W. E. Saris (1991). Computer Assisted Interviewing, Newbury Park, CA: Sage.

L. Sproull & S. Kiesler, S. (1991). Connection: New Ways of Working in the Networked Organization. The MIT Press.

W. E. Saris and Van Meurs, A. (1990). Evaluation of Measurement Instruments by Meta-analysis of Multitrait-Multimetheods Studies, Amsterdam: North Holland.

Sheehan, K. B. & McMillian, S. J. (1999). Response Variation in E-mail Surveys:

An Exploration. Journal of Advertising Research, 39 (4): 45-54.

Stanton, J. M. (1998). An Empirical Assessment of Data Collection Using the Internet. Personnel Psychology, 51, 709-725.

Szabo, A. & Frenkl, M. D. (1996). Consideration of Research on the Internet: Guidelines and Implications for Human Movement Studies. Clinical Kinesiology, 50 (3): 58-65.

M. Schonlau, K. Zapert, L. P. Simon, K. Sanstad, S. Marcus, J. Adams, H. Kan, R. Turner & S. Berry (2003). A Comparison Between Responses from a Propensity-Weighted Web Survey and an Identical RDD Survey. Social Science Computer Review, 21 (10): 1-11.

K. B. Sheehan & S. J. McMillian (1999). Response Variation in E-mail Surveys: An Exploration. Journal of Advertising Research, 39 (4): 45-54.

Shannon, D. M. and C. C. Bradshaw. "A Comparison of Response Rate, Response Time and Cost of Mail and Electronic Surveys," Journal of Experimental Education, 2002, 70 (2): pp. 179-192.

Taylor, H. (2000). Does Internet Research Work? Comparing Online Survey Results with Telephone Survey. International Journal of Market Research, 42: 51-63.

G. Terhanian, R. Smith, J. Bremer & Thomas, R. K. (2001). Exploiting Analytical Advances: Minimizing the Biases Associated with Internet-Based surveys of Nonrandom Samples. ESOMAR Publication Services, 248: 247-272.

C. F. Turner, L. Ku, S. M. Rogers, L. D. Lindberg, J. H. Pleck and Sonenstein, F. L. (1998). "Adolescent Sexual Behavior, Drug Use and Violence: Increased Reporting with Computer Survey Technology." Science, 280 (May 8): 867-873.

Van Nuys (1999). Online Focus Groups: Market Research in Web Time. San Jose Business Journal, November 1999.

M. F. Weeks (1992). Computer-Assisted Survey Information: A Review of CASIC Methods and Their Implications for Survey Operations, Journal of Official Statistics, 8, pp. 445-465.

R. Weible and Wallace, J. "Cyber Research: The Impact of the Internet on Data Collection," Marketing Research, 1998, 10 (3): pp. 19-24.

C. Hewson, P. Yule, D. Laurent & C. Vogel (2003). Internet Research Methods: A practical Guide for the Social and Behavioral Sciences. London: Sage.

第三章　网络调查法的应用研究

【本章导读】

　　本章中，我们将首先探讨网络调查法在国外调查研究领域的应用状况，包括市场调查、社会科学研究和高等教育机构等。以此为基础，将着重介绍目前国外有关网络调查法各种研究成果，包括与传统信函调查相比，网络调查的独特之处，影响网络调查反馈率的诸种因素，以及网络调查中受访者隐私保护等问题。最后，本章也将对网络调查法的未来发展前景做一展望，并对网络调查法的某些误解做一澄清。

　　作为一种伴随着国际互联网发展而出现的新工具和应用方式，在2000年之前，即使在信息化建设居世界前列的美国，网络调查法实际上也仍然处于发展初期。例如，在美国的社会科学研究领域，有关网络调查方法的研究性文献直至2000年前后才开始陆续出现在各种主流学术性刊物中，当时专门研究网络调查法的学者数量也非常少。直到20世纪90年代末，美国的密西根大学和华盛顿州立大学才分别建立了专门从事网络调查法研究的专门机构。

　　不过自进入21世纪之后，随着计算机技术的发展和互联网的普及应用，网络调查法开始在发达国家的一些机构得到了一定程度的应用。国外的研究资料表明，目前在美国、英国等互联网发展最快的发达国家，网络调查法开始逐步应用于以下诸领域：

　　专业调查研究机构：如市场调查公司、民意调查机构和社会研究机构的数据收集；

　　高等教育机构：如校内教学效果评估、远程网络教学效果评估和师生意见收集等；

　　职业培训机构：用于培训前的学习需求分析和培训后的学习效果评估；

　　商业机构：用于产品、服务的满意度调查，或企业内部的员工满意度调查等。

1. 网络调查法在各领域的应用状况概述

以下将介绍网络调查法在市场调查和社会科学研究领域的应用状况。

1.1 市场调查和民意测验行业

商业调查机构向来对于调查技术的新发展持欢迎的态度，因为新工具通常都会提高市场调研的效率，同时还能降低调查成本。从最初的电话调查法，计算机辅助电话调查，到后来的各种计算机辅助数据采集方式等，市场调查机构向来都是最先尝试者和使用者。表现在网络调查法上同样亦是如此。资料显示，国外的专业调查公司是最早大规模采用网络调查方法来收集数据的机构。1997年，"欧洲民意和市场调查协会"（ESOMR）关于市场调查行业短期发展趋势的调查结果显示，在未来5年内影响市场调查行业的6个关键因素之中，首要一条就是"对调查技术的需要将更迫切"。此项调查表明，这些调查技术包括：互联网（在线）调查、自动数据收集、数据库管理、市场建模、创造性（交互式）的广告测试等。同时，ESOMAR也预测，到2010年世界范围内30%的研究都将在线方式来实施。

1997年，英国"全国统计局政府办公室社会调查处"（ONS）所实施的一项针对英国202所商业调查机构的调查结果显示（Collins，M. & Sykes，W.，1998），自20世纪80年代以来，英国专业调查机构使用各种基于计算机的调查技术的比例呈逐年上升趋势，尤其是1992年之后，网络调查法[①]开始被应用于数据收集。至1996年，已经有19.2%的调查机构开始使用网络调查法（见图8）。

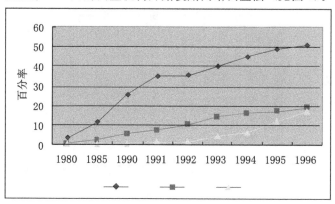

图8　1980—1996年英国专业调查机构使用各种调查方法的发展状况

---

① 在英国等欧洲国家中，研究者们通常将网络调查法称之为"计算机辅助网络调查"（Computer-Assisted Web Interviewing，简称CAWI）。

到 2000 年之后，英国市场调查机构使用网络调查法的机构数目仍然在不断增加。2003 年，艾伦·威尔森等（Alan Wilson，Nial Laskey，2003）对英国 120 所调查研究机构进行了调查，数据显示，其中近一半（53 所）的调查机构正在使用网络调查法，同时另有 11 家则表示，他们正计划使用网络调查，但尚未开始。在被调查的机构中，尽管多数都只是在最近两年刚刚开始进行网络调查的，不过超过一半的机构认为网络市场研究很重要。在过去一年中，57％的机构已做过超过 5 份的网络研究。不过在谈到使用网络调查方法的原因时，几乎所有的被访机构（91％）都认为，他们只将网络调查作为其研究服务的一种工具，并不会专注于仅仅通过网络调查来收集数据（见表 12）。

表 12　英国网络市场研究服务提供的原因

问题	非常同意/同意（％）	不同意/反对（％）	非常反对/反对（％）
有多种研究方法	89	5	6
发展新的研究领域	79	15	6
应对进入此领域的竞争对手	51	20	29
客户推动	39	27	34
成为网络调查专家	36	24	40

数据来源：Alan Wilson, Nial Laskey（2003）. Internet based marketing research: a serious alternative to traditional research methods? Marketing Intelligence & Planning, 21/2 2003.

另外，在谈到网络调查法在英国的未来发展前景时，65％的被访机构都表示，未来将寻求把网络调查运用到更广阔的市场研究领域。

表 13　英国网络调查法的远景展望

问题	非常同意/同意	不同意/反对	非常反对/反对
运用网络调查进行大多数的数量研究	14	22	64
网络调查只作为一个部分，并不专注于此	91	2	7
希望用网络调查做其他类型研究	65	26	9
很少做网络调查因为公司能自己做	10	42	48

数据来源：同上表

艾伦·威尔森等认为，对于大多数英国调查机构而言，网络调查法只将作为一种额外的支持方法而不是对传统研究方法的替代。换言之，互联网可以作为其他方法的最好补充，去访问那些面访、电话或信函访问难以触及的被访者，如商务人士和年轻人。当然显而易见的是，当一些机构需要进行如雇员调查、网站评估等专门研究时，网络调查可能就是最有效、最合适的研究执行方法。艾伦·威尔森同时也指出，不管网络调查在哪里使用，客户和研究员需要特别注意被访者能在多大程度代表研究的目标群体。虽然这个问题在将来可能会得到改善，但抽样框及反馈率在短时间内仍将是评估网络调查价值的关键。

在美国，网络调查法同样也在调查机构中得到广泛应用。2003 年，美国著名的 Pioneer 市场研究中心发表的调查数据显示（Leonard F. Murphy & Brett Garrison，2003），在美国的专业调查机构中，利用互联网来收集调查数据的比例在逐年上升。调查结果显示，72.5%的受访者表示，其所在的调查机构正在使用互联网来收集数据。其中 39.2%的对象表示，网络调查法目前是所在调查机构唯一的数据收集方式；33.3%的对象表示，除了网络调查法以外，他们还同时使用其他调查方法，如 CATI、IVR 等（见图 9）。

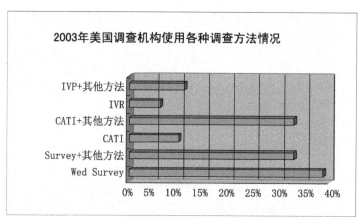

图 9　2003 年美国专业调查机构使用调查方法情况

研究者还发现，在问到各种调查研究方法的未来发展趋势时，38.4%的受访者认为，CATI 将是未来数年中美国调查机构在收集数据时所使用的主要方法；25.5%的对象认为，各种基于互联网的调查方式（如网络调查法和网络访谈法）将是调查研究机构未来数年中最主要的数据收集方式。另外，认为混合调查法、印刷问卷调查法和交互语音调查法将是未来数年中调查机构所使用的主要数据收集方法的比例分别是：9.1%、7.0%和 4.5%（见图 10）。

调查数据还发现，在对各种调查方法的应用前景进行评价时，结果显示（见图 11），网络调查法被认为是发展潜力最大的方法[①]（4.28）。其次分别是混合调查法（3.51）、交互语音反馈法（3.10）、计算机辅助电话访谈（2.98）、计算机辅助个人访谈（2.82）、面对面访谈（2.68）和信函调查法（2.63）。

更值得一提的是，目前在美国甚至出现了主要采用网络调查法来收集研究

---

① 评价指标是：1＝发展潜力很小，5＝发展潜力很大。

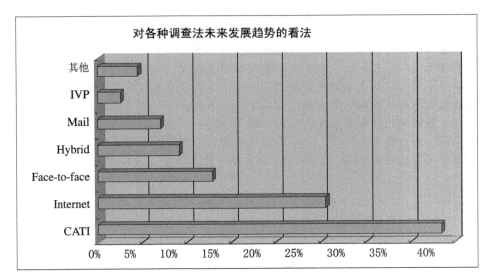

图 10　对各种调查法未来发展趋势的看法

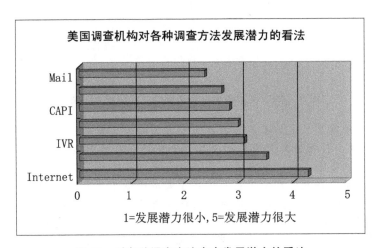

图 11　对各种调查方法未来发展潜力的看法

数据的专业网络调查机构。例如，Harris Interactive[①] 就是一家专门进行网络调查的商业机构（见图 12）。该公司通过网络广告及其他形式的宣传途径，招募了一个包括数百万潜在调查对象的庞大固定样本（Panel）数据库。对于任何一种

---

① 有关 Harris Interactive 公司的信息见其网站 http://www.harrisinteractive.com/。

特定主题的调查，公司都可以从其固定样本数据库中选择一个样本来进行调查。

另外，作为亚洲地区信息化发展水平较高的中国台湾地区，同样也出现了一些使用网络调查法进行市场调查的机构。例如，自90年代开始，台湾的常青藤调查公司（见图13）就开始利用网络调查法来研究台湾地区上网者的情况，并据此发布了多份台湾地区互联网使用状况调查报告。

自2000年起，随着台湾地区网络产业的不断成熟，台湾地区的上网人数已

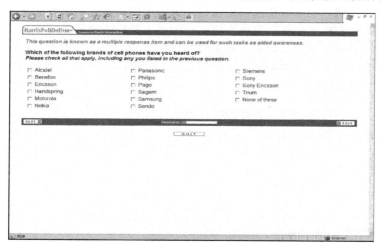

图 12　Harris Interactive 公司的网络调查问卷

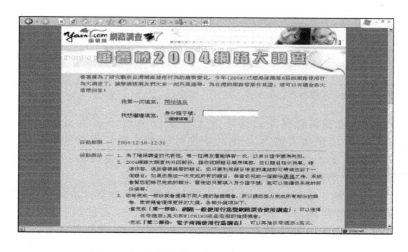

图 13　台湾常青藤调查公司的网络调查问卷

达到全部人口的 1/3，网络使用逐渐普及。在这种背景下，台湾陆续成立了四家专业从事网络调查的市场调查公司，分别是：数博网（SuperPoll）[①]、NetRatings[②]、亚太用户调查公司（Iamasia）和联智信息（NetValue）。网络调查方法正式进入台湾的市场调查行业，成为新的数据处理与信息搜集中心。

从台湾网络调查公司所提供的调查项目来看，可区分为"使用者行为调查"与"网络调查"两种。前者类似在电视上加装测量仪器，针对选定样本计算机开机后或是联机后的所有使用情形加以纪录再予以分析；后者则是采用电话访问、网页问卷和电子邮寄问卷等方式，根据一定抽样程序让特定网友回答设计好的问卷。从这四家网络调查公司所采用的抽样方法来看，都是以电话随机取样模式（RDD）来筛选所要的固定样本，不过随后各家所使用的工具和方法则各不相同（见表14）。

表14 台湾四家网络调查公司的调查方式

调查公司	ACNielsen	NetValue	iamasia	Superpoll
样本年龄	2岁以上	8岁以上	5岁以上	10岁以上
样本数	3 000左右	3 300左右	2 000左右	3 300左右
受测上网环境	以家中计算机为单位	以家中计算机为单位	以家中计算机为单位	以panel个人为主，panel所使用到的地方都会放置侦测软件
软件可侦测功能	Http	侦测所有于TCP/IP层运作的应用程序	Http	URL
测量软件	NetRating	NetMeter	NetFocus	iRate
所推估的母体数目	506万（2000/9）	520万	640万（2000/6）	依资策会统计数字为准

资料来源：台湾的网络调查公司介绍。

ACNielsen是在调查样本的计算机上安装以 Java 语言编写的一种专门测量软件，针对网络使用者的行为及流量进行搜集追踪。提供的数据包括：上网者在每个网站上的活动行为及追踪、浏览器缓存中读取的网页所占的百分比、使用者的基本背景资料和广告活动等。

Superpoll同样也是将一个名为 iRate 的软件安装于调查样本的计算机中，实时记录使用者所浏览的网页名称及时间，也可监测到来自代理服务器或缓存中的网页数据。该软件可提供的数据包括：各家网站或网页的入站人数、累积的

[①] 数博网（SuperPoll）：由台湾大学新闻研究所创办。
[②] NetRatings：由著名市场调查公司 ACNielsen 投资。

浏览时间、平均浏览秒数或页数、广告点阅率、入站及离站分析，以及进一步的浏览者个人数据分析。随后再利用数据挖掘技术，针对客户需要，进行汇整数据、交叉分析及自动模拟。

NetValue 的 NetMeter 软件是一种可在网络传输协议标准（TCP/IP）下运用的数据测量软件及技术。其最大的特色在于网络测量范围较大，除了上网者在网页浏览器当中的行为之外，还可追踪到电子邮件、聊天室、论坛、影视（如 RealPlay 的观看）、实时信息传输（如 ICQ 的讯息传递）等行为。

Iamasia 所安装的测量软件是内建于计算机系统中网络通信协议底层的技术，Iamasia 宣称这套软件技术比建于网络通信协议（TCP/IP）的评量技术能掌握更丰富的网络行为数据。

在我国大陆地区，与网络调查有关的技术和方法方面的研究只是最近两年才开始，部分专家学者、专业研究人员以及计算机技术人员已经在网上调查领域做了很多开拓性研究工作，涌现出大量网上调查软件和支持网上调查平台的网站。但由于涉足网上调查领域的时间和经验不足，许多研究的深度和广度还很不够。

整体来看，由于受互联网普及率低的制约和方法指导理论较匮乏的限制，我国大陆地区网络调查的应用与研究还处于起步阶段，往往只是利用其形式，还没有进行深入探讨。目前所采用的调查内容主要是网上舆论调查、热点问题调查、排行榜和消费者态度调查等。调查形式相对单一，有待进一步发展。

1.2 社会科学研究领域

除应用于市场调查机构以外，网络调查法同样也适用于高校社会科学研究领域，如社会调查、民意测验和心理测量等。早在 1984 年，就有学者曾提出：互联网需要被纳入传统的传播研究中，而传统理论需以不同的观点来看待（Rice & Williams，1984；转引自 Tomasello，2001）。托马塞罗总结 1994 至 1999 年期间在传播类相关期刊所刊载的与互联网有关的研究成果之后，认为传播研究者需积极参与和引导实施网络相关的研究，因为互联网本身就是一种非常值得关注的新传播现象，学者需要深入了解相关科技之原理，以便能规划并评估未来的网络应用发展（Tomasello，2001）。

至 90 年代中后期，美国的一些大学的调查研究中心已经成立了专门研究网络调查法的部门，探索网络调查法在社会科学研究中的使用方法。其中，国外最有名的网络调查法研究机构包括乔治亚技术学院的 GVU（图像、视觉和应用研究中心），华盛顿州立大学的社会调查研究中心和密西根州立大学的社会科学研究院等。这些机构早在 20 世纪 90 年代中期就开始网络调查法的实验与研究，获得了许多重要研究成果，对网络调查法在社会科学研究、政府机构调查等领域的推广产生了重要的促进作用。

随着研究者们对这种方法的了解程度不断加深，介绍网络调查法的专业书籍也越来越多,在一定程度上促进了网络调查法在社会科学研究领域的推广与应用。例如,统计数据显示(见表15),在1996年之前,国外仅出版过一本直接与计算机网络相关的调查研究方法著作;而在1996年至2000年期间,则出现了6本直接与网络调查法相关的学术专著。从2001年至今,世界各国出版的有关网络调查法的著作则多达20本。这种情况说明了国外社会科学研究者对于网络调查法的关注程度确实在不断提高,越来越多的研究者开始对网络调查法进行探讨和研究。

表15 1995—2007年国外出版的有关网络调查法的专著

出版年份	有关网络调查的专著
1995年之前 (1本)	Computer-Assisted Interviewing;1991;Saris, W. E.
1996—2000年 (6本)	Sixth World Wide Web Survey;1997;Guzdial, M. Getting the most out of Web-based Surveys;1999;Ward, D. Internet Marketing Research:Resources and Techniques;1999;Forrest, E. Survey Research and the World Wide Web;1999;Nesbary, D. Doing Internet Research:Critical Issues and Methods for Examining the Net;1999;Jones, S. Mail and Internet Surveys:The Tailored Design Method;1999;Dillman, D. A.
2001年之后 (20本)	Internet Communication and Qualitative Research:A Handbook for Researching Online;2000;C. Mann, F. Stewart Virtual Ethnography;2000;Hine, C. Psychological Experiments on the Internet;2000;Birnbaum, M. H. The Handbook of Online Marketing Research:Knowing Your Customer Using the Net;2000;J. Grossnickle, O. Raskin Internet Marketing Research:Theory and Practice;2001;Lee, O. Conducting Research Surveys via E-mail and the Web;2002;M. Schonlau, M. N. Elliot, R. D., Fricker E-research:Methods, Strategies and Issues;2002;T. Anderson, H. Kanuka Online Social Sciences;2002;B. Batinic, U. D. Reips, M. Bosnjak Nonresponse in Web Surveys;2002;V. Vehovar, K. Lozar Manfreda, M. Zaletel, Z. Batagelj Internet Research Methods:A Practical Guide for the Social and Behavioural Sciences;2003;C. M. Hewson, P. Yule, D. Laent, C. M. Vogel Survey Automation:Report and Workshop Proceedings;2003;M. L. Cohen, R. M. Groves, W. Kalsbeek, D. L. Cork

续表 15

出版年份	有关网络调查的专著
	Survey Research: In-Person, Mail, Telephone and Web Methods; 2003; J. J. Leon, W. C. Brown, L. O. Ruch, T. E. Johnson Internet Marketing Research: Resources and Techniques; 2003; Forrest, E. Readings in Virtual Research Ethics: Issues and Controversies; 2004; Buchanan, E. A. Using Electronic Surveys; 2004; M. Conway, S. Thomas Using Web and Paper Questionnaires for Data-Based Decision Making: From Design to Interpretation…; 2004; Thomas, S. J. Online-Research; 2004; M. Welker A. Werner, J. Scholz Internet Data Collection; 2004; S. J. Best, B. S. Krueger Mail and Internet Surveys: The Tailored Design Method 2007 Update with New Internet, Visual, and…; 2006; Dillman, D. A. Conducting Online Surveys; 2007; V. M. Sue, L. A. Ritter Mail and Internet Surveys; 2008; Dillman, D. A.

资料来源：根据 http://www.websm.org/ 的资料整理。

实际上，近年来在国内同样也是如此，越来越多的社会科学研究开始采用网络调查法。例如，台湾地区的一项研究显示（林承贤，2005），在 1998—2003 年期间，研究者利用"台湾博硕士论文信息网"①的检索功能进行目标论文之搜集，整理与网络问卷相关中英文用词及自行组合之可能用词作为关键词，逐词对论文摘要及关键词字段进行检索，选择 1998 年至 2002 年度区分加以纪录，结果如图 14。

研究者发现，从 1998 年开始，台湾地区各高校研究生毕业论文中使用网络调查法来进行研究的数量稳步上升（见图 15），例如，1998 年仅为 1 篇，而到 2003 年则达到 57 篇。

另外，研究者还发现，使用网络调查法的毕业论文使用网络问卷调查法之论文主题多半（74%）与互联网相关，同时也与作者所学专业有一定的相关性。例如，在检索出来 219 篇研究生毕业论文中，涉及 14 个学科门类。其中信息管

---

① 台湾博硕士论文信息系统：是台湾地区收录博硕士论文信息最丰富的数据库，网址是 http://www.ncl.edu.cn.tw，每个月的平均使用量皆在 35 万人次以上。此系统创建于 1997 年，推出网络检索系统，1998 年度开始推动在线建档（包括论文之摘要、目次及参考文献等信息），1999 年推动博硕士论文全文电子档案上网作业，并于次年正式纳入各大学校院研究所毕业生所需办理之离校程序，得以完整地搜集各大学校院研究所博硕士论文之数据并提供迅速精确之查询及检索服务。

理学类专业由于具有相关技术与知识之优势，为使用网络问卷调查研究法最多之系所，而同属企业管理学类的企业管理系及管理学系亦有相当多使用网络调查研究法的博硕士论文（见表16）。网络问卷调查法主要使用的学科集中在商业及管理学类（89篇，其中企业管理学系占45％）、数学及计算机科学类（46篇，其中信息管理学系占83％）及大众传播学类（26篇）。3学类共占论文总数的74％。而其余67学科系所之论文数皆在8篇以下。尤其是人文学类、法律学类、自然科学类及工业技艺学类等4学类则无相关论文。

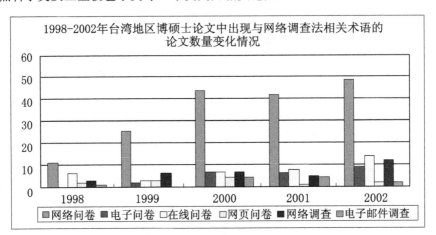

图14　1998-2002年台湾地区博硕士论文关键词检索结果

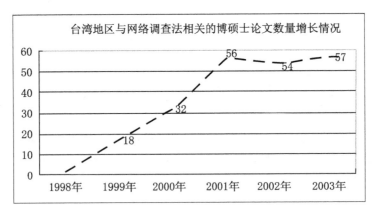

图15　台湾地区与网络调查法相关的硕博士论文数量增长情况

表 16　不同专业的台湾研究生毕业论文使用网络调查法的情况

论文作者的专业	论文数
资讯管理专业	40
企业管理专业	38
管理学	9

在使用的方式上，研究者发现，利用网页问卷来供受访者登录填写，已成为博硕士论文利用网络调查法的主流（83.3%，见图16），其次为利用电子邮件将问卷邮寄予受访者（11.6%）。而并用两种以上方式（3.7%）及利用电子布告栏或新闻群组张贴问卷内容者较少（0.5%）。

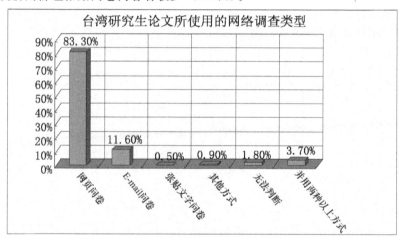

图 16　台湾研究生论文所使用的网络调查类型

另外，在利用网页问卷进行调查的样本中，研究者发现，这些研究生主要为自行架设调查网页（94.0%），有少部分利用商业（4.2%）或学术界（1.7%）提供之网络调查接口来进行调查。在这些论文中，56%的网络问卷调查曾利用公开网络媒介（全球信息网、电子布告栏或新闻群组）宣传（刊登）调查信息。网络问卷调查宣传（刊登）调查信息采用的网络媒介大多数使用万维网（37.5%）或并用万维网及BBS（41.7%），其次为使用BBS（16.7%），其他方式则较少。曾进行公开网络媒介宣传的网络问卷调查中，有81.7%曾使用万维网，有61.7%曾使用BBS，而只有4.2%曾使用新闻组。

从以上情况可以看出，随着互联网的不断普及和应用，网络调查法已成为社会科学研究中的一个重要的研究工具。

2. 网络调查法的探索与应用性研究

近年来，随着互联网的不断普及，调查研究者对于网络调查法的关注程度不断增加，与之相关的研究也越来越多。通过文献检索，研究者发现，目前国外有关网络调查法相关文献的数量在持续增多，研究的主题、范围和对象都在不断拓展，这在一定程度上为这种新方式的应用和推广提供了重要的理论和实践基础。

通过对这些研究文献的整理，研究者发现，目前国外有关网络调查法的研究主要集中在不同问卷调查法与网络问卷在成本、速度、调查质量等方面的差异比较研究；网络问卷的设计、反馈率、响应形态等；另外也有比较受访者的人格特质、概况等相关研究。简言之，可根据探讨主题的不同，将目前与网络调查法相关的研究划分为五大类，分别是：问卷设计主题、各种问卷调查法比较、反馈率与应用形态相关、受访者人格特点探讨，以及网络问卷可行性探讨等（见表17）。

表17 国内外关于网络调查法的相关研究项目分类

主题	作者/时间	方法	主题
受访者人格特点	苏蘅、吴淑俊（1997）	调查法	探讨电子邮件问卷在校园进行调查的可行性及回复者特点
	Biffignandi, S. & Pratesi, M.（2002）	调查法	对企业中的员工进行网络调查，然后整理问卷回收的资料来描述受访者的概况、分布情形等
	Shannon, D. M. & Bradshaw, C. C.（2002）	实验法	利用实验来比较 E-mail 与 Web 问卷反馈者在人口特点上的差异
反馈率与应用类型	Crawford, et al.（2001）	实验法	探讨影响反馈率的因素，针对问卷设计方式设计实验以降低无应答率
	Lozar Manfrsda, K. & Vehovar, V.（2002）	汇总法	利用汇总的方式收集与网络调查相关的文献、资料，通过资料来整理出影响与网络调查反馈率相关的各种因素
	Bosnjak, M and Tuten, T. L.（2001）	个案法	描述七种与网络调查受访者应用态度有关的反馈形态
	Biffignandi, et al.（2002）	个案法	强调网络调查过程中各阶段的实时性、无应答率与质量，最主要贡献在降低反馈率并且缩短受访者作答时间的长度

续表 17

主题	作者/时间	方法	主题
网络问卷可行性探讨	黄添进（2000）	调查法	探讨网络问卷的代表性
	Claudio, C. (2002)	汇总法	强调利用计算机辅助长时间问卷调查的设计概念
	Schaefer, D. R. &Dillman, D. A. (1998)	实验法	发展出一套 E-mail 问卷调查的程序，并利用实验进行以多模式的策略提升单一模式的反馈率
	Cowan, C. D. (1991)	汇总法	提倡使用多重样本框的方式进行问卷调查，以改善问卷调查的覆盖率、质量及降低成本
	Mertler, C. (2002)	个案法	探讨利用网络调查的优点以及各方面的限制
	蔡佩（1995）	调查法	比较 E-mail 问卷与一般调查法之优劣
	Crawford, et al. (2002)	实验法	比较 Mail 与 Web 问卷的差异，实验结果发现：Web 的反馈率较高、成本较低、收集资料的效率也较高
	Cobanoglu, et al. (2001)	实验法	比较邮件、传真以及 Web 等三种方法的结果以及优缺点
各种问卷调查法之比较	Shannon, D. M. & Bradshaw, C. C. (2002)	实验法	比较传统 Mail 和电子问卷的回收率、响应时间和成本之差异
	Brawner, et al. (2001)	实验法	利用实验比较 E-mail 与 Web 问卷回应者之人口特质上的差异
	Forsman, G. & Verdian, M. (2002)	实验法	探讨网络调查和传统邮寄问卷的各种结果，并且探讨网络问卷不同的设计对回收率、回收速度和资料质量的影响
	Lozar Manfrsda, K. and Vehovar, V. (2002)	实验法	以实验探讨信函和网络问卷是否可以为调查提供相同结果
	Yun, G. W. & Trumbo, C. W. (2000)	实验法	分析比较邮寄、E-mail 以及 Web 三种调查模式之特性，并希望通过多模式的方式来提高调查结果之样本的代表性

续表 17

主题	作者/时间	方法	主题
问卷设计主题相关	Heerwegh, D. & oosveldt, G. (2002)	实验法	强调单选按钮题型的设计比下拉菜单题型容易被受访者接受，填答时间也较短
	Dillman, et al. (1998)	实验法	利用实验比较两个形态的网络问卷（简单和复杂）的完成率
	Couper, M. P. (2000)	汇总法	探讨网络调查的主题和设计网络问卷的方法
	Cook, et al. (2001)	实验法	比较使用非数字图形评分尺度和李克特方式之网络问卷结果的可信度
	House, C. C. (2002)	汇总法	结合 Web 与 Paper 问卷的设计程序，并强调问卷的设计重点，提出编辑逻辑跳转的方法
	Dillman, D. A. & Bowker, D. (2000)	实验法	利用实验评估将网络问卷之答案放在左边、右边的差异和比较其优缺点
	Crawford, et al. (2001)	实验法	探讨影响反馈率的因素，针对问卷设计方式设计实验降低无应答率
	Couper, et al. (2001)	实验法	利用实验来测试网络问卷的各设计特性是否影响调查所得资料质量及结果
	Forsman, G. & Verdian, M. (2002)	实验法	探讨网络问卷和传统邮寄问卷的各种结果，并且探讨网络问卷不同的设计对回收率、回收速度和资料质量的影响
	Guin, et al. (2002)	实验法	设计一个实验，由不同的诱因总数和提供的时间来比较对反馈率和成本效益的影响差别
	Yun, G. W. & Trumbo, C. W. (2000)	实验法	分析比较邮寄、E-mail 以及 Web 三种调查模式之特性，并希望透过多模式的方式来提高调查结果之样本的代表性

资料来源：陈佳玲（2004）．跳题功能和填写时间纪录对网络调查问卷资料品质之影响分析，台湾中华大学资讯管理系硕士毕业论文，指导教师：黄贞芬，2004 年 6 月，第 32 页。

以下将根据不同的研究主题，介绍一些与网络调查法相关的研究成果。

2.1 关于不同形式问卷的比较研究

2.1.1 电子问卷与纸笔问卷的调查结果差异问题

虽然网络调查法的历史并不长，但实际上有关电子问卷的相关研究早在 20 世纪 80 年代当计算机在西方逐步开始普及应用之时就已经出现，这可以被看做是网络问卷研究的起点。当时，国外心理学领域对于电子问卷的研究非常感兴趣，因为在态度或人格心理测量过程中，由于社会期待效应而导致的测量结果偏差是一个困扰许多研究者多年的普遍性问题。"计算机网络问卷的比较研究从

80 年代中期开始比较普及，起初出发点是认为计算机网络问卷可以有效减缓受试者填写问卷时的社会期待效应，降低测量情境的社会价值观影响，进而减少研究偏误。"（Martin & Nagao, 1989）当时的许多研究者认为，与印刷问卷相比，电脑问卷不仅有助于降低社会期待而导致的偏差，使得电脑问卷的结果比较可信。另外，以电脑问卷方式进行测量也比较容易实施，有利于找到缺失值和方便处理资料等。（Rosenfled, Doherty & Carroll, 1987）

当然，也有一些学者持与之不同的观点，认为电子问卷并不一定会降低填写过程中的社会期待效应。总体来看，当时研究界对于电子问卷对社会期待效应的影响可概括地划分为三种观点：

第一种观点，认为计算机化问卷能有效地降低社会期待效应。例如，斯布罗尔和凯斯勒（Sproul, Kiesler, 1986）的研究指出，在利用电子邮件进行调查时，电子邮件所构成的沟通情境是一个社会背景线索比较弱的虚拟环境，受访者在这种沟通情境中通常会表现出比较强烈的自我取向特点。具体的表现是，与纸笔问卷的统计结果相比，受访者在使用电子邮件问卷时经常会表现出更为显著的不顺从和反抗社会规范的态度。

其他也有一些研究者支持斯布罗尔等的观点。如有研究表明，计算机问卷的受试者经常会表现出较多的焦虑症状，同时其说谎量表的得分相对较低（Evan & Miller, 1969）；也有研究者发现，虽然某些电子问卷的受访者会表现更多的由于对计算机不熟悉而表现出的焦虑或恐惧反应（Carr & Ghosh, 1983），但同时其社会期待反应倾向指数比较低（Kiesler & Sproull, 1986; Couper & Rowe, 1996）；另外，有研究表明，电子问卷的受访者虚报 SAT 分数的比例要比印刷问卷低一些（Martin & Nagao, 1989）。

因此，根据上述这些研究结果，许多研究者倾向于认为，电子问卷有助于在填写过程中使受试者感受到更多的隐私感，进而增加受试者报告敏感信息的意愿（Tourangeau & Smith, 1996），同时也有助于增加受试者更多的自我揭露倾向（Turner et al., 1996）。例如，有研究显示，受试者在计算机辅助访谈的受访情境下，男性受试者会报告较多的同性性接触经验，女性会报告较多的性伴侣人数。

第二种观点则与之相反，认为电子问卷不仅不会降低调查的社会期待效应，反而会增加受访者的社会期待反应和研究数据的偏差。例如有研究发现，用计算机作答的受访者，不仅承认的焦虑症状比较少（Davis & Cowles, 1989），而且自我报告的心理病理特征也比较少（Schuldberg, 1989）。劳腾斯克莱格和弗莱荷提（Lautenschlager, Flaherty, 1990）研究曾发现，与纸笔问卷的受试者相比，计算机问卷受试者表现出更多的社会期待反应倾向，计算机作答的受试者在心理测量量表中所表现出的社会期待反应较多，而且具名的受试者比匿名的受试者得分更高。因此，根据这些研究，部分研究者认为计算机问卷反而会增加受试者社会期待反应的倾向。

第三种观点，则认为受访者在使用计算机问卷和纸笔问卷时的表现并不存在显著差异。例如，罗森非尔德等（Rosenfeld, Doherty, 1989）的研究发现，虽然受试者比较喜欢使用电子问卷，但在测量的得分上却没有明显差异。另外在史密斯和莱恩（Smith, Leigh, 1997）关于性幻想和性相关主题的调查中，研究者比较网络问卷和纸笔问卷对调查结果的影响，结果显示，受试者的表现并没有因为使用网络问卷或是纸笔问卷而产生差异。因此，研究者认为，施测方式的差异并不会对问卷反应的结果造成影响。另外，研究者还更进一步指出，受试者的匿名程度（Anonymous Levels）才是造成问卷表现差异的重要影响因素。

众所周知，"匿名"是互联网的一个重要特征。在网络上，个体的外貌、表情、姿势、声音和性格等特征，以及所处的场景与情境，都无法直接感知。因此在网络中，可能会因为匿名，不知道对方的真实身份而出现一些情绪专注于自己所要表达的想法的"自我专注"现象，不顾虑社会规范的"非抑制"倾向，以及侮辱、敌对等情绪激动的"激起"、"激越"行为等。研究认为，相对于实际环境来说，互联网中的人际互动会更自由、更开放（Sproull & Kiesler, 1986）。

因此，有研究者认为，网络问卷作答情境所提供的匿名性特征，对受试者或研究者而言，可以在一定程度上消除被期待效应对于研究的影响及偏误。这在纸笔问卷情境中是无法避免的。之所以如此，研究者指出，是因为在网络问卷的作答情境中，许多存在于现实环境中的线索都消失，例如视觉线索、听觉线索、手写笔迹、个人及社会背景资料等。这些线索的消失，让个体有机会呈现不同的自我，呈现更多深层的心理自我揭露（Smith & Leigh, 1997）。

何森等（Hewson, Laurent, Vogel, 2003）指出，网络的特色就是"去个人化"（dehumanization）和匿名。因此，以网络做研究的益处是，受试者无须立即反应，而且反应是匿名的，还可以保护个人的隐私，因而表现出较少被期许特对待方式的差异。

在这种情况下，如果在调查过程中改变了受访者的匿名程度，那么网络中的个体是否戒心依然比较低呢？是否还能摆脱社会规范的压力呢？社会期待反应倾向是否还是比纸笔问卷受试者低呢？以往关于计算机和网络问卷的研究，提出了另外一个可能具有影响力的因素：具名程度。研究者尝试改变匿名的状态，要求受试者具名，即在问卷中写下自己的名字。研究结果发现，影响问卷表现的因素并不是以计算机作答或以纸笔方式作答，而是受访者的具名程度的影响。具名的受试者比不具名的受试者表现得更多的社会期望反应倾向。

另外研究也发现，受访者的年龄也可能会对两种调查形式的结果产生一定影响。例如，在莱特等（Wright, Aquilino, Supple, 1998）以抽烟、饮酒以及药物滥用行为的调查中，研究者发现，计算机问卷和纸笔问卷是否对调查结果产生影响，与受访者的年龄相关。例如，当受访者是成年人时，电脑问卷与印刷问卷的结果基本相同；而当受访者是青少年时，两种问卷的调查结果则会出现差异，尤其明显的是，12 岁至 18 岁的受访者经常会自我报告出更多的敏感信息。研究者认为，之所以如此，可能在于这个年龄的儿童和青少年对计算机具有成年从未有过的高度舒适感，因此当问及具有威胁感和敏感性的问题时，计算机有助于减少自我报告偏误。

表 18 是电子问卷与纸笔问卷两者特点比较研究的相关文献总结。

表 18　电子问卷与纸笔问卷的相关研究综述

研究者及年份	研究主题	研究结果简述
Booth-Kewley，Edwards 和 Rosenfeld（1992）	印象和社会期待	无显著差异。受试者匿名程度是真正影响反应的因素
Bradburn 等人（1991）	酗酒	计算机问卷受试者报告的酗酒信息比较多
Erdman，Klein 和 Greist（1983）	酒精饮料购买行为	无显著差异。但是计算机问卷相对不会让人感到困窘
Jobe 等人（1997）	性伴侣	计算机问卷的女性受试者报告的性伴侣数目比较多
Kiesler 和 Sproull（1986）	组织人际沟通	有显著差异。个体在计算机问卷作答情境中，行为相对不受限制
Locke 等人（1992）	艾滋病危险因子	计算机问卷受试者报告的危险因子比较多
Lucas 等人（1977）	酒精饮料购买行为	计算机问卷受试者报告的酒精饮料购买行为比较多
O'Reilly 等人（1994）	敏感主题	计算机问卷受试者报告的敏感信息比较多
Smith 和 Leigh（1997）	性幻想和性相关想法	结果相似，但是网络问卷更受到受试者的喜欢
Water 和 Duffy，（1994）	酒精饮料购买行为	计算机问卷受试者报告的酒精饮料购买行为比较多
Wright，Aquilino 和 Supple（1998）	抽烟、酒精及药物使用	在特定受试者族体中有显著差异。计算机问卷作答情境的青少年，自我报告更多的酒精、药物滥用和心理沮丧的状态

资料来源：陈清晖（2001）. 影响网络问卷与纸质问卷差异性之比较探讨. 指导老师：陈学志，台湾辅仁大学心理学系，2001 年．

综上所述，目前多数调查研究更倾向于以一种折中的态度来看待此问题。他们认为，计算机问卷和纸笔问卷是否对问卷表现造成差异性作用，必须充分考虑到中介变量的影响。换言之，调查主题的不同，会对两种问卷结果是否有差异产生关键性的影响。总的来说，调查的主题不同，计算机网络问卷与纸笔问卷的结果也可能相应变化。例如，有些主题比较敏感，涉及内在隐私或不便公开讨论，这时网络问卷和纸笔问卷的结果就可能会有差异；相反，若调查主题并不敏感，公开讨论也无妨，网络问卷和纸笔问卷的结果就可能没有差异。有研究者指出，判断一个问题是否敏感通常取决于，如果说出实情会不会招致反对、批评或是被惩罚等其他可能后果，或是问题本身涉及个人隐私被侵犯（Tourangeau & Smith, 1996）。另外也取决于当被问及敏感问题时，例如性行为风险，即使他们的回答和反应是被保密的，人们是否会感到困窘，或是觉得这类主题不适合在公开场合讨论（Catania, Gilson, Chitwood, & Coates, 1990）。若出现上述两种情况，则该调查主题属于敏感性内容，这时，不同的问卷调查方式就有可能会对结果产生显著的影响。

2.1.2 基于 CMC 理论的网络问卷特点分析

以上述电子问卷方面的研究为基础，近年来，国外研究者又进一步对网络问卷的特点进行了深入研究，利用各种社会学和传播学的理论对网络情景下受访者在填写问卷时的心理状态和行为表现进行了诸多实验和探讨。整体来说，这些研究的主要理论基础之一便是"以计算机为媒介的交流"（CMC）[①]。该理论认为，在 CMC 交流环境中，交流双方的所有交往均靠计算机和互联网来完成，因此不再有国家、种族、语言、文化背景、行业和社会阶层的区别，人们不必担心自己的言行举止是否违反社会规范，是否符合自己的身份，是否被不同文化背景的人误解，也不必为相互关系的建立与维持大伤脑筋。虚拟社区给予人们交流信息、表达意见和抒发情感的广阔空间，同时也省却了现实人际交往中的种种麻烦。不过，与面对面的交流相比，CMC 缺乏现实人际交往中不可忽视的非语言线索，而把所有重点放到语言交流中，这就可能会在一定程度上影响 CMS 的人际交流效果。

对 CMC 的研究，国外学者提出了两种针锋相对的观点。一种是"人际关系失落说"，一种是"人际关系解放说"。

"人际关系失落说"认为，网上的人际关系是肤浅的、非个人的，而且经常充满了敌意。持这种观点的学者（Beninger, 1987；Heim, 1992）认为，所谓的

[①] 以计算机为媒介的交流（Computer Mediated Communication）：即指借助计算机和互联网进行的非面对面信息交流活动，因此建立、维持和发展的相互关系被称为 CMC 人际关系。通常，CMC 大致可划分为三个方面：即通过电子邮件或电子公告牌实现的异步传播；通过"聊天室"、在线交谈实现的同步传播；通过计算机和电子数据库对各种信息的使用、恢复及存储活动等。

"赛博空间"① 只是一种存在着幻觉之中的社区，而非真实的社区。另一方面，持"人际关系解放说"的学者（Pool，1983；Rheingold，1993）则认为，CMC 在很大程度上把人际关系从物理空间的限制中解放了出来，它为新的、真实的人际关系和社区的建立创造了机会和条件。

"人际关系失落说"的主要理由是：CMC 所能获得的信息要比面对面少很多，而且也缺少很多传统人际关系发展理论所强调的因素（Lea & Spears，1995）。例如，传统的人际关系理论认为，在现实人际交往过程中，"社会线索"的相对缺乏或反馈延迟，会导致更多的不确定性，如包括当事人如何表现、对方如何表现和如何解释这些表现等，并进一步导致要想减少这些不确定性变得更加困难。根据"不确定性减少理论"②，如果人们不能减少这些不确定性，那么人际关系即使不是停止发展，或者至少也会降低进度（Berger & Calabrese，1975）。另外，关系发展理论还十分强调外表吸引力在某一段关系中的重要性，尤其在发展男女浪漫关系中（Berscheid & Walster，1978）。显然关于外表的信息在 CMC 的环境中是缺乏的。

其他一些理论也倾向于支持"人际关系失落说"。"社会临场感理论"③ 和"社会背景线索理论"④ 认为，视觉和听觉线索的减少，会使上网者对网络上的另一方降低认知和敏感度。后来，这两个理论通常被合称为"线索过滤理论"（Culnan & Markus，1987）。按照此理论，纸笔问卷是一种亲身接触和面对面沟通的形式，故社会临场感最高，而网络问卷则是通过网络进行，除非互动双方主动愿意自我揭露，否则对于对方的外貌、表情、姿势、语调、声音、社会地位、心理状态等均无法知悉，因此社会临场感较低。不过需要注意的是，社会临场感理论是在互联网发展初期提出的，当时受技术水平的限制，CMC 主要以传输文字信息为主，因此该理论认为此种沟通方式的社会临场感不高，但现今的

---

① 赛博空间（Cyberspace）：源于五十年代的词汇"Cybernetics"（控制论），它被用于描述计算机科学；Space 则源于六十年代的词汇"Inner Space"和"Brain Space"。Cyberspace 是由科幻小说作家们创造出的一个词汇，它用于描述人们探索虚拟的 Internet 空间时所处的位置。这个词汇首次出现在 William Gibson 于 1984 年出版的科幻小说 Neuromancer 中，指的是计算机"世界"和围绕着它的社会。

② 减少不确定性理论（Uncertainty Reduction Theory）：1975 年伯杰（Berger）和卡拉布瑞格（Calabrege）提出的理论。它包括对他人的态度、信仰、感受和行为作出先于对方行动的预见，对对方的行为进行追根溯源的解释。该理论是以"陌生人"这一比喻为中心阐述的，一个人进入这种新文化，犹如陌生人进入一个他不熟悉的群体。他不能十分有把握地去行动，因而使人感到不踏实（焦虑）。陌生人经常对该群体身份方面没有准确的信息，这使他对该群体的定位往往多虑。

③ 社会临场感理论（Social Presence Theory）：是由心理学者肖特等（Short，Williams，Christies，1976）提出，其将社会临场感定义为个体通过媒介去感知他人与环境的一种心理状态，社会临场感是所有沟通媒介的基本特征，可以经由个体的心理感知而测得，不同媒介有不同的传输能力，因而所产生的社会临场感也各异。

④ 社会情境线索理论（Social Context Cues Theory）：由斯布罗尔和凯斯勒（Sproull，Kiesler，1986）提出，该理论认为，在现实的人际互动中充满了各种社会情境线索，包括个人的职位、环境工作内容、表情、动作、语调等，这些都会影响个体的行为，但网络却无法表现出这些线索，因而导致社会规范的约束力降低，尤其是"匿名"会让使用者表现异于平时。

网络传输技术早已出现很大变化，除文字之外，音、视频皆可传递，因此传播和交流效果可能会大不相同。

另外，达夫特和伦格尔（Daft & Lengel, 1984）所提出的"媒介丰富性理论"① 也认为，不同媒介处理信息的能力不同，"丰富的媒介"比"贫瘠的媒介"更加适合处理具有社会敏感性或高智商的信息，以及进行说服、讨论和了解对方等人际交流活动。根据此理论，CMC 则被归入相对贫瘠的媒介模型中，在达夫特和伦格尔看来，相对贫瘠的媒介不是人际传播的好载体，因此，CMC 被认为更加适合进行以任务为取向的活动，而在发展人际关系方面的作用是比较微弱的。若根据此理论，由于计算机网络所传递的社会线索比较少，所以受试者在进行网络问卷的时候，所感受到社会规范约束力也相应比较低，因而网络问卷的受试者的戒心与焦虑感也比较其他形式问卷的受试者要低一些，这将有利降低社会期待效应。

另一方面，支持"人际关系解放说"较有代表性的是沃尔瑟（Walther, 1992）的"社会信息处理理论"（Social Information-Processing Theory）。沃尔瑟认为，由于没有进行充分的实地观察，早期那些支持"人际关系失落说"的实验研究存在着许多问题，需要在概念和方法论上做进一步的改进。例如，有学者已经从实地研究中观察到"网络社区"里关系发展的一些例子，发现随着 CMC 使用者对新科技工具的适应，那种由科技带来生涩感会慢慢减少（Kerr & Hiltz, 1982）。因此，沃尔瑟认为，在面对一个不具有视觉和听觉线索的沟通渠道时，人们会为了消除不确定性和发展关系而设法去适应文本的线索，以满足自己的需求。以电子邮件为例，他指出，随着时间的推移，电子邮件为积极的人际关系提供的机会并不比面对面的交流少。从某程度上来说，并非 CMC 不能有效传达人际关系信息，而是它需要更长的时间。例如，一项关于即时通信工具（IM）与亲密关系的调查显示，每日使用 IM 时间越长，使用者感受到的亲密程度越高。（Hu, Smith, Westbrook & Wood, 2003）

因此，根据"社会信息处理理论"，在基于互联网的人际交流过程中，CMC 的使用者逐渐发展了一些技能来对文本线索进行译码，以形成人际印象。一个具体的例子就是创造表情符号，比如用 ·O· 代表微笑。例如，一项对 MUD 的研究发现，玩家逐渐学会用语言暗示来弥补非语言暗示的缺乏，使用微笑以及 MUD 所特有的表情符号次数越多，所形成的人际关系也越多（Utz, 2000）。因此，CMC 的使用者能够仅仅通过文本互动就形成印象，得到相关的人际知识，并且发展

---

① 媒介丰富性理论（Media Richness Theory）：该理论认为，当组织中成员欲选择媒介时，会依据媒介本身所能负载的信息量与要处理的工作特性之相称程度作为选择的标准。通过对面对面、电传会议、电话、电子邮件、个人记录、正式公文等的研究，认为若媒介只能承载语言和文字线索系统，运载能力小，即属于"贫媒介"（Lean Media），该理论的说法与"社会临场感"相近，皆以带宽（bandwidth）的观点来看媒介特征。如果媒介信道承载的线索系统（包括语言与非语言线索）愈多，这个媒介即属于"高度丰富媒介"，反之则属于"低度丰富媒介"。

关系。

另外,"社会界面理论"(Social Interface Theory)同样也是一个与 CMC 相关的理论,它在人机交互研究领域具有相当广泛的影响。该理论的基本论点是:计算机交互界面设计中有关人性化的暗示因素,将会对使用者产生类似于现实中人与人交流过程中的相关反应。例如,多项实验结果表明,在计算机界面中,一种相对较微妙的暗示线索,如一种带有性别色彩的文字或一幅粗线条勾勒出的人脸画像,都能够对计算机使用者产生一种与现实人际交往中相类似的心理影响效果,如社会期待效应。在一项研究中,纳斯等(Nass, Moon, Green, 1996)曾指出,计算机本身所带有的一些看似微不足道的些许暗示线索(如计算机发出的女性提示音),都有可能引发计算机使用者头脑中某种关于性别的模式化观念。在这项实验中,研究者在受访进行计算机训练和进行其他方面的任务中设置了一系列各种类型的线索,以便检验这些界面暗示因素与受试心理变化之间的相关性。根据研究结果,研究者认为,计算机交互界面(即使是用于训练的文字信息)在受试者中能够产生类似于与其他人交流过程中所感受的心理现象。换言之,研究者的基本论点是:在使用计算机时,人们在头脑中将之视为某种社会角色,而不是将其看做一种无生命的机器。

沃克尔等(Walker, Sproull, Subramani, 1994)的另一项研究则进一步支持了这种认为计算机界面能扮演一种虚拟形象的假设。在实验中,研究者利用计算机屏幕上显示的文字或正在谈话的脸部图片来引导受试填写问卷。结果显示,与文字引导的受试相比,在交谈脸部图片引导下的受试在填写问卷时所花费的时间更长,所犯的错误相对较少,而且在开放题中所填写的内容也更多。不过,研究同时也表明,与那些受相对较单调脸部图片引导的受试相比,那些受表情更生动图片引导的受试表示,他们所感受到的负向情结体验(即不喜欢在这种表情生动的脸部图片的伴随下填写问卷)反而更强烈一些。在另外一项实验中,斯布罗尔(Sproull, 1986)在一个计算机辅助访谈中改变了谈话脸部的表现形式:一张脸表情严肃,另一张脸则和蔼可亲。这些脸都是利用计算机生成的,带有动画嘴唇,可伴随语音响应活动。研究结果发现:"与那些读文字信息的受试相比,与动画脸部交互的受试在访谈中反应很不相同。后者将某些个性特点赋予了所看到的动画脸部图片,因而影响到了他们的访谈过程。这些受试在完成实验之后谈自己的感受时,认为在动画脸的影响下,他们在回答问题时感觉更慎重一些,如较紧张,感到不太自信等,而且在回答问题时也更倾向于提供正向的答案。"

如果上述这种所谓的社会界面理论成立的话,那么,将可能对调查研究领域产生非常重要的影响。为什么这样说呢?因为如果社会界面理论的基本论点成立的话,那就意味着在调查中使用计算机和网络同样也将可能对数据质量产生重要影响,因为任何微小的人性化因素都会影响到计算机使用者的心理和行为表现,那么相应的,当在计算机辅助调查中利用语音来提出有关性别倾向和性行为的问题时，提问语音本身的性别将会影响到受访者的答案。另外，随着各种多媒体工具在互联网上的应用，在网络调查中，如果在网络问卷中添加各种人性化的视觉或听觉因素，那么，按照社会界面理论，就会否定或至少降低这种自填式网络调查法所具有的优势，尤其是在调查敏感性问题时的作用。从这个角度来说，研究者迫切需要进行相关的研究，以便早日解决社会界面理论与调查研究方法之间的矛盾。

因此，以美国密西根大学库珀为首的研究人员为此向美国科学基金专门申请了一项课题，就这个问题进行深入研究。该项目的研究目标是，探索在调查研究中问卷的交互设计与社会界面特征可能对受访者反馈所产生的多方面影响。研究者设计了多项实验，其中包括：虚拟访谈员（即动画的说话头像）对受访者回答问题时的种族态度观念的影响，语音计算机自我访谈（Audio-CASI）调查中男性与女性语音对受访者回答问题的影响，文本 CASI 与语音 CASI 调查中隐私保护程度不同对受访者回答问题的影响，以及网络调查和交互式语音反馈调查（IVR）中不同交互界面特征对社会期待效应的影响。

研究中，他们利用网络调查法设计了各种不同的问卷界面：在一个样本组中，研究者在问卷中呈现了各种内容的图片（包括一位男性研究者，一位女性研究生和专为本项目所设计的 Logo）；在另一个样本组中，研究者则设计了各种不同程度的人性化反馈信息。最后，研究结果并不支持上述社会界面理论。换言之，计算机交互界面中各种形式的人性化因素，未对受访者的反馈产生显著影响。

在分析原因时，研究者发现，所有有关社会界面理论方面的研究都是以大学生作为志愿受试在实验室环境下进行的。与此相反，有关调查的结论则是在更为广泛的人群中以概率抽样的方式而获得的，如男性青少年，15～44 岁的女性和美国成人等。而且在受试人数上，两者也有明显差异：前者的受试人数通常为 10～20 人左右，而后者的样本量则多达数千名。另外，两者的测验背景也完全不同。社会界面理论的研究通常是在实验室背景下进行，被试者在测验过程中完全避免了受其他因素的影响，而且其回答的隐私性得到了完全的保护；另一方面，多数 CASI 调查则都是在访谈员在场的情况于受访者家中进行的，有时甚至其家庭成员也会在场。在这两种完全不同的测验环境下，研究对象所感受到的隐私泄露方面担忧是截然不同的。

总的来说，在自然实验环境中，由于具有多种潜在的无关变量，因此被试对实验控制变量的辨别能力要远远小于实验室环境。而在实验环境的情景下，由于各种无关变量受到了严格控制，进而导致被试有可能意识到实验的目的，因而会潜在影响到其在实验过程中所表现出的行为。最后，两种研究方法所采用的测量方式也各不相同。调查界面实验经常使用被试在完成计算机任务方面的表现情况作为附属的测量方式，而在调查中所采用的典型测量方式，则是让受访者自己报告问卷填写过程中的社会期待心理或感想变化情况。调查研究领域的发现是根据一些高度敏感的行为（如堕胎、性伙伴、高度危险的性行为及违禁药品的使用等）的公开测量而得出的。研究者认为，正是由于上述多方面的原因，导致在实验室环境下社会界面理论成立，而在现实情境下则不成立。

综上所述，可以看出，在虚拟的网络环境下，网络问卷和纸笔问卷之间确实存在着一些差异（见表19），通常情况下，由于互联网所传递的社会线索比较少，因此在网络调查过程中，受访者在填写问卷时，其所感受到的社会规范约束力比较低，网络问卷的受试者的戒心与焦虑感也比其他形式问卷的受试者低。另外，由于网络问卷是社会临场感低、低度丰富媒介以及社会情境线索较少的作答情境，而纸笔问卷是社会临场感高、高度丰富媒介以及社会情境线索多的作答情境。因此，网络问卷能提供受试者匿名感，增加受试者的安全感、隐私感，降低戒惧心及焦虑感，增加受试者自我揭露的意愿，同时降低社会期望反应倾向。

表19 网络问卷与纸笔问卷填写特点比较

	网络问卷	纸笔问卷
作答情境	社会临场感低 低度丰富媒介 社会情境线索较少	社会临场感高 高度丰富媒介 社会情境线索较多
匿名程度	比较高	比较低
问卷主题	敏感、隐私的主题的问卷反应比较开放	敏感、隐私主题的问卷反应比较保守
受试者心理感受	匿名、安全，但是有计算机焦虑	被研究者观察

2.1.3 研究案例：网络问卷、电子邮件问卷和信函问卷的应用效果研究

近年来，为深入研究和了解网络问卷的特点，国外许多研究者对这个问题进行了许多实证性研究。以下将介绍一项由新西兰学者斯米等（Smee, Alan and Mike Brennan, 2000）对网络问卷、电子邮件问卷以及信函问卷应用效果及特点的比较研究。此研究的主要目的是希望了解与传统的信函调查问卷相比，网络调查问卷具有哪些特点，并更进一步希望通过研究来了解Web与E-mail两种问卷方式的优劣之处。

此研究的调查对象定为新西兰和澳大利亚高等教育机构的教师。之所以选择他们，主要原因在于高校教师的上网条件比较好，而且他们的电子邮件通常

都公布于高校的主页上，相对来说比较容易获得。研究的调查样本是这样获得的：首先，研究者通过互联网登录了新西兰及澳大利亚的 41 所大学及学术研究机构。在这些机构的主页上搜集到总数为 1 249 名教师[①]的电子邮件和通信地区，其中澳大利亚有 660 名，新西兰有 589 名。然后，研究者根据随机抽样的方式将全部受访者分配至 5 个不同的实验组。每一个实验组都使用不同形式的调查问卷，分别是：

普通信函式问卷：即最常用的传统形式印刷调查问卷，受访者必须使用笔来填选空格以回答问题。此种形式的问卷共有 24 页，其中包含 50 个问题，装订成册。在内容设计方面，由于问卷中包括一些分支跳转问题，因此根据答案的不同，某些受访者可能需要跳过部分问题，只需要回答其中的 34 个问题。

电子邮件问卷：属于纯文本式电子邮件问卷，调查问卷的内容位于邀请函的下方。在填写此问卷时，受访者需要首先点击"回复"按钮，然后再在调查问题的选项旁边输入符号"x"；对于开放题，则直接输入答案。

单页式网络问卷：全部调查问卷的内容都显示于一个网页之中，使用标准的 Html 标记语言制作。在填写时，受访者可以使用滚动条上下浏览问卷，直接用鼠标点击或键盘输入答案。最后点击"提交问卷"按钮后，问卷内容被自动存入数据库。

有自动跳转但无数据验证功能的多页网络问卷：整个调查问卷内容被划分为多张网页，受访者填写过一张网页之后，必须点击一次"递交"按钮后方可开始新一页中问题的回答。在问卷中具有自动分支跳转功能，即当受访者选择某一问题的某一选项后，他将自动进入与之相关的问题，同时看不到与之无关的问题。不过此问卷不具备数据验证功能，即当受访者填写的数据不符合调查要求时，问卷不会自动向受访者弹出提示信息。

有自动跳转和数据验证功能的多页网络问卷：与上一种问卷相比，具备了数据验证功能。当受访者点击"递交"按钮后，系统将自动对所填写的内容进行检索，确认受访者是否已回答问题，同时还会在逻辑上进行检查。如果所填写内容有误，受访者会被自动引导回有问题的地方。此问卷的大小约为 300k。

研究者在对上述五份问卷进行了测试之后，开始根据样本分组向五个实验组中的受访者分别发送调查邀请函。每个实验组均接收到三份通知，每份通知均有明示受访者姓名。其中，发放电子邮件问卷和网络问卷的实验组是以 E-

---

① 从这些机构的主页信息可以看出，在发出调查邀请函时，所有这些调查对象都在任教。

mail方式传送，而传统的信函问卷则经由邮寄的方式送予受访者。

最后，此研究中5个实验组的问卷反馈情况如表20所示：

表20 不同实验组的问卷反馈情况

	实验组1 信函问卷	实验组2 电子邮件问卷	实验组3 单页网络问卷	实验组4 多页跳转问卷	实验组5 多页检验问卷
样本数	239	250	244	244	272
无应答数	5	14	16	10	13
可用的问卷数	117	30	139	109	106
未完成问题率	2	4	15	18	54
反馈率	50%	12.7%	61.0%	46.6%	40.9%

从中可以看出，在5种形式调查问卷中，电子邮件问卷的反馈率最低。根据研究者的分析，认为出现这种情况的最大可能是，受访者在接收到电子邮件问卷之后，问卷格式由于受访者所使用的电子邮件程序不同而产生版面内容变形问题，使得许多受访者无法响应，或填写的是无效错误数据。同时研究者发现，单页网络问卷的反馈率最高，而多页网络问卷的反馈率则相对较低。研究者分析，原因可能是由于填写多页问卷时每页都需要点击"递交"按钮，因此受访者可能对此不耐烦。最值得注意的是，实验群5的问卷题目未完成率高达54%，最有可能造成这样结果的原因，是使用者因为被不断出现的错误信息提示所困扰而不愿完成问卷。

可以看出，至少在使用单面网络问卷时，其反馈率要高于传统邮件访查。不过，研究者认为，在多页网络问卷中，虽然网络问卷的数据验证功能有可能会降低问题无应答率，但也有可能造成受访者因不厌其烦而中途退出调查。因此从这个角度来说，单页网络问卷的实际应用效果最佳。

从各实验组的问卷反馈速度来看（见表21），很明显，传统邮件的响应速度较为缓慢。反馈速度最快的为实验组2。但同时研究者也发现，虽然电子邮件问卷的反馈速度最快，但其反馈率却最低。从这个维度来看，单页网络问卷表现仍然突出，速度快且响应率高。

表21 不同实验组的问卷反馈速度比较

	第一次联系	第二次联系	第三次联系
实验组1	9天	8天	7天
实验组2	2天	2天	1天
实验组3	2天	4天	4天
实验组4	3天	3天	3天
实验组5	5天	3天	3天

从 5 种问卷的数据质量来看，如表 22 所示，可以发现，传统信函问卷与多页网络问卷的错误率基本相同，而单页网络问卷的错误率则相对较低，平均错误仅 4.518。不过，最令研究者感到意外的是，电子邮件问卷竟然具有最低的错误率。研究者认为，出现这种情况可能与电子邮件问卷反馈率太低有直接关系（仅有 12% 的反馈率），另外，也可能是有效响应的受访者作答相对较为细心，因而使得错误较少。但总体来看，该实验组显然存在代表性不足的问题。

表 22　不同实验组的问卷数据质量

	错误数	平均值
实验组 1	674	5.761
实验组 2	36	1.200
实验组 3	628	4.518
实验组 4	579	5.312
实验组 5	469	3.241

通过以上对 5 种形式问卷的实验研究，研究者最后得出以下结论：

单页网页具有最高的反馈率（61%），紧接着是由传统邮件以及两种多页网页所产生的相近回应率（40%～50%）。电子邮件则仅获得相当低的响应率（12%），使得其所提供的数据可靠度受到怀疑。

与传统的信函问卷相比，网络调查问卷的反馈时间较快。例如，传统邮件对第一次联系的响应时间长达 9 天，电子邮件以及单页网页问卷则仅花了 2 天的时间。而无数据验证功能的多页问卷与有数据验证功能的多页网络问卷则分别各花了 3 天及 5 天。

在本研究中，虽然没有足够的证据证明，每一网页一次显示的问题数量的多少会影响受访者的回答，但确实可以看出，使用多页网页问卷似乎使得未完成题目的数量相较单页网页不减反增。特别是增加了数据检查功能之后，这个现象更为明显。因此研究者认为，相较于强迫受访者回答问题而言，不如事先专注于设计好的问卷，这可能会是比较好的选择，减少受访者发生错误的机会，并增加问卷的完成率。

总之，此项实验结果显示，网络调查确实能够获得与传统信函问卷质量相当的数据，但需要注意的是，网络调查的问卷形式相当重要，使用不当可能会影响反馈质量。另外，研究者也建议，在能够使用网络问卷的情况下，最好不要使用电子邮件问卷；相对于功能复杂的多页网络问卷而言，与传统信函问卷最为相似的单页网络问卷的反馈率和数据质量表现最好。

2.2　关于影响网络调查反馈率的诸因素研究

在调查研究中，问卷反馈率一直是影响调查数据质量的一个关键性因素，因而在调查研究中扮演重要角色。近年来,伴随着调查反馈率的普遍降低,它更成为研究者们在讨论调查质量时的核心话题。

通常,调查的反馈率是指获得填答回收的问卷数占总发出问卷数的比例。例如,福勒(Fowler, 1993)曾以"将完成访问(或回复问卷)的人数除以抽样样本人(单位)数"定义之,认为它是评估数据搜集质量的最基本的标准。瓦茨曼和比林顿(Wiseman, Billington, 1984)还曾经指出,应该建立利用"联络率"及"拒访率"来计算反馈率的标准方式。他们认为,问卷成功递送(联络)至受访者的比率、受访者为正式受访对象的比率、无应答率、拒访率、受访者成功完成填答的比率、完成填答的问卷可成功回收的比率,以及回收问卷为有效问卷的比例等,均会直接影响调查的反馈率。

欧·路克曾指出,在调查中,反馈率越高越好,因为这表明数据具有代表性,能将结果推论至母体。低反馈率使结果的代表性降低,因其所获得的样本可能来自少数对主题有特别好恶者,其与未回复者之差异即形成了无应答误差(O'Rourke, 1999)。托德和马克维斯(Dodd & Markwiese, 1987)也指出,未回收的问卷一方面浪费了所投入的精力,也造成样本数变少,使得研究发现的统计能力与外在效度下降。

然而,尽管越来越多的研究者承认调查反馈率的重要性,但是研究界普遍认为,随着问卷调查研究方法的拓展,问卷调查反馈率却逐渐下降。例如,由科奈利(Connelly, 2003)对自1971至2000年间进行的105次邮寄问卷调查结果的分析显示,每年平均下降0.77%。而对网络问卷而言,史翰(Sheehan, 2001)亦曾指出网络调查之反馈率逐年下降。因此,当前调查研究界已经形成一个共识,那就是改善问卷调查反馈率,特别是网络问卷调查之反馈率,已成为当务之急。

2.2.1 网络调查中受访者的反馈类型

谈到反馈率必然涉及受访者在填写问卷时的反馈类型。在传统的信函调查问卷中,研究者通常将问卷的反馈方式分为三类:整份问卷无应答、问题选项无应答和完整应答。其中,"完整应答"是指受访者回答问卷中的每一个问题,自然是研究者所追求的最佳目标。而所谓"整份问卷无应答"就是指整份问卷皆无回答的情况,"选项无应答"则是指问卷中的个别问题未回答的情况。

实际上,以上对于信函问卷的无应答情况的分类仅仅是一种理论上的假设,并无实际的依据。因为在传统邮寄调查中,研究者通常情况下是无法详细了解受访者的回复详情的,例如,我们不可能知道受访者是否收到了问卷,是否阅读了问题,也不会知道受访者有没有做答问卷。无疑,若没有后续的深入跟踪研究,这些信息是不可能重现出的。正是由于缺乏这些信息,调查研究这就丧失了许多有用的信息,使得研究者无法了解许多情况,如受访者没有寄回问卷是因为他确实是拒绝访问还是由于其他的人为原因呢?传统问卷的处理方法就是将这两种情况都视为整体无应答。如果寄回的是未回答完的问卷，我们也无法知道受访者是故意不回答剩余的问卷还是中途停止回答问卷。同样，研究者只能将这两种情况简单视为选项无应答。

与传统邮件调查相比，由于所使用技术具的不同，网络调查的反馈类型则要更加复杂一些。尤其值得一提的是，网络调查法还有一个非常重要的特点，那就是它还能够向研究者同时提供受访者在填写问卷中所记录下来的各种背景性信息或原数据[1]，利用这些资料，研究者就可以对网络问卷的反馈过程进行详细分析。这些特点为研究者深入探讨网络调查的应答情况提供了很好的实验条件。

在一项研究中，波森杰克和塔顿（Bosnjak，Tuten，2001）将网络调查的反馈方式划分为以下7种：

完整应答（Complete Responders）：看完所有问题并且回答所有问题。

整份问卷无应答（Unit nonresponders）：没有参与问卷调查的受访者。

回答部分后中途退出（Answering Drop-outs）：只回答了部分的问题，并且在问卷结束前离开，也就是未完成所有的问卷问题。

仅浏览而不回答（Lunkers）：将问卷中的所有问题皆浏览过一次，但是尚未回答任何问题。

浏览部分后中途退出（Lunkers Drop-outs）：浏览了问卷中部分的问题但没有回答，并且在问卷题目结束前离开。

部分问题无应答（Item Nonresponders）：问卷中的部分题目没有作答。

部分问题无应答且中途退出（Item Nonresponding Drop-outs）：浏览了问卷中的部分问题，也回答了部分问题，但在问卷题目尚未结束前退出问卷。

图17是网络问卷的反馈类型示意图，纵轴代表的是受访者实际作答的题数，横轴则代表整份问卷全部的题数。由受访者作答的题数和问卷所有题数的比例以及记录作答过程可以将反馈类型区分为上述所列的七种。

通过上述分类，可以看出这种详细的分类方式更有利于对网络调查的无应答情况进行深入研究和分析。例如，如果使用传统的分类方法，会使得第4和第5种行为被视为第2种行为，而第3和7种行为被误解为与第6种行为一样。而实际上在不同部分的变化有非常明显的不同，尤其是试图理解和改变应答行为时。

---

[1] 从技术上来说，为记录受访者回复的全过程，除了使用应用程序和日志文件外，还必须具备以下3个条件：分屏显示每个问题；在允许前进之前，不能迫使受访者填写答案（无检验设计）；每页问卷都必须从服务器上独立下载，不能在网络浏览器的缓冲存储器中停留。

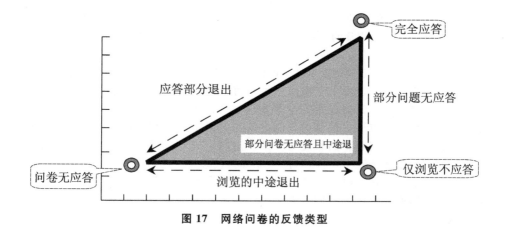

图 17 网络问卷的反馈类型

另外，曼福雷德和维何瓦（Manfreda，Vehovar，2002）曾经分析了网络调查中无应答发生的方式及影响因素等问题。他们指出，由于网络调查的程序复杂且分为许多步骤，无应答现象在每个阶段都有可能会发生，而且每个阶段所发生的无应答的影响因素又各不相同。经过分析后，研究者发现，进行网络调查时，针对受访者进行个别邀请的方式来参加问卷调查时，反馈率会比较高；而就各个阶段来说，以网络调查进行的初始阶段之无应答率最高。最后在曼福雷德和韦何瓦的研究中将影响反馈率的各种情况分为以下几种类型。

错误率：通常，E-mail 调查发生错误的概率要高于信函调查，因为在利用 E-mail 来发送问卷或提醒受访者时，只要受访者的 E-mail 地址出现任何小错误就无法将 E-mail 传送给受访者，但是以信函方式传送时，如果地址出了一点错误还是有可能将信件寄送到受访者手中。另外，研究者也认为，样本的选取与定义方式也会影响到错误率，例如，一个清楚定义的样本会使得错误率发生的机会降低到 1%～5%（Kwak & Radler，1999）。

点阅率：在进行问卷调查前先以电话、信函或电子邮件的方式提醒受测者，会使得受测者点阅问卷的概率提高。也就是说，如果发出邀请给受测者，很有可能提高受访者填写问卷调查的意愿和动机。

中断率：在问卷进行的过程中没有将所有问题回答完整就离开问卷进行的情况称为中断。研究者认为，影响受访者中断问卷的因素很多，包括问卷题目的数量、是否感兴趣、下载速度和敏感性问题等。而其中问卷的长度是影响受测者中断问卷最重要因素。

曼福雷德和韦何瓦认为，利用事前提醒和尽量避免开放性问题的方式可以提升问卷调查的反馈率。

2.2.2 网络调查反馈率的诸类影响因素分析

关于在传统调查中影响反馈率的问题，如面访、电话访问及邮寄问卷等方式，目前已经累积众多的理论和实践结果。不过，从当前研究结论来看，由于不同研究者在进行研究时所涉及的调查主题、对象、规模、环境、抽样及施测方法等方面的不同，因此研究之发现在相关因素及其对反馈率的影响效果方面往往有所出入。这种情况说明，有关调查反馈率的研究还有待于进一步细化和加强。

通过分析1996至2001年期间一些非营利组织所实施的问卷调查反馈率资料，海格（Hager，2003）等指出，影响调查反馈率主要有两方面因素：调查的主题与资料搜集的方式。他认为，三方面的因素可能会直接影响信函问卷的回收：调查工具（指问卷）的长度与复杂度、邮寄方式及经济诱因。在另一项有关信函问卷的设计研究中，科奈利（Connelly，2003）也归纳出5项影响反馈率的解释性因素，包括：研究主题对调查对象的重要性、第一次发出调查问卷的时间、问卷印刷形式、调查问卷的长度、内容的复杂程度、问题的数目，以及调查施行的年份。

弗斯等的研究结果表明，在调查中，利用催复信与金钱诱因的方式，都能够有效提高调查反馈率（Furse，1981）。台湾学者陈彰仪（1984）曾对大学生实施一项邮寄问卷调查以研究问卷长度、重要性、研究者权威性及追踪联系对邮寄问卷回收率的影响研究。研究发现，在条件许可的情况下，尽量用大学生作为调查对象、强调研究者权威性、应用追踪联系及预估成本（如进行追踪联系之成本对可增加之回收率）等，都可以比较明显地提高反馈率。

此外，福克斯（Fox，1988）曾经对影响信函问卷反馈率的影响因素进行了综合分析，他选择了148篇有关信函问卷反馈率影响因素的相关实证研究加以分类并统计如下表23。

表23 影响信息问卷反馈率的诸类因素分析

影响反馈率的因素	比较的研究数目	检验的影响变量
信函	62	个性化设计、外观、使用手写签字、提前通知、标明截止日期、字体形式、标明调查的实施单位或赞助单位、对受访者信息的隐私保护承诺
诱因	30	数量、内附或允诺、种类、受益者（如向慈善机构捐款）
受访者联系	29	事前联系、跟踪催复及其次数和时间、居住或工作处住址
邮资及信封	25	寄发邮资种类、回复邮资种类、信封种类
问卷设计	19	主题、长度、颜色及形式

资料来源：Fox, R. J., Crask, M. R. & Kim J. (1988). Mail survey response rate: a meta-analysis of selected techniques for inducing response. Public Opinion Quarterly, 52, 467-491.

综上所述，研究者将影响信函问卷调查的反馈率研究的影响因素列举如下：

第一是与研究者相关的因素：主要包括调查主办单位的性质、问卷主题的敏感程度和是否提供奖品（诱因）等。

第二是与调查问卷设计相关的因素：主要包括问卷的排版、长度、问题难度、是否有跳转问题、题目排列顺序和背景信息问题所放的位置等。

第三是与调查实施相关的因素：主要包括调查是否匿名、开始之前是否先通知受访者（事先联系）、是否发出填写提醒函或催复函（事后跟踪）、调查结束后是否对受访者表示感谢以及是否附带问卷返回邮资等。

第四是与受访者相关的因素：包括受访者的性别、年龄、职业、经济能力和受教育程度等。

相对于信函问卷来说，目前专门针对网络问卷反馈率相关影响因素的研究尚不多见。不过近年来，以上述关于信函问卷反馈率的研究成果为基础，还是有一部分研究者开始对影响网络问卷反馈率的影响因素进行了一些探索性研究。

在一项以13个网络调查案例为对象的研究中，曼福雷德达和维何瓦（Manfreda & Vehovar, 2002）探讨了调查设计特征对网络调查反馈率的影响问题。研究者将网络调查的实施过程分为五阶段，并将网络调查划分为"个人邀请式"和"整体邀请式"两大类。所谓"个人邀请式"就是指利用电子邮件等方式[①]将问卷调查之信息与网络问卷的链接传递给所选的调查样本，用以邀请受访者点击链接后参加填写的调查组织方式；而"整体宣传式"则是指在网站设立超链接或弹出式窗口，提供关键词供搜寻引擎搜寻，以及在网络讨论群组、电子布告栏讨论版及新闻群组等刊登问卷调查之邀请与超级链接等，由上网者自愿参加填写。

研究者经过比较后发现，在第一种方式的网络调查中，经常会出现一部分调查样本的邀请邮件由于各种原因而未寄达的现象。而在那些收到邀请的受访者中，一般也只有部分愿意配合，点击问卷链接而进入问卷填写。进一步，在那些进入调查问卷的受访者，仍然还会有少数受访者并未填写问卷。最后实际的完成率通常仅占全部样本的30%左右[②]。

而对利用整体宣传方式的网络调查来说，若以曾接触网络媒体刊登之问卷调查的信息及点击进入调查问卷网页的上网者为全体样本，研究者发现，其中愿意点选连入调查网页并成为受访者约占总数的40%。同样，在这些受访者中，仍有少数连入的受访者并未作答就中途退出。最后完成了问卷填写的受访者仅占所有样本的20%左右。

综上所述，研究者认为，影响网络调查回收率的因素主要包括以下方面：关于网络调查的说明，网络问卷的设计，网络调查的实施方式和是否提供奖品（诱因）等。

---

① 除普通的电子邮件以外，还包括BBS系统内部的邮件，或者同时使传统信函或传真等方式。
② 例如在莱特福特的调查中，共发出了3 000个电子邮件邀请函，最后共有118位受访者点击进入调查网页，但其中只有半数完成并提交问卷（Lightfoot, 2003）。

2.2.2.1 网络调查的说明

一些研究表明，与传统信函问卷调查类似，在网络调查中，有关对调查项目的介绍和说明[①]同样对调查的反馈率有重要的影响。因为在调查的说明里，研究者通常会介绍调查的各种详细信息，说明问卷的填写方法等，并促请受访者配合。从人际互动角度来说，这可以说是研究者与受访者沟通的主要途径，将会直接影响到受访者对调查项目的感受及是否愿意参加调查，故其重要性不言而喻。

斯格特（Schutt，1998）的研究表明，在调查中，精心设计的调查简介和说明有助于提高调查的反馈率。例如，调查的有关特征，如可信度、个性化、趣味性及可靠性都会对受访者是否愿意填写问卷产生重要影响。这里，所谓"可信性"是指调查者或调查单位若是被大众认为比较著名或公正无偏见的组织或个人，受访者通常会比较愿意参加；"个性化"是指在问卷开始应首先问候受访者个人，而且研究者自己也必须署名，并于文中提到受访者之处以第二人称谓称之（例如：您的合作）；另外，在陈述语气和措辞上也应考虑不同受访者的心理，尽量激发起受访者对问卷内容的兴趣；而"可靠性"则指应强调说明保证对受访者所填写的数据实施保密，并留下联络方式以供受访者解决疑惑或是索取研究结果，另外也应告知受访者可自主决定是否参加。

此外，也有研究者（Cycyota & Harrison，2002）认为，在问卷说明中，先映入受访者眼帘的便是对受访者的称谓，若称谓个性化通常被认为会使受访者有亲近的感觉，会促进其认同而较愿意配合。而研究者的自称与署名也同样与个性化有关，在一项研究中，研究者之署名使用手写签名或印刷方式对其反馈率并无显著差异（44%对36%），但问卷说明使用手写签名时，其反馈率显著地高于印刷签名者。因此研究者认为，通过对问卷说明的个性化设计，有可能增加4%至9%的调查反馈率。

同时，而对于调查之主持者或机构，斯格特的研究表明，一个为受访者所熟知的调查主持者或机构可以提高回收率达17%（Schutt，1998）。以往关于信函问卷的研究结果也表明，较有名望人士署名的问卷之反馈率要比无名望人士署名之问卷反馈率高出一些，同时亦可获得稍多的回答（Vocino，1977）。在调查者或调查机构的性质上，斯格特指出，政府机构与相关人士所组织的调查反馈率较高，而出版商、大学教授或学生及私人企业获得的回收率则较低。他认为，与商业或学术机构相比，政府机构的合法性和正统权力形象能够明显地促进反馈率。台湾学者的研究也证实了这一观点，"由学术、中研院等较中性的研究单位所主办的问卷调查回收率会较高，不知名的商业组织主办的问卷之回收

[①] 网络调查的介绍和说明通常主要包括：对受访者的称谓，调查主持者，调查机构与资助单位，调查的主题，调查的目的，调查的意义及预期贡献，填写问卷及回复之方式，问卷截止日期，填写问卷对研究之贡献，研究者对受访者隐私信息的保证及致谢等内容。

率就会较差"（张绍勋，1991）。

其他学者的研究也证实了网络调查中内容说明对于问卷反馈率的影响。在波特和韦特考姆（Porter，Whitcomb，2003）的研究中，利用实验方式研究了网络调查问卷的个性化设计和调查主持者之权威对问卷反馈率的影响问题。实验中所使用的5个变量分别是：电子邮件称谓个性化与否，如亲爱的汤姆和亲爱的同学；研究主持者的电子邮件个人化与否，例如 jsmith@institution.edu 或 surveyresearch@institution.edu；是否显示出署名者的职务，如主任或助教，以及调查主持机构的性质，如招生处和研究中心。通过对12 000多名学生的调查结果发现，称谓之个人化、邮件信箱与研究主持者以及机关的权威都会对反馈率有显著影响，而寄件者信箱的个人化与否则未产生影响。对于后者的原因，研究者分析，可能是由于来自电子邮件的署名与寄件信箱很容易伪造，受访者可能早已接过无数封使用个人化署名及寄件信箱的垃圾电子邮件，因此对研究信函的个性化称谓已经无动于衷了。

另外，在第二项研究中，波特和韦特考姆还在网络问卷的说明中另外增加了两个变量，分别为：是否在联络的电子邮件中加入"您是由学生中少数随机获选可以填写问卷者"的说明；是否加入调查的截止时间。研究者的假设是，这两个变项有助于让受访者认为参与研究的机会很稀少，因此可能会提高其参加调查的意愿值。结果发现，当分别单独加上两变量时，对反馈率的影响不显著，而同时加入则显著地提升了问卷的点击率及反馈率。

2.2.2.2 网络问卷的设计

毫无疑问，网络问卷的设计因素会直接影响到调查的反馈率。以往关于信函问卷的诸多研究都证明，问卷的问卷长度、题数、问题形式、问卷的版面设计、是否涉及隐私和敏感问题以及问卷颜色等，都对调查反馈率产生重要影响。同样对于网络问卷的研究也会涉及这些影响因素。

由于网络问卷的设计会涉及多方面的技术和设计因素，因此，目前关于网络问卷的设计研究通常被划分为两大类，一是网络问卷内容的设计，二是网络问卷界面的设计。前者主要包括问题数、开放性或封闭性问题、隐私与困难问题等传统上对于问卷内容之讨论，而后者则为网络问卷外观、结构、显示、排版方式与操作等方面的因素。

库克等（Cook，2001）的研究表明，在网络调查中，调查主题的适宜性与其反馈率之间有显著的正相关，问卷主题对受访者适宜性较低之调查，其回收率较不稳定也较低，这种情况基本符合传统信函问卷关于问卷主题对反馈率影响的研究结果。

有时调查设计中的某些细节问题也可能会影响到调查反馈率。例如在莱特福特（Lightfoot，2003）的一项比较传统邮件与电子邮件调查的研究中，研究发现电子邮件回收率显著低于传统邮件。经过分析，研究者发现，由于所选之调

151

查对象的电子邮件来自一家商业的网络公司,因此,在受访者所收到的电子邮件邀请信中,发信者显示为此网络公司,其与邀请函中所说明的研究机构名称不相符,导致许多受访者心存疑虑而不愿参加调查。

传统上,研究者通常认为较有趣的问卷设计可以被视为对受访者的奖励(Dillman,2000),因此会有助于增加反馈率。显然,与传统信函问卷相比,网络问卷通常可以被设计得丰富多彩和更加吸引人,因此许多研究者都对网络问卷的呈现形式进行研究。

有研究表明,网络调查中使用非白色的调查网页背景与复杂图形设计可以增加5%以上之回收率。不过与此同时,研究者也发现,丰富的图像与多媒体虽然充满吸引力,却往往增加了问卷下载的时间或使在不同浏览器、计算机或带宽的条件通用性下降,因而降低了反馈率。因此,对于网络问卷所提供的各种复杂的技术功能,研究者应在调查网页设计上加以取舍,尽量选择和使用那些数据量小而能丰富呈现的形式。例如,鲍克和迪尔曼(Dillman,2000)在一项针对网络问卷形式之研究中发现,对于参加网络调查的受访者来说,问卷格式或形式的简化与易于浏览很重要,与那种形式花哨的网络问卷设计方案相比,外表朴素的网页问卷设计反而获得了有较高的反馈率。

另外,格罗斯(Hartley,2003)关于电子邮件贺卡研究的反馈率研究发现,网络问卷的颜色也会对反馈率产生一定的影响。例如,研究发现,黄色与绿色贺卡的回复率最高(52.9%),其次为蓝色(52%)、白色(51.1%)与粉红色(50.8%)。在另一研究中,研究者发现,与白色背景的网络问卷相比,使用黑色背景的网络问卷的反馈率较高(Whitcomb & Porter,2004)。

另一方面,在网络问卷的界面设计方面,由于技术因素的影响,使之与信函问卷表现出了较大的差异性,故备受研究者关注。例如最明显的表现就是,在网络问卷中可以使用许多在信函问卷无法使用的问题类型,如下拉菜单题、滑块题和排序题等。在一项实验中,结果显示,虽然下拉菜单式设计能够容纳更多的问题选项,同时也节省排版空间,但其操作时间却比使用按钮方式要长。同时由于按钮的设计与一般传统问卷调查的李克特量表一样,使得更多的受访者觉得更为容易使用上手(Cook,2001)。因此,研究者建议避免使用下拉式的回答形式(Magee,2001)。此外,阿诺(Arnau,2001)等关于网络问卷中单选按钮和Java编写滑动条的应用效果研究表明,虽然滑块式回答方式比较新颖,能够吸引受访者,但在实际应用效果上,研究者建议仍应选用按钮式题型,因其更适用于所有的网络浏览器,使受访者易于作答而产生较高的回收率。另外,库珀(2001)等曾实验比较网络问卷的选择式或填写式题型,发现两者作答的时间差异不显著,但选择题的答案遗漏显著较少。

自动逻辑跳转是网络调查所独有的设计方式,有研究者(House,2002)指出,在网络问卷设计上增加了逻辑跳转题的功能,可以根据受测者回答的结果而自动跳到下一个相应的问题,能够节省时间,因此可减少受测者的困扰并且减少错误的发生。

另外，不同于信函问卷的一个表现是，网络问卷可以利用"进度指示器"来使受访者能随时了解目前的填答进度，以减少受访者因不耐烦而中途退出填写的可能性。不过，福斯曼和威瑞第安（Forsman，Varedian，2002）进行的一项关于比较网页问卷的设计特征对其反馈率的影响研究表明，是否加入填写进度指示器和是否使用滚动条，这些设计因素对于网络问卷回收率皆没有显著的影响。同时，库珀（Couper，2001）等利用网络问卷调查实验，研究网页问卷设计对调查作答上的影响，结果也发现，是否加入进度指示器的回收率差异并不显著。对于其中的原因，研究者认为，或许进度指示器带来的减少放弃的优点被其延长下载时间的缺点抵消，因此单页呈现方式通常要比多页呈现方式所需时间较短且答案遗漏较少。

2.2.2.3 调查的实施方式

与信函调查问卷相比，网络调查的实施方式要相对复杂一些，比如在调查的宣传方式、寄发个人邀请函和后续跟踪催复等方面都与传统调查有所不同。许多研究结果显示，这些因素同样也可能会影响到网络调查的反馈情况。

库克（Cook，2000）曾进行过一项有关网络问卷调查回收率影响因素的研究。研究者指出，网络调查的受访者联系方式会影响到反馈率，例如联系的次数、个性化的联系方式以及是否预先联系等。研究者强调指出，是否与受访者预先联系是影响网络调查回收率有关的重要因素之一。统计结果显示，运用预先联系的方式会提高调查反馈率并使反馈的时间比较集中。其他一些研究也证实了这个结论，曼福雷德和维何瓦（Manfreda，Vehovau，2002）的研究表明，事前通知不仅有助于增加网络调查的问卷点击率，同时也能够提高整体的完成率。凯特莱森曾指出："没有采用催复方式的电子邮件调查，其反馈率通常在25%至30%之间。而采用催复函和提醒的调查，其反馈率可提高一倍"（Kittleson，1997；转引自Cook et al.，2000）。一位台湾学者的研究也得出了同样的结论。在罗至良实施的电子邮件调查中，研究者发现，凡是那些回复调查前发送的"意愿询问信"的受访者，通常都会在正式调查时上网填写问卷。另外，他也发现催复方式的确能增加问卷的反馈率，在其调查中催复前之电子邮件问卷回收率为26.51%，而在催复后增加了8.43%。因此，他认为若能事先通知参与者，可以确保电子邮寄问卷的回收率（罗至良，2002）。

不过，在网络调查的联系次数与反馈率的关系上，不同研究者的结果有所不同。例如，库克（Cook，2000）的研究认为，增加联系次数能够起到提高反馈率的作用。但是赫格（Hogg，2002）的研究则否定了这种观点，他认为多次寄发可能会使受访者产生一种被打扰，甚至不厌其烦的感觉，有可能将之视为垃圾邮件而直接删除。故应尽量避免出现向那些已回复问卷的受访者误发催复函。显然在网络调查中，与受访者的联系次数可能会随研究对象和主题等的不同而有所不同。

在传统的信函调查中,许多研究都表明,有时可混合各种方式的事前或事后联系(如电话催复、利用传真来补发问卷等)等措施来提高反馈率(Berry & Kanhouse, 1987)。那么在网络调查中是否也具有类似的效果呢?研究表明,网络问卷调查同样也可能利用传统问卷之联系方式进行追踪联系以提升反馈率,或为提高网络调查的覆盖率而同时采用传统信函问卷调查方式,利用混合模式的网络调查来提升调查的反馈率。肯尼迪(Kennedy, 2000)等的研究发现,与单独使用网络调查方式相比,混合模式调查(同时使用信函或网络问卷)的反馈率明显高一些(分别为 42.73% 及 38.48%);另外在帕克(Parker, 1992)的研究中,E-mail 与信函问卷的反馈率分别为 68% 和 38%,而 E-mail 中有 28% 的受访者是使用传统邮寄来回复问卷。因此,她认为可使用其他方式来回复 E-mail 问卷有助于提高网络问卷之反馈率。

另外,也有研究者发现,对于使用电子邮件的网络问卷调查,受访者名单的取得方式同样也可能是影响回收率的主要因素之一。通常,研究者如果与调查对象事先没有任何关系或未取得事先同意的联络都会得到很低的调查反馈率(MacElroy, 2000)。例如,肖恩和塔第西纳(Sohn, Tadisina, 2002)的研究就发现,当研究者利用商业数据库取得调查对象名单后,若直接与受访者联系,通常得到的反馈都非常低。因此,研究者认为,虽然利用商业数据库、网站、BBS 或论坛等方式来获得调查对象的电子邮件信箱并不困难,但在使用时,最佳的方法应首先利用电子邮件与对象联系,这样会使受访者感觉好一些,更愿意参加调查,这实际上与事前联系可提高反馈率的观点类似。

总之,网络调查实施方式方面的设计因素,例如受访者背景、受访者募集联系方式及事前与事后追踪联系等措施,都可能显著地影响问卷调查反馈率。

2.2.2.4 使用激励手段(奖品)

在信函调查中,有许多研究者探讨了诱因(奖品)对于信函问卷反馈率的影响问题。例如,弗斯和斯第沃(Furse, Stewar, 1982)曾提出利用"认知不协调理论"[1]来解释诱因对于问卷反馈率的问题。他们认为,受访者最终决定是否回复信函问卷实际上是由一系列的相关决定来构成的,主要包括:是否开启邮件,开启邮件后是否阅读内含的问卷以及是否填写问卷。从受访者的角度来说,对于那种内附诱因(如纸币)的调查问卷,他们通常会有两种基本的反应:如果受访者接受了诱因而不实际填写问卷,通常其内心会产生认知不和谐的感

---

[1] 认知不协调理论(Cognitive Dissonance Theory):美国社会心理学家 L. 费斯廷格(Festinger)于 1957 年提出的一种社会认知论。其理论前提是认为每个人都努力使自己的内心世界没有矛盾,然而所有的人都无法使自己达到无矛盾状态。费斯廷格把"矛盾"和"无矛盾"换为"不协调"和"协调",并据此对认知现象进行分析。认知不协调理论包含两个认知要素:一是关于自身特点和自己行为的知识;一是关于周围环境的知识。认知要素之间的关系有 3 种:无关系、协调一致的关系和不协调的关系。

觉；而若搁置其诱因则又觉得浪费，虽然有些受访者可能会产生将诱因寄回给研究者的想法，但一般此举所花费的时间和精力却不下于完成填答问卷。最后，在这种左右为难的心理状态下，多数受访者都会选择填写问卷。研究者发现，对少量的金钱或非金钱（只要是被认为有价值的）的内附诱因都有如此效果。但同时，对于那种允诺填写完问卷后才给付的诱因，受访者则经常视之为对完成填答的补偿，而不会产生上述心理现象。

同样，诱因也是网络调查中经常使用的方法。例如，佩格（Puig，2002）曾指出，在网络调查中，由于可以节省下传统问卷调查的印制、邮寄递送等费用，因此与其他调查方式相比，即使向受访者提供每人10～15美元的报酬，其成本仍然较低。另外，他也认为随着电子货币的出现，为网络调查提供了多种激励方式，使研究者可以使用简单而直接的方式来向受访者提供诱因，提高调查的反馈率。

不过，由于网络调查本身特点的限制，其无法像传统调查那样与问卷同时向受访者提供事前内附的诱因，因此通常都以填答问卷后赠与的条件式事后诱因[①]为主。当然也有一些例外的情况，例如在一项2001年密西根大学的学生生活的网络问卷调查中，当受访者填答完所有问题提交问卷之后，问卷会自动向学生显示一个认证码，受访者可凭此至院校的商店领取价值＄10的礼品（Crawford，2002）。

就网络调查的诱因种类来看，克拉克（Clarke，2000）曾列出四种网络调查可以提供的诱因：现金、电子货币、抽奖和公司的工作机会。前三者均为学术或商业网络调查经常使用的诱因类型。相比较而言，他认为现金可能是最有效的诱因，提供若干现金即可使受访者愿意填写数分钟可完成的调查问卷，并最终得到接近于电话调查的反馈率。

不过，波瑞安（Brennan，1999）认为，在调查中，抽奖方式是激励受访者填答的诱因方式中效果最差者，而网络调查目前又主要采取此种方式，因此它是否会真正提高反馈率还有待研究。确实，古因（Guin，2002）等的研究结果说明，在网络调查中，事前诱因的效果要明显好于事后诱因。而且研究者还发现，事后诱因不仅对于问卷完成率的影响不大，而且每份问卷平均回收成本也要比使用事前诱因要高。

在网络调查所使用的诱因数额上，克拉克（Clarke，2000）认为，对于较长的问卷或内容较为专业的调查来说，应向受访者提供较高数额的诱因。不过有研究也表明，诱因数额与反馈率并非呈直线相关的关系，这与事前和事后诱因有关。另外，增加诱因金额对调查反馈率所产生的影响可能有一个极限值，当达到此极限后，再增加诱因的数额将会对反馈率影响甚微。麦克里伦的研究（MacElroy，1998）表明，在调查中，100美元的奖励并不一定比50美元的奖励

---

① 如抽奖、彩券与慈善捐款等。

更有吸引受访者的效果。

但另一方面，也有研究者认为，网络调查使用诱因后的效果并不肯定。例如，曼福雷德和维何瓦（Manfreda，Vehovar, 2002）的研究发现，虽然提供诱因可以减少受访者放弃调查的数量，但并不一定会影响其他的阶段的情况，如邀请之送达率、点击率以及整体完成率。在库克的研究（Cook, 2000）中，他发现运用诱因的网络调查的反馈率反而降低。研究者认为，在使用诱因的网络调查中，受访者由于须填入真实的通信方式才能获得报酬，在这种情况下，反而由于失去匿名性特点而影响其作答的意愿（Clarke, 2000），另外也可能出现为获得奖品而重复填答的现象（Brennan, 1999），最后导致有效问卷比例降低而连带降低有效问卷反馈率。

总之，与信函问卷调查的诱因类似，可以看出，影响网络问卷调查回收率的因素是多方面的，可能包括是否使用诱因、事前直接赠与或事后条件赠与、诱因的种类与诱因的数额等，这些都可能在一定程度上影响网络调查的反馈率。

2.3 关于网络调查中受访者的隐私保护研究

在传统的信函调查中，受访者为什么会愿意或拒绝填写问卷呢？问卷设计心理学的研究者（Albaum, 1998；Cobanoglu, 2003）认为，决定受访者是否愿意决定参加的原因非常复杂，总结起来可能主要表现为以下方面：

第一，认知不协调，是指个人经历过不好的感觉，尤其是当他们所表现行为与以前所持观点或行为相互不一致时，就会在心理上产生一种不一致和冲突的感觉，促使他们做出某种行为决策。例如在使用诱因的调查中，当受访者收到诱因时，如果他接受了诱因而不填写问卷，那么，通常在其心中则会产生一种认知不协调的矛盾心理。

第二，社会交换[①]，当受访者考虑是否填写问卷之前，会从成本效益的角度来评估参加调查的付出与收获两者之间的关系，其中包括自我知觉、认知不协调、承诺和涉入程度等过程（Dillman, 1978）。

第三，自我知觉[②]，当调查主题或内容与自己的观点一致，或者比较感兴趣时，受访者将更倾向于参加问卷填写（Helgeson, 2002）。

第四，所得到的承诺和自我安全感，当受访者感觉到填写问卷不会对自己产生威胁或不好的后果时，其可能会更愿意参加调查。例如在问卷中，当被要求填写比较敏感的个人信息时，受访者对隐私信息泄露的心理安全感是决定其是否愿意填写的重要因素。

---

① 社会交换理论（Social Exchange Theory）：见本书第1章1.2.1.1节的注释。
② 自我知觉理论（Self-Perception Theorg）：D. J. 比姆1972年提出的一个理论，是指对自己的感知、理解和评价。该理论认为，人们通过自己的行为及其发生的情境了解自己的态度、情感和内部状态。也就是说，我们对自己内部状态的了解，也像他人了解我们一样，都是通过我们的外显行为。

从中可以看出，个人隐私的保护是影响调查对象是否愿意参加调查的一个重要影响变量。通常，"隐私权"（Privacy Right）被认为是个人或组织所拥有的一种能够自行决定何时、如何以及将何种有关自己的信息告诉他人的权利。艾德勒（S. Adler）则将隐私定义为一种不被打扰的权利、一种匿名的权利、一种不被监视和个人信息不被窥探的权利。

与传统的信函调查相比，由于网络调查涉及诸多的隐含技术因素，因此将可能更容易触及受访者的个人隐私，例如，网络问卷通常会具备数据检验功能，即对受访者所填写的信息进行逻辑检验，检查是否符合问卷填写的要求，否则就会出现错误提示信息，要求受访者修改之后方可填写下一题。在这种情况下，如果受访者是因为个人隐私原因而不愿意回答此问题，那么，这种设置就可能已经侵犯了对方的隐私权，有强迫填写之嫌。

从目前搜索到的研究文献来看，在调查研究领域，有关受访者隐私权因素对调查的影响主要集中于以下方面：

> 受访者对于资料收集过程的知觉：即受访者是否察觉或意识到了调查者正在收集与自己个人有关的相关信息。如果当受访者意识到，调查者是在自己未察觉的情况下就开始收集有关自身的个人信息，那么，受访者就很容易产生一种隐私权被侵害的心理感受。（Cespedes & Smith, 1993）

> 信息搜集的目的：当受访者不了解调查者收集有关自己的信息之明确用途时，其心中就很容易产生一种担忧的感觉。

> 信息的敏感程度：所谓"信息敏感程度"是指个人感觉到特定情境下对有关自身的某种隐私信息的重要程度（Weible, 1998）。通常情况下，这种信息敏感程度具有很大的个体差异性，对不同的受访者来说，很难区分什么是严重的伤害或是轻微的冒犯。

> 对调查机构的熟悉程度：受访者对于调查机构的信任程度，包括信息的使用方法、目的以及是否可能泄露给第三方等因素的考虑，会影响到其是否愿意填写自己的隐私信息。

> 提供社会交换的补偿：通常，经济类的补偿（如提供诱因、奖品或服务）、信息类型的补偿（如可得到调查报告）、社会利益类型的补偿（如公益助人、利他和助他行为等），都可能会对受访者的隐私信息填写产生影响。有研究认为，只要调查机构能够保守约定，同时隐私信息所涉及的范围有限，或者交换过程中受益超过风险，那么受访者通常会选择将自己的个人信息提供给调查者。（Dhillon, Moores, 2001）

确实，许多调查方面的实证研究表明，若受访者曾经历过或感受过不好的感觉，将会影响其心理和态度，进而反映在填写问卷的意愿上。不仅信函问卷如此，网络调查也不例外。尤杜的研究表明，在使用网络问卷和电子邮件问卷时，隐私问题是被受访者列为最主要的顾虑之一。（Udo，2001）例如，55.1%的受访者认为，在网络上，隐私问题是其最关切的主题。（见表24）

表24 受访者对互联网应用中诸问题的顾虑程度

调查问题	百分比
对隐私的顾虑	55.1%
对安全与威胁的顾虑	15.2%
对伪造身份的顾虑	11.4%
对儿童安全的顾虑	8.9%
对电子邮件安全的顾虑	3.8%
对被监视的顾虑	1.9%

资料来源：Udo G. J. (2001). Privacy and security concerns as major barriers for e-commerce: a survey study, Information Management & Computer Security, pp. 165-174.

关于网络调查中的隐私保护问题，凯奥和莱露斯（Cho and Larose，1999）曾指出：

"我们必须意识到，当受访者感觉到自己的隐私或秘密有可能被他人窥探到时，就会直接影响到对研究者的信任。同时，网络的灵活性和在线用户身份的匿名性特点也会助长对象对研究者的信任危机。这些因素都会直接影响到调查研究结果的可信性。不过我们同时也不得不承认，如果研究者在实施调查活动时，无论是网络调查还是其他任何形式的调查，若想使自己的研究活动严格符合所有的隐私保密标准，那么，恐怕许多调查研究就干脆无法进行了。"

从这个角度来看，受访者的隐私和保密问题，确实是网络调查研究者面临的一个两难问题。因为在有些情况下，无论研究者在调查中如何谨慎处理这个问题，有些在线调查对象都会表现出其隐私或秘密受到侵犯的样子，而有些对象则似乎对这些问题都毫不在乎。

有研究者曾指出，通常在网络调查过程中，可能会涉及四种对象隐私和保密方面的问题（Cho & Larose，1999）：

一是有形的隐私侵犯：是指未经调查对象许可，即向其发放调查问卷；

二是信息方面的侵犯：是指未经调查对象许可，向他人泄漏其个人信息；

三是心理方面的侵犯：是指调查对象在内心中产生一种受他人控制的感觉；

四是相互交流侵犯：是指调查对象感觉到在人际交流方面受到了控制。

例如，在一些被调查的网络社区中，一些人在收到调查邀请函和随后的问卷填写催促信时，可能会认为这是一种粗鲁无礼的行为，因而会把这些电子邮件视为是"垃圾邮件"（spam）。（Schillewaert，1998，Swoboda，1997）凯奥和莱露斯指出，当在线调查对象感觉到自己的个人信息有可能被他人公布、使用、保存或泄露时，他们会产生一种强烈的"信息隐私侵犯"感；另外，当调查样本中的电子邮件地址是被从未公开的讨论组和自动邮件列表中选择出时，调查对象也很容易产生这样的感觉。因此，研究者认为，对于那些不考虑对象的背景特征，利用提供诱因的方式来产生抽样框的网络调查，或者通过各种在线讨论区来与对象联系的网络调查，都有可能产生上述这些问题。在上述研究中发现，那些大规模的基于方便抽样的调查经常会产生许多情绪和心理上的对立态度，使得许多对象都不愿参加调查。研究者认为，为增加调查对象的心理隐私保护需要，调查者应允许对象自愿选择和事先浏览调查问卷，然后自己决定是否参加调查。另外一些交流隐私保护措施还包括，研究者应具有较好的声誉、权威和所表现的专业技能和态度。研究者指出，在网络讨论区中贴出调查邀请信可能会使讨论区的成员产生一种交流和心理隐私被侵犯的感觉，因为这些讨论区通常被其成员们视为具有一种情感的寄托作用，陌生人的贸然会使之产生被打扰之感。因此在网络研究中，调查研究者应谨慎处理这个问题。

还有，在长期跟踪式网络调查研究中，如何识别出那些需要多次进行访谈的参加者的身份是一个非常关键的问题。一些研究者建议，让受访者显示出其真实身份并不会影响调查的反馈率（Couper，2000）；而另一些研究者则认为，保证受访者处于匿名状态，是保证反馈率的一个重要条件（Kiesler & Sproull，1986）。这种相互矛盾的结论可能与不同的调查主题或内容有一定的关系。有些调查者在向受访者保证将为他的个人信息保密的前提下，要求对象提供个人信息（只有研究者能看到这些材料）。同时，也应该向受访者解释有关为他保密的方法等（Sheehan & Hoy，1999）。

总之，无论如何，与调查对象建立一种融洽的相互信任的关系，实际上要比为之提供口头上的承诺隐私保护要重要得多。而要想做到这一点，就要求调查者自己也要向调查对象提供有关调查本身的一些公开信息。同时，调查者也应具有可信的身份和使用一些适当的方式与调查对象联系。基于以上分析，道瑞恩·安德鲁斯（Dorine Andrews）曾提出了一系列有关网络调查过程中所应遵守的隐私保护规则（见表25）：

表 25　网络调查中应遵守的隐私保护规范

网络调查的阶段	受访者的隐私和保护规划
抽样	样本的电子邮件信箱应该只能来自于公开的电子邮件列表、讨论组和自动邮件组之中 向调查对象公开说明调查的抽样方法和过程
事前通知	不要在调查中使用私人网站，放置调查问卷的网站应具有值得公众信赖的域名 在调查中尽量采用开诚布公的态度，向受访者说明调查的目的、内容和意义等 通过对调查主题及相关信息的介绍，尽快与调查对象建立起信任关系 将邀请函与调查问卷分开发送，即先发邀请函，在得到对方允许时再发送问卷
问卷设计	避免在网络调查中使用cookies功能 在调查问卷的选项中，为受访者提供"不回答"的选项 允许受访者中途退出问卷填写
明确隐私保护声明	向调查对象展示第三方团体所开具的个人隐私保证证明 为受访者填写的各种敏感性内容加密 调查对象有权利对调查问卷中所收集的自己个人信息的公布、使用、保存和处理拥有决定权
调查实施方式	在对某一单位或部门内部的人员进行调查时，应事先获得行政管理人员的首肯 避免采用各种引诱手段来吸引对象参加调查

资料来源：D. Andrews, B. Nonnecke, J. Preece（2003）. Electronic survey methodology: a case study in reaching hard to involve Internet Users. International Journal of Human-Computer Interaction. 16，2，185-210.

有资料表明，国外目前已经开始关注互联网使用者隐私保护问题，开始通过网络隐私认证和隐私权立法的方式来实施保护。例如，有研究者曾指出（曾鸿，2004），目前较为可能和有效的网络隐私权保护措施，可以从网络隐私认证和隐私权立法入手。网络隐私认证是一种私人经营实体致力于实现网络隐私保护的自律形式，它要求那些被许可在其网站上张贴其隐私认证标志的网站，必须遵守网上信息收集与使用的行为规则，并且服从多种形式的监督管理，同时为其提供担保、验证等服务。因此，获得认证的网站的隐私权声明往往更加可信。网民也更乐于参与、配合这样的网站所进行的调查。目前在美国国内已有不少网络隐私认证组织，较为有名有 TRUSTe（http//www.truste.org）和 BBBonline（Better Business Sureau Online）。

另外，显然，行业自律不可能取代正式立法，网络隐私权保护最根本的措施还是隐私权立法。在法律上明确网络隐私权的地位，规范信息收集人的权利与义务、信息提供人的权利与义务、侵权责任、赔偿与惩罚等，使有关各方有法可依。美国是世界上最早提出并通过法规对隐私权予以保护的国家，美国在1974年通过《隐私法案》，1986年颁布《电子通信隐私法案》，1988年又制订了《计算机匹配与隐私权法》及《网上儿童隐私权保护法》。在欧洲国家，德国联邦议院在1997年通过了《多媒体法》，其中对个人隐私权和自我决定权进行了详细规范。加拿大从2001年1月1日起实施《个人信息保护和电子文件法案》，根据这项法律，所有收集信息数据的网站必须向它们的客户说明是谁在收集信息及为何收集信息。上述国外这些措施都表明，要想真正解决互联网上的个人隐私保护问题，必须通过相应的法律制度。对于网络调查来说，同样也是如此。

3. 网络调查法的发展前景探讨

目前，越来越多的研究者认为，随着互联网的快速发展和普及应用，网络调查研究的应用也将会随之变得越来越普遍。不过尽管如此，恐怕还很难像有些研究者所认为的那样，网络调查将会完全替代其他常规的调查研究方式。鉴于网络调查本身的特点，目前多数国外学者对其未来发展持一种比较谨慎的态度，认为还是应该将其视为一种与其他常规调查方式并存的新方法，其与常规调查方法之间是相互补充而不是非此即彼的关系。以这种态度来看待网络调查法的未来发展，可能会更有利其推广与应用。

从网络调查当前的发展状况来看，摆在调查研究者面前的一个非常迫切的问题，就是如何解决目前网络调查过多过滥和良莠不齐的现状。因为这种情况一方面会造成公众对网络调查不信任的态度，认为网络调查看起来似乎更多是一种带有娱乐性质而不是真正的调查研究方法；另一方面也会使那些真正有意义的和学术性的网络调查无法得到上网者的广泛响应。显然，出现这种情况的一个重要原因是因为与其他常规调查研究方法相比，网络调查在成本和技术上的"门槛"确实比较低。一些拥有较强技术力量的网站只需在很短的时间内就可炮制出大量的"调查问卷"，同时却根本不考虑调查研究方法上的基本设计要求和实施原则。可以说，目前网络调查这种过热的情况与20世纪70年代电话调查刚刚出现时的情景几乎一模一样。正是这种原因，也更使得研究者们忧心忡忡。因为当年正是由于电话调查市场的过度泛滥使得电话调查的反馈持续下降，因为公众已经厌烦了每天都接到这样的调查电话。如今，网络调查会不会也重蹈覆辙呢？

到目前为止，绝大多数网络调查都是基于便利抽样，或事先已掌握其完整名单的封闭人群或特定机构而进行的。与之相比，那些针对普通人群的基于概率抽样的网络调查，通常都是先用常规信函或电话与对象联系，然后使用网络作为反馈方式。这种情况说明，在目前阶段，要想真正利用网络来实施一项符合调查研究方法基本理论和要求的调查研究，必须与其他常规调查方法结合使用方能取得理想的效果。

另外，从技术的角度来看，似乎不可能根据 RDD 电话抽样的原理来对电子邮件进行随机抽样。即使当未来电子邮件的普及率越来越高的情况下，恐怕仍然会如此。因为电子邮件地址的组成方式几乎不可能像电话号码那样具有明显的规律性特点，自然也就无法像 RDD 那样进行概率抽样。不过，在进行网络调查时，某些规模较大的商业网络机构所提供的用户电子邮件列表名单还是具有一定的实用价值。

总之，毕竟网络调查这种研究方法已摆在研究者面前，无论其具有哪些方面的优缺点，越来越多的调查研究项目都开始采用这种方法，或者正在考虑采用它。在这种情况下，承认其存在的合理性，并对其进行相应的研究，扬长避短，才是研究研究者们相对比较合理的选择。

3.1 使用网络调查的基本策略

我们必须承认，有关网络调查研究方法的研究目前仍处于初期。虽然从当前实际应用情况来看，网络调查法在今后的几年里可能会得到越来越广泛的应用，但是，目前有关如何设计和实施网络调查的相关实证性研究确实较少。这使得许多研究者在使用这种新式方法时不得不摸索前进。同时应该强调的是，在调查研究中，即使从最低限度上看，调查的质量至少也应与调查的次数同样重要。研究者绝不能期望通过增加网络调查次数的方式来减少对其质量的要求。因此，常规调查研究的基本理论和方法，如概率抽样、联系方式、无应答跟踪催复，以及各种旨在提高反馈率的各种措施（如提供奖励），同样也适用于网络调查研究之中。

在选择调查研究方法时，研究者首先必须决定的一个问题，是否打算根据调查样本的结果来对更大规模的人群特征进行推论。如果答案是肯定的话，那么，毫无疑问，研究者必须采用概率抽样；否则便利抽样就是一个非常合理的选择。在前一种情况下，如果决定使用概率抽样的话，那么下一步的工作就是如何与目标人群进行联系或如何建立一个抽样框。在这种情况下，通过网络与调查对象联系的方式，显然不是一个理想的方式。

如果调查对象属于是一个封闭人群，那么，研究者就有可能获得一份潜在调查对象的电子邮件列表，并通过这种方式与之联系。相应的，也就有可能将整个调查过程都通过互联网来进行。若是这样，研究者显然可以相对较低的成本和较快的速度来完成整个调查研究。许多研究者表明，针对封闭人群的网络调查，尤其是对象属于某一组织的成员时，通常可以获得比其他网络调查更高的反馈率。之所以如此，主要原因是：研究者通常可以事先获得一份相当完整的组织成员电子邮件名单；参加问卷填写通常会被组织成员认为是其工作职责的组成部分，因此不会产生强迫接受的感觉；这种调查的主题通常都与调查对象的工作有直接的关系，因此其参加兴趣也相对较高。

然而，若研究者面对的是普通人群的话，那么，显然不可能事先获得一份有关潜在调查对象的完整电子邮件名单。因为这种名单根本就不存在。这种情况下，这种限制因素就迫使研究者不得不采用各种常规的方式与调查对象进行联系，如普通信函。这样，人们常说的网络调查快捷性和成本低的优势自然就大打折扣。更为重要的是，除非互联网能够发展到像电话一样成为绝大多数普通家庭的必备通信工具，否则，在针对普通人群进行网络调查时，研究者必须事先考虑为调查对象提供除网络以外的第二种，甚至第三种反馈选择方式。

令人遗憾的是，就目前的研究结果来看，当研究者采用网络与信函结合的混合调查模式时，多数调查对象都倾向于选择信函而不是网络来进行反馈。另外，目前也没有足够的研究证据表明，这种混合模式的调查能够令人满意地提高调查的反馈率（Quigley，2000）。实际上，与研究者预期相反的是，目前有两项研究结果表明，与仅采用信函调查方式的控制组相比，这种混合式网络调查的反馈率反而更低一些。

因此，就目前来说，使用网络调查的一个最有效方式，就是采用一种连接性的应用策略。具体地说，就是首先鼓励调查对象通过网络来填写问卷；然后针对那些无应答对象，则使用邮寄印刷问卷的方式来进行补充。这种策略的最大优势，就在于通过在保证调查覆盖率和信函问卷反馈率的前提下，再利用网络问卷来减少总体的调查成本。不过，这种策略目前存在的一个潜在问题是，在同时使用网络问卷和印刷问卷的情况下，这两种方法之间所存在的"模式效应"会对数据收集的质量产生何种程度的影响，目前尚知之甚少。

3.2 对目前网络调查若干说法的澄清

根据以上对网络调查的多方面探讨，我们会发现，实际上目前许多有关这种新调查方法的看法和观点都有偏颇和误解之处，例如，如今人们对于网络调查最常见的说法是，与其他常规调查方式相比，网络调查运用起来速度更快、效率更高，而且成本更低。或者说，由于创建一个网页相对来说是一件比较容易的工作，因此，人们就想当然地认为，研究者在使用网络调查问卷时，不仅设计起来简单，而且调查对象填写也方便。那么，情况真的是这样吗？显然，经过深入分析就会发现，这些说法经常是似是而非，并不一定在所有情况下都能成立。

第一，网络调查是否更加快捷？

网络调查经常被视为一种比常规调查方法更加快捷的研究方式，但是这种快捷是有条件的。与传统信函或电话调查比较，若研究者能使用电子邮件与调查对象联系的话，毫无疑问，能够大大缩短整个调查所需要的时间。然而，若研究者只能通过信函或电话与调查对象联系，那么充其量只能在后面的问卷填写和反馈方面能够减少一些时间。

在针对普通人群的网络调查中，若使用概率抽样的方式，显然电子邮件是无法被当做抽样框的,因为研究者根本无法获得这样一份完整的对象电子邮件名单。这时,唯一的选择就是使用固定样本的调查方式。如果已经有了一个符合研究要求的固定样本,那么网络调查的时间确实会很快。也就是说,网络调查的快捷是有其前提条件的。

第二,网络调查的效果是否更好?

以往的许多研究已经证明,在调查员辅助模式的调查中,调查对象通常会倾向于选择那些符合社会期待的答案(de Leeuw, 1992)。与信函调查一样,网络调查属于是自填式调查,因此可能比较适合用于敏感性主题的调查研究。

在使用常规调查方法的情况下,研究者若想与仅占普通人群一小部分的群体(例如,大学的辍学学生)进行联系,将是一件费时耗力的事情。这同时也就意味着高昂的调查成本。不过,相比之下,许多特殊的群体常都可以比较容易地在一些商业网络调查公司的固定样本数据库中找到。在这种情况下,利用这种方式来与这些调查对象联系,显然要比从基数庞大的普通人群中寻找他们要方便得多,而且成本也比较低。

另外,如果调查问卷中包括较多的开放性问题,而且这些问题的答案对研究者来说非常重要时,网络调查就是一种比较理想的研究方法。因为在网络问卷中,开放题的答案全部都是电子形式,无需研究者再进行编码处理。而且也有一些研究表明,与常规调查问卷相比,调查对象在回答网络问卷中的开放题时时间要更长或更详细一些。还有,网络调查也能够比较容易地实现一些特定的交互功能,而电话调查和信函调查则很难做到。

第三,网络调查的成本是否更低?

实际上,网络调查的成本并不一定比信函调查低。在网络调查中,虽然研究者可以省去部分或全部的邮寄费用,但一般情况下,这类费用在整个调查成本支出中所占的比例都很小。要想了解网络调查是否成本低,必须从整体的角度来考察调查的成本支出结构。

通常调查的成本由三个部分组成:邮寄、数据录入和人力成本(设计、处理和管理等)。在网络调查中,若能利用电子邮件与调查对象联系,则可节省下发放调查邀请函或电话联系的费用。同时,由于网络调查可直接采集电子格式的调查数据,自然也不需要编码或数据录入的支出。这两项加起来则可大大降低调查的前两项支出,从而减少单位调查成本或边际成本。

然而另一方面,网络调查的人力成本则要比常规调查方式高得多。设计一次性应用的网络问卷的成本显然要比印刷问卷的费用高,尤其当研究者缺乏此方面的技术能力或经验时,就更是如此。从这个角度来说,那种认为网络调查可以大大降低调查成本的说法,实际上是忽略其中的问卷设计成本。但这一部分通常都是占整个调查成本比例最大的支出。尽管如此,将网络调查与信函调查混合使用仍然被许多研究者认为是一种经济的研究模式。除此以外,网络调查还需要相应的软、硬件设备及技术维护费用。这些都是常规调查所没有的。

第三章　网络调查法的应用研究

与信函调查相比，正是由于网络调查具有较高的一次性支出成本和较低的边际成本，因此从调查成本的角度说，经常很难明确地判断哪一种调查方式的成本更低或更高。通常，只有当调查反馈数量达到一定的临界点时，如几百或上千份时，网络调查才有可能比信函调查更经济一些。而在混合调查模式（信函调查和网络调查结合）下，要想达到降低成本的目的，则在调查实施时，研究者必须利用各种方式来鼓励对象尽量选择网络而不是信函的方式进行回答，以减少信函反馈所带来的后期数据编码和录入的支出。但是，当研究者缺乏熟练的网络问卷编程技能时，很容易出现一些预先意料不到的技术性问题。这时就必须依靠技术专家来进行解决。类似的问题很有可能将网络调查在其他方面所节省下来的成本一笔抹去。

第四，网络调查是否简便易行？

显然，实施网络调查在技术方面要比普通信函或电话调查复杂得多。在调查过程中，研究者必须处理许多与网络问卷相关的技术性问题。例如，调查对象如何前后翻动问卷网页，如何确保调查对象输入有效的答案，如何使用密码以及如何设置跳答题等。这些问题在传统调查方式中，要么是设计相对比较简单，要么就根本不存在这样的问题。另外，更为重要的是，在网络调查中，在进行调查测试时，为了获得高质量的数据和确保问卷能够在各种软、硬件环境下正常使用，就要求研究者必须倾注更多的时间和精力。对于那些新手来说，这些工作都需要耗费大量的人力支出。

综上所述，网络调查法的成本效益是一个动态的过程，会根据不同调查群体、主题和内容而有所变化。

思考题

1. 根据你的理解，与传统的信函问卷相比，网络调查问卷具有哪些独特的功能和特点？
2. 从目前中国互联网发展的现状来看，你认为，目前比较适合使用网络调查法来进行研究的对象主要包括哪些群体？原因是什么？
3. 你认为，影响网络调查反馈率的主要因素包括哪些？

动手研究

目前，国内许多商业网站都在使用网络调查法来了解上网者对于某些问题的看法和态度，例如，在Sohu网站的新闻中，几乎每一篇新闻报道之后，都会跟着出现一个网络问卷，询问阅读者对此报道的态度。此外，其他门户类的网站也经常采用这种方式来了解人们的看法。请你上网浏览这些网站的调查问卷，对其进行整理和分析。以此为基础，请考虑，这类网络调查存在哪些问题？它属于是民意调查吗？其准确性如何？请以此为主题撰写一篇小论文。题目自定，论文的格式要求符合学术论文的基本规范，要有摘要、关键词和参考文献。

参考文献

中文文献

陈清晖（2001）．影响网络问卷与纸质问卷差异性之比较探讨．指导老师：陈学志，台湾辅仁大学心理学系，2001年．

陈彰仪（1984）．中、美大学生在问题解决小团体中团体成绩与工作分配策略之比较．台湾：教育与心理研究，7，169-191．

翟本瑞（2003）．台湾网络市场调查公司的终结．台湾南华大学社会所．

傅仰止（2001）．网络人口的样本特性：比较网页调查追踪方法与个人网络抽样方法．台湾调查研究，9：35-72．

胡一峰（2004）．「虚拟现实」人际传播浪漫ICQ．台湾：传播与管理研究．3卷2期（2004/01），31-66．

罗至良（2001）．电脑问卷、匿名效果对降低社会期望反应之探讨．台湾东华大学教育研究所硕士论文．

刘仲强（2004）．网络调查之规划与设计．台湾世新大学资讯管理系．指导教授：吴统雄，2004年．

林承贤（2005）．网络问卷调查回收率影响因素之初探分析．1999-2003年台湾硕博士论文为例．台湾中正大学电讯传播研究所硕士研究生论文．

曾鸿（2004）．网络调查与网络隐私权保护．商业时代，2004年26期．

张绍勋（2001）．研究方法．台湾：沧海书局，2001年．

英文文献

Alan Wilson, Nial Laskey (2003). Internet Based Marketing Research: a Serious Alternative to Traditional Research Methods? Marketing Intelligence & Planning, 21/2 2003.

Albaum, G. S. (1998). Role of Response Behaviour Theory in Survey Research: a Cross-national Study, Journal of Business Research, 42, pp. 115-125.

D. Andrews, B. Nonnecke, J. Preece (2003). Electronic Survey Methodology: A Case Study in Reaching Hard to Involve Internet Users. International Journal of Human-Computer Interaction. 16, 2, 185-210.

R. C. Arnau, R. L. Thompson & Cook, C. (2001). Do Different Response Formats Change the Latent Structure of Responses? An Empirical Investigation Using Taxometric Analysis. Educational and Psychological Measurement, 61 (1), 23-44.

Beninger, J. R. (1987). Personalization of Mass Media and the Growth of Pseudo-Community. Communication Research, 14, 352-371.

Berscheid, E. & Walster, E. H. (1978). Interpersonal attraction (2nd ed.). Reading, MA: Addison-Wesley.

Berry, S. and D. Kanhouse. Physician Response to a Mailed Survey: an Experiment in Timing of Payment. Public Opin Q 51 (1987), pp. 102-114.

Berger, C. R. & Calabrese, R. J. (1975). Some Explorations in Initial Interaction and Beyond: Toward a Developmental Theory of Interpersonal Communication. Human

Communication Research, 1, 99-112.

Bill MacElroy (2000). " International Growth of Web Survey Activity", Quirk's Marketing Research Review.

M. Brennan, N. Rae & M. Parackal. Survey-Based Experimental Research via the Web: Some Observations. Marketing Bulletin, (1999), 10, 83-92.

J. Catania, D. R. Gibson, D. D. Chitwood & T. J. Coates (1990). Methodological Problems in AIDS Behavioral Research: Influences on Measurement Error and Participation Bias in Studies of Sexual Behavior. Psychological Bulletin, 108, 339-362.

Collins, M. & Sykes, W. (1998). The Impact of Computer Assisted Interviewing on UK Survey Research, in New Methods. For Survey Research, Edited by A. Westlake et al., Association for Survey Computing, pp. 3-12.

Carr, A. C. & Ghosh, A. (1983). Accuracy of Behavior Assessment by Computer, British Jounal of Psychiatry, 142. 66-70.

N. A. Connelly, T. L. Brown and D. J. Decker (2003). "Factors Affecting Response Rates to Natural Resource-Focused Mail Surveys: Empirical Evidence of Declining Rates over Time." Society and Natural Resources, 16, 541-549.

C. Cook, F. Health, R. L. Thompson and B. Thomas, "Score Reliability in Web or Internet-Based Surveys: Unnumbered Graphic Rating Scales versus Likert-Type Scales," Educational and Sychological Measurement, 2001, 61 (4): pp. 697-706.

M. P. Couper, Tourangeau, R. & Kenyon, K. (2004). Picture This! Exploring, Visual Effects in Web Surveys. Public Opinion Quarterly, 68: 255-266.

Culnan, M. J. & Markus, M. L. (1987). Information Technologies. In F. M. Jablin, L. L. Putnam, K. H. Roberts & L. W. Porter (Eds.). Handbook of Organizational Communication: An Interdisciplinary Perspective (pp. 420-443), Newbury Park, CA: Sage Publications.

M. P. Couper, Tourangeau, R. & Steiger, D. M. (2001). "Social Presence in Web Surveys." Paper presented at CHI'01, Conference on Human Factors in Computing Systems, Seattle, April.

Couper, M. P. (2000). Web-based Surveys: A Review of Issues and Approaches, Public Opinion Quarterly 64, 464-494.

M. P. Couper, M. W. Traugott & Lamias, M. J. (2001). Web Survey Design and Administration. Public Opinion Quarterly, 65, 230-253.

M. P. Couper, M. W. Traugott & Lamias, M. J. (2001). Web Survey Design and Administration. Public Opinion Quarterly, 65 (2), 230-253.

V. Cespedes Frank & H. Jeff Smith (1993). Database Marketing: New Rules for Policy and Practice, Sloan Management Review, 34 (Summer), 8-12.

Cho, H. & LaRose, R. (1999). Privacy Issues in Internet Surveys, Social Science Computer Review, 17 (4), 421-434.

Cobanoglu, C. (2003). The Effect of Incentives in Web Surveys: Application and Ethical Considerations, International Journal of Market Research, 45, quarter 4, 475-488.

C. Davis & Cowles, M. (1989). Automated Psychological Testing: Method of Adminstration, Need for Approval, and Measures of Anxiety, Educational and Pchological Testing, 49, 311-320.

R. L. Daft & Lengel, R. H. (1984). Information richness: A new Approach to Managerial Behavior and Organization design. In B. M. Staw & L. L. Cummings (Eds.), Research in Organizational Behavior, 6, 191-233.

T. Downes—Le Guin, P. Janowitz, R. Stone & Khorram, S. (2002). Use of Pre-Incentives in an Internet Survey. Journal of Online Research, Avaiable at http://www.websm.org/index.

Dillman, D. A. (1978). Mail and Telephone Survey: the Total Design Method, New York: Wiley-Interscience.

Dillman, D. A. and Bowker, D. K. (2000). The Web Questionnaire Challenge to Survey Methodologists. In Batinic, B. et al. (Eds.), Online Social Sciences. Seattle: Hogrefe & Huber, 53-71. Available: http://survey.sesrc.wsu.edu/dillman/papers.htm.

Dhillon, S. Gurpreets, Moores, T. Trevor (2001). Internet Privacy: Interpreting Key Issues, Information Resources Management Journal; Vol 14, No. 4.

De Leeuw, E. D. (1992). Data Quality in Mail, Telephone, and Face to Face Surveys, Ph. D. dissertation, University of Amsterdam, Netherlands, 1992.

D. K. Dodd, B. J. Markwiese (1987). Survey Response Rate as a Function of Personalized Signature on Cover Letter. J. Soc Psychol 1987; 127: 97-8.

Evan, W. M. & Miller, J. R. (1969). Differntial Effects on Response Bias of Computer vs. Conventional Administration of a Social Science Questionnaire: a Exploratory Methodlogical Experiment, Behavior Science, 14, 216-277.

Fowler, F. J., Jr. (1993). Survey Research Methods, 2nd ed., Applied Social Science Research Methods Series, Vol. 1, Newbury Park, Calif.: SAGE Publications, 1993.

R. J. Fox, Crask, M. R. & J. Kim (1988). Mail Survey Response Rate: a Meta-Analysis of Selected Techniques for Inducing Response. Public Opinion Quarterly, 52, 467-491.

G. Forsman & M. Varedian (2002). "Mail and Web Surveys: A Cost and Response Rate Comparison in a Study of Students Housing Conditions," ICIS August 25-28 2002 Paper, (http://www.icis.dk/ICIS_papers/C2_2_3.pdf).

Furse, D. H. and D. W. Stewart (1982). "Monetary Incentive Versus Promised Contribution to Charity: New Evidence on Mail Survey Response," Journal of Marketing Research, 19, 375-380.

C. Hewson, P. Yule, D. Laurent & Vogel, C. (2003). Internet Research Methods: A Practical Guide for the Social and Behavioral Sciences. London: Sage.

M. A. S. Hager, T. H. Wilson and Pollak (2003). Rooney Response Rates for Mail Surveys of Nonprofit Organizations: A Review and Empirical Test Nonprofit and Voluntary Sector Quarterly, June 1, 2003; 32 (2): 252-267.

Hartley, J. & Rutherford, A. (2003). The Effects of Using Colored Paper to Boost

Response Rates to Surveys and Questionnaires. Journal of Technical Writing and Communication, 33, 1, 29-40.

Helgeson, J. G. (2002). Determinants of Mail-Survey Design Factors and Respondent Factors, Psychology & Marketing 19, 3, pp. 303-328.

Hogg, A. (2002). Conducting Online Research, Burke White Papers, 3, 2, available at http://www.websm.org/ (Browsed on 2007-6-27).

Y. Hu, V. Smith, N. Westbrook & J. Wood (2003). Liberating Friendships Through IM? Examining the Relationship between Instant Messaging and Intimacy. Paper presented to the Communication Technology and Policy Division of the Association for Education in Journalism and Mass Communication at the 86th annual conference in Kansas City, MO, July 29 - August 2, 2003.

Heim, M. (1992). The Erotic Ontology of Cyberspace. In M. Benedikt (Ed.), Cyberspace: First Steps (pp. 59-80). Cambridge, MA: The MIT Press.

J. M. Kennedy, S. Kuh, J. Li, J. Hayek, J. Inghram, N. Bannister and K. Segar (2000). Web and Mail Survey: Comparison on a Large-Scale Project. Paper presented at the annual conference of the American Association for Public Opinion.

Kerr, E. B. & Hiltz, S. R. (1982). Computer-Mediated Communication Systems: Status and Evaluation. New York: Academic Press.

Kwak, N. and Radler, B. T. (1999). "A Comparison Between Mail and Web-Based Surveys: Response Pattern, Data Quality, and Characteristics of Respondents," Paper presented at 1999 Annual Research Conference, 1999.

Leonard F. Murphy & Brett Garrison (2003). 2003 Research Industry Trends Report, Pioneer Marketing Research, 2003, March.

Lea, M. & Spears, R. (1995). Love at First Byte? Building Personal Relationships over Computer Networks. In J. T. Wood & S. Duck (Eds.), Under-Studied Relationships: Off the Beaten Track (pp. 197-233). Newbury Park, CA: Sage Publications.

K. Lozar Manfreda, Z. Batagelj & Vehovar, V. (2002). Design of Web Survey Questionnaires: Three Basic Experiments. Journal of Computer-Mediated Communication, 7 (3).

C. G. Magee, R. L. Straight and L. Schwartz. "Conducting Web-Based Surveys: Lessons Learned and Keys to Success with Known Populations," Paper presented at the 56th Annual Conference of the American Association for Public Opinion Research (AAPOR), 2001, May: pp. 17-20.

Manfrsda, K. L. and Vehovar, V. (2002). "Do Mail and Web Surveys Provide Same Results?," Development in Social Science Methodology, 2002.

Martin, C. & Nagao, K. H. (1989). Some Effects of Computerized Interviewing on Job Applicant Responses, Jounal of Applied Psychology, 74, 523-533.

M. Michael Bosnjak and Tracey L. Tuten, (2001). "Classifying Response Behaviors in Web-based Surveys," Journal of Computer-Mediated Communication, volume 6, number 3 (April), http://www.ascusc.org/jcmc/vol6/issue3/boznjak.Html.

C. Nass, B. J. Fogg & Moon, Y. (1996). Can Computers be Teammates? International Journal of Human-Computer Studies, 45 (1996), 669-678.

O'Rourke, T. W. (1999). The Importance of an Adequate Survey Response Rate and Ways to Improve it. American Journal of Health Studies, 15 (2), 107-109.

Parker, L. (1992, July). Collecting Data the E-mail Way. Training & Development, 52-54.

Pool, I. (1983). Technologies of Freedom. Cambridge, MA: Belknap Press.

S. R. Porter & Whitcomb, M. E. (2003). The Impact of Contact Type on Web Survey Response Rates. Public Opinion Quarterly, 67, 579-588.

Puig, M. (2002). The Good, The Bad, And The Ugly. Advantages and Disadvantages of Online Research. Research Tips & White Papers by SySurvey.

B. Quigley, R. A. Riemer, D. E. Cruzen and S. Rosen (2000). "Internet Versus Paper Survey Administration: Preliminary Finding on Response Rates," 42nd Annual Conference of the International Military Testing Association, Edinburgh, Scotland, 2000.

Rheingold, H. (1993). The virtual community: Homesteading on the Electronic Frontier. Reading, MA: Addison-Wesley Publishing Company.

P. Rosenfled, L. M. Doherty & L. Carroll (1987). Microcomputer-Based Organizational Survey Assessment: Applications to Training, Journal of Business and Psychology, 2. 182-193.

P. Rosenfeld, L. M. Doherty (1989). Microcomputer-Based Organizational Survey Assessment: Applications to Training, Journal of Business and Psychology, 2, 182-193.

N. Schillewaert, F. Langerak & T. Duhamel (1998). Non-probability Sampling for WWW Surveys: A Comparison of Methods. Journal of the Market Research Society 4 (40), 307-313.

Schuldberg, D. (1989). The MMPI is less Sensitive to the Automated Testing Format than It is to Repeating: Item and Scale Effects, Computers in Huamn Behavior, 4, 285-298.

Schutt, K. Russell, J. Floyd, Fowler and Ray Melcher (1998). "A Multimedia Instructional Program in Survey Question Design." Technology Source, December. Case Studies. http://ts.mivu.org/default.asp?show=article&id=61.

M. Smith & Leigh, B. (1997). Virtual Subjects: Using the Internet as an Alternative Source of Subjects and Research Environment, Behavior Research Methods, Instrument & Computers, 29 (4), 496-505.

Smee, Alan and Mike Brennan (2000). Electronic Surveys: A Comparison of E-mail, Web and Mail. http://130.195.95.71:8081/www/ANZMAC2000/CDsite/papers/s/Smee1.PDF.

K. B. Sheehan (2001). E-mail Survey Response Rates: a Review. Journal of Computer Mediated Communication, 6 (2).

C. E. Sohn, S. Tadisina (2002). Validity Related Issues of Web-based Surveys as an Alternative to Mail Surveys, Decision Sciences Institute 2002 Annual Meeting Proceedings, San Diego, California, pp. 1408-1413.

L. Sproul & S. Kiesler (1986). Reducing Social Context Cues: Electronic Mail in Organizational Communication, Management Science, 32 (4), 1492-1512.

S. J. Swoboda, N. Muehlberger, R. Weitkunat & S. Schneeweiss (1997). Web-based Surveys by Direct Mailing: An Innovative Way of Collecting Data. Social Science Computer Review 15 (3).

Tomasello, K. Tami (2001). The Status of Internet-Based Research in Five Ieading Communication Journals, 1994-1999. Journalism & Mass Communication Quarterly, 78 (4), 659-674.

R. Tourangeau & T. W. Smith (1996). Asking Sensitive Questions: the Impact of Data Cololection Mode, Question Format and Question Context, Public Opinion Quarterly, 60, 275-304.

C. F. Turner, L. Ku, F. L. Sonnenstein & J. H. Pleck (1996). Impact of ACASI on Reporting of amle-Male Sexual Contacts: Preliminary Results from the 1995 National Survey of Adolescent Males. Health Survey Research Methods: Confernce Procceedings, ed. R. B. Warnecke. DHHS publication No. (PHS) 96-1013.

G. J. Udo (2001). Privacy and Security Concerns as Major Barriers for E-commerce: A Survey Study, Information Management & Computer Security, pp. 165-174.

S. Utz (2002). Social Information Processing in MUDs: The Development of Friendships in Virtual Worlds. Journal of Online Behavior, 1 (1). Retrieved August 1, 2003, from http://www.behavior.net/job/v1n1/utz.Html

T. Vocino (1977). Three Variables In Stimulating Responses to Mailed Questionnaires. Journal of Marketing. 41: 76-77.

J. Walker, L. Sproull & R. Subramani (1994). Using a Human Face in an Interface. Boston (1994). Proceedings of the Conference on Human Factors in Computers. ACM Press, pp. 85-91.

J. B. Walther (1992). Interpersonal Effects in Computer-Mediated Interaction: A Relational Perspective. Communication Research, 19, 52-90.

R. Weible and J. Wallace "Cyber Research: The Impact of the Internet on Data Collection," Marketing Research, 1998, 10 (3): pp. 19-24.

M. E. Whitcomb, S. R. Porter (2004). E-mail Contacts: A Test of Complex Graphical Designs in Survey Research. Social Science Computer Review 22: 370-376.

F. Wiseman and M. Billington (1984). Comment on a Standard Definition of Response Rates. Journal of Marketing Research 21: 336-338.

D. L. Wright, W. S. Aquilino & A. J. Supple (1998). A Comparison of Computer-Assisted and Paper-and-Pencil Self-Administratered Questionnaires in a Survey on Smoking, Alcohol and Drug Use, Public Opinion Quarterly, 62, 331-353.

C. S. Ycyota, D. A. Harrison & A. S. Stahl (2002). Enhancing Response Rates at the Executive Level: Are Employee or Consumer-Level Techniques Effective? Journal of Management, 28: 163-189.

第四章 网络调查法的设计、组织与实施

【本章导读】

本章将为读者提供一些有关网络问卷调查设计和实施方面的实践性建议和使用指南。从实际应用的角度来说，这些内容是研究者设计一项网络问卷调查时必须了解的一些基础知识。这些建议不仅是以往许多研究者所进行的众多网络问卷调查项目的经验总结，同时也是常规调查研究基本原则在这种新式方法中的体现。因此，可以从各个方面为网络问卷调查的设计和实施提供一种基本思路和指导。

在前一章中，我们就曾经谈到过网络问卷的设计对于反馈率的影响问题。实际上无论何种形式的调查研究，问卷的设计都将会直接影响到调查数据乃至整个调查的质量，因此在调查研究领域内，关于问卷设计向来是研究者们关注的一个重要问题。作为一种仍处于初期发展阶段的新式研究方法，网络问卷的设计目前尚未形成一整套权威和行之有效的基本理论和实施原则。不过，通过近年来一些研究者开创性的实验和尝试，国外调查研究界在这方面已取得一些初步性成果。我们相信，在未来数年里，有关网络问卷设计和实施方面的研究成果将会越来越多，逐步发展和完善。

1. 网络问卷的设计原则与方法

格拉夫斯（Groves，1989）曾提出，调查的主要目的是希望通过仅对目标人群中的一个样本进行研究，就可相应对整个目标人群的某种特征分布概况进行准确估计。然而调查是否具备这种能力，有赖于调查本身在设计时能否克服四种潜在的误差：覆盖误差、抽样误差、测量误差和无应答误差。他认为，在整个调查研究过程中，研究者都必须致力于减少上述误差，其中，设计一份适用和符合受访者心理需求的调查问卷是降低调查误差的重要措施，因为它将会直接影响到测量误差和无应答误差的变化。

不仅在传统的信函调查中如此，实际上在网络调查应用中同样亦不例外。

有研究者曾指出,"调查问卷的设计是提高数据收集质量的重要保证。问卷的版面设计、问题措辞、问题类型、操作说明、填写进行的处理、浏览器的兼容性,等等,都是影响测量误差和反馈率的重要因素。因此在网络问卷的设计阶段,应对这些因素给予充分的重视"(Jelke Bethlehem, 2003)。

调查整体设计理论(TDM)的提出者美国著名调查研究专家迪尔曼(Dillmon, 1998)认为,在设计问卷时,要考虑尽量降低受访者的填写负担,使问卷外观简洁,容易填写。在此基础之上,针对网络调查问卷设计,迪尔曼又提出了著名的"网络问卷的友好反馈界面设计"原则,被认为是目前网络问卷设计中一个比较完善的设计方法。

所谓"网络问卷的友好反馈界面设计",是指为了提高调查对象参加问卷填写的动机和兴趣而采取的各种提高网络问卷设计效果的方法与措施。其中,不仅包括要通过各种措施来提高受访者阅读问卷时的读取速度和填写动机,同时也包括利用各种认知心理学的原理来降低受访者的填写负担,以达到提高调查反馈率的目标。

总体来看,该设计原则的主要目的在于降低调查过程中的测量误差和无应答误差。不过,利用这些原则,同样也有助于使那些使用不同类型的浏览器和计算机设备的受访者,具有相同的机会看到和完成网络问卷。换言之,友好反馈界面设计的目标在于,当调查对象参加网络调查时,他们都有相同的机会来看到和填写问卷。而要想做到这一点,问卷的呈现方式必须保证每一位受访者都能够看懂和顺利填写;此外问卷的填写也不应受到受访者计算机操作技能或其他相关因素的影响。若能达到这些要求,就有可能降低测量误差、无应答误差和覆盖误差。

1.1 友好反馈界面的网络问卷设计原则

迪尔曼认为,网络问卷的设计之所以会对问卷反馈率产生影响,主要原因在于受访者在看到网络问卷时,问卷的主题、说明与呈现方式等都会直接影响着受访者参加填写的动机和兴趣。一份设计合理的问卷能够有效地减少受访者作答时的困难,降低其认知负担,有助于避免中途放弃,最后成功地完成问卷。因此,要想使受访者顺利完成问卷填写,就必须遵守以下网络问卷设计的基本原则:技术兼容性原则、操作方便性原则和混合应用性原则。

1.1.1 技术兼容性原则

所谓"技术兼容性原则"是指在设计网络问卷时,必须充分考虑到调查对象在计算机设备、浏览器及网速等方面的差异,防止受访者因问卷使用了一些高级的技术手段而无法读取、填写问卷。

Html(超文本标记语言)是目前用于制作网络问卷最常用的技术工具。与其他计算机语言一样,Html 也在不断发展变化。最初版本的 Html 是在 1989 年被开发出来的。而到 1994 年则出现了 Html 2.0 版。很快在 1994—1995 年期间又出现了 Html 3.2 版。Html 语言的不断发展提高了问卷设计者运用颜色、创新的问题显示方式、分页、嵌入式程序、动画、声音和其他一些在印刷问卷中无法想象的高级设计功能。然而，这些高级功能大多数同时也都对计算机的处理能力、软件版本提出了更高的技术要求。另外，在调查对象读取网络问卷时，所需要的下载时间也相应增加。而对于某些受访者来说，其所使用的浏览器和各种软件的版本、功能各不相同，这就有可能使得一部分受访者无法收到问卷或读取这种使用各种高级技术编制成的问卷。对其他一些调查对象来说，也可能会由于下载时间的增加而使之放弃参加调查。

也许人们会认为应用先进的技术会提高网络调查的反馈率，但许多研究结果却都出乎研究者意料。研究者发现，在网络调查中，有时运用各种高级技术功能反而降低了调查的反馈率。

例如，美国盖洛普（Gallup）调查公司曾经就格式不同的网络问卷对调查反馈率的影响问题进行了实验研究。在实验中，一份问卷的格式看起来丰富多彩、色彩鲜艳，同时还配以不断变化的图形或背景的格式。同时问卷还使用 Html 的表格功能，将问题的选项置于屏幕的最右边，使问卷的格式看起来非常独特和新颖。然而，这样做的一个不可避免的结果就是，不仅增加了问卷的下载时间，同时也在外形上与传统问卷有着显著差别。而第二份问卷便简单明了，既没有图片，同时在排版格式上也仅是白底黑字，问题选项与传统问卷一样被置于屏幕的左侧。在内容方面，这两份问卷的长度完全相同，每题一页，共 173 页。不过由于其中使用了大量的跳答题设计，所以绝大多数受访者回答的问题数量大约是问题总数的 1/4。最后的研究结果表明，那份格式复杂的问卷在读取时需要耗费更大的计算机内存，其数据下载量为 959K，而格式简单问卷的下载量仅为 317K。在使用速率为 14.4K 的调制解制器来读取这两份问题时，前者需要的时间是 682 秒，后者则是 255 秒。同时，对于那些功能不够强大的网络浏览器来说，前者的下载时间可能还要更多。更为重要的是，在下载格式复杂的问卷时，可能会出现由于某些浏览器无法支持的功能而最后导致读取超时或读取失败。

与此相反，受访者在填写格式简单的问卷时，其所完成的问题数和填写的内容都要远远高于前者。而且在接近最后一题时，受访者的中途退出率也低于前者。统计数据显示，在填写格式简单问卷的调查对象中，93.1％的受访者回答了全部的问题；而在填写格式复杂问卷的调查对象中，则只有 82.1％的对象最后完成了填写。此项研究说明，在网络调查中，应避免使用那种大量耗费内存的最新技术手段来设计问卷。当然，随着宽带互联网的不断发展和普及应用，相信在不久的将来，带宽也许将不再是影响问卷浏览速度的关键因素。

同样，尼古拉斯和塞第维（Nichols and Sedivi, 1998）的研究也发现，在美国人口普查局举行的商业调查中，同样也出现了由于运用了高级编程语言，如 JAVA 而使得许多调查对象无法读取问卷的情况。而且，对于那些自认为已具有相应设备、软件而且也同意参加调查的对象来说，他们在问卷填写过程中也出现了许多问题。与盖洛普实验结果非常类似的是，在这次调查中，84%的受访者完成了印刷问卷填写，同时只有68%的实验组成员提交了网络问卷。造成这种情况一个重要原因，就是受访者的网络浏览器与设计问卷时所用的技术互不兼容。

这些研究结果说明，在设计网络问卷时，研究者必须充分考虑目标群体拥有的计算机硬件、浏览器和传输时间等方面的限制因素。在可能的情况下，研究者应尽可能不要采用最新的技术手段来设计问卷，以免由于下载时间过长等原因而导致受访者中途退出调查。

1.1.2 操作方便性原则

所谓"操作方便性原则"是指在设计网络问卷时，必须充分考虑和权衡计算机本身的操作方法与受访者预先设想的问卷填写操作方法两者之间的逻辑一致性。

在传统印刷问卷的视觉版面设计原则方面，研究者们已经积累了相当多的经验。根据对受访者在阅读和解释视觉对象方面的研究，研究者们已提出了多种友好反馈界面的设计原则（Jenkins & Dillman, 1995, 1997）。目前有关如何设计计算机问卷的原则也正在研究之中（Couper, 1997）。需要注意的是，由于印刷问卷和电子问卷在逻辑系统方面的差异，以及在完成问卷时所需要的行为操作上的不同，在以往传统的问卷设计原则之中，有些可能适用于网络问卷，有些则可能不适用。

两种问卷的设计原则之所以存在着差别，一个重要原因就是，当受访者填写印刷问卷时，眼睛和双手的操作都处于同一视觉范围之内；而利用计算机填写网络问卷时，双手的操作动机（如操纵键盘或鼠标）与眼睛则处于不同位置。这就要求受访者在阅读计算机屏幕上问卷的同时，需要通过操作位于视觉边缘的附属设备来定位和选择屏幕上的问题选项。因此，问卷形式的不同也就有可能会导致其各自的视觉排版设计原则存在着一定的区别，有些原则可能通用，而有些则可能仅适用于其中之一。所以，网络问卷的友好反馈界面设计原则在以印刷问卷为基础的同时，也必然具有一些有待于研究者去测试和验证的新特点和新要求。

研究表明，填写网络问卷实际上是一件非常复杂的操作程序。它要求受访者在考虑如何回答问卷中问题的同时，还要考虑如何操作计算机来实现这种填写。因此，研究者在设计问卷时，必须在计算机操作方法和所设计出的问卷填写方法两者之间建立一个有效和一致的沟通方式。

例如，在一次电子邮件调查中，就出现了这样的问题（Schaefer and Dillman, 1996）。当电子邮件问卷发放后不久，就有几位受访者打来电话，说他们根本没法填写，因为问卷拒绝接受答案。经过研究者的测试，原因很快就被发现了，原来这几位受访者在填写问卷之前忘记了点击"回复"按钮。实际上，造成这种情况的责任并不在调查对象。通常，受访者在填写网络问卷时，他们会不自觉地回忆和利用以往各种调查问卷填写的经验,如发现问卷中的空白处,然后填写即可。此时受访者会聚精会神地考虑问卷中的问题,同时自然会将有关如何操作计算机等问题都暂时排除出自己的思维过程之外。因此,这个错误本身确实很简单,但给研究者的启示很多。有时调查中无应答的出现,就可能仅仅是由于一个简单的鼠标点击动作所造成的。

研究者分析后认为,当受访者按照操作提示开始问卷填写时,他会自然而然地将眼前的问卷填写过程与以往曾经完成的问卷填写联系起来,如问题的提问方式、操作方法和选择答案的方法。进而据此开始阅读问卷和选择答案。在进行上述这一系列认知思维活动的同时,受访者可能会暂时忘记自己是坐在计算机前填写问卷,而是像以往那样用笔来在印刷问卷上填写答案。这就有可能会导致受访者下意识地按照传统的方式来用鼠标直接点击选择答案,同时却忘记了所要求的在开始之前点击"回复"按钮。

另一方面,对于那些经常使用计算机但同时却没有多少问卷填写经验的人来说,又可能会出现另外一些问题。与上述受访者相反,他们会首先考虑计算机的操作方式,同时却不会想到问卷填写的基本方式。这时,根据友好反馈界面设计原则编制出来的网络问卷,就可以同时在计算机操作方式和问卷填写方式两者之间提供一个重要的协调和平衡的作用。

总之,填写一份网络问卷,要求受访者必须具备一定的计算机和软件操作技能,而不同的调查对象操作能力千差万别,各不相同。对于那些天天上网的受访者来说,其计算机操作能力自不待言;而对于那些偶尔上网的计算机新手来说,其操作水平则是研究者在设计问卷时应该着重考虑的问题。这种受访者操作水平的差异,就要求所设计出的网络问卷必须能够向调查对象传递各种有关完成填写所需要的操作提示,帮助他们有效和精确地完成调查。这些操作提示可能包括:知道何时单击和双击鼠标,何时使用回车键,何时和如何使用屏幕滚动条,以及如何改变窗口的大小等。当然,除此以外,还有许多其他对受访者有效和正确地完成问卷的帮助形式。总之,在网络问卷调查中,忽视了上述各种帮助需要,就极有可能导致那些计算机新手不愿、同时也无法完成问卷填写,进而导致无应答误差和测量误差的产生。而采用了友好反馈界面的设计原则,就会在一定程度上减少这两种误差的产生,保证调查结果的可靠性和可信性。

1.1.3 混合应用性原则

所谓"混合应用性原则"是指网络问卷的设计过程中,应充分考虑到问卷在混合调查模式下的应用情况。换言之,所设计出的问卷可能既用于网络调查,同时也需要被用于各种传统方式的调查。

目前,由于各种技术因素的限制,许多调查对象可能上并不具备上网的条件。而且,在一些调查研究中,研究者在设计调查时,也可能需要为受访者提供多种调查反馈方式,因为这对于提高调查的反馈率有一定帮助作用。例如,在亚伯拉翰（Abraham）的调查中，就由于允许美国高校中的管理人员和教师可以自由选择网络问卷或印刷问卷两种反馈方式而获得了较高的反馈率。因此，研究者认为，就目前的实际情况来看，在未来相当长的时期内，网络调查将主要被用于混合模式的调查之中，即一部分调查数据通过网络来收集，而另一部分则通过纸质自填式问卷或面访的形式来获得。所以在设计网络问卷时，应该充分考虑到在其他形式的调查中，应该如何提出问题和编辑问卷版面。

例如，"可多选"题型，如"请选出你在过去一年内所观看的体育运动比赛"，答案是20个不同的运动项目名称，这种问题选项通常只能出现于印刷问卷调查中，而不可能出现在电话调查之中。在电话调查中，这种问题会被单列为许多小问题，每读完一个问题后就让受访者回复一次。而在网络问卷中，由于屏幕显示的限制，使得调查对象在理解问题时可能会产生与印刷问卷不同的效果。这一点是问卷设计过程应该注意的问题。

1.2 网络问卷设计的思路与方法

如上所述，以往大量有关自填式信函调查的研究成果表明，调查问卷的设计方式确实会对调查所获得的数据质量具有至关重要的影响。斯瓦茨（Schwarz）等人的研究显示，在没有调查员在场的情况下，调查对象更多的是通过问卷界面本身所提供的各种文字和图形信息来获得填写问卷的动机和了解问卷填写的操作方法。另外也有一些研究表明，印刷问卷的版面设计形式也会对调查对象的回答产生重要的影响作用。例如，史密斯（Smith，1995）的研究发现，当改变问卷的版面设计形式后，不仅会对自填式调查的结果产生影响，同时也会对调查员辅助模式的调查结果产生相应的作用。迪尔曼等人也对印刷问卷中跳答题的设计形式对调查结果的影响问题进行了深入研究。

如今，由于互联网本身所具备的强大的多媒体功能，为研究者设计网络问卷时提供了丰富多彩的设计选择，越来越多的实证性研究开始关注网络调查问卷设计的特点问题。但与此同时，正是由于这种问卷设计选择的多样性特点，也使得网络调查设计的质量和效果控制问题相应变得更加复杂。以下将从网络问卷的一般性设计、屏幕设计、反馈检索和问卷导航等方面来探讨其基本的设计思路与方法。

1.2.1 一般性设计问题

从技术的角度来说，Html语言是网络问卷设计的基本工具。Html的不断发展为研究者提供了丰富多彩的问卷设计功能，如色彩的运用、声音、图片、动画和各种嵌入式程序[①]。利用这些功能，研究者可以设计出令人眼花缭乱的网络问卷。然而这种问卷在吸引人们前来填写的同时，也可能会相应产生一系列

---

① 如 Flash，JavaScript，Java，PHP，VBScript，等等。

的问题,影响问卷的反馈率和数据质量。其中最重要的一个问题,就是这样的问卷会变得很大,因而降低在网络上的传递速度。换言之,当受访者点击网址开始浏览问卷时,问卷在从服务器传递到受访者的浏览器所需要时间可能会延长。这就有可能会使得调查对象由于较慢的调制解调器,不稳定的网速和支付更多的上网费而中途退出调查。另外更重要的是,就目前的实际情况来看,并非所有浏览器都支持上述这些新颖的技术,例如,某种技术可能在微软 IE 浏览器上一切正常,而到了 FireFox 浏览器上则可能出现问题,反之亦然。

如上所述,迪尔曼(1998)的研究结果表明,与形式复杂的网络问卷相比,那种格式简洁的问卷设计反而获得了更佳的调查效果,提高了调查的反馈率。因为这种简洁的网络问卷,不仅减少了问卷填写的中途退出率,同时也节省了填写的时间。这个研究说明,与传统的信函问卷设计类似,在设计网络问卷时,同样应该遵循 KISS 原则[1],设计的重点应置于问卷的内容而不是形式的设计上,要特别注意避免出现各种形式的"问卷废话"[2]。塔夫特(Tufte, 1983)曾指出,过多的"无用图表"(Chart Junk)实际上大大增加了读者对图表理解的难度。因此,他提出了一个专门的术语"数据墨水率"(Data-Ink-Ratio),用来测量统计图表中"无用图表"所占的比例。

在遵循 KISS 原则来设计网络问卷时,首先就意味着在编制网络问卷时,只有在确有必要或除此之外别无他法之时,才着重使用颜色、声音、图片、动画和各种嵌入式程序这些复杂的功能。这个设计原则在混合模式的调查中尤其重要。因为在这种调查中,网络问卷只是诸种数据收集方式中的一种,除此之外还有印刷问卷或电话问卷等。这就要求各种形式的问卷都应在格式等方面尽量保持一致,以免出现测量误差。简言之,在设计网络问卷时,可以充分借鉴印刷问卷的设计原则和方法,使之保持一种简单明了、朴实无华的风格,尽量避免使用可能分散调查对象注意力的图片、声音和动画等功能。

其次,在设计网络问卷时,问卷字体的选择至关重要,尤其要注意使计算机屏幕上的文本显示具有良好的可读性。通常情况下,对于中文问卷来说,宋体字是最佳的问卷字体,因为目前无论使用何种操作系统或浏览器,只要是中文版软件,宋体字是字库中最基本的一种字体,不会出现由于受访者的系统不支持某种字体而无法正常显示的问题。同样,字号也应选择那种在各种屏幕分辨率下都能清晰可辨的大小,字号的大小必须保证在目前常见的屏幕分辨率下具有良好的可读性。

另外,设计者也应注意,网络问卷的版面布局必须不受计算机屏幕分辨率变化的影响。迪尔曼和保克(Dillman & Bowker, 2001)曾指出,设计欠佳的网络问卷在不同的屏幕分辨率下可能会呈现出不同形式的版面布局,因而可能会对不同

---

[1] KISS 原则:即 Keep it Simple, Stupid;格式尽量简洁,操作尽量简便。
[2] 问卷废话(Questionnaire Junk):这是借用研究者对那种内容冗长统计图表的说法,认为问卷内容设计也要尽量简练。

受访者的阅读和理解产生某种程度的误导，极易导致调查的测量误差（见图18）。不过通常情况下，如果在设计问卷时采用的是专门的网络调查软件，出现这种情

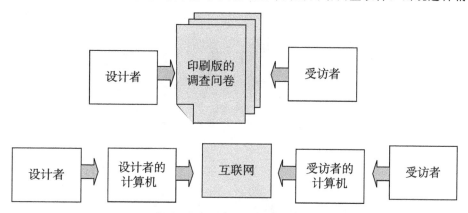

图18　印刷问卷与网络问卷的在设计方面的差异

资料来源：Don A. Dillman（2000）. Mail and Internet Surveys: the Tailored Surveys (Second Edition), John Wiley & Sons, Inc. p. 361.

况的可能性相对较小。但如果研究者是自己使用Html语言来手工编制问卷，那么出现这个问题的可能性就会比较大。实际上，解决这个问题的一个简单办法是使用Html中的＜table＞标记符，即将整个问卷置于一个固定宽度的表格之中。在这种情况下，受访者计算机屏幕分辨率的变化只会使整个问卷出现变化，同时却对其屏幕布局无任何影响。

最后，在设计网络问卷时，另外一个重要的原则就是尽量少用网页的滚动条。因为从受访者的角度来说，回答问题的操作步骤越简单，就会越减少其所需的时间和精力，也就相应的越可能降低中途退出率。因此在问卷设计中，回答问题和进入下一个问题的操作步骤必须保持在最小量。当然，同时还必须用最简洁的说明来向调查对象说明回答问题所需要的操作步骤。例如，如果当对象回答完一道题之后，必须拉动滚动条方能看到"下一题"的按钮，那么就极有可能使之困惑不解，甚至中途退出填写。

1.2.2　版面的设计细节

许多实践和研究都表明，在网络问卷设计中，最重要的一个原则就是保持网络问卷屏幕布局的清晰性、易懂性和易操作性。同时，在同一份问卷中，除特殊情况外，通常每一页屏幕布局的各个细节部分应该尽量保持一致性。例如，通常情况下，问卷屏幕的布局应该主要包括三个基本组成部分：标题部、问题部和导航部（见图19）。

第一部分，在问卷的顶部应只放置少量的一般性信息。如将实施调查机构的图标置于左上角；其下是联系方式（如电话和电子邮件等）；屏幕上方中间部

分应放置调查的标题。在问卷的右上角部分，可放置某种形式的问卷填写进度指示器，用来向调查对象展示整个问卷的长度及其目前所在位置。进度指示器既可用文本形式，如标明百分比或第几页，也可用图形，如进度条。库珀

图 19 网络问卷版面的基本布局

（Couper，2001）曾在一项网络调查中设计了一个饼形指示器，其应用效果研究表明，这种设计可以有效地减少调查的问题选项无应答率。不过，在设计进度指示器时，必须注意设计应尽量不要增加额外的问卷下载和显示时间，因为这将对反馈率有负面影响。同时也应避免使用一些浏览器可能不支持的嵌入式程序来设计指示器，或者要求调查对象必须下载和安装一些特殊的插件程序。这些设计方式都可能会增加对象问卷填写的时间。

第二部分，问卷版面的中间部分则包括各种要求受访者回答的问题。每一个调查问题通常都由三个部分组成：

题干：即问题的文本部分；
操作说明：包括如何回答该问题，以及如何进入下一个问题等；
问题选项：其格式根据问题的类型不同而各不相同，如开放题、封闭题、可全选题和数字题，等等。

在设计时，题干应采用常见的字体来显示。有时为突出题干内容，或与问卷其他的文本性内容区别开来，设计者可考虑使用粗体或不同的颜色。为强调

题干中的某些关键词，也可采用颜色识别的方式[①]。

填写操作说明的清晰与否，是影响调查对象是否能完成问题回答和进入下一个问题的至关重要的因素。迪尔曼（1998）针对这个问题提出了以下建议：

为问卷的每一道题都加注操作说明。在加注说明时，为与题干内容区分开来，可考虑将题干部分设为粗体，而说明部分设为正常字样。

只为问卷中第一次出现的题型加注操作说明。换言之，当调查对象回答的题型是在问卷中第一次出现时，则为其提供相应的操作说明；其后当此类题型再次出现时，则无须再加注。这种设计方式最大的好处在于能够保持问卷界面的简洁性。不过其缺点是，在某些情况下，有些调查对象有可能会忘记原来的说明。

在问卷开始处增加一个初始选择页面，让调查对象根据自己的计算机操作技能水平来选择进入不同的界面。对于那些熟练者，可进入一份无任何操作说明的问卷；而那些计算机操作新手，则可进入一份带详细操作说明的问卷。

在问卷顶部增加一个"浮动"操作提示窗口，其中包含各种题型的操作说明。这种设计确实很新颖，但可能会增加问卷下载和显示的时间。

在问卷开始处专门单独增加一个页面，将整个问卷的操作说明都放置于此处。调查对象只能在开始处阅读一次。从认知心理学的角度来说，迪尔曼认为这是一种效果最差的设计方式。

在填写帮助的下方，则是问题选项。这一部分根据问题类型的差别，其格式各不相同，在设计时需要根据实际情况和需要来区别对待。

开放题，是指调查对象可在其中输入相应文本内容的题型。对于这种题型，经常出现的一个问题是，受访者搞不清究竟应该输入多少字才算合适，是寥寥数语呢，还是一段话？尤其是对于那些计算机操作新手来说，他们很有可能会由于看到开放题的文本框很小而判断只能填入很少的字符，却不知道这个文本框会随着更多字符的输入而自动生成一个滚动条。因此，在设计开放题时，尤其是在问卷中第一次出现此题型时，应在题干之后加注文本框可容纳的最多字符数（或行数）。这样，就可以在一定程度上降低受访者在输入文字时的顾虑。

对于封闭型问题，Html 则提供了众多的问题选项设计格式。设计者可根据需要从中选择使用。通常情况下，较常用的格式有单选钮、下拉菜单、下拉框和多选框等。许多研究者（Dillman, 2000; Heerwegh & Loosveldt, 2002; Couper, 2000）都对各类题型的优缺点进行了深入研究。

[①] 在网络问卷设计中，不同颜色的应用虽然无成本的差异，不过需要指出的是，问卷中的这些色彩设置对于调查对象中的色盲者来说是毫无意义的，这一点是设计者需要事先考虑的一个因素。

单选钮的优点之一，就是其外形酷似印刷问卷中的单选题，故受访者见到后会感觉很熟悉。选择时只需点击其中之一即可选中；若需修改，则直接点击另一个，原来的选择则自动消失。但是单选钮也有一些缺点，主要表现在三个方面：一是单选钮外形较小，需要用鼠标精确定位后方能选中。这对于某些年龄较大或鼠标操作不熟练者，并非易事；二是单选钮被选中之后，则只能修改而无法消除；三是单选钮排版时占版面空间较多，尤其是问题选项较多时更是如此，占用大量的问卷版面空间。因此，为了使对象无须滑动滚动条即可看到全部的问题选项，当选项数量过多而无法显示在一屏之中时，可以考虑将之分开并行排列于两列或三列之中。这时应在全部选项周围增加一个带颜色的边框，以增加答案的视觉整体感。

下拉菜单题型是另一种单选题型的选项格式，同时也是网络问卷所特有的题型。其操作方法是：首先点击下拉菜单区域，隐藏于其中的选项就会自动显示出来，然后调查对象可从中任选其一，完成后下拉框自动收回。该题型最大的优点是在容纳大量选项的同时而不占用过多的问卷版面，例如询问受访者籍贯的问题就非常适合于用下拉菜单题型。不过需要注意的是，如果选项数量很多的话，则可能只有列于最前面的一部分答案显示出来，而后面的选项则自动隐藏。这时，对象需要拉滚动条方能看到全部选项。一旦答案被选中后，下拉菜单则自动关闭，只显示出被选中的答案。

与单选钮相比，下拉菜单式选项的另一个优势在于从网络服务器下载到本地浏览器所需的时间较短，而且在排版时所占的版面空间也要少得多，使问卷视觉布局显得非常整洁。然而，下拉菜单也有一些严重缺陷；最重要的一个缺点就是操作复杂，通常需要点击三次鼠标方能完成选择：点击下拉菜单、滑滚动条和选择其中之一。有时由于调查对象所使用的鼠标工具的不同，可能还要增加点击的数量。例如，当所用的鼠标上有滚轮时，调查对象则必须在完成答案选择之后再在下拉菜单之外的区域点击一次鼠标，否则，当他转动鼠标上的滚轮时，原来被选中的答案就会随之改变。这一点极易导致测量误差。

下拉菜单的另一个缺点是可能会出现明显的"次序效应"[①]。研究发现，当调查对象面对下拉菜单题型时，更倾向于选择那些在点击之后直接显现出的答案，而不是那些需要拉动滚动条方能显示的答案（Couper，1999）。同时，另外一些研究者（Heerwegh & Loosveldt，2002）也对在混合调查模式的问卷中使用下拉菜单表示了关注，认为这可能导致出现"模式效应"，因为在印刷问卷中是

---

① 次序效应（Order Effect）：指调查对象在回答问卷问题时，由于问题选项的不同顺序而产生的选择倾向性。假设有选项A与B，若干对象看到的选项顺序为先A后B，其他对象看到的顺序为先B后A。当这两类调查对象在看到相同的信息后表示的意见达到显著差异时，则表明出现了"次序效应"。一些研究表明，通常情况下，选项相关程度由高至低排列时，其相关性易被全面低估；而由低至高排列时，则易被全面高估。也有学者称之为"赌注效应"（Hedging Effect），是次序效应的一种具体表现形式。

无法使用这种下拉菜单的。故有研究者建议，在设计网络问卷时，如果采用的是混合调查模式，则应尽量少用下拉菜单题型。

在印刷问卷中，问题选项的选择框通常均被置于选项左侧。在设计网络问卷时，也应遵循这一基本版面设计原则。不过，在网络问卷中，由于浏览器的滚动条通常都被设计于窗口的右侧，而问题选项的选择框又被置于左侧。这就使得调查对象在用鼠标回答问题时需要移动的屏幕距离较长，无形中增加了填写时间。针对这个问题，有研究者曾进行了一个将选择框置于问题选项右侧的实验，主要目的是试图通过减少调查对象在回答问题时的鼠标移动距离来提高问卷的适宜程度。在实验中，与这种右置式排版方式相对应，"下一题"按钮也被置于问卷的左侧。研究结果表明，这种新颖的版面布局方式对于问题选项反馈率和答案的质量并无显著影响。然而需要指出的是，对于那些计算机新手来说，这种排版方式极有可能使之感到困惑，不知如何回答问题。因此一般情况下，若无特殊需要，没有必要采用这种设计方式。

网络问卷的另一种题型就是"可全选"题型[①]。迪尔曼认为，"可全选"题实际上是一种极易导致测量误差的题型。其使用方式是在一长列选项之中，对象可选择其中任何数量的答案。这种题型最常见的问题，就是调查对象在选择了其中几个答案之后，通常就会受"够用效应"[②]的影响，不再认真阅读下面的选项，直接就开始回答下一道题。这种情况显然会影响调查结果的质量，因为有一些选项根本就未被真正看到，自然也就不可能被选择。

为解决这个问题，有研究者在设计网络问卷时则采用了另一种格式来设计"可全选"题型。在每一个问题选项的左侧，用两个单选钮来代替多选框。这两个单选钮分别表示"是"和"否"。这种方法就要求对象必须一个题接一个题地阅读，对每个选项都来一次点击选择，避免了原来的跳略现象，避免出现测量误差。但这种方法的明显缺陷是增加了这种题型的回答时间，操作起来比较烦琐，有可能导致无应答率的上升。

网络问卷还有一种常见题型就是数字题，它同样也是其特有的题型。这种题型的显示格式通常会依据其有效的数字范围限制而各不相同。若所要求填写的数字范围有限，它实际上就变成了一种可使用单选钮的封闭题型。这时只需列出相应的数字范围选项即可，选择方式简单，通常不易产生测量误差。但如果数字的范围较大而无法用单选钮来列出选项时，就只能用设置数字填充框的方式来要求调查对象输入相应的数字。显而易见，不管在任何类型的调查中，

---

① 可全选题型（Multiple-Choice Question）：也被称为"多选题"，受访者可以选择一个以上的选项。

② 够用效应（Satisfice Effect）：由"Satisfying"和"Sufficing"两个单词组合而成。是由美国Carnegie Mellon University 的心理学教授、诺贝尔奖获得者何伯·西蒙（Herb Simon）提出的一个心理学概念，指"人们在进行选择或判断时，倾向于满足选取一个够用或够好的选择，而不是选择最佳或最好的。"当在游戏、解决问题和决策等活动中，当主体不愿或无法找到最佳解决方案时，其内心中经常表现出的一种认知倾向性。

要求受访者在问卷上填写数字都极易产生误差，因为调查对象很有可能输入非数字内容或超出限定范围的数字。表现在网络问卷中，就要求研究者在问卷中增加相应的错误检验程序。库珀认为，填写题型是导致问题选项无应答率的重要原因，因为这对于受访者来说，填写起来耗时费力。

为避免上述情况，在网络问卷设计中，研究者可采用另外一种限制数字范围的方式来设计数字题型。其中最常用的方式是"数字滑动条"。在滑动条两侧分别标上数字的起止范围，当滑动条中的游标被左右拉动时，旁边的数字框内则会自动显示相应的数字。这种设计方式的优势在于，调查对象无须自己直接填写数字，而且数值也不会超出事先定义的范围。但这种方法也有相应的缺点。一个是在设计滑动条时，其初始状态的数值已被事先定义，调查对象很有可能不回答此题就直接进入下一题；二是在 Html 中并没有设计这种滑动条的标准语言，因此必须采用编程的方式来设计（如使用 JavaScript），然后将代码嵌入 Html 网页之中。目前并不是所有的浏览器都支持 JavaScript，而且也会增加问卷的网络传输时间。

另一方面，如果从混合模式调查的角度看，通常都要求各种调查方式所用之问卷在格式上尽量保持一致，以避免出现"模式效应"。因此在设计网络问卷的数字题型时，应尽可能采用传统的输入方式。

网络问卷屏幕布局的第三部分是问卷的底部。此处通常放置问卷的"导航按钮"，如"下一题"、"重新回答"或"提交问卷"等。当调查对象点击此类按钮后，问卷将会自动进行答案检验。只有当答案填写正确无误时，才会进入下一题。若所选答案有误，则会自动出现错误提示信息，向对象提示错于何处和如何改正。

综上所述，研究者在设计网络问卷时需要综合考虑问卷的整体布局和题型选择，力图吸引受访者的目光，提高其填写动机，最终达到提高反馈率的目标。

1.2.3 综合性反馈检验

以往的计算机辅助调查方法的应用经验表明，利用"主动式错误检验方法"[①] 可有效地提高数据采集的质量。这种方法同样也可用于网络问卷设计。

利用技术的支持，网络问卷通常具有一定的自动检索功能。所谓"自动检验"，就是利用计算机的逻辑分析功能来自动检查对象所输入的信息是否正确。从整个调查流程来说，这种检验功能不仅提高了数据的质量，同时也大大降低了数据分析前的准备工作。例如，在一个多项选择题中，如果调查对象同时选择了"上述都不符合"和上面的某个选项，那么问卷就会自动弹出提示信息，并指出错误的原因。或者，研究者在设计时也可将"上述都不符合"选项与其

---

① "主动式错误检验方法"（Active Error Checking Method）：指在调查对象填写问卷的同时，电子问卷自动对答案进行各种逻辑关系和数字范围等方面的检验。若有错误，则立刻呈现出错误信息，提醒调查对象修改。

他选项之间预先定义为相互排斥的关系，填写时只能选择其中之一，而不能同时全选。另外，如果一个题要求输入其出生年月但对象却填入了当前日期，那么同样也会出现相应的出错提示信息。

不过，在设计这种自动错误检验功能时，应尽可能做到界面友好和操作简单。在使用这种功能时，很重要的一点就是不要强迫对象必须回答每一个问题，而是应该做到若对象选择不愿更正错误的话，程序也应能自动接受它，并且在数据库中标识出这种错误，以便在后面处理数据时将其排除。

自动检测功能对于不同的题型来说表现形式有所不同。例如，对封闭题型，可事先定义必须至少选择一个单选钮。否则无法进入下一题回答。

对数字填充题型，则须检查填写的数字是否在指导的范围之内。若使用"数字滑动条"，则应检测游标是否曾被移动过。若未曾移动则不能通过检验，随之呈现出错提示信息。

对于利用多选框设计的"可全选"题型，则无法进行错误检验。不过，若使用上述"是"和"否"单选钮来设计"可全选"题型的话，则可利用上述单选钮相同的方法来进行错误检验。

通常，开放题无法进行错误检验，但通常可以检验对象是否填写了内容。

另外，在网络问卷中设计逻辑一致性检验功能，同样也能提高数据采集的质量。当调查问题之间具有逻辑上的关联性时，就应该采用一致性检验。若其中的不一致答案被检验出来时，就会显示错误提示信息。这时，应该允许调查对象修改出错的答案。而要想做到这一点，就意味着调查对象能够看到不同页面问卷上的问题。通常专业的网络问卷设计软件都具备这种功能。当不一致处被检验出来之后，就会自动在屏幕上显示出相关的问题，并提示对象直接点击相应的问题链接去修改问题答案。

除数据检测功能之外，网络问卷的另一个特殊功能就是自动跳转功能。在网络问卷设计中，研究者可以通过逻辑检验的方式来让程序自动控制问卷中跳答题的跳转。这种功能的优势在于，不仅能够避免印刷问卷中经常出现的跳错题的现象，而且也大大简化了问卷填写操作。

显然，要想在网络问卷中增加上述提及的自动逻辑检验和自动跳答功能，必然要求研究者具有功能更加强大的专门软件和自身具备更高的编程能力，因此在使用之前，研究者需要充分考虑问卷中自动设置功能的技术成本，例如，应考虑到以下两方面的因素：在问卷中增加这些自动设置功能必须加大调查的实施成本，因为要实现它们可能会需要专业技术人员的支持；在问卷中增加数据检验设置，可能意味着某些调查对象会由于其计算机性能的限制而无法填写问卷。

最后，在尊重受访者的个人隐私的基础之上，在此情况下，研究者也可以充分利用网络媒体的强大功能来跟踪调查对象的填写过程，为研究提供更加翔实的信息。从技术角度来说，实际上网络问卷调查不仅仅能收集到参加者所填写的问题答案，同时利用网络调查系统的强大功能，研究者同时还能获得其他常规调查方式所无法提供的其他辅助性信息，这对后期的数据分析将具有非常重要的参考价值。例如，在整个问卷填写过程中，对象填写每一个问题花费了多少时间；调查对象为填写问卷而登录网页的次数；调查对象回答问卷的次序（如果问卷允许不按顺序填写的话），等等。这些功能不仅可被用于预先的调查测试，同时也可用于在实际调查中发现问卷中所存在的问题，以便在以后的调查中改正和完善。

1.2.4 问卷的导航问题

关于网络问卷的填写顺序导航问题，通常有两种基本的导航方式：主动式导航和被动式导航。所谓"主动式导航"，是指网络问卷在设计时已事先定义好问题回答的顺序，调查对象只能按照规定好的路径来回答问题。只有回答了前面的问题后，才能进入下一个问题。一般情况下，不允许调查对象自由选择回答的顺序。不过当出现逻辑错误时，还是可以允许返回修改答案。

主动式导航的一个明显优势，就是在问卷中包含跳答题时，可以保证不同的调查对象只能看到和回答与自己有关的问题，同时无关问题则不显示。这样即使在问题总量很大的情况下，不同情况的受访者只需要填写其中与自己相关的问题，因而可大大减少问卷的篇幅，相应可有效降低中途退填率。郝斯（House，2002）的研究表明，调查研究者通常更喜欢选择那些具有问题跳转功能的网络调查软件，因为研究者在设计问卷时可以更有效率。台湾的研究者（陶振超、张一帆，1999）也认为，这种适应性的问卷，即问卷内容会随着答题者所回答的答案而有所改变，让受测者在问卷的回答时不会看到与自身无关的题目，可降低答题者的困惑感。但是，这种导航方式也有其局限性，那就是调查对象可能会产生一种受制于人的感觉，显然并不是所有受访者都愿意接受这种感觉。

另一方面，"被动式导航"则相反，它可以让调查对象完全自己控制填写的进度和方式，可以选择问卷的任何一个问题开始问卷填写进程。显然，这种方式给了调查对象更大的自由回答空间。但相应也就会产生一系列问题，如略过了某些问题的回答，或者填写了不应回答的问题等。这种方式不仅会产生较高的问题选项无应答率，同时也可能出现更高的中途退出率，因为虽然调查对象无须填写全部的问题，但却能够看到全部问题，这会使之在视觉上和心理上都产生一种要回答的问题数量太多、太复杂的感觉，因而导致中途退出填写。

因此，从保证数量质量的角度来说，在设计网络问卷时选择主动式顺序导航要效果好一些。不过，这同时也就对网络问卷的设计程序提出了更高的要求，它必须能够为研究者提供一系列完整的问卷控制功能。例如，在每一页问卷上，必须能够设计出进入下一题和返回上一题的按钮。同时也应该能够使浏览器的"前进"和"返回"按钮失效，以防止调查对象随意使用。

1.2.5 网络问卷的基本设计方法

总而言之，在网络调查中，问卷中的问题具有呈现多种视觉要素的特点，其中包括颜色、图形和各种交互操作功能等。这使得调查对象的许多填写动作都可以得到即时的反馈。因此，既然网络调查使研究者拥有如此众多的视觉和交互设计功能，那么，对这些设计要素进行深入的研究显然是必要的。正如有研究者（Redline and Dillman，1999）所指出的，网络问卷的这些辅助设计要素，既可能促进，同时也可能干扰调查对象的问题回答过程。显然，研究者是希望在使用上述这些视觉和交互设计功能之后，能够有助于调查对象正确阅读和理解问卷中的文字信息，进而提高调查的效率和数据的质量。但要想真正实现这个目标，在设计问卷时就必须考虑到多种因素的制约和影响。

以下将根据国外研究者近年来关于网络问卷设计方法的研究成果，提供有关设计网络问卷的一些基本方法。主要内容包括：如何在网络问卷调查中充分利用电子媒体的诸种优势；如何设计出简洁明快的问卷版面，以及如何设计用户界面友好的问卷填写方式等。

1.2.5.1 首页的设计

第一，在问卷首页增加一个欢迎页面，强调本问卷填写的便捷性特点，以便提高调查对象的参与动机。同时还应加入一段简短的问卷填写操作说明，指导对象顺利完成随后一步的问卷填写。

通常，调查对象进入问卷网页的方式主要有两种，一是手动方式进入，即在浏览器地址栏中直接填写相应的问卷网址（URL）；二是点击电子邮件邀请函中的地址链接后进入。但无论是采用哪种方法，最重要的一点就是，让调查对象很快就能辨别出他是否已来到正确的网址，并且知道应该如何进行下一步的操作，以便进行问卷填写工作。

目前在网络调查中，调查对象通常都会首先收到一封调查邀请函，其中包括调查原因的简略说明和网络问卷所在的网址等信息，以便鼓励对象积极参加问卷填写。通过点击问卷网址，对象就可直接进入问卷网页。在这一页中同样也应该包含对本次调查的简单介绍，以便使对象立刻就能清楚知道他所到达的网址正确无误。但由于计算机屏幕显示内容的有限性，这种介绍文字应该简洁明了，尽管能在一屏内全部显示。考虑到目前网络调查是一种比较新的调查方式，参加过类似调查的人并不多，而且对象的计算机操作能力也可能各不相同，因此在这一页里也应该同时向对象说明开始问卷填写的操作方法。但要注意，这种操作说明同样也应言简意赅，主要目的是指引对象通过简单的操作即可进入问卷正文。所以在网络问卷的第一页书写大篇幅的详细操作说明是不适宜的。这一点与印刷问卷有很大的区别。

调查的主要目的，就是要将针对某一目标群体中样本对象的抽样结果推论至整个研究人群之中。因此，在网络问卷调查中，必须严格审核问卷填写者的资格，防止非抽样对象填写问卷，影响调查结果的准确性。为做到这一点，在网络问卷调查中，通常都采用在向抽样对象发送调查邀请函时就会附带一个PIN（个人身份识别码）或密码。然后，对象凭此密码进入问卷。这样就可有效防止非抽样对象填写问卷。在这种情况下，有关如何填写PIN或密码来进入问卷的操作方法应首先显示在问卷的欢迎首页。一般情况下，这一页应包含：鼓励性的欢迎致辞；PIN或密码填写说明；进入下一页的操作说明。

第二，问卷的第一个问题应能在一屏内完全显示，无须使用滚动条。同时问题措辞应简洁明了，问题选项含义一目了然。

以往的研究表明，在问卷填写时，受访者看到的第一个问题回答的难易程度将会被其视为对整个问卷难易估计的指标。不仅传统印刷问卷如此，网络问卷也不例外。在网络问卷调查时，如果调查对象感觉很难理解第一个问题的含义，或不知如何操作来填写第一个问题时，那么这个调查的反馈率肯定无法保证。研究表明，在问卷的第一页内不宜使用下拉菜单选项①，或需要拉动滚动条才能看到问题的全部内容。这样会给受访者留下一个消极印象，会使之认为要完成这个问卷填写会费很大的力气。

总的来说，设计第一个问题的原则是应该能够最大程度激发起调查对象的兴趣，使之认为参加这次调查是一件值得做的事件。另外，与传统印刷问卷一样，有关对象个人背景资料（如受教育程度、年龄、收入和婚姻状况等）也不宜被置于问卷的第一题。

为避免调查对象需要拉动滚动条方能看到下一个问题，研究者应注意，在设计问卷时，每一屏幕的范围内只呈现一个或少数几个问题。额外的滚动条操作，不仅会增加对象的动作负担，而且过长的网页也会使之心理上产生一种问卷很冗长的感觉。显然，这两点都可能会对调查的反馈率产生消极影响。目前已有一些研究表明，当在一屏的范围内同时呈现数个问题时，调查对象的注意力通常都会聚集于其中某一个问题，同时将其他问题视为它的背景。这时，有些对象则可能会在尚未回答屏幕顶端第一个问题的情况下，就直接阅读下一个问题。因而造成漏答现象（Fuchs，2001）。这就意味着，研究者若想避免出现这种情况，就应当将数个问题合为一组呈现于一屏范围之内，或者采用一页一屏的分页式问卷设计。此外，也有研究结果发现，对于短小的网络问卷来说，采用一题一页的分页设计方案会使"中途退出"②率降至最低。相反，在篇幅较长的问卷中，当使用将全部问题置于一页之中，让对象通过拉动滚动条来填写的方式，则会增加中途退出率。

第三，不要在问卷页首单独提供冗长的问卷操作指南，而应在调查问题之

---

① 因为对于有些对象来说，他们很有可能不知如何使用下拉菜单来选择答案。
② 中途退出：指调查对象开始填写问卷，但在未完成的情况下就放弃填写。

后加入相应的操作说明。

在许多印刷问卷中，一个常见但同时也是不适宜的设计，就是在问卷的首页提供一个复杂繁琐的填写指南。从认知或学习的角度来说，这并非是明智之举。在调查对象尚未见到问题之前就为之提供众多问题情景下的操作说明，对多数填写者来说是不可能完全记住的。多数情况下，当调查对象在后来的问卷填写过程遇到了需要操作说明时，他们经常不得不再次翻到这一页来查寻。这实际上就白白浪费了前面的阅读时间。因此，在问卷中，恰当的方法是在调查对象需要的时候，再向之提供相应的填写说明。

与印刷问卷对书写能力要求不同的是，填写网络问卷则要求对象具备一定的计算机操作技能。例如：

若想修改已选中的单选框，要求填写者单击另一个单选框；而若想取消已选中的多选框，则要求填写者再单击一次该多选框。

有些调查对象有可能不知道如何拉动滚动条来看到全部的或下一个问题。

有些调查对象可能不清楚鼠标单击与敲击回车键之间的功能区别。

有些调查对象可能不了解什么是下拉菜单，以及如何看到其中隐藏的问题选项。

有些调查对象可能不知道如何在开放题的文本框中输入答案（必须用鼠标在文本框中单击出现闪动光标后可输入文字）；或者不知道开放题的文本框实际上能够容纳比其外表看起来更多的文字（当输入文本框的文字越出其下限时，它会自动生成一个滚动条）。

对于熟练的计算机使用者来说，上述这些操作技能可能看起来不值一提。但是对于那些计算机新手来说，还是需要费一番口舌。对此，比较恰当的方法是，将相应的操作说明置于某个问题之后。例如当问卷中第一次出现某种类型的问题之后，就可以增加一个相应的填写操作说明。然后在以后相同类型的问题之后再重复一至两次即可，不必每次都注明。

1.2.5.2 版面设计

第一，问卷中每一个问题的版面编排格式应尽量与通常的印刷问卷保持一致。

与传统印刷问卷相比，计算机软件强大的功能为网络问卷的版面编排格式提供丰富多彩的选择方式。因此，许多网络问卷在排版方式上出现了许多新的形式。就目前出现的网络问卷调查问卷来看，有的为设置跳答题而取消了问卷问题的序号；有的则别出心裁，将全部问题排列于页面的中央；有的出于屏幕显示范围有限的考虑，则取消了问题与答案之间的间隔，使得问题与选项之间失去了分类的区别。还有的网络问卷则将问题的选项框置于屏幕的右侧，以便对象在选择完答案以后就可以方便地拉动滚动条，进入下一个问题。总之，各种形式不同的网络问卷编排格式五花八门，不一而足。为了吸引调查对象前来填写，设计者似乎都尽量将网络问卷设计得与传统印刷问题不相同。

但就目前的情况而言，在填写网络问卷时，绝大多数人的思维方式更多的仍然是受传统问卷，而不是计算机操作的影响。这就使得在面对这些与众不同的网络问卷时，许多调查对象可能产生认知上的不适应感觉，进而影响他们的填写效率和效果。因此从这个角度来说，当前情况下，在设计网络问卷时按照传统印刷问卷的格式来设计，不失为明智之举。例如，每个问题前都标有序号；问题与选项之间用空格隔开；答案按照垂直左对齐的方式排版，等等。

此外，研究表明，在印刷问卷填写时，较高的背景亮度、较大的字号和间隔，通常都被对象在头脑中习惯地视为区分每一个问题开始的标志。因此在网络问卷中，同样也可以利用这种思维定势来引导调查对象识别出每一个问题的开端。同样，认知心理学的研究表明，在视觉阅读习惯上，当面对一个矩形的阅读框时，人们倾向于从左上角象限（即矩形的1/4）区域开始阅读。所以在设计问卷时，可以将这一部分当做问题的开始处；而在右下角象限区域则是人们最不可能首先开始阅读的位置，这里就可以考虑用于放置调查机构图标（Logo）或问卷进度指标条等内容。

第二，尽量避免冗长的问题提问方式，控制每行问题的长度，以减少对象在计算机屏幕上阅读问题时视线来回移动的幅度。

阅读心理学的研究表明，当面对冗长的语句时，人们会倾向于使用不规则的"跳读"方式，这就可能导致一些关键词被读者忽略，从而影响对问题内容理解的准确性。相反，当阅读短句时，则通常不会出现这种"跳读"现象。因此在设计问卷时，较短的句子长度可以保证每一位调查对象都能够获得对问题原意的准确感知。

在设计网络问卷时，通常有两种方式可以用来限制问题句子的长度。一种方法是，当某一行的最后一个字符达到事先规定的行宽时，就插入一个硬回车符号。显然这种方法不仅操作起来麻烦，而且也需要额外的时间来进行排版；另一种更高效的方法，则是利用表格编辑功能来限制每行的长度。将序号、问题和回答选项都置于表格单元之中。设计者只需定义好列宽之后，所有的问题长度都会完全一致。使用这种方法还有另一个好处，就是定义了表格的列宽以后，同时也就限制浏览器的显示百分比率。这样的话，表格的应用不仅不会增加网络问卷的下载时间，同时还为改善问卷版面格式提供了诸多帮助。

第三，在设计网络问卷时，应尽量采用单页形式的问卷，以便使调查对象能够自由上下浏览问卷中的每个问题。不过当问题之间的顺序很重要时，如包括许多跳答题，也可以考虑采用"一题一页"的分页式问卷。另外在混合调查模式下，如电话访谈与网络问卷调查相结合时，为保持两种形式的调查问卷在格式上一致，也应采用分页式问卷。

网络问卷的显著优势之一，就是它能够在调查对象意识不到的情况下设置和实现大量跳答题。不过，在单页问卷中设置跳答题时，很有可能由于调查对象拉动滚动条而看到上面那些已被跳过的问题。这不仅容易使之产生一种迷惑的感觉，同时也可能产生测量误差（对象填写了不应填写的跳答题）。在这种情况下，使用"一题一页"的分页式问卷设计，就可有效解决上述问题。同时在混合调查模式中，这种分页问卷设计也可与电话调查中使用的问卷相互一致，从而减少由于问卷形式不同而产生的测量误差。

然而，若网络问卷调查与印刷问卷结合应用的话，则表现为另一番情形。"一题一页"分页式问卷的一个显著缺陷就是，它使得调查对象在回答问题时缺少像单页问卷那样的问题背景支持，尤其是当对象在回答一系列相互有关联的问题时，要想参考前面问题的答案就变得很不方便。另外在印刷问卷之中，调查对象可通过前后浏览的方式来了解问卷的长度，或检查前面的答案，或对自己目前所处位置有一个概括的感觉。然而在使用分页式问卷时，调查对象在填写过程中有时会产生失去上下文联系的感觉。正是由于分页所造成的问题背景缺失，若填写过程被打断的话，调查对象就很有可能由于被打断了思路而很难重新开始填写。

为解决分页问卷所存在的这种问题，看起来似乎应该增加一个关于前一个问题的提示性说明。但问题是，这样做的话，网络问卷在形式上就与电话调查、印刷问卷都不一样。这在混合调查模式中就有可能出现测量误差。而且为每一个问题都提供一个说明在设计上也显得非常烦琐。有研究者建议，最好能提供一个"快速返回浏览"功能来，使之能够比较方便地前后浏览问卷中的问题。

有时在考虑问题相互之间的顺序时，阻止调查对象向前浏览看起来是有用的。不过，目前的研究尚未清楚地证明向前浏览是否会影响问题的回答，因为通常情况下，人们都是倾向于按问题呈现的顺序来回答。在以往的研究中，有关信函问卷与电话调查问卷在顺序效应方面的比较研究结果，目前还没有提供一个令人满意的答案。

第四，在设计问卷时，当问题选项所占的位置超出一屏所能显示的范围时，可以考虑将选项设置为平行排列的格式，但同时应增加适当的指导说明。

将问题选项设计为双行或三行排列的方式，主要被用于在有限的版面内放置更多的问题。不过，这种通常都被认为是不可取的方法。原因在于当人的注意力集中于某一项阅读任务时（如读问卷中的问题），其横向视觉所能达到的范围一般是8—10个字符。因此当问题选项被横向排列时，第二列和第三列实际上对象都看不到。

然而在问卷实际设计过程中，研究者都不得不对各种不利因素进行权衡和取舍。在设计网络问卷时，在那种若不将问题双行排列就会导致问题选项所占的空间超出一屏的情况下，选择双行排列（偶尔也可能三行）是可以考虑的。因为相对于印刷问卷来说，这种双行排列格式所带来的负面影响相对要小一些。

因为通常计算机的屏幕都要比印刷问卷小一些,在这个相对较小的视觉范围内,第二行文字的可视性还可以接受。不过为了对这种格式进行弥补,应将所有选项都囊括于一个方框之中,使之产生一种"群组"的视觉效果。

1.2.5.3 导航和续填设计

第一,在设计问卷时,可利用图形标志或文字来随时提示问卷填写的进度情况。但应注意的是尽量避免使用各种高级编程技术,以免影响问卷的下载和显示速度。

在填写印刷问卷时,调查对象很容易了解自己所处的位置及离最后完成还有几道题等。但在网络问卷调查中则不同。研究发现,在进行网络问卷测试时,经常有对象在填到一多半时抱怨说,他们受不了如此冗长的问卷,故决定中途退出。而实际上,当他们发出这种怨言时,问卷后面的问题已所剩无几。由于这种临近结束而中途退出的频繁出现,在设计网络问卷时,有的研究者则刻意把那些本应被置于问卷末尾,易招致反感但同时又对调查目标至关重要的问题(如询问收入情况),提前到了问卷的前面。但是这样做的结果极有可能使得调查对象的中途"退出点"提前出现。

实际上,在填写网络问卷时,有许多方式可帮助调查对象获悉自己的填写进度。在单页问卷中,他们只需看一看屏幕右侧的滚动条就会大致了解目前在问卷中所处的位置;或者,对象只需看清当前问题的序号,然后拉动滚动条再看一看卷末最后一题的序号,就可以清楚地了解离结束还有多远。不过,这些方式都需要调查对象自己主动操作才能完成。另一种更高级的方法是,在屏幕上设置一个"进度指示条",自动显示出当前填写的问题数以及离结束还有多远。设置这种"填写进度指示器",既可用图形、动画,也可用文字。不过,从提高问卷网络传递速度的角度说,文字指示器可能更实用一些。因为它可以被用于所有的计算机系统和软件中,而图形、动画则可能要求一些调查对象的浏览器必须支持一些高级功能方能正常显示。

不过,克罗福德(Crawford,2001)在研究中发现,在问卷中增加了进度指示器后,如果填写者看到进度条的前进速度非常缓慢,或由于增加了指示器而降低了问卷的下载速度,那么这种设计形式就会产生负面效果。此外也有证据表明,对于篇幅较长的网络问卷来说,如果填写进度指示器设置不准确,就可能会导致中途退出率的上升。需要强调的是,这种进度指示条显示的是问卷中全部问题的数量,但并不能准确显示所有对象的实际填写进度状况。因为如果在问卷中设置了跳答题,每位调查对象的答题数目会由于其具体答案的不同而各不相同。因此,在整个问卷填写过程中,应该在不同的时间段为对象提供适宜的进度提示工具。例如,在问卷上增加一个能够显示出各部分问题的大纲式菜单,将对调查对象了解自己的填写进度情况有一定的帮助作用。

第二,问卷的设计应允许调查对象在中断回答之后能够再次续填。

在网络问卷调查中，如果能够允许那些由于某种特殊情况而无法一次性完成全部问卷填写的调查对象在保存已完成答案的前提下，再选择其他时间来完成问卷，那么，这将会对提高调查的反馈率非常有用。这种功能，实际上就是为对象提供了一种非常人性化的选择，使其可以在尚未完成问卷的情况下关闭填写窗口，或下线。然后在方便之时再重新登录继续填写。

1.2.5.4 题型的选择与设计

第一，在设计问卷中，应谨慎使用那些已被证明在印刷问卷中可能会导致测量误差的问题结构，如"可全选"题和"开放"题型等。

目前，网络调查的出现助长了"可全选"题型的广泛应用。在网络问卷中，"可全选"题型采用的是一种"多选框"，可供对象选择其中任意数目的答案。这种选择框的出现就可能会相应增加本来可避免的测量误差的出现。许多研究结果都表明，在自填式问卷中，"可全选"题型是一种存在缺陷的问题设计方式。但现在也有研究者认为，"可多选"题型是网络问卷中最有效的功能之一，它可以改变以往传统问卷中耗时费力的"是/否"式问题格式，因而可有效提高问卷反馈率。而且在计算机屏幕有限的显示范围内，通过滚动或空格来分隔屏幕的方式，也可以限制在印刷问卷中常见的"够用效应"的出现。将来关于"可全选"题型是值得研究者深入探讨的一个重要问题。

除"可多选"题型以外，在自填式印刷问卷中，另一个经常被认为效果欠佳的题型就是"开放题"。若在面访中使用开放题，一般可通过深入访谈的方式获得较为满意的回答；而在自填式问卷使用这种题型，则很少能够获得完整的回答。在印刷问卷中，解决这个问题的方法是将开放题分解为一系列的单个问题。然而到目前为止，至少有一项电子邮件调查的结果表明，在使用计算机来回答开放题时，对象的回答要比用笔纸回答详细得多。（Schaeffer and Dillman, 1998）这同样也是值得进一步研究的问题。

第二，精心选择问题选项类型以减少反馈误差。

正如有研究者所指出的："事先选择一种适宜的问题选项格式，确实有助于获得一致性的调查数据，因为这会有效地降低数据整理和编辑的工作量。同时灵活的问题回答方式也可以使调查对象感到更加友好和舒适。"（Zhang, 2000）

在网络问卷调查中，通常有两种网页界面形式被用于调查对象的问题选择：单选框和下拉菜单框。这两种选项类型都被用于单选题。通常情况下，当问题选项数目较少时，采用单选框比较合适。因为若选项较多时，使用单选框则会占据太多的问卷版面篇幅。

除此之外，表格题也是调查中常用的题型之一。不过多数研究者都认为，无论在何种调查方式下，表格题型都会对调查对象的问卷填写带来诸多的额外认知负担。因为它要求在一屏范围内做过多的回答。因此在网络问卷中，应谨慎使用这种题型。另外，当研究者在设计表格题型时，从技术的角度来说，经常很难预料到表格在调查对象计算机屏幕上的显示方式。在这种情况下，如果屏幕显示效果很差的话，这种题型就可能严重妨碍对象对问题的理解和回答。不过，库珀（Couper，2001）的研究则发现，表格题能够降低问卷填写的时间和问题漏答率。即使如此，许多研究者还是建议，在网络问卷调查中谨慎使用表格题。

1.2.5.5 数据检验功能的设计

在设计网络问卷时，人们津津乐道的一个功能，就是它可以强迫调查对象必须回答问卷中的每一个问题。许多网络问卷设计软件都提供了类似功能。在填写过程中，对象若不完成前一个问题，则无法进入下一个问题。此项功能经常被当做网络问卷的一大优势被广为宣传。但实际上许多研究者认为，不应该采取这种方式来强迫调查对象必须回答每一个问题。有时受访者可能确实有合理的理由不回答某一道题，或者他们确实不知道如何回答某些问题。这时这种强迫行为就可能导致对象中途退出调查。此外更为重要的是，这同时也违反调查研究法的基本原则，即受访者应被提前告知，其对问卷中每一问题的回答都是基于自愿的原则。

因此，在设计网络问卷时，研究者可以要求对象回答，但同时也应为每一个问题都增加"不愿回答"或"不知道"选项。这样的话，就可既要求对象回答每一个问题，同时也为对象提供了更多的选择余地。当然，这种方法也许并非是非常恰当的解决方案。对于调查研究者来说，以往从未遇到过此类具有"强迫"填写功能的问卷。因此，即使增加了"不愿回答"选项之后，这种强迫对象必须回答问卷中每一个问题的设计，究竟会对受访者心理产生何种影响，仍然是一个有待进一步深入研究的问题。

不过，这个原则也有一个例外，那就是在问卷开始填写之前的筛选题（Screening Question）通常都应设置为必答。迪尔曼（1998）就指出了这一点，因为他发现有一些研究者在设计经常忽略这个问题。一般情况下，使用必答功能的最大优点在于使研究者可以完全避免调查数据中的缺失值现象。换言之，可以降低问题拒答率。但有得必有失，这样做的一个直接后果，就是可能会导致问卷拒答率的上升。还有另一种妥协的办法，那就是提醒对象漏答了一道题。但如果对象确实不愿回答这个问题的话，它同时也提供了一个选项，允许其直接回答下一个问题。

在设计网络问卷中，从理想的角度来说，为调查对象提供的错误提示信息应被置于出错问题的正上方或正下方，以便对象能够很容易就能发现错误所在之处。如果不能做到这一点的话，那么起码也应该用文字指出错于何处以及为何出错。相反，如果仅在屏幕上向对象显示出不详细的出错提示，如"上一页出现了一个错误"或仅提供一个错误代码，那么这种提示的效果显然无法达到预期的效果。因为这需要调查对象自己花费时间和精力去寻找究竟错于何处或为何出错。在 Harris Interactive 的网络问卷中，出错信息就被直接置于错误之处的上方。而且即使在表格题中，出错信息都能被精确地置于错误所在地，调查对象修改起来一目了然。

1.2.5.6 隐私保护声明

正如在上一节中谈到的，在网络问卷设计中，确保参加者的隐私权，并在调查中突出强调这一问题，将可能对消除受访者的疑虑和提高反馈率有一定帮助。众所周知，在互联网上传递数据非常容易被他人非法截获。因此有研究者认为，所有网络问卷调查的数据都应经过加密处理后方可传输。也就是说，网络问卷应被置于一个经过数字加密保护的网页之上。不过，在这种情况下，当调查对象填写完毕，重新返回一个"非加密"的网页时，根据对象浏览器设置的不同，网页可能会显示一条关于非加密数据传递的信息。这时如果参加者不清楚这条提示信息的含义的话，他可能就会担心问卷是否真的被提交而感到不安。所以，最好的办法，就是在调查对象填完问卷尚未离开加密网页之前，就为之提供一条提示："您的回答已经被安全传递到我们的数据库。当你离开我们的网站时，你的浏览器可能会警告你将离开一个加密的网站。这是正常的，你完全不必担心。如果你看到这个提示信息的话，请直接点击'确定'就可进入其他未加密的网页"。

2. 研究案例：网络问卷设计效果之研究

以下将介绍一项由国外学者实施的关于不同网络问卷设计方式对于数据收集质量和反馈率影响的研究。该研究的主要目的是要系统地研究影响网络问卷填写的一些设计要素，以及不同的问卷设计形式可能会对调查对象的问题回答产生何种影响。在研究中，调查的主题是了解密西根大学的学生对该校发生的两起有关新生录取过程中的种族歧视问题的态度和看法，以及这些态度与学生个人社会背景之间的关系等。由于研究时间和所使用的网络调查软件功能的限制，研究者提出了2×2×2的研究设计，即将全部样本通过随机抽样的方式平均划分为3大部分，然后再在这3大部分中再次利用随机抽样分别各划分为2个类别，最后为不同类别中的调查对象设计不同形式的网络问卷，以测试问卷格式不同对结果的影响。具体研究设计如下所示：

在第一部分的样本中，为2个类别的调查对象设计2种不同形式的"逐题分页问卷"[①]：一份问卷上有"进度指示器"，另一份没有。在传统的信函问卷调查中，除非问卷被返回，否则研究者根本无法知晓调查对象究竟是拒绝填写问卷还是开始填写后中途放弃填写，在这种情况下，研究者自然也就不可能了解其

---

① 逐题分页问卷：是网络问卷设计的一种形式，即将问卷中的每一个问题都单独占据一个页面，回答完之后通过点击"下一题"按钮再回答另一个问题。

中途退出填写的原因。而交互式网络调查的一个显著特点，就是能够通过对网络服务器日志记录文件的研究，了解受访者中途退出的问卷精确位置并据此对原因进行分析。但另一方面，与带有窗口滚动条的单页问卷和 E-mail 问卷不同的是，在分页式网络问卷中，由于填写者无法直接看到全部问卷内容，也无法知道究竟已经完成了多少问题，后面还有多少问题未回答，因此很有可能在填写过程中丧失继续填写的动机，从而出现中途退出的情况。根据一些研究成果（Jeavons, 1998），在网络调查，尤其是自选式网络调查中，中途弃填是一个非常普遍的现象。所以，根据这种情况，研究者假设，如果在网络问卷中增加一个能够指示填写进度的"进度指示器"，使受访者清楚地了解当前自己所完成的问题数量，那么有可能会提高其填写动机，最终降低中途弃填率。但问题是，若为网络调查增加一个"进度指示器"，又有可能相应增加网络问卷从服务器至用户端的下载时间。如果下载时间太长，网络问卷显示在受访者显示屏幕上所等待的时间也就越长，有些受访者可能会失去耐心而干脆放弃参加。此外，尽管分页式问卷可以防止受访者漏答某些问题，但实际上添加"进度指示器"对于杜绝问题选项无应答并无效果，因为对于一些敏感性的问题，答案中都提供了单个的"不知道"选项。因此，在此研究所使用的问卷设计中，研究者允许受访者"漏答"。研究者的假设是，希望能够通过添加"进度指示器"来提高受访者的填写动机，进而有效降低问题选项拒答率，而不是通过强制要求每一个问题都必须回答。

根据网络问卷的设计，在问卷中添加"进度指示器"的方法很多。在此研究中，采用的是在每一页问卷的右上角设置一个图形和文字进度指示器。虽然从视觉范围的角度看，该指示器并非位于受访者视觉场的中心，但由于其尺寸和亮度都较高，故很醒目。另外，研究者也在问卷的一些关键问题处增加了一些鼓励性的提示，例如，"你已经完成了问卷的 1/3……请继续填写，你提供的信息对我们的研究非常有价值"，等等。

总之，研究的假设是：在逐题分页问卷中添加"进度指示器"将会提高受访者的填写动机，进而降低中途弃填率。

在第二部分的样本中，分别为 2 个类别的调查对象设计了 2 种不同形式的网络问卷：一份是"主题分页问卷"[①]；另一份是"逐题分页问卷"。整体来看，主题分页问卷与逐题分页问卷的主要区别在于：在主题分页问卷中，受访者在回答每一个问题之前，可以浏览其他数个相关主题的问题内容。这时，由于受访者可以同时看到相关的问题，因而调查的"背景效应"或"顺序效应"可降低至最低程度；而在逐题分页问卷中，在填写问卷时，受访者通常一次只能看到

---

① 主题分页问卷：是分页问卷设计的一种形式，即将问卷中具有相同答案和相关主题的问题（如将使用同样等级量表的具有相互关系的各个问题合并为一个表格题）集中在一起分别置于不同页面之中。然后，不同页面之间通过"下一题"按钮来连接起来。与逐题分页问卷相比，在题量相同的情况下，主题单页问卷所需要的问卷页面显然要少得多，所需要的下载时间也相应减少。

一个问题，因而很有可能增加顺序效应。所以一些研究者认为，以分类的形式将具有相同主题和问题答案的调查问题排列在一起，将可能引导受访者将之视一个整体来考虑和回答，因此就是增加了这些问题之间的相关程度。(Schwarz, Strack and Mai, 1991; Metzner and Mann, 1953)

除了上述原因以外，采用主题分页问卷的另一个好处就是可以提高填写问卷的效率。从受访者填写问卷的角度来说，由于将相关主题和相同答案的问题排列在一起，这就意味着他们只需进行一次视觉定位就可以连续回答数个问题，因而可以大大减少问卷填写所需要的时间。实际上，这与在面访调查中访谈员向受访者提问一系列有相同答案选项问题的情境类似，由于受访者已了解问题回答的方式，因此回答的速度也就很快，所需的时间也相应缩短。此外，将数个相同主题的问题排列在一页问卷中，也可减少受访者的计算机与网络服务器之间的交互次数，进而降低问卷下载至本地所用的时间。

总之，研究者使用这两种不同形式问卷的假设是：

将具有相同主题和选项的问题集中于一页问卷上将有利于提高问题之间的相关性；

相对于单题分页问卷来说，将具有相同主题和选项的问题集中于一页问卷上将会减少完成问题所需花费的时间。

第三，本研究的调查问卷中包括一系列类似的问题，要求学生们来描述其社会交际圈内的不同种族特点，例如，选择 10 名交际最多的朋友，然后在问卷中要求学生们在不同种族朋友的类别中标明人数，总数为 10 名。在第三部分的样本中，为 2 个类别的调查对象设计了不同填写方式的问卷：一份问卷中使用的是单选按钮；另一份使用的是数字填写框，要求对象在框中填写不同的数字。

研究者的假设是：在操作方法上，用鼠标点击选择单选按钮要比用键盘在框中填写数字简单和省力得多。研究者认为，使用鼠标来选择不仅可以节省时间，而且相对于填写数字框来说，由于操作简单，也可能会减少问题选项拒答率。另外，使用单选按钮也可以事先清楚地规定可供选择的答案范围，防止使用数字填写框中可能出现的受访者填写超出答案范围的数字。

但另一方面，从受访者认知心理的角度来说，当采用单选按钮时，其所包含的信息要远远多于数字填写框[①]。因此，受访者在回答单选题时要逐行或逐栏阅读选项内容，从中选择其一；尤其当选项是按垂直和水平排列时，受访者在视觉上的所需要处理的阅读任务量很大，因而所需要的手－眼协作活动也更多。相反，对于数字填写框来说，受访者只需填写 5 个总和为 10 的数字即可，其视觉和认知强度都要小于单选题型。因此，从这个角度来看，与数字填写框相比，

[①] 在此实验中，同样内容的问题，单选题包括 65 个选项，而填写框则只有 5 个。

无论从屏幕密度（Tullis，1983 and 1988），还是排列和分组的复杂程度来说，单选题型的问卷都要复杂得多。所以，研究者认为：数字填写框问卷的反馈率可能要高于单选题问卷。总之，无论采用哪种形式，对受访者，要完成这两种形式不同但内容相同的问卷，主要涉及 2 个因素：一是选择答案；二是使所填写的数字总和结果为 10。研究者设想，单选题型可能有助于第一个因素的完成，而填写框则有助于第二个因素的完成。

根据以上研究设计，研究者按计划实施了调查研究活动。

2.1 研究的设计和实施过程

从网络调查实施的环境来说，由于密西根大学为每一名学生都提供了电子邮件信箱和免费上网的条件，因此在大学中实施网络调查具备相当完善的基础设施条件。通过与大学学生注册管理部门的合作，研究者获得了一份全校学生的名单，并利用分层抽样的方式来进行抽样。抽样完成后，根据大学"信息技术中心"所提供的全校学生 E-mail 地址列表，获得了样本学生的电子邮件信箱。以此为基础，研究共抽取了 1 602 名学生作为样本。

调查所使用的网络调查工具是 SPSS 公司的 Surveycraft's ScyWeb 软件。这是一套具有交互功能的网络调查系统，可以编制出分页形式的问卷，受访者在填写问卷时，每完成一个问题后，当点击"下一题"后，反馈数据就被自动写入数据库，同时下一个问卷也被自动呈现。在分页问卷中，研究者就可以设计各种跳转、分支和数据检验功能。该软件也提供了灵活的问卷屏幕格式设计功能，可允许受访者中途退出和返回继续填写。此外它还能记录受访者填写每个问卷页面的时间和跟踪其问卷浏览动作。

但 ScyWeb 在使用过程中也出现了一些问题。例如，该软件本身无法自动生成"进度指示器"，只能通过嵌入插件的方式来实现此功能。另外，在使用 ScyWeb 设计分页问卷时，若一个页面只包含一个问题，其具有"选项随机排列"的功能；但若一个页面包含数个问题时，则无法对选项进行随机排列。这些缺陷在一定程度上限制了问卷的设计。

利用该软件，研究者设计出了一份交互式分页问卷。受访者在填写这种网络问卷时，当回答完一页中的问题后，单击"下一题"按钮，反馈数据将被传入服务器中的数据库，同时下一题自动呈现。这与那种将全部问题都排列在带有滚动条的一个长 Html 页面中的单页问卷完全不同，因为受访者只有在回答完全部问题并单击最后的"递交问卷"按钮时，反馈数据才会被送入服务器。与单页问卷相比，分页问卷具有多方面优势：一是可以在问卷中设计多种形式的分支题和跳转题；二是可以了解到受访者中途退出的相关信息（如时间和退出的问卷位置）。而单页问卷与传统的信函问卷很相似，除非问卷被返回，否则研究者根本无法知道受访者究竟是未填写问卷，还是开始填写但由于各种原因而中途弃填。当然，分页问卷也有其不利之处：使用 ScyWeb 所创建的分页网络问卷，在进入下一页问卷之前，要求受访者必须首先回答完前一页的问题。在这种情况下，研究者在设计问卷时，就必须为问卷中的每一个问题都增加一个"不知道"或"不愿回答"的选项，以防止受访者仅仅为进入下一题而随意选择答案，影响反馈数据的质量。另外，在使用分页问卷时，若缺少"进度指示器"的指示，受访者就根本无法了解问卷的长度、目前所处的问卷位置以及还有多少时间才能完成整个问卷，因此很容易产生中途弃填的情况。从这个角度来说，为分页问卷提供一个进度指示器至关重要。

按照每组一对、共三组的研究设计结构，研究者共设计了 8 种内容相同但形式各异的网络问卷。这些不同版本的问卷（包括其网址）被随机地分配给 1 602 名受访学生，其中前 6 个组各分配 200 名，后 2 个组各分配 201 名。完成问卷分组之后，研究者随后为每一名受访者生成了一个账号和密码，以防止非样本人员参加问卷填写，或重复填写问卷。这些工作完成之后，研究者通过密西根大学日报发表了一系列文章来宣传此次调查。

研究者向每一位被抽中的学生都发出一封邀请参加调查的 E-mail。信中除调查介绍等内容外，还包括网络问卷的 URL 和账号、密码。同时，在信中还声明：若完成问卷填写，则可以每人赠送一本有关体育类的书籍。领取此书的方式是：学生记录下问卷最后一页中一个随机生成的密码，然后凭此密码去报纸的校园办公室领书。另外，研究者也向学生提供了一个电子邮件地址，若在调查中出现任何问题，可直接写信寻求帮助。

在调查的邀请信发出之后 3 天，研究者根据问卷反馈情况又向那些尚未填写问卷的学生发出了提醒 E-mail。最后一封提醒信的发出时间是 4 月 8 日。整个调查于 4 月 18 日结束。

2.2 调查数据分析

表 26 显示了本次调查中样本个案的分布情况。为了解学生使用校方所提供的 E-mail 信箱的情况，研究者专门编写了一个 Unix 脚本程序用来检查受访学生在密西根大学 E-mail 系统的最后一次登录时间。检查结果发现，在被抽中的学生中，有 39 名学生（占总样本量的 2.4%）自该学期开始从未登录过大学为其提供的 E-mail 信箱。另有 45 名学生在本学期登录过信箱，但是自从调查邀请信发出之后则未登录过。这就意味着，有 84 名被调查学生（占总样本量的 5.2%）在调查进行期间没有登录校方所提供的 E-mail 信箱，也就没有看到本次调查的 E-mail 邀请信。因此研究者认为，在类似这种针对大学生的网络调查中，覆盖率（即是否有机会使用 E-mail 信箱）问题显然并非是导致拒答现象的重要原因。

表 26 调查的反馈情况

	百分比（%）	数量
在发出邀请函后曾经查看电子邮件的学生	47.7	764
在发出邀请函后未曾查看电子邮件的学生	5.2	84
全部无应答者	52.9	848
部分应答者	5.6	89
完全应答者	41.5	665

数据来源：Mick P. Couper et al. Web survey design and administration, Public Opinion Quarterly. Chicago: Summer 2001. Vol. 65, lss. 2; pg. 230, 24pgs.

统计结果显示，本次调查的反馈率是 41%。如果包括未答完的问卷，反馈率则为 47%。这个水平的反馈率与研究者事先的预期基本相符，同时也与以往其他学者所举办的网络调查项目的反馈率相差无几。

正如其他研究者所指出的（Comley 1997；Terhanian 1999），对于网络调查来说，无论是电子邮件调查还是网页问卷调查，其显著优势之一便是问卷的反馈速度非常快。此次调查再次验证了这个特点：在邀请 E-mail 发出的第一天，便有 201 名受访者完成了问卷填写，占总反馈率的 30%；到第三天，数据库则已记录了占总反馈率 50% 的问卷数据。

从完成问卷填写的学生类别来看，白人学生的反馈率明显高于非白人学生。在调查总样本中，白人学生的样本数为 801 名，问卷回收数为 369 份，反馈率为 46.1%；非白人学生的样本数同样为 801 名，回收问卷 296 份，反馈率为 37%。两者之间显示出显著的统计差异（p<.01）。不过，研究者无法确定这种现象究竟是由于此次调查的主题所引起，还是由于非白人学生对计算机和网络不熟悉而导致。

如上所述，在调查邀请 E-mail 中，为每一名调查对象提供了唯一的账号和密码，用于登录网络调查问卷。这种措施是用来限制问卷填写的范围，以确保只有那些被抽中的调查对象方能登录和填写问卷。与此同时，也可以起到保护受访者身份的作用：每一名学生都是匿名参加。但是，研究者未曾预料到的是：这种措施使得一部分调查对象也无法正常登录网络问卷，因为他们在输入账号或密码过程中出现了错误。原因实际上很简单：有些学生无法正确辨认密码中所包含的字符。在邀请信中，为调查对象提供的密码是由 ScyWeb 系统自动生成的，由 5 个字符组成，其中包括 2 个数字和 3 个小写英文字母，如 y2n6p。但问题是，有一部分学生所收到的密码中包含一些极易混淆的字符，如字母 l 和数字 1，字母 o 和数字 0。这就直接导致有一部分学生无法登录网络问卷。研究者统计后发现，那些密码中包含上述易混淆字符的调查对象，其开始填写问卷的可能性明显低于密码中未包含易混淆字符的学生（p<.05）。同时，两类调查对象的成功登录率分别为 43.7%（密码中有易混淆字符的对象）和 50.4%（密码中无易混淆字符的对象）（p<.01）。此外，密码中存在的易混淆字符情况也使一些调查对象不得不通过 E-mail 向研究者求助。在收到的 57 封求助信中，有 27 封是关于这个问题。不过幸运的是，在研究者向其回复之后，26 名学生最终都填写了问卷。

2.2.1 问卷进度指导器的应用效果比较

按照研究设计，研究者的假设是：带进度指示器的网络问卷将有助于减少受访者的中途弃填率。因此在调查结束后，研究者对此进行了比较研究。统计结果显示，带进度指示器问卷组中，在那些开始填写问卷的调查对象中，89.9%的学生完成了问卷填写；在不带进度指示器问卷组中，则有 376 名学生开始问卷填写，其中 86.4%的调查对象最终提交了问卷。尽管两者的比例有一定区别，但在统计上未达到显著差异性（p=.13）。同时，研究者也检查了 89 名开始填写但中途退出的学生的记录信息，并未发现这些学生的问卷退出位置具有显著的共同性。这种情况说明，问卷中并不存在某个导致受访者大量中途弃填的问题，也没有出现受访者在即将结束问卷处放弃填写的现象。实际上，ScyWeb 调查系统的记录信息显示，在这 89 名中途弃填的学生中，有 53 名连一个问题都没有回答[①]。研究者推测，这种奇怪的现象可能是由于 ScyWeb 系统本身的问题所造成的，因为有些调查对象曾经发来 E-mail 说，他们确实已经填写了问卷。

研究者认为，对于带进度指示器的网络问卷来说，添加这个图形工具可能带来的另一个问题就是可能会增加问卷的网络下载时间，这很有可能抵消其所带的益处。实际上，迪尔曼等人的研究结果也得出了类似的结论：色彩复杂和形式新奇的网络问卷设计方式会增加问卷的下载时间，进而可能导致较高的中途弃填率。

进一步，研究者也比较了带进度指示器问卷与未带进度指示器问卷的平均填写时间。结果表明，前者的平均填写时间（22.7 分钟）明显高于后者（19.8 分钟），统计上显示出显著的差异性（p<.01）。另外，对于那些在不同地点上网填写问卷的学生来说，无论是在家通过调制解调器上网还是在校园内通过宽带上网，其填写两种问卷所需要的时间都有明显的差异：在家上网填写带指示器问卷和不带指示问卷所需要的平均时间分别为 23.1 分钟和 19.2 分钟；在校园内实验室或图书馆上网填写这两种问卷的平均时间分别为 21.8 分钟和 18.7 分钟。因此，研究者得出结论：在分页问卷的每一页中添加进度指示器会明显增加问卷的网络下载时间，由此而带来的负面影响实际上抵消了其所带来的好处（即能够使受访者了解自己所处的问卷位置并知道还有多少题未完成）。当然，另一方面，研究者也考虑到，填写带指示器问卷所需要的时间较多，也可能不是由于增加指示器的图形文件下载量所导致。另外一种解释是：在填写带有进度指示器网络问卷时，可能由于一页中所包含的问题内容较少，因此调查对象

[①] 但系统的登录信息说明，这些学生确实曾经成功登录，但问题是数据库里没有相应的问卷反馈结果。

在回答问题时注意力更加集中，因而所用的时间更长一些。

若以上研究结果能够成立的话，那么就可以据此提出另一个符合逻辑的假设：在设计网络问卷时，如果所使用的进度指示器是文字而不是图形，那么，也就不会增加问卷的网络下载时间，因而可能会有效降低问卷的中途弃填率。

根据本次调查的研究结果，研究者认为，在那种要求"每题要求必答"的网络问卷中，再增加一个进度指示器对于减少"选项缺失"无任何积极作用。因为在这种每题都要求必答的问卷中，研究者在设计问题时，必须为每一题都提供一个"不知道"或"不愿回答"选项，以防止出现因答案中所提供的内容无法满足受访者的特殊情况而出现随意选择的结果。在这种情形下，问卷是否带有进度指示器显然不会影响到受访者对某个问题的回答。而且，如果研究者所获得的反馈数据中有大量的答案都是"不知道"或"不愿回答"，那么，这种调查结果的质量也就可想而知。因此研究者建议，在网络调查中，与其使用每题必答式问卷设计，不如使用跳转设计，即根据受访者的不同回答而将其引入不同的问题，这样不仅可以减少选项缺失，同时也可以提高受访者的填写动机，进一步提高其完成问卷的兴趣和积极性。

为验证这个问题，研究者统计了 69 份未填写个人信息问卷中选择"不知道"、"说不清楚"和"不愿回答"答案的数量。结果发现，带进度指示器问卷的平均数是 7.91，而不带进度指示器问卷的平均数为 7.92，两者基本相同。这说明是否有进度指示器对于选项缺失率无任何影响。

2.2.2 "一页多题"问卷与"一页一题"问卷的比较

根据萨德曼等人（Sudman, Bradburn and Schwara, 1996）的研究成果，研究者在开始调查之前的假设是：将多个具有相关主题的问题排列于一页中同时呈现，将会增加这些问题之间的相关性。当然，这里研究者所关注的重点并非是问卷的不同设计格式对数据质量所产生的影响问题，而仅仅是想检验不同问卷模式是否会对受访者的回答产生不同的影响。实际上，在很多情况下，如果设计者要想尽量避免问题选项的顺序效应，那么，将具有相关性的问题分散于不同的页面里效果可能会更好。

为研究一页多题问卷的效果，研究者检验了 2 种类型的问题：第一种类型是包含 5 个小问题的知识性问题，分别有两种设计形式：一是将全部问题都排列在一页中显示，二是分为 5 页来显示（每页一题）；第二种类型是包含 11 个小问题的态度性问题，分别有两种设计形式：一是分为 3 页显示（第一页为 3 个问题，第二页为 3 个问题，第三页为 4 个问题），二是将全部问题都排列在一页中显示。上述这两种类型问题的选项都采用 5 级别的 Likert 等级量表。

统计显示，结果与研究者的假设完全相符：一页多题问卷中的各问题之间的一致性系数要高于一页一题问卷。但是，从总体上看，这 2 种问卷设计形式的效果差异并不大，而且每一对相关性的差异都未达到统计学的显著性。研究者也利用因素分析的方法对一系列的态度问题进行统计,结果发现在这两种不同的问卷设计形式之间存在着相似的因素结构。因此,这些结果都在相当程度上支持了研究的假设。

另外,研究者也假设:将相关的问题集中排列于一页之中也有利提高问卷填写效率。关于这个问题,统计结果也检验了这个假设:完成一页多题问卷所需要的时间要远远少于一页一题问卷($p<.01$)。同时,在两种形式的问卷中完成 5 个知识性问题和 11 个态度问题分别所需要时间的相关性也是如此($p<.05$)。

由于一页多题问卷中所包含的信息量要大于一页一题问卷,因此,研究者推测,受访者在刚开始回答一页多题问卷中的第一题时,其在视觉定位上所花费的时间要比一页一题问卷多一些。不过,当第一题的视觉定位完成之后,受访者阅读该页问卷后面的问题所花费的时间就要少一些。由于技术水平的限制,研究者目前只能知道受访者阅读每一页问卷所需要的时间,但却无法确定受访者在阅读一页多题问卷时每一个题所花费的时间。不过,研究者仍然相信,如果不考虑受访者在阅读问卷第一题时所需要的较多视觉定位时间,一页多题问卷是一种具有多方面优势的网络问卷设计形式。统计结果也在一定程度上支持了这种观点。两种问卷所需要的填写时间差异在前 4 个问题上为 1.9 秒,而到了后 2 个问题则增加到 7.4 秒和 5.2 秒。尽管如此,两者之间的差异仍然未达到统计学上的显著水平($p>.10$)。

最后,研究者也比较了一页多题问卷与一页一题问卷在选项缺失上的差异。研究者认为存在着两种可能性:一方面,如果一页多题问卷未给受访者的填写增加负担的话,那么就有可能提高反馈的质量,获得更多的有意义回答;而另一方面,由于一页同时呈现多个问题,也有可能促使受访者选择更多的"不知道"选项,以便尽快回答完这一页的全部问题,所产生的后果就是降低反馈的质量。为检验这个问题,研究者统计了两种问卷形式中 5 个知识性问题和 11 个态度性问题回答中,受访者选择"不知道"或"不适合"选项的数量。结果发现,在这 16 个问题中,一页多题问卷中和一页一题问卷中的选项缺失平均数分别为 1.2 和 1.7,达到了统计上的显著差异($p<.01$)。这说明,一页多题问卷不仅需要的填写时间少,而且也不易产生无意义的反馈。

2.2.3 单选按钮问卷与数字填写框问卷的比较

在此项调查中,研究者希望能够获得调查对象社交圈中有关不同种族交际对象方面的信息。因此研究者在问卷中专门设计了一个问题,让受访者填写其日常交际朋友中不同种族的数量。根据实验假设,这个问题的设计形式有两种:一是单选题;二是数字填写框。

在问卷设计中,无论选择单选题型还是填写框,都需要视不同调查目标而定。通常情况下,许多研究者都倾向于认为,在设计网络调查问卷时,单选题型是绝大多数问题的最佳选择,因为受访者在填写时只需鼠标单击一次即可完成。因此从目前的实际情况来看，多数网络问卷都采用单选题型，而填写框则仅用于问卷中的开放题。当然在某些特定的情况下，填写框仍然有其独特的优势。

在此次调查中，研究者假设：单选按钮题型与填写框题型相比，由于后者需要受访者利用键盘来输入字符，而前者只需单击鼠标，因此，单选所需的回答时间要少于填写框。同时，研究者还假设：在为单选题型的答案提供了"不知道"或"不适合"选项的情况下，单选题型的拒答率会低于填写框。但是，如果使用单选按钮，受访者则必须在答案中选择5个数字，而且这些数字的总和必须是10，这项任务也具有相当的难度。尤其是当单选题的选项按垂直格式排列时，从视觉的角度来说，这会使得受访者回答问题的难度增加。

除以上事先确定的关于两种不同题型的研究假设以外，由于ScyWeb系统本身在编制问卷时所出现的问题，也意外地使研究者获得了另一个测试机会：不同长度的填写框对调查结果的影响。在研究中，4个随机分组样本中的3个被分配使用长填写框问卷，剩下的一个组则被分配使用短填写框问卷。研究者假设：填写框本身长度的不同，可能会影响受访者填写内容的数量。换言之，问题本身的要求（即填写一个个位数字）与填写框的长度（可以填写百位或千位数字）两者之间存在矛盾，可能会对受访者的心理预期产生一定影响。

研究发现，从完成时间来看，三种形式的问卷之间未发现显著差异（$p > .10$）：单选题的平均完成时间为183秒，短填写框的时间为168秒，长填写框的时间为180秒。

随后研究者则进一步检验不同题型问卷之间的不应答问题。在单选按钮问卷中，答案中提供了"不知道"和"不适合"选项；而在填写框问卷中，则在说明中告诉受访者，可以填写"不知道"、"不适合"或不填写。研究者认为，为受访者提供不必填写的机会，可能相应会产生更多的不应答情况。统计结果说明，在每一个分组中，单选题的不应答问题平均数都与其他2种填写框有着显著不同（$p < .05$），但两种填写框问卷之间的不应答平均数无显著差异（$p > .1$）。这说明，与单选按钮的题型相比，填写框会导致更多的缺失数据。

进一步，研究者还发现，与长填写框问卷相比，受访者在填写短输入框时更倾向于不回答而非填写"不知道"或"不适合"。例如，在第一分组中（即短输入框问卷），52.1%的受访者都出现了不回答的现象，而在长输入框问卷中，只有17.7%的受访者有这种情况。相反，与短输入框相比，在长输入框问卷中，受访者都倾向于在其中填写"不知道"或"不适用"。

除了选项缺失值方面的差异外，研究者也认为，输入框问卷将会有利于受访者完成填写5个总数为10的回答任务。评价任务完成情况的方法有2种：一是检查所填写的数字是否有效（即在所规定的范围内），二是检查所填写的5个数字之和是否为10。在编制问卷时，为减少受访者的负担，研究者并没有在网络问卷中的输入框中添加逻辑检验功能，因此受访者可以在输入框中填写任何内容。在问卷中，输入框的有效填写方式包括：1—10的任何数字、"不知道"、

"不适合"，或不填写。

通常情况下，单选题型本身并不存在无效输入的问题，因为受访者只能在现成的答案中选择其一。与短输入框相比，受访者在填写长输入框时更容易填入无效回答。进一步的检验也说明，在填写长输入框时，调查对象很容易受其长度的误导，因而输入了比原来要求更多的信息。例如，在长输入框中，受输入框长度的诱导，许多受访者不是只输入所要求的数字，而是输入"大约 3"、"在 4 和 5 之间"，诸如此类的答案。

最后，还有一个问题有待检验，那就是：有多少比例的调查对象按照要求选择或填写了总数为 10 的选项？由于本次调查中存在大量的无效输入数据和缺失值，所以研究者对事先的假设进行了简化：第一，将全部"不知道"、"不适用"和空白反馈视为 0；第二，将输入反馈中带有文字的数据取其中间值（如"在 3 和 4 之间"则赋值为 3.5）。结果显示，从每一个问题及其选项的统计可以看出，随受访者所看到的问题题型不同，正确反馈率的总和呈上升趋势，这说明受访者对问题形式的熟悉程度，会影响到问题的反馈正确率。在 4 类问题中每一类，同时也包括全部，3 种问题形式之间都表现显著的统计差异（$p<.01$）。在受访者回答问题的前提下，研究者事先的假设得到了验证，即：输入框问卷有利于受访者方便地完成回答，而且其所填写的数字之和也符合要求。另外，需要强调的是，与长输入框问卷相比，短输入框问卷的问题完成率要高很多，而且，长输入框也可能会诱导受访者填写比所要求的更多的信息而导致无效反馈。

综上所述，这次调查实验的结果，在一定程度上验证了以下假设：进度指示器可降低中途填充率。不过，这种优势很有可能被由于添加指示器而导致的问卷下载时间增长而抵消。此次调查的总反馈率相对较低，其原因是多方面的，但 ScyWeb 系统本身存在的缺陷是其中一个很重要的原因。因此研究者有理由相信，如果问卷中进度指示器的制作技术更适当的话，那么，就有可能做到在不增加问卷下载时间的前提下，在问卷中嵌入指示器。这样进度指示器在调查中可能会起到更有效的作用。因此，下一步，研究者将考虑在今后的调查中使用文字式进度指示器。

研究也证实，与一页一题问卷相比，一页多题问卷的完成时间和缺失值都要少一些，而且同一页问卷内各问题之间的相关性也更高。当然，这并非意味着一页多题问卷的设计方式能够有效地提高数据质量。在使用这种设计形式时，还需要考虑到问题的类型及其相互关系。另外，在设计一页多题问卷时，设计者同时也应当考虑到计算机屏幕尺寸的限制和网络浏览器类型差异可能造成的不同显示效果。如果一页多题问卷在浏览器上显示时无法一次性显示出全部问卷内容，造成受访者不得不通过拉动滚动条来阅读问卷，那么，这种设计方式的优势很有可能被其造成的不便而抵消。

至于单选按钮与长、短输入框题型对于调查反馈的影响，结果则要复杂一些。研究发现，输入框题型可以使受访者回答问题时更容易一些，但是与单选按钮题型相比会导致更多的缺失值。不过，正如研究者事先的预料一样，受访者在完成输入框题型时，所要求的数字之和的正确率要比单选按钮题型高。当然，这个结论还有待于进一步研究确认。最后，正如研究者以往所指出的（Couper 2000），问卷中问题格式的微小变化都会对调查结果产生影响：输入框的长度会对受访者的回答产生影响。

总之，通过这次调查实验，研究者的主要目的并非要强调某问卷设计形式之间的优劣差异，或者希望总结出网络问卷的一般性设计原则。实际上，本研究的主要启示是：网络问卷的设计确实会影响到反馈结果。换言之，正如与传统的面访调查一样，网络问卷的问题措辞、选项呈现方式等因素确实会对受访者的回答产生极其重要的影响。另外，从问卷设计的角度来说，不同的问卷设计形式也会影响到受访者填写问卷的效率，因此，为减少受访者的视觉和认知方面的负担，为降低中途弃填率和无应答率，研究者在设计问卷时必须充分考虑到上述这些因素。

2.3 研究结论

众所周知，与传统信函问卷所存在的诸多限制相比，网络调查为问卷设计者提供了更加丰富的功能和选择。若能恰当运用的话，网络问卷确实是一种非常强大的工具：不仅可以有效地引导受访者顺利完成问卷填写，激发其参与调查的动机，同时还能够提供丰富多彩的音频和视频因素来使问卷更加具有吸引力。但是，许多研究结果也表明，要想充分发挥出上述这些功能的优势，要求问卷设计者必须了解更多的专业知识和技能，并进一步学习和掌握如何充分利用这些特点来提高调查数据的质量和减少各种调查误差。

实际上，在自填式调查中，无论印刷问卷还是网络问卷，其都完全依赖于通过文字和视觉信息来向调查对象提供信息。（Redline and Dillman 1999；Ware 2000）以往研究者更多的是注重问卷设计中的文字语言因素（如提问措辞），现在，越来越多的研究者开始意识到，视觉因素同样也对调查对象的反馈有着非常重要的影响。随着网络问卷多媒体功能的不断增强，研究者在设计问卷时所需要考虑的因素也在不断增多，如图片、颜色、排版格式、动画，等等，这些都是能够提高调查对象兴趣和增加反馈率的重要影响因素。但另一方面，我们不得不注意的是，若应用不当，这些因素同样也可能会降低网络问卷的质量和反馈率。但令人遗憾的是，目前在这方面的研究还很少，研究者在设计网络问卷时，还无法像印刷问卷那样，能够有一套完整而有效的设计原则和方法体系。因此，今后应加强这方面的研究，为网络问卷设计提供更多、更有效的设计方式。

总之，网络调查不仅为降低无应答率和测量误差带来了新的机遇，同时也为调查研究方法本身提出了新的挑战。虽然目前调查研究界仍然对于网络调查究竟是一种全新的调查方法，还是一种与信函调查无本质区别的工具有争论，但我们相信，无论它属于哪一类，都需要有更多的研究者来关注和认真研究其使用方法，因为只有这样，才能真正发挥出其应有效果和功能。

3. 关于网络调查的组织与实施

网络问卷的设计实际上仅是整个网络调查的一个基本环节。如同传统的信函调查一样，要想实施一次有效的调查研究活动，研究者事先必须做出整个调查流程的整体设计和规划，详细计划每一个环节，如样本之选择、邀请函之发送、催复函发送和数据质量检查等。以下将从网络调查法的组织与实施的角度来介绍这种方法的基本使用方法。

3.1 组织与实施的基本流程

目前，对网络调查来说，虽然尚未出现一个正式的调查流程设计框架。但国外许多研究者都认为，无论采用何种调查工具，其基本设计流程都应该是一致的。因此，国外有研究者（Matthias Schonlau, Ronald D. Fricker，2002）曾经根据信函调查的相关研究成果而提出过一个初步的网络问卷调查设计流程：

1. 确定调查目标。其中包括：
界定调查的目标人群
描述数据采集的类型
确定调查结果的精确程度
2. 确定调查的抽样对象。其中包括：
概率抽样，
便利抽样
创建一个抽样框（若可能的话）
选择样本
3. 设计和测试调查问卷，其中包括：
选择调查反馈的方式（信函或网络等）
设计问卷草稿
测试和检查调查问卷
4. 在调查过程中与对象联系。其中包括：
在问卷发放之前向调查对象提前发出通知函
在问卷发放之后向调查对象发出提醒函和感谢信
利用无应答跟踪催复技术提醒未回复者
数据收集、数据处理和数据分析

另外，也有台湾研究者（陈佳玲，2004）提出了一个更加详细的网络调查实施流程，认为从决定使用互联网作为调查工具开始到最后的资料收集及分析，其完整的过程应该包括以下基本环节：研究目的的设定、电子问卷的建构、决定使用何种形式发送问卷、问卷的前测与网络测试，以及最后的问卷资料回收并加以分析。分别如下：

调查研究目的的设定：与信函调查一样，网络调查开始之前的第一步就是要定义研究范围、找寻相关理论、发展研究模式、建立研究假设。

网络问卷的设计：先使用一般的文字编辑软件做出一份完整的问卷内容，然后决定使用哪种网络形式作为调查工具，将问卷制作成形式可以接受的电子网络问卷。

确定样本框：确定问卷调查的主题后，才能够定义正确的样本框，调查主题和样本框架间的搭配必须相互匹配，才能获得较正确的调查结果与推论。

选择发送问卷的形式：目前实际上经常被使用的计算机网络调查形式有下列四种：电子邮件系统、网络论坛、电子布告栏系统（BBS）、全球信息网。通常，如果要使用电子邮件系统进行问卷调查，那么，就要求研究者事先需要获得调查对象的电子邮件列表；若调查议题与特定群体相关，那么则可使用该群体的网络论坛来发布；对于电子布告栏（BBS），则通常适用具备打字能力且知道如何使用电子布告栏的样本框；透过全球信息网进行问卷调查，则需要受访者事先了解如何使用全球信息网资源，并且熟悉计算机的使用，可能用到打字技巧或是使用鼠标完成问卷。总之，每种调查形式都必须选择适当的网络问卷发布方式，才能够达到适当的调查结果。

问卷的前测与网络测试：问卷的前测，即用来测试问卷中是否有研究者所未发现的问题，或是调查问题答项中有研究者所未考虑到之部分。这种问卷测试通常与信函问卷基本相同，包括认知测试和实际测试等。另外，对于那些规模比较大的调查来说，网络调查系统的访问负荷测试通常也是不可缺少的步骤。系统必须能够负荷大量的受测者同时上线，且保证网络的顺畅，这样才能使受测者进行问卷调查时快速且顺利。

正式问卷调查：当上述一切准备动作就绪后，就能开始正式问卷调查，将问卷发放给样本框中的所有受访者。

适时发送催复函：传统的邮寄问卷调查进行催收动作不方便，且成本较高；而网络调查形式则可利用电子邮件等方面来进行催收，不仅便利且成本低廉，研究者可根据调查时间或问卷回收情况设定催收次数。

数据整理：调查数据、资料的回收及资料完整与否的检查，研究者可利用相应的程序来完成。

信度和效度检查：对于某些类型的调查来说，问卷回收后需要进行信度与效度的检验，判断问卷结果的可信度与外推效度。

资料的统计与分析：研究者可以利用各种统计软件包来进行计算与分析。

提出研究结论：提出问卷调查的结果，并撰写完整的研究报告。

不过，有研究者认为，虽然网络调查在组织和实施流程上与传统的信函调查有一定相似之处，但若仔细比较，仍然可以看出，网络调查在组织和实施方面确实有一定的独特之处。例如，与信函调查相比，它在问卷设计，问卷发放方式，提醒催复和数据编辑等环节，都存在着一定的区别（见图19）。最显著的表现形式是：一是在网络调查中存在一个"实施监控"环节，即研究者随时通过各种网络通信方式与受访者实时互动，而信函调查则很难做到这一点；二是在传统信函调查中存在着一个"数据录入"环节，即将回收的印刷问卷数据转换为电子格式数据，而在网络调查中则无此环节。

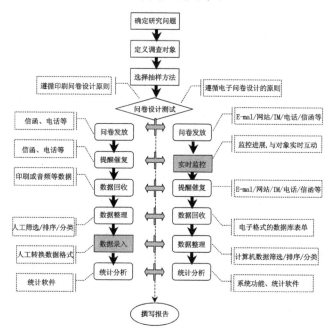

图19　网络调查与信函调查基本流程比较

某种程度来说，网络调查的组织与实施实际上都是以研究者与受访者之间的互动为核心。互动程度的高低与否，直接决定着调查的反馈率和所收集数据的质量。通常在网络调查过程中，研究者与受访者之间的互动联系可分为两种：第一种是利用电子邮件或电子布告栏（BBS）系统内部的邮件等方式将调查问卷的网址传送给受访者①。这种方式比较适用于研究者事先已掌握调查对象的电子邮件列表，或者至少掌握一部分调查对象的电子邮件，然后通过向这一部分受访者发出邀请函来实现"滚雪球"式的扩大受访者的数量与范围。第二种则类似公开募集的方式，将问卷调查之信息（如调查主题、调查单位、调查目的及调查网页之超级链接等）公布于网络的各种媒体之上，例如在重要的门户网站中设立超级链接或弹出式窗口，或者在搜索引擎中提供关键词供搜寻引擎使用②，或于新闻群组、电子布告栏、网络聊天室等讨论群组以刊登文章方式公布之。当然，在许多情况下，研究者为了扩大样本量，有时也会将上述两种方式结合应用，即同时并用寄发邮件与刊登宣传两种方法。

当调查问卷发送出去之后，并非意味着研究者只能被动地等待，同样也应该采取各种措施来促使调查对象在规定的时间内返回问卷，以尽量降低无应答率。在传统的信函调查中，三段式填写提醒法是国外研究者常用的提醒催复方式（见图20）。国外有研究表明，类似的提醒催复方式同样也可以提高网络问卷的反馈率，只不过提醒和催复的方式通常是利用电子邮件来进行。

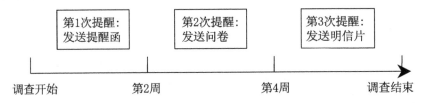

图20　信函调查中的三段式提醒催复法

需要指出是，不同机构在使用网络调查法时，由于调查对象和研究目标的差异，因此可能在具体实施方式上有所不同。例如，在市场调查机构中，研究者更倾向于使用固定样本调查法或在门户网络进行调查宣传，而且经常为吸引受访者参加而提供比较丰厚的报酬（现金或奖品）；而在学术性机构中，研究者则经常采用电子邮件发送邀请函③，或者在高校的BBS上进行调查宣传，吸引受访者参加。例如，台湾有研究者（林承贤，2004）曾对台湾各高校中的硕博士学位论文中使用网络调查法的状况进行过研究，发现在高校中实施网络调查法主要通过五种方式：

不寄发问卷或宣传邀请信函，而纯粹刊登问卷供受访者连入并填

---

① 如果再加上传统的信函邮寄或传真方式，则成为混合模式的问卷调查。
② 这样做之后，当上网者搜寻至研究者设立之关键词时，搜寻结果便会列出问卷调查网页的超级链接，类似于商业机构在搜索引擎中做某种产品的广告。
③ 国内外的许多研究都表明，相对于其他机构来说，教育机构中调查对象的电子邮件比较容易获得，而且其对各类调查的参与兴趣也相对较高一些。

答，刊登问卷调查之宣传邀请于网络媒体使网友连入进行填答。

刊登问卷供受访者连入并填答且寄发宣传邀请信函，亦刊登问卷调查之宣传邀请于网络媒体。

刊登问卷并广泛寄发宣传邀请信函供受访者连入并填答而未于网络媒体进行贴文宣传，广泛寄发宣传邀请信函，使受访者限定于收到寄发宣传邀请信函之网友。

一如前者之实行方式，但其寄发宣传邀请信函系针对特定对象，收到问卷邀请信函而前往填答之受访者皆为研究抽样选择之特定样本。此方法与直接寄发问卷法之差别仅在于，前者之受访者收件后需再连上刊登问卷之网页以进行填答而后者则以回复信函之方式直接送出已填答之问卷。

直接寄发问卷供接到问卷之受访者填答后回复，收到问卷之受访者皆为研究针对之特定对象。

同时，研究者还发现，由于高校的电子布告栏（BBS）拥有众多分众之社群与使用上的显著性，是台湾学术界常使用的网络调查招募方式，例如，曾利用电子布告栏媒介者占所有使用网络问卷调查法之学位论文的 1/3 以上。

在实施网络调查时，实际上招募或联络受访者的媒介并不仅仅利用网络媒介，结合传统及网络问卷调查方式的混合模式调查亦为常用的形式。例如，特鲁伯（Yun Trumbo，1999）曾以传统信函调查来比较电子邮件及网页形式两种网络问卷，对受访者寄发传统邮寄与电子邮件，其中均包括问卷与可填答问卷的网址（URL）。受访者可选择以传统或电子邮件回复问卷或连至填答问卷网址送出其作答。研究发现，超过 80% 的回复问卷在第一封电子邮件寄发之三天内即收到，而许多受访者甚至在收到电子邮件之前，即已键入所接获之传统邮件中印刷的网址而连入填答问卷网址完成填答，显示网页问卷有其功效。而在受访者的分析中发现，使用电子方式回复问卷之受访者与研究者有较频繁之接触、有较高的电子邮件使用量、教育程度及联网频率等，显示网络问卷与传统邮寄问卷之受访者族群有不同的特征。

3.2 实施过程中的注意事项

由于所采用的技术工具和问卷发送方式的不同，与传统的信函调查相比，网络调查在实施过程中同样也有诸多需要注意之事项，以下将从问卷测试、发放和催复等环节讨论有关需要注意的问题。

3.2.1 网络问卷的测试

如上所述，由于在网络调查中可能存在众多难以预料的软硬件兼容等问题，故在网络问卷调查中，预先的问卷测试工作就弥显其重要性。研究者应事先对设计出的网络问卷进行广泛的测试和认真修订，尽量杜绝各种技术性问题对调查研究可能造成的负面影响。

所谓"调查测试"，是一种对研究的主要工具进行反复构思和检查的过程，主要目的是为实际调查和分析工作做好各种准备，以防止在调查实施过程中出现遗漏之处或各种错误（Oppenheim，1992）。进行调查测试的益处之一，便是能够保证调查设计的质量和用于预测调查的反馈率和中途退出率。通过测试，调查过程中容易出现错误之处就可以预先发现和及时修正。可以这样说，调查过程中出现的绝大多数误差和偏差，都源于调查本身的设计（Krosnick，1999；Schwarz，1999）。例如，使用了封闭性的问题、不对称的频度量表、参照周期和等级量表，诱导性的问题和问题安排等。即使当调查本身的设计没有问题时，一些在问卷细节开发和发放程序上的疏忽也可能直接影响到研究的质量。

许多研究者（Crawford，Dillman，2001；Krosnick，1999；Rogers & Sharp，2002；Schwarz，1999）都认为，问卷测试可以有效地发现设计中存在的各种问题，例如：

> 要求受访者填写与研究主题不相关的个人信息
> 问题的选项之间相互有重叠，如1—3，3—6
> 所提的问题无法回答
> 相互有关联的问题数量太多
> 开放题数量太多
> 开放题所要求的信息用处不大
> 错误的缺省设置（隐藏或显示）
> 语义不清楚
> 在问题和选项中使用了暗示性的词语
> 术语不统一
> 使用了非排除性的问题选项，或问题选项之间互有重叠
> 在问题中使用了调查对象不熟悉的专业术语或技术用语
> 答案选择之后无法修改
> 为开放题所提供的文字书写空间不够
> 不一致的用词和拼写错误
> 问卷填写指导语不准确或干脆未提供
> 所估计的问卷填写时间不准确

通常在网络问卷测试过程中，主要包括以下测试内容：

> 首先在不同的计算机操作系统上对问卷进行兼容性测试。例如PC机和苹果机，以及各种不同的软硬件设置条件下的使用情况。
> 在不同厂商和版本的网络浏览器上进行测试。例如IE和Firefox的

不同版本之间可能存在的性能差异。

在不同的网络连接速率下进行测试。在不同的网络接入速度条件下，即使是同一名调查对象在填写同一份问卷时都会产生各不相同的体验。当问卷在用较慢的调制解调器连接时尤甚。

认真检查问卷中的跳答题设置是否准确无误。尤其当跳答是设置于不同的页面时，跳答题的检查就更加重要。因为只要稍不留意，就有可能将问题之间的逻辑关系设错。这将可能在调查中产生灾难性的后果，因为对象可能会因被错误的跳答迷惑而放弃填写。

在收到第一封返回的问卷时，应再次检查问卷是否还有错误。

当然，并非所有的误差都是疏忽造成的。有时问卷测试的结果可能会导致对调查的结构进行重大修改。这就有可能推迟调查的实施时间，甚至有可能取消调查（Smith, 1997；Witmar, 1996）。通常情况下，研究者建议在调查测试过程中，应采用将一系列的测试方法结合在一起进行多阶段的测试（Killam, 2000；Sudman & Schwarz, 1996）。常用的方法是一种四段式测试流程（Dillman, 2000；Oppenheim, 1992；Preece, 1994）。

图21　四段式问卷测试流程图

当研究者初步完成问卷设计工作之后，就可以开始测试，主要分为四个阶段（见图21）。在第一阶段，可以请富有经验的同事对问卷进行初步的检查。测试的内容主要集中于问卷中问题的完整性、有效性、恰当性、量表尺度和格式的适宜性等。在此阶段，应根据事先确定的设计标准来对整个问卷进行系统性的检验。第二阶段是认知测试。测试方法是从调查对象中选择一些"典型的"受访者来填写问卷，而研究者则在一旁进行观察。在认知测试中，研究者要求受访者在问卷填写过程中"自言自语"——即边填写边说出自己在阅读问卷时的想法。随后则进行一次回顾性的评述，让填写者说出对问卷的意见和看法。此测试的主要目的，在于评估调查问卷的认知和情感特性，以检查问题措辞的易懂性，问题是否有歧义，问题顺序是否符合逻辑，问卷的外观是否美观悦目等。第三阶段是实况测试，即在一个小规模的目标群体中从头至尾模拟整个调查过程。对于大规模的调查来说，迪尔曼建议至少应邀请100至200名受访者来进行模拟测试。最后一个阶段，则是邀请一些与本次调查无关的人来对问卷进行最后一次检查，主要检查问卷是否有印刷、排版等方面错误。

总之，通过认真、严谨的问卷测试，不仅可以使研究者及时发现网络调查设计中存在的各种问题，同时也可以估算出反馈率和中途退出率。这些对于避免发生一些可能导致整个调查失败的错误，将起着至关重要的作用。

3.2.2 电子邮件邀请函的发送方式

目前网络调查中，利用事先所搜集到的受访者电子邮件来发送网络问卷是一种常用的方式。这种方式具有成本低、速度快和能够有效跟踪问卷填写情况等优点。但研究者需要注意是，当调查对象数量较多时，例如样本量超过数千名时，如果同时而不是分批发送邀请函，那么，问卷所在网络服务器很有可能会因大量受访者在同一时间内登录而速度变慢或出现技术故障，这将会对反馈率产生致命的影响。为什么会发生这种情况呢？因为许多研究都表明，由于网络通信方式快捷性的影响，无论受访者身处何地，只要其收到电子邮件邀请函且愿意参与，那么，其反馈将非常迅速。通常，调查对象在收到电子邮件邀请函后，要么在很快的时间内反馈，要么就根本不反馈。若网络服务器因过多的登录用户而无法及时处理时，表现在调查对象方面，则可能无法看到调查问卷。在这种情况下，就很可能导致反馈率的下降。因此，分批发送电子邮件邀请函，将有利于分流受访者登录网络调查系统的时间，保证服务器的顺利运行。

3.2.3 允许受访者随时报告错误

在网络调查中，调查对象多少都会遇到一些研究者事先无法预料的问题，例如无法使用密码登录问卷等。在这种情况下，设置一项专门电子邮件或免费电话的"咨询服务"，将对解决这类问题起到非常重要的作用。根据以往的研究表明，与常规信函调查相比，网络问卷调查所要处理的帮助电子邮件或电话工作量要大得多。若研究者不提供此项服务的话，许多调查对象则很有可能因这些问题无法参加或退出调查。

3.2.4 调查开始之后同样也可根据情况对问卷进行修改

在网络正式启动之后，若出现下列两种情况，研究者则应进行相应的修改：

第一，当问卷出现某种程序方面的错误时。例如，跳答题设置错误或某个问题答案的数据检验规则错误。这时尽管修改问卷是一项非常令人不快的情况，但研究者必须快刀斩乱麻，尽快改正错误。否则将会对个调查的顺利进行及数据质量产生重大的影响。当然，若问题相对无关紧要的话，则无须修改。不过在修改时，应事先与相关的技术专家充分咨询，以防止出现问卷内容与数据库表单格式出现差异而导致数据无法保存。

第二,在一些特殊情况下,对某些调查对象填写的数据进行修改。例如,由于调查软件本身的程序错误或研究者疏忽而向研究对象发送了错误的密码,进而导致调查对象无法利用此密码登录问卷时;或者在屏幕甄别问答过程中,调查对象由于不小心而按错按钮而被拒之于问卷之外时。在这种情况下,研究者则应进行相应的程序修改以便调查对象能够重新参加问卷填写。

3.2.5 应确保研究者及有关人员随时能够了解研究进展

在网络调查中,由于涉及大量技术性因素,因此通常情况下,问卷的设计、编制、发送或实施等环节通常都是由一些技术人员而非研究者一个人来操作,研究者一般仅对整个调查的流程进行监督和控制。但即使在这种情况下,当正式调查开始之后,如果研究者想测试一个调查对象提出的问题,或调查的资助者也想试填问卷以检验其实际效果时,就应预先准备一套测试密码,让他们能够随时登录问卷了解调查的进展情况。另外,研究者也可以通过这种方式来实时监控受访者的反馈情况,如开放题中的内容,若出现问题,可直接与之沟通。这一点也正是网络调查与传统信函调查不同之处,研究者应充分利用。

3.2.6 应利用跟踪催复法进行提醒和督促

如果可能的话,研究者应尽可能利用电子邮件来督促未完整填写问卷的对象前来补充填写。虽然中途退出填写的原因多种多样,但其中有一些很可能是由于调查之外的事情而中断填写,并准备以后再填写。在这种情况下,如果研究者及时向他们发出提醒信,那么就对提高整个调查的反馈率产生一定的作用。不过,要想做到这一点,就必须具备两个条件:一是问卷本身具备续填功能;二是研究者应在整个调查限期之内,经常检查调查数据库,及时发现残缺问卷,辨别对象身份并向之发出提醒信。

4. 网络调查法在国内外的应用案例

在本节中,将介绍一些由国内外各种研究机构实施的网络调查项目,以便使读者对各种形式的网络调查都有所了解。在这些网络调查研究中,既包括针对某些特定人群[①]的概率调查,也包括基于便利抽样的非概率调查。同时,在所

---

① 实际上,只有当全体调查对象都有可能通过电子邮件来进行联系的前提之下,才有可能针对普通人群实施基于概率抽样的网络问卷调查。由于通常情况下研究者不可能获得一份普通人群的完整电子邮件名单,自然也不可能进行概率抽样调查。

使用的技术方面，既有利用商业调查软件①进行的研究，也有研究者自己动手编制问卷的研究。此外还有一些由商业网络问卷调查机构所实施的调查项目。总的来说，在所介绍的这些网络调查研究项目中，虽然每一项调查都有其特定的目标人群和特定的技术应用手段，但它们都可能在某种程度上代表了网络调查方法目前和未来的发展方向。

4.1 基于概率抽样的网络调查

4.1.1 美国民意调查机构实施的网络调查

美国研究者沃纳（Werner，1995）曾就民意跟踪问题进行了一项非常有趣的电子邮件调查研究。在1993年至1995年期间，Prodigy公司②以其用户为调查对象进行了84次电子邮件民意调查。调查问卷包括7个有关政治和经济方面的问题。其中一个问题是，要求参加者评价"克林顿总统的总体执政业绩"。然后，Prodigy公司将调查的结果与盖洛普民意调查中一个类似的问题进行了比较。

由于此项研究得到了Prodigy公司的大力支持，因此研究者可以轻易获得一份完整的公司用户的电子邮件名单。调查采用了分层随机抽样的方式，分层的标准分别是年龄、地理位置和性别。然后向抽取的样本对象发出了电子邮件问卷。这项调查的预期反馈数大约是1200至1500份完整的调查问卷③。

在这项调查中，最令人感兴趣的一点是关于克林顿总统执政业绩的评价趋势变化，Progidy的调查结果竟然与盖洛普民意调查具有高度的一致性。研究者们之所以对此感到惊讶，主要原因是与美国总体的人口结构相比，Prodigy公司用户中男性、共和党人和已婚者比例远远高于前者；而且，其用户的平均年龄也要比美国总体人口的平均年龄要高；受教育程度也高于总体人口的平均水平。但尽管两个样本框之间如此明显的差异，从两个机构的历次调查趋势曲线图来看，Prodigy调查的结果总是低于盖洛普调查5至10个百分点，不过两者的趋势走向却具有令人惊讶的一致性。

为什么会出现这种情况呢？根据研究者的分析，主要原因是在网络调查过程中，为了与美国总体人口统计变量中的年龄、性别、地理位置和政党联系等因素相互一致，Prodigy公司采用了后分层（Post-stratifying）和计算权数的方式来对调查人群中的一些人口差异进行调整。不过经过调整之后，Prodigy调查的结果仍然

---

① 目前在国外已有多种专业制作网络问卷的软件程序，可以使那些对计算机技术不甚了解的社会科学研究者也能够比较轻松地设计和制作各种形式的网络问卷。有关网络问卷软件的内容请参考本书第五章。
② Prodigy是美国一家提供在线电子服务的商业机构，其提供的服务范围主要集中于电子邮件和互联网浏览器等。在此项调查进行时，该公司已拥有200万的用户群体，其中160万人属于是有选举权的美国公民。
③ 令人遗憾的是，在此项研究的最后报告中，沃纳并未提供最初的样本数目和最后的调查反馈率。

存在着偏差。显然这种偏差很可能是由于公司用户群体与美国普通人口之间的差异造成的。

正是由于这两项调查之间存在的令人惊讶的类似趋势走向，使得许多调查研究者不由自由地产生了这样的想法：或许在利用一些更加复杂的调整方法（如倾向指数法）来校正网络调查中的无应答，或采用解释缺失数据①的归因法之后，是不是真有可能消除盖洛普调查与Prodigy网络问卷调查之间的额外差异呢？此外，如果Prodigy在用户服务注册过程中再收集一些有关调查对象的额外人口统计信息，那么就更有可能提高这种调整的效果。

随后，其他美国调查研究机构也开始测试性应用网络调查法来实施民间调查。例如，弗莱明和索纳（Flemming and Sonner，1999）曾报告了一项由Pew研究中心②进行的网络民意调查项目。这项调查为研究者提供了一个与Prodigy调查进行比较的机会。在调查中，Pew招募了两组不同的调查对象。第一组是"自愿者组成的样本"，其包括那些在访问Pew网站过程中参加自愿民意调查的上网者。这些对象在留下了他们的电子邮件地址后同意参加以后举行的网络问卷调查。第二组是"选择的样本"，是通过全国性的基于随机抽样的电话调查而联系到的调查对象。他们同样也留下了电子邮件地址并同意参加以后的网络问卷调查。然后，这两组对象分别被当做1998年11月和1999年4月举行的两次网络调查的目标人群。与此同时，在使用同一份问卷的基础上，Pew还利用全国性电话调查的方法进行了另外一次调查。不过这个调查的对象与前者完全不同。这样就为研究者提供了一次非常少见的对网络调查和常规RDD电话调查结果进行比较的机会。

Pew调查的主题范围很广，与Prodigy调查一样，涉及了国家问题、选举问题以及党派和候选人等。不过与Prodigy调查不同的是，Pew调查属于是截面研究，而非历时研究。此外，除了在第一次调查中提出的问题之外，在第二次调查中还增加了"社会进步""技术发展""美国成功的原因"以及对美国未来国家发展方面的问题。

通过上述三次调查结果的比较，研究者发现，在网络调查和电话调查的结果中，虽然有些问题的结果类似，但大多数问题的结果都存在着差异性。即使在根据已知的调查对象人口统计变量进行再次加权调整之后，仍然如此。更为重要的是，研究者根本无法有效地预测出在哪些方面两者之间可能具有一致性。例如，有时网络调查的结果反映出一种非常强烈的保守倾向；而有时则又表现一种相当开放的趋势。或者有时表现出一种非常乐观的观点，而有时则又表现出悲观的倾向。其中似乎毫无规律可言。

通过以上的比较研究，再次说明，从整个目标人群中进行随机抽样被认为是确保样本能够代表目标人群的一个基础保证。Prodigy调查的样本虽然是随机从其

---

① 在Prodigy网络问卷调查中，那些无法辨认年龄或性别的参加者只是被简单地从样本中删除。属于这种情况的调查对象数量约占Prodigy用户的8%左右。
② Pew研究中心是一家由Pew慈善基金金会资助的独立民意研究机构。

用户中抽取，但如果其用户的人口统计结构与美国普通人口结构不同的话，那么，根据调查结果所做出的推论自然会产生偏差。换言之，尽管对 Prodigy 用户人群来说，其样本选择方式属于随机抽样，但对于整个美国选举人群来说，这仍然是一种便利抽样。

总之，虽然 Prodigy 调查的"成功"似乎预示了便利抽样的调查偏差可能通过某种方式来进行校正，但 Pew 调查的结果则表明，对于任何特定的调查问题来说，存在着大量的无法预知的偏差。至少从目前的情况来看，似乎很难找到一种可以有效解决这个问题的方案。

4.1.2 美国空军实施的一项概率抽样调查

2001 年，在美国德克萨斯州圣安东尼奥市的伦道夫空军基地，美国空军人事中心的调查研究部①利用网络调查的方式进行了一项大规模的调查研究。调查对象包括空军现役人员及家属，空军中的文职人员，国民空军自卫队员，空军预备役人员及其家属，以及空军退休人员。在以往的调查中，该部门都是使用常规的信函调查方式来进行。不过，这一次由于某些原因的影响，研究者最后决定将整个调查过程全部转移到互联网上来实施。这个调查项目只有四名工作人员来负责问卷的设计、实施和数据分析工作，而调查对象则高达 350 000 名散布于世界各地的美国空军人员。

在调查中，研究者利用电子邮件来发送邀请函，同时利用网络问卷来收集数据。调查对象的电子邮件名单是利用美国空军电子邮件地址的标准格式来编制排列，如名＋姓@airforcebase.mail。研究结果表明，按照这种标准格式来发送电子邮件邀请函，70％的对象都收到了信件；而其余 30％的信件则无法投递。出现这种情况的主要原因，是空军中的有些人员在申请自己的电子邮件信箱时使用了绰号而非真实姓名；或者在其地址中间增加了词首大写字母。另外在调查中，研究者也对那些无应答对象使用了跟踪催复方法。

整个调查过程都是在互联网上进行的。研究者利用 SAS 统计软件开发了一套专门的程序，用于设计问卷和自动生成 Html 代码。这样研究者就可以很方便地创建一份新问卷并将之发布于网络服务器之上。调查对象填写之后，数据则自动被贮存于数据库中，然后输出到 SAS 软件中进行统计和分析。

调查的主题包括人事、劳动关系和生活质量等问题。调查对象覆盖美国空军的各个部门和最高指挥官。通常，以往这种调查的反馈率为 35％～40％，与使用常规印刷问卷的反馈率大致相同。

经过数次调查之后，研究者认为，这种全部基于电子形式的调查方法之所以能够获得成功，原因主要在于以下三个方面：

---

① USAF Surveys Branch，简称 USAFSB。

首先,美国空军的电子邮件地址标准格式为研究者提供了一个非常方便的工具,使之能够针对封闭人群创建一个抽样框并进行随机抽样。

其次,USAF 调查研究中心拥有其全体调查对象的详细信息资料。

再次,绝大多数调查对象都有机会使用计算机,而且计算机的型号和配置相对都比较统一。这样,调查对象就能够比较容易地上网和填写问卷。因此也就将软件兼容性问题降低到了最低程度[①]

在上述调查条件下,利用这种全电子化的网络问卷调查方法确实实现了低成本和高速度的效果。例如,一次,为了应对美国国会的咨询,在仅有 4 名工作人员的努力下,调查研究中心在 11 天内就完成了一项针对整个空军的大规模调查。这个时间包括从开始问卷设计到数据分析和完成调查报告。显然,如果不是使用网络调查法的话,要想在如此短和如此少的人力资源条件下是不可能完成这个调查的。

4.1.3 北京大学实施的高校信息化发展状况的网络调查

利用信息技术来促进高等院校的管理、教学和科研工作,目前已成为世界各国高等教育机构改革与发展的一个共同趋势。在大学校园中,无论是管理者、教师还是学生,其在日常工作、学习和生活过程中与信息通信技术的关系都愈来愈密切。数字化校园已成为大学校园的进一步延伸和发展。2005 年,北京大学教育技术系的研究者以计算机和网络通信技术在高校中的应用为主题,用大量调查数据和资料讨论了国内高校的信息化基础设施建设情况、管理信息系统建设以及师生在教学和学习中的应用等问题。在此调查中,北京大学的研究者采用了网络调查法,是当时国内首次在学术性研究中大规模使用网络调查法。在这次调查中,研究者采用了概率抽样和便利抽样相结合的方式。

4.1.3.1 研究目标及设计

为深入了解我国高校信息化发展现状,为有关部门决策提供依据,同时也为保持研究的持续性,在 2004 年调查基础之上,研究者计划在 2005 年再次实施一次全国性的高校信息化调查。经过多次讨论之后,研究者认为,根据国内外相关的研究成果,初步将教育信息化调查的内容确定为以下数方面:

校园信息化基础设施建设:主要内容包括校园网络建设、校园网

[①] 在研究过程中,研究者发现,在经过几次网络调查之后,他们发现在美国空军中有两类人群在连接网络问卷时出现了问题。这两个部门分别是宪兵和军医。由于职业性质的影响,这两类人群在上网方面存在着许多困难。后来研究者曾试图利用过度抽样和额外的无应答跟踪催复方式来解决这个问题。但这些措施是否能够解决这种拒答偏差尚未定论。

站、信息技术软硬件设备、办公室、教室、学生宿舍联网情况等。同时还包括学校的电子资源建设情况，如数字图书馆、教学资源库和相关数字化资源的建设等；

　　管理信息化建设：主要包括各种校园管理信息系统建设情况，管理人员的信息技术培训及其应用，校园信息化管理部门的建设及相关政策的制订等；

　　教学信息化：主要包括信息技术在课堂教学中的应用情况，如教师信息技术培训、计算机操作水平、使用时间和各种信息技术工具在教学过程的使用，同时还包括各学校信息技术课开展状况以及学生的计算机应用情况；

　　信息化投资：主要包括学校信息化经费的来源、使用范围等。

另外，考虑到调查问卷所涉及的内容繁多，由于学校中某一类人员来单独填写可能花费时间过长，而且所提供的信息也可能无法保证准确性，因此研究者决定将问卷分为2份，以方便受访者填写。

根据以上阶段的工作成果，研究组成员开始2005年调查的研究工具选择、对象确定和抽样工作。教师问卷将采用概率抽样调查；学生问卷将采用方便抽样调查。在研究工具上，根据本研究的内容和特点，研究者决定采用网络调查法来实施研究。

4.1.3.2　调查过程概述

对于教师问卷，研究者首先通过分层抽样的方式，在国内已建成校园网的高校中抽取600所，并通过在其主页上浏览的方式获得高校教务处、网络中心或教学院系老师的E-mail地址，然后利用电子邮件群发的功能向300所各级各类高校中的600名教务管理人员、网站管理员和普通教师发送电子邮件邀请信。教师们在收到E-mail后，直接点击信件中的网络问卷URL，即可进入问卷填写（见图22）。

对于学生问卷（见图23），则采用自愿填写的调查方法。研究者通过国内各地区40余所高校BBS网站宣传等方式来邀请对象填写问卷。同时，还将网络问卷的链接置于北京大学天网搜索引擎①、Sohu教育频道②和慧聪网教育频道③新闻栏目中，邀请在校大学生参加问卷调查。为吸引学生积极参加调查活动，研究者还采取了抽奖方式，奖品为电子词典。

在经过多次问卷测试与修改之后，研究者于2005年10月20日开始实施

---

① 天网搜索引擎：http://e.pku.edu.cn/
② Sohu教育频道：http://learning.sohu.com/
③ 慧聪网教育频道：http://www.edu.hc360.com/

第四章 网络调查法的设计、组织与实施

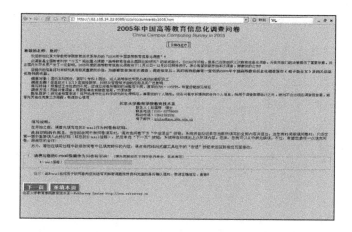

图22　2005年高校信息化调查教师问卷

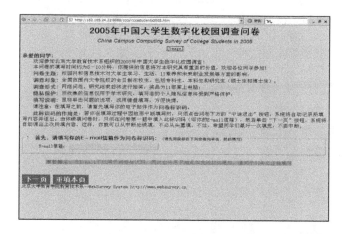

图23　2005年高校信息化调查学生问卷

调查活动，将网络问卷正式发布于北京大学教育技术系网络调查研究中心[①]的网站上，并通过各种途径宣传本次调查。调查至11月25日结束，在为期35天的调查时间里，共收到教师问卷304份，学生问卷3584份。

[①] 北京大学教育技术系网络调查研究中心是成立于2003年的国内第一所专业从事网络调查方法研究与相关软件开发的学术性研究机构。目前，该中心的研究者主要致力于网络问卷设计的基本理论、方法与应用的探索与研究，同时也组织和实施了20多项各种规模的网络问卷调查项目。

4.1.3.3 受访者背景信息

数据整理和筛选之后，本次调查的总体问卷反馈情况如下表所示：

表27 调查问卷反馈情况

问卷	调查方式	抽样数	问卷反馈总数	有效问卷数	有效问卷比例	反馈率
教师问卷	概率抽样	600	304	248	81.6%	50.6%
学生问卷	自荐填写	N/A	3584	2735	76.3%	N/A

在为期35天的调查中，共有来自全国25个省、市和自治区的102所高校中的304名高校教师参加了问卷填写，填写者的分布范围遍及全国7个主要行政区域。从参加者所在省市来看（见图24），人数最多的是北京市（共54名，占反馈总数的24.6%）；其次为贵州省（共35名，占反馈总数的15.9%）；居第三位的是广东省（共14名，占6.93%）。人数最少的是内蒙古和黑龙江，分别只有1名。

从参加调查教师所在高校的类型来看，比例最高的是全日制本科院校（181人，83.8%），其次为高职院校（18人，8.08%）、成人高校（13人，6.06%）和民办高校（5人，2.0%）。在这些高校中，同时具有学士、硕士和博士学位授予权的比例为46.1%，具有学士和硕士学位授予权的比例为32.2%，具有学士学位授予权的比例为19.4%（见表28）。

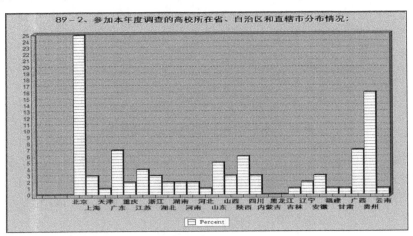

图24 参加调查的高校教师省市分布情况

表 28　参加调查的教师所在高校的学术水平分布情况

问题选项	回答人数	百分比
同时具有学士、硕士和博士学位授予权的高校	83	46.1%
同时具有学士和硕士学位授予权的高校	58	32.2%
只具有学士学位授予权的高校	35	19.4%
其他	4	2.2%

从参加调查教师的工作性质来看，承担教学工作的教师比例最高，为40%，其次分别为行政管理部门的人员（21.8%）、教学管理部门（18.1%）、网络管理部门（11.7%）和信息化规划部门（2.4%）等。

另一方面，在大学生问卷中，国内31个省、市和自治区的481所高校中的3 584名大学生参加了调查（见图25）。其中，学生所在省市比例最高的是北京市（33.5%），其次是江苏（9.9%）、福建（6.8%）等。比例最低的是青海和西藏，分别为0.08%和0.04%。

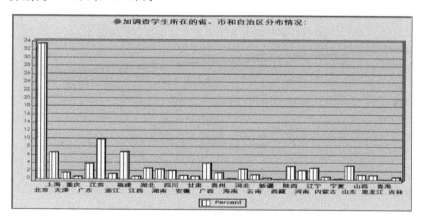

图 25　参加调查的大学生省市分布情况

与参加调查的教师一样，填写问卷的学生所在学校类型也主要以全日制本科院校为主（93.9%），其次为民办高校（3.7%）、高职（专科）院校（1.5%）和成人高校（0.7%）。从参加调查的大学生年级分布情况来看（见图26），从专科一年级到博士三年级的学生都有，参加调查的本科生比例最高（93.9%），专科生所占的比例最低（7.0%）。在参加调查的本科生中，从年级角度来分，比例最高的是本科三年级（19.1%），其次为本科四年级（17.2%）；在硕士研究生中，一年级与二年级的比例基本相同（分别为12.0%和12.2%）；博士生层次三个年级参加调查的比例也基本相同，分别为一年级（2.7%）、二年级（2.9%）和三年级（2.0%）。这在一个侧面可能反映了不同年级学生在使用网络的频率上也有所不同，总体来看，是随着年级的升高，学生的上网比例也相应上升。

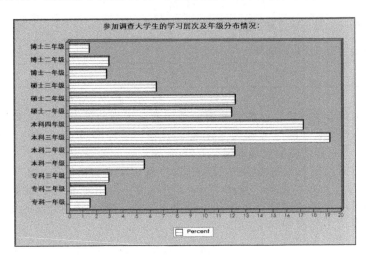

图 26　参加调查学生的层次及年级分布情况

最后从参加调查学生的性别来看，男生的比例要远远高于女生的比例，分别为 71.6% 和 28.3%。根据以往有关上网群体的性别差异结果来看，通常男性上网比例要高于女性。从本次调查的结果来看，在高校中同样也存在着类似情况。但与 2004 年的调查结果（女生填写问卷比例为 21.2%）相比，女生参加网上问卷填写的比例有所提高。

4.1.3.4　讨论

由于是第一次在学术性调查中应用网络调查法，研究者从中获得了许多经验和教训。

首先是关于单页问卷与分页问卷的设计问题。按照研究者事先的想法，由于考虑到目前高校基本上都是通过"中国教育与科研网络"（CERNET）来接入互联网，因此认为针对大学生的网络问卷调查应该不会存在网络速度过慢问题，故在设计问卷时采用了分页形式，基本上一题一页。但实际上出乎研究者意料之外，许多大学生在问卷开放题中抱怨本调查中所使用的一页一题的分页设计方式，认为每答一题都需要点击一次"下一页"按钮，操作太烦琐；另外，也有学生反映点击"下一页"按钮之后问卷显示速度很慢，或者无法打开。此外，由于带宽的影响，许多学生都反映其填写问卷所花费的时间已经远远超出了在问卷开始标明的时间，因此对此调查颇有怨言，认为时间太长，问题太多。

根据研究者分析，出现这些问题的主要原因在于国内各地区互联网基础设施建设水平差异较大而导致。例如，对于在经济发达地区的高校来说，带宽基本上已经不是问题，学生校园内网的速度很快，带宽通常都在10M，甚至100M以上。但对于经济欠发达地区的高校来说，受当地整体信息基础设施发展水平的限制，学生上网带宽相对有限，有时学生甚至是通过拨号方式来上网，故而在填写分页时很容易出现显示速度慢或无法打开等问题。不过，研究者相信，随着网络的不断普及，带宽问题将会很快解决。

其次，研究者发现，在针对大学生群体的调查中，高校内的BBS是一个比较有效的宣传途径。通过下列对反馈问卷的数据分析结果可以看出，对于大学生问卷来说，利用各高校BBS来发送调查邀请函确实是一种有效的通知方式。如图27所示，有超过一半（57%）的大学生是看到BBS上的邀请函来填写问卷；其次为看到天网搜索上的调查通知（20%），第三为门户网站（sohu网站和慧聪教育频道），达到11%。另外，也有一部分同学是相互转告或教师通知后来参加调查。

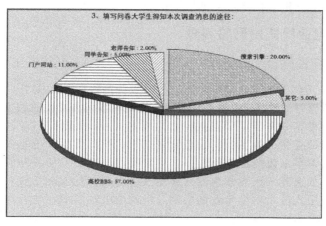

图27　参加调查大学生获知本次调查的主要途径

另外值得一提的是，在问卷调查过程中，研究者还充分利用网络问卷的实时监控与同步交流功能，每天定时通过网络调查管理系统详细看每位填写者在问卷开放题中的建议或意见，在必要的情况下，则通过受访者在问卷中填写的E-mail信箱就参加调查的教师和学生在问卷中提出的关于校园信息化的各种意见及时进行交流和反馈。交流的内容主要包括有关调查内容的解释、对校园信息化的建议以及对调查方式的意见等。在某些情况下，研究者与受访者（包括教师与学生）之间的E-mail交流达到数次[①]。通过这种交流方式，获得了有关校园信息化的大量实际建议和意见，对后期的数据分析具有非常重要的意义。

---

① 例如，对象在收到研究者的E-mail后，又写信表达对某个问题的看法。

表 29　调查期间研究者与受访者 E-mail 交流情况

受访者	调查期间 E-mail 交流数	占总反馈人数的比例
教师	195	65%
学生	519	14.5%

最后，调查数据显示，绝大多数高校教师和大学生都对网络问卷调查这种研究方法持认同态度，认为这种调查方式具有填写方便，节省时间以及不受地域影响等优势，都表示愿意再参加类似的网络问卷调查研究活动。例如，90%的大学生表示，当以后再有类似的调查项目时，可以通过他们在问卷中填写的 E-mail 直接通知他们参加；96% 的高校教师也表示，以后愿意通过网络的方式再参加类似的调查。这些情况都表明，利用网络问卷调查的方式进行学术性调查与研究，是一种很有发展前途和值得推广的研究工具。

4.2　基于混合模式的网络调查

4.2.1　美国兰德公司实施的一项针对大学生的混合模式网络调查

2000 年，美国兰德（RAND）调查公司受美国国防部的委托，开始实施一项关于从大学辍学生群体[①]中招募兵源以便提高军事人员素质的政策进行的调查研究。在接到委托任务后，研究主持者艾斯克（Asch，2001）设计了一个调查问卷，主要目的是想了解在不同政策背景之下，被授予的入伍军衔和工资等级对于调查对象参军意愿的影响问题。这种政策背景主要包括各种假设性的奖励和限制措施，如愿意入伍大学生的月津贴及各种起点的起始工资，从军事角度考虑的对于特定入伍大学生专业的限制，以及由于军事职业的特殊性而对对象的身体技能的要求限制等。

从研究问题来看，大学辍学学生应该属于目标人群的一个重要组成部分，因为他们参军的可能性和愿意比尚在校园中的学生要大得多。但问题是，似乎没有一个有效的办法能够接触到大学辍学学生这个比较特殊的群体。在这种情况下，研究者采取了以下策略：抽样框包括那些已在 1999 年从高中毕业或将在 2001 年毕业的且希望进入大学学习的学生。从研究者的角度来说，对这样的抽样框进行抽样是可行的，因为研究者可以获得一份这样的学生名单。在这种情况下，总共抽取了 12 500 名在 1999 年毕业的高中生和将于 2001 年毕业的高中在校生。

此次调查于 2001 年年初开始启动。选择这样的时间主要目的是能够接触到目前正在学校就读的高中生（将于 2001 年高中毕业），目前正在大学中就读的大

---

① 以往美国军队兵源的主要招募对象是高中毕业生。

学生（1999年高中毕业），和大学辍学学生（1999年高中毕业但目前未在大学中就读的学生）。不过，这种方法的一个不利之处在于，研究者要想与那些2年前（即1999年）毕业的高中生取得联系，必须通过其父母的地址（或根据1999年他们在高中登记的地址）来联系。这种情况很可能导致较高的无应答率。确实，利用这种方法开始调查后，一些学生的父母给研究者写信说，其子女已去国外不能参加调查，或者已经参军，或者要求邮寄印刷问卷。

在调查中，研究者首先通过常规信函的方式与调查对象进行联系，然后要求他们通过网络填写问卷（见表30）。不过，对于那些在指定时间内未通过网络填写问卷者，研究者则在随后的跟踪提示信函中附带了印刷问卷，让他们填写之后通过邮寄方式返回。

表30 调查研究的整个过程

研究过程	反馈方式	时间（天）
1：向3 000名学生发出调查邀请函	网络问卷	0
1：向学生父母发出调查邀请函	网络问卷	7
2：向11 250名学生发出调查邀请函	网络问卷	7
2：向学生父母发出调查邀请函	网络问卷	14
1：用电话催复	网络问卷	14～28
1和2：第一次发出信函催复	网络问卷	21
1和2：第二次发出信函催复	信函和网络问卷	36
信函问卷1和2：第三次信函催复提醒函	信函和网络问卷	43～46
明信片1和2：第四次信函催复——向5 700名学生重寄问卷，其中包括价值3美元的礼品券	信函和网络问卷	67
结束调查	—	90

图28展示了本次调查中所用的网络问卷中的一页。考虑到目标人群属于是17到21岁正在大学就读或接受过大学教育的年轻人，其对互联网都比较熟悉，因此，问卷设计得比较醒目美观。同时由于样本数量很大，使用网络问卷相对来说也比较经济。

在整个调查进行过程之中，有数百名调查对象用邮件或免费800电话与兰德公司进行了联系。其中约有几十名对象遇到了密码不能正确使用的障碍。不过，大多数问题都是因为无法分辨字母"l"和数字"1"，或字母"o"或数字"0"造成的。同时也有一些对象则因为使用老版本的AOL浏览器而出现了一些技术故障。

在本次调查中，研究者由于第一次使用商业性网络问卷调查问卷设计软件

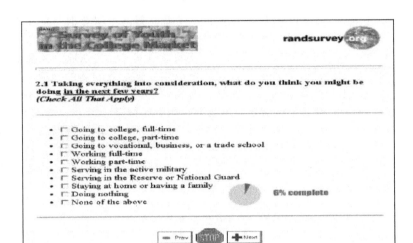

图 28　RAND 研究者设计的网络问卷

而出现了许多技术方面的困难。出现这些技术问题的主要原因都是由于这种商业问卷设计程序本身不具备研究者所期待的功能而造成的。例如，此套软件仅提供一些通用性的错误提示信息；而研究者则希望能够根据不同的情况向调查对象提供哪个问题未填写或哪个问题所输入的数值有误这样的具体提示信息。此外更重要的是，研究者希望在出现这种情况时，是给调查对象一个修改错误的机会，他们可以接受建议去修改，也可以不修改。但最重要的是不能强迫他们必须这样做[①]。因为这种强迫要求的结果很可能造成对象的中途退出。但遗憾的是，这套网络调查软件当时并不具备此项功能。

此次调查总共收到了 976 份有效的网络反馈问卷和 1 607 份有效信函问卷。在网络问卷中，有 153 份无效问卷。除去这些无效问卷后，网络问卷的反馈率为 20.8%；而信函问卷的反馈率为 62.2%。从这种反馈率的情况也可以看出，绝大多数调查对象目前都已经不与父母居住在一起。

值得一提的是，虽然在发出的第一封常规信函式邀请信中研究者要求对象都通过网络的方式来填写问卷，但实际上最后所返回的信函问卷数量要远远大于网络问卷数量。按照研究者事先的假设，由于年轻人通常情况下都被认为比其他年龄人群都具有更多的互联网使用经验和技能，故可能更倾向于通过网络而不是信函来填写问卷。因此，即使通过常规信函方式与这些年轻人进行联系

---

① 研究者认为，如果调查对象填写的答案不符合检验规则，而且他们也不愿修改的话，这个问题的答案将被设置为缺失。不过考虑到在某些情况下，当答案是"拒绝回答"、"缺失"或"不知道"时，也能向研究者提供一些有关调查对象的额外信息，因此，在分析数据时区别上述这些不同情况就显得非常重要。

时，也应该为他们提供网络反馈的选择方式，这一点非常重要。不过，在本次调查研究中，由于大量的邀请函是按照学生父母的联系地址发出的，使得邀请函的实际收件人是其父母而非学生本人。在这种情况下，由于在第一次发出的邀请函中未提供常规信函问卷的反馈方式，显然对整个调查的反馈率产生了很大的负面影响。

研究者发现，在本次调查研究中，由于使用了网络问卷的反馈方式，使得其调查成本高出了常规信函调查。网络问卷的成本支出主要包括：编制网络问卷花费了8天的时间；将网络问卷上传至网络服务器上并进行相应的设置和测试花费了1.5天；为调查对象提供各种额外的技术支持和咨询工作花费了10天的时间。不过尽管如此，从单位问卷成本的角度来看，由于省去了数据编辑和录入的环节，每份网络问卷的成本仍然比常规信函问卷低7美元①。如果不算后期的跟踪催复信函成本的话，单位网络问卷的成本要比常规信函问卷低10美元（信函问卷的成本包括准备和邮寄）。

最后，调查完成之后，研究者通过计算发现，在此次调查中，增加网络问卷反馈方式的成本平衡点是580份有效的网络问卷。而这次调查实际收到976份有效的网络问卷，因此估计增加网络问卷反馈方式之后，节省了2 000美元的调查成本。在所省的成本中，绝大多数都集中于数据的编辑和录入环节上；而在信函联系方面的成本降低只占很小的一部分。

4.2.2 荷兰门户网站实施的不同形式的网络调查结果的准确性

正如在第二章中所提到的，通过各种门户网站来发布和实施网络问卷，是目前研究者们经常采用的实施方案，其形式主要包括"娱乐性网络调查""自选式网络调查""固定样本的网络调查"和"基于概述抽样的网络调查"等。以下将介绍荷兰研究者伯斯莱姆等（Bethlehem, J. G. and Hoogendoorn, 2003）关于上述不同形式网络调查结果准确性的比较研究。

在此项研究中，研究者将荷兰"知识网"②（Kennisnet）中的有关网络调查项目作为娱乐性网络调查的一个典型代表。表31显示了该网站在2003年1月22日进行的一项针对荷兰政党大选的网络调查结果。

表31　荷兰政党大选的娱乐式网络调查结果与实际结果的比较

政党	网络调查结果	实际选举结果	差异
CDA（基督教民主党）	19.2%	28.6%	-9.4%

---

① 在此次调查中，出现调查成本的考虑，印刷问卷的开放题未进行编码。如果再加上这一部分的成本支出的话，网络问卷的成本将比信函问卷还要低一些。

② 荷兰"知识网"（Kennisnet）：是荷兰的一个教育类网站。当时大约有11 000所学校和教育机构都正在使用该网站。

续表 31

政党	网络调查结果	实际选举结果	差异
LPF（民粹党）	12.0%	5.7%	+6.3%
VVD（自由党）	16.1%	17.9%	−1.8%
PvdA（社会民主党）	8.8%	27.3%	−18.5%
SP（社会党）	14.4%	6.3%	+8.1%
GL（绿党）	17.0%	5.1%	+11.9%
D66（自由民主党）	3.1%	4.1%	−1.0%
其他党派	9.4%	5.4%	+4.0%

数据来源：Bethlehem, J.G. and Hoogendoorn, A.W. (2003), Methodological guidelines for Blaise web surveys. *Proceedings of the 8th International Blaise Users Conference*, IBUC 2003, Copenhagen, Denmark, pp. 91—124.

这项网络调查的参加人数为 17 574 人。相对于传统调查来说，这确实是一个相当大的样本。然而从表中可以清楚地看出，网络调查的结果与实际选举结果大相径庭。

第二种非概率的形式是"自选式"网络调查。这种调查就是在各大门户网站上，网上讨论区或专门的调查网站公开发出邀请函，看到此函的上网者可自由选择是否参加调查。这种方法的一个典型例子就是荷兰电视频道的"研究与技术实验室"举行的网络调查。这种实际上与上述"娱乐性网络调查"有些类似之处，只不过它更加正式一些。这种调查在上网者自愿参加的基础之上，增加了一些限制性措施，例如 Cookies[①]。利用这项技术可以在一定程度上防止重复填写问卷。然而使用 Cookie 以后，就意味着在一个家庭中只能有一位成员参加调查。

表 32 显示了荷兰政党大举当天中午举行的网络调查的结果。参加人数超过了 10 000 人。然而调查数据与实际选举结果之间的差异仍然很大，尤其是对一些大型政党的预测结果更是如此。因此研究者认为，即使是这样大规模的样本量，同样也无法获得准确的预测结果。

表 32　荷兰政党大选的自选式网络调查结果与实际结果的比较

政党	网络调查结果	实际选举结果	差额
CDA（基督教民主党）	16%	28.6%	+12.6%

---

① Cookie：是当上网者访问某个站点时，随 Html 网页发送到用户浏览器中的电子信息记录。它与特定的 WEB 页或 WEB 站点关联起来，自动地在 WEB 浏览器和 WEB 服务器之间传递信息。

续表 32

政党	网络调查结果	实际选举结果	差额
LPF（民粹党）	8%	5.7%	−2.3%
VVD（自由党）	25%	17.9%	+7.1%
PvdA（社会民主党）	27%	27.3%	+0.3%
SP（社会党）	7%	6.3%	−0.7%
GL（绿党）	6%	5.1%	−0.9%
D66（自由民主党）	5%	4.1%	−0.9%
其他党派	6%	5.4%	−0.6%

非概率网络调查的第三种形式，是"志愿者固定样本的网络调查"。在这种方法中，研究者同样通过各种宣传方式在网络门户网站、上网者常浏览的著名网站和各种 BBS 等地来公开招募愿意参加调查的志愿者。当上网志愿者前来注册时，会要求他们留下基本的个人背景信息，然后分门别类输入数据库。最后通过这种方法形成一个包括大量潜在调查对象的数据库，即所谓的"固定样本"。在实施调查时，研究者则从这个样本数据库选择出一定数量的对象，然后邀请其前来填写网络问卷。也就是说，在这种调查方法中，只有那些注册过的上网者才有资格参加调查。

这种调查方法的典型代表，是由荷兰商业电视频道（SBS6）举行的全国大举网络调查。在这次调查中，电视台首先通过各种网上和网下的宣传途径向全国公众发出调查邀请函，请愿意参加者登陆电视台的网站。然后对那些前来登录网站的志愿者，研究者请他们回答一系列有关自己社会、个人背景信息以及在上一次大选时的投票选择情况。通过这种方式，则建立了一个抽样框。最后研究者从中选择了 3 000 名对象，邀请他们参加调查。样本代表性选择的方法是根据对象的社会—个人背景信息和投票特点来进行。表 33 显示了本次网络调查的结果。此调查是在全国大选的前一天进行的。

表 33　荷兰政党大选的固定样本式网络调查结果与实际结果的比较

政党	网络调查结果	实际选举结果	差额
CDA（基督教民主党）	42	44	−2
LPF（民粹党）	6	8	−2
VVD（自由党）	28	28	0
PvdA（社会民主党）	45	42	+3
SP（社会党）	11	9	−2
GL（绿党）	6	8	−2
D66（自由民主党）	5	6	−1
其他党派	7	5	+2

从中可看出，尽管研究者试图从志愿者中选出一个具有代表性的样本，但调查结果仍然与实际结果存在一定差距。研究者认为，若想尽量减少这种差距，只有真正基于概率抽样的网络调查才能达到目标。

表34就是一项基于概率抽样的网络调查的最后结果。这项调查是由荷兰第一电视频道进行的。在这次调查中，调查样本是通过随机数字拨号（RDD）方式获得的，共抽取了1 200名调查对象。比较上述调查结果，可以清楚地看出，后者要比前者更加准确。前者的平均绝对偏差值（MAD）是1.75；而后者的仅为0.75。

表34 荷兰政党大选的概率抽样式网络调查结果与实际结果的比较

政党	网络调查结果	实际选举结果	差额
CDA（基督教民主党）	42	44	-2
LPF（民粹党）	7	8	-1
VVD（自由党）	28	28	0
PvdA（社会民主党）	43	43	0
SP（社会党）	9	9	0
GL（绿党）	8	8	0
D66（自由民主党）	6	6	0
其他党派	7	5	+2

通过以上关于不同形式的网络调查结果的比较研究，研究者认为，在任何类型的调查中，基于概率抽样的调查样本，是将调查结果推论至整个目标群体的关键性前提，网络调查同样也不例外。

4.3 基于方便抽样的网络调查

4.3.1 兰德公司实施的便利抽样网络调查研究

2001年，美国兰德调查公司进行了一项有关性侵犯方面的调查研究项目。目标人群为在过去5年期间曾遭遇过性侵犯的18至35岁的妇女。通过在大学报纸和相关网站上发布调查邀请函的方式，研究者征集到100名调查对象。在调查之前，研究者通过打电话的方式与志愿参加者进行联系，并在电话中提出一些甄别问题，以确定其是否符合研究的要求。若符合要求，则为之提供一个附录网络问卷的密码。在电话联系过程中，为保护调查对象的隐私权，研究者并未提出任何有关对象身份的问题。而且所提出的问题也与问卷中提出的问题无直接关系。此次调查的问卷共包括35个李克特等级量表问题。完成问卷填写的对象将会收到一份由Amazon.com寄出的价值15美元的礼品券。

这项调查可以说是一个非常典型的利用网络方式来进行难接触对象的研究

项目。同时，调查也未使用商业网络问卷调查软件，而是使用 Html 语言来直接编制网络问卷。很显然，本项调查的主题非常敏感，一般情况下利用常规调查方式很难进行。在这种情况下，利用网络和大规模的广告宣传，可以使研究者能够有效地与那些普通人群中的极少数特殊对象进行联系，并通过匿名的方式填写问卷。在调查中，虽然问卷的填写时间仅为 10 分钟，但其编制则花费了一名高级程序员三天的时间和一名中级程序员 5 天的时间。图 29 和 30 是本次调查所使用的网络问卷。

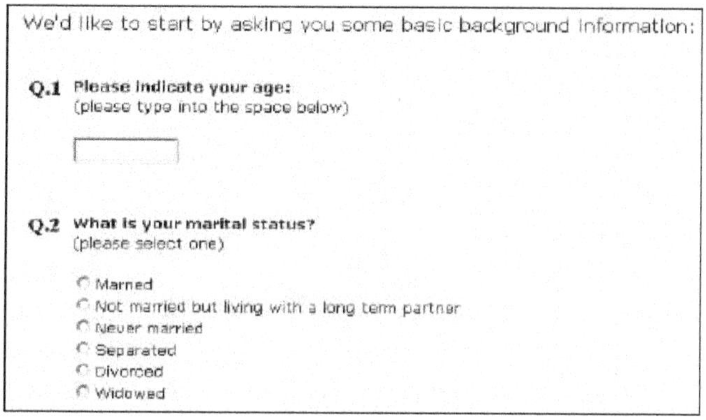
We'd like to start by asking you some basic background information:

Q.1 Please indicate your age:
(please type into the space below)

Q.2 What is your marital status?
(please select one)

- Married
- Not married but living with a long term partner
- Never married
- Separated
- Divorced
- Widowed

图 29　RAND 研究者编制出的网络问卷（个人信息部分）

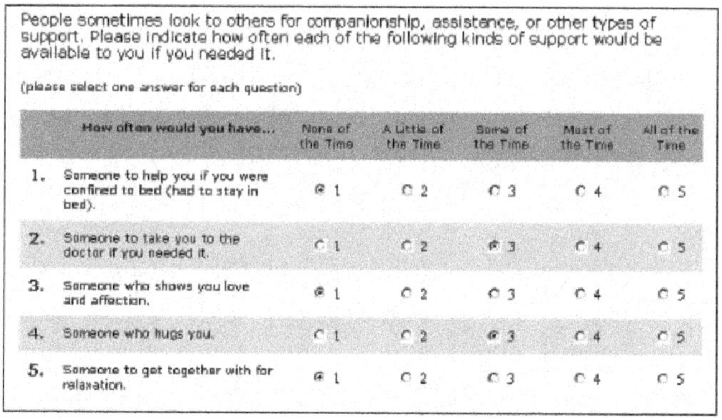
People sometimes look to others for companionship, assistance, or other types of support. Please indicate how often each of the following kinds of support would be available to you if you needed it.

(please select one answer for each question)

	How often would you have...	None of the Time	A Little of the Time	Some of the Time	Most of the Time	All of the Time
1.	Someone to help you if you were confined to bed (had to stay in bed).	1	2	3	4	5
2.	Someone to take you to the doctor if you needed it.	1	2	3	4	5
3.	Someone who shows you love and affection.	1	2	3	4	5
4.	Someone who hugs you.	1	2	3	4	5
5.	Someone to get together with for relaxation.	1	2	3	4	5

图 30　RAND 研究者编制出的网络问卷（李克特量表）

为保证只有被选中的受访者方能登录并填写问卷，此次调查所使用的问卷是利用密码进行保护。由于是利用 Html 语言编制，所以问卷的功能比较简单。问卷中未使用图片，数据的传递也未经加密处理。而且问题的错误检验提示功能也非常有限。例如，当对象在“年龄”空格中填写了非数字答案时，问卷并不能提供相应的错误提示信息。同时，当调查对象开始问卷填写之后，若由于各种原因而想在其他时间再填写问卷，那么她所填写的答案将无法保存。下次填写时将不得不再次从头开始。本来研究者也打算在设计问卷时增加此项功能，但考虑到问卷内容非常简短，增加这样一项功能在成本方面似乎不是很划算。

在问卷填写过程中，程序提供了一个"下一题"按钮。利用它，调查对象可以在填写完当前问题后进入下一题填写。但并未提供一个"上一题"按钮。如果对象在填写时未回答某一个问题就直接点击"下一题"按钮，问卷就会显示错误信息："请填写第 X 题"。但同时并不会提供自动返回出错问题之处的功能。调查对象须点击 web 浏览器的"后退"按钮并再点击"刷新"键后方可补充填写。

尽管问卷的功能非常简单，但此项调查堪称是一种成本较低的网络调查的典型案例。在调查中，研究者采用了便利抽样的方式来选择调查对象，并利用了成本低廉的网络反馈方式。当然，通过一些常规的方式，研究者同样也可以征集到一些志愿参加者。然而若使用常规方式，研究者则不得不使用成本较高的电话调查，或者获得调查对象的姓名和地址以便邮寄信函问卷。无论哪种方式，都有可能因调查主题过于敏感而遭到对象的拒绝。另外在常规调查中，即使对象能够匿名参加调查，在问卷完成之后向对象邮寄礼品时也需要对象的真实姓名方可寄出。而在使用网络问卷调查时，当调查对象完成问卷填写后，就会自动收到一份电子奖品证书，利用这个证书则可从特定的网络产品销售公司获得实物。这种方法同样也能够有效地保护调查对象的隐私权[①]。

4.3.2 Harris Interactive 实施的固定样本网络调查

Harris Interactive 是目前国外一家专门进行网络问卷调查的商业机构。通过网络广告及其他形式的宣传途径，该公司招募了一个包括数百万潜在调查对象的庞大固定样本数据库。对于任何一种特定主题的调查，公司都可以从其固定样本数据库中选择一个样本来进行调查。这种方法即所谓基于便利抽样的网络问卷调查。图 31 显示了该公司网络问卷的密码填写页；图 32 则显示了公司某项调查中的一个调查问卷页面。

这里要介绍一项该公司进行的一项有关加利福尼亚州居民关于身体保健和保健机构的态度调查。这项调查的委托方是加利福尼亚州健康保健基金会（Schonlau，2001）。

从 Harris 公司事先建立的由志愿对象所组成的固定样本数据库中，研究者选择了 70 932 个加州居民的电子邮件地址。其中 85% 的电子邮件地址是从数据库中全体加州居民人群中随机抽取。其余 15% 的电子邮件则是从某些加州居民的特定分组人群中抽取，目的主要在于进行过度抽样。这些分组人群包括不同

---

① 实际上，如果调查的目标人群属于是极其特殊的对象时，通过一些专门的网络调查机构，如上述提及的知识网络公司或 Harris Interactive，来与那些少数的常规方式难接触的对象进行联系，通常也是一种成本较低的可行方法。

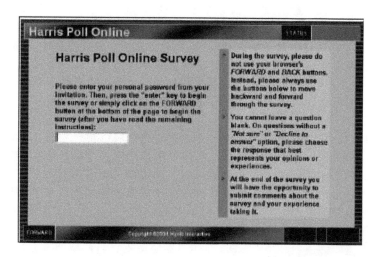

图 31　Harris Interacitve 网络问卷调查的密码填写页面

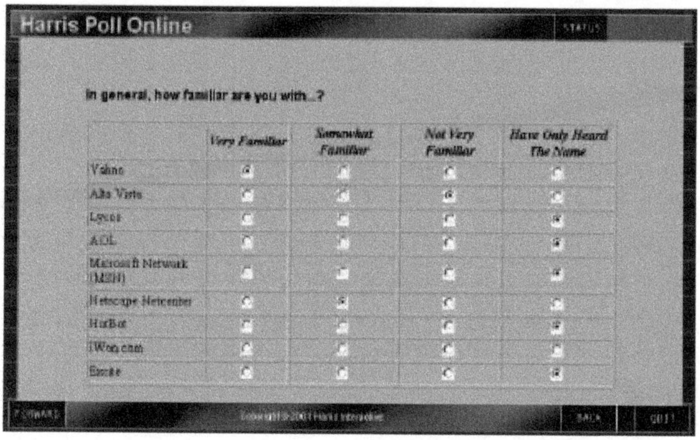

图 32　Harris Interacitve 网络问卷调查的一页

种族，不同宗教信仰的少数民族，65 岁以上的人群，以及低收入者（年收入低于 15 000 美元）。

在向调查对象发放的电子邮件邀请信中，包括一个密码和网络问卷网址。只有那些拥有密码的调查对象方可进入参加问卷填写。2000 年年初，电子邮件调查邀请信分两批发出，调查持续时间为一个月。在调查过程中，研究者还向那些无应答对象发出了一次电子邮件提醒催复信。

初步的统计结果表明，在全部70 932名调查对象中，2%开始了问卷填写但中途退出；12%完成了问卷填写。在完成问卷填写的对象中，有234名对象因年龄低于18岁或不居住在加州而被认定为无效问卷。最后，共获得8 195名有效问卷。

由于此项网络问卷调查采用的是非概率的抽样方式，因此权重数只能通过"后分层"的方式来获得。分层方式是根据加州"当前人口调查"（CPS）的数据来进行，其中包括性别、年龄、收入和健康保险。同时，还增加了来自倾向指数法的变量。

"倾向指数法"是一种用于两个人群之间进行比较的统计方法。（Rosenhaum and Rubin，1983 and 1984）本质上，这种方法试图通过同时控制那些被认为对比较有影响的全部变量的方式，来对两个人群之间的特征进行比较。在哈里斯公司的问卷中，包括一些用来测量上网人群与普通人群之间一般性态度差异的问题。这些态度问题的结果则被用于倾向指数法。

刚开始时，研究者分别实施了两项包括相同态度问题的调查。其中一项是网络问卷调查，另一项是基于RDD抽样的参照调查。当两项调查完成之后，利用一个指示变量（网络调查或RDD调查）作为结果变量，研究者通过对代表态度问题的变量进行逻辑回归计算的方式获得了倾向指数。然后根据倾向指数，两种调查的对象被划分为5类。倾向指数则按照以下方法进行分配：在每一类调查对象之中，网络问卷调查反馈者的权重比例都与每一类中参照调查的比例相互匹配。可以说，在调查研究领域，Harris Interactive公司第一次将倾向指数作为权数来使用。这里需要指出的是，倾向分数可以被分配在任何包含相同态度问题的后续网络问卷调查项目之中。

使用这种加权方法的目的，不仅是为了调整网络问卷调查对象与加州普通人群之间的人口统计变量差异，同时也用来修正上网者与普通人群之间的态度差别。这里，至少从理论上来说，态度变量可以补偿网络问卷调查由于仅包括上网者样本而产生的选择偏差。不过，总的来说，这种方法成功与否，依赖于以下几个假设条件：态度变量能够恰当地记录下上网人群与普通人群之间的差异；如果RDD参照调查（通常是针对全部美国人口）与目标人群不相同的话，也不会产生重大的偏差；而且RDD参照调查的时间是先于在网络问卷调查之前数周实施，这种情况同样也不会产生重大的偏差。

为检验倾向指数法的效果，Harris Interactive公司与兰德公司分别使用了相同的问卷实施调查研究。两者的唯一区别在于，前者是使用网络调查法，而后者则是使用RDD电话调查法。根据加州的"当前人口调查"（CPS）数据，研究者对这两项调查研究的数项人口统计变量进行了比较研究。研究结果表明，在调查对象的性别变量上，CPS的比例为48.9%，而RDD调查和网络问卷调查的比例则分别为57.5%和46.6%。这说明，RDD的调查结果高估了男性对象。同时，在Harris Interactive公司的网络问卷调查对象中，则只有9.7%的拉美裔对象。而CPS和RDD调查的此项比例则分别为25.1%和27.5%。这说明，在网络调查中，拉美裔人群被低估。另外，Harris Interactive 公司的调查用语为英语，而 RDD 调查则同时使用了英语和西班牙语；根据加州 CPS 的数据，网络调查反馈对象的受教育程度要高于加州普通人群的受教育程度。

总的来说，两项调查的比较表明，非人口统计变量的调查结果经过加权处理之后，某些问题的调查结果接近，而某些问题的结果则不同。当然，通过这种方法，显然很难预先知道两项调查的哪些问题的结果相同，或哪些问的题结果不相同。不过有一点是清楚的，那就是，在这两项调查中，那些与互联网相关的问题结果肯定会存在很大的差异性。例如，网络调查估计，约有 84% 的加州人口每天都使用互联网；而 RDD 调查的结果则是仅有 24% 的人口每天使用互联网。两者的差异显然非常大。

通过比较之后，研究者的初步结论是，在以下两个人口分组之中，网络调查和 RDD 调查的结果比较接近。这两个人口分组是：年龄低于 55 岁，年收入高于 40 000 美元，而且至少接受过一些大学教育的人群；每天使用互联网的人群。与两项调查对加州普通人口的态度估计结果相比，在这两个人群之中，两种调查方法所估计的对健康保健及其提供机构的态度具有较高程度的一致性。

当然，研究者并不认为 RDD 调查所得出的数据就比网络调查更准确。不过总的来说，研究者们还是对两种调查方式至少在某些方面能够得到比较接近的调查结果而颇感欣慰。在某种程度上，研究者普遍认为，要想搞清楚究竟在何种条件和环境之下，两种调查方式才能得出相同的调查结果，显然还需要多方面的系统研究和深入的探索。

4.3.3 北京大学实施的北京市中小学生网络调查

伴随着我国教育信息化水平的不断提高，计算机和互联网已成为中小学校教学的重要工具和手段。北京作为我国政治、经济和文化中心，信息技术在学校教育中扮演着越来越重要的角色。2006 年，北京大学教育技术系的研究者以北京市中小学生为研究对象，以学生的计算机和网络应用为主要研究内容，利用网络调查方式，深入探讨了信息技术在北京中小学生家庭、学校及校外的应用情况，并对这种基于计算机和网络应用而形成的青少年亚文化—网络文化的概念、内涵及表现形式进行了讨论。以下将介绍此网络调查的具体实施过程。

4.3.3.1 研究方法之选择

根据此研究的对象群体、内容和特点，研究者将采用质性与定量研究相结合的方法，具体来说，即网络问卷调查法与深度访谈法。在本研究中，研究者利用北京大学教育技术系网络调查研究中心的技术和研究力量来实施本次调查。同时考虑到北京市中学生上网条件等现实因素的限制，为提高调查的覆盖率和数据质量，将采用网络问卷与印刷问卷相结合的混合方式，即为受访者提供可选的问卷填写方式：有上网条件的学生则填写网络问卷；无上网条件的学生则填写印刷问卷。最后，利用研究中心基于开源软件而开发的 Websurvey 调查系统[①]对问卷数据进行整合，可有效提高研究的效率、缩短调查时间和降低调查成本。

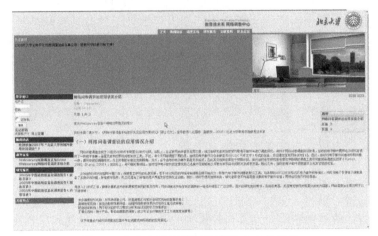

图33　北京大学网络调查研究中心的网站

该研究所设计的混合模式调查实施方案如图34所示：

在使用网络问卷来收集研究对象的定量数据的基础之上，研究者还将采用面对面深度访谈的研究方法，选择部分中小学教师、家长和学生进行访谈，对中小学生受网络影响之深层次内容进行了解与研究。

4.3.3.2　问卷及访谈提纲之设计

根据以上研究中心概念的界定及研究内容，在借鉴国内外其他相关调查研究项目的基础之上，研究者初步设计出以下调查问卷的初步框架：

> 中学生在学校中使用计算机的情况：对老师在教学中使用ICT的看法、对学习效果的影响、信息技术课的教学和信息素养发展水平等。
>
> 中学生在课余时间使用计算机的情况：包括使用的动机、兴趣、操作技能水平、使用时间、频率和常用的软件工具等。
>
> 中学生使用网络进行人际交流与沟通情况：包括 Cyber-slang（网络用语）、E-mail、BBS（电子公告板）、Chat Room（聊天室）和 IM（即时通信工具）等。
>
> 中学生利用网络进行信息获取与传播情况：如 Search Engine（搜索引擎）、E-learning（在线学习）、Web News（网络新闻）、Online

---

① 有关 Websurvey 网络调查系统的相关介绍，请参见本书第五章的相关内容。

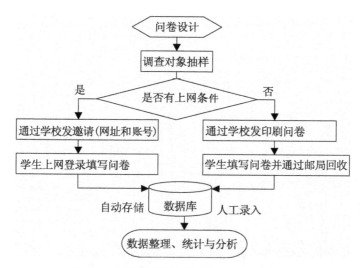

图34 本研究的混合模式调查过程示意图

Publication（在线出版）、Blog（博客）、FTP（文件传递）、P2P（点对点下载）等。

中学生使用网络进行娱乐的情况：如 VOD（视频点播）、Online Music（在线音乐）、Online Game（网络游戏）、Online Cartoon（网络动漫）等。

中学生对网络伦理的了解与认识：如 Cyber-communication Code（网上交流的规范）、Information-access Code（信息获取的规范）、Cyber-sex（网络色情）、Privacy（个人隐私信息）、Hacker（黑客）、Spam Mail（垃圾邮件）和 Computer Virus（计算机病毒）等。

同时，为进一步了解学生在学校的信息技术应用情况，研究者也设计了二份针对教师（普通学科教师和信息技术课教师）的调查问卷。主要内容一是教师在教学过程中的计算机及互联网应用情况，二是教学过程中学生的使用情况。研究者认为，将学生问卷与教师问卷所收集的数据结合起来，将更能揭示网络文化对于中小学生的影响。此外经过讨论还确定了对中小学生、教师和家长访谈的基本内容。

4.3.3.3 研究实施过程概述

根据上述研究设计与安排，首先，研究者设计了针对中小学生和教师的三份调查问卷[①]。问卷初稿完成后，在小范围内进行了测试，并根据测试结果对问卷内容进行修改。然后利用北京大学教育技术系的 Websurvey 网络调查系统，将纸质问卷转换为网络电子问卷（见图 35—37）：

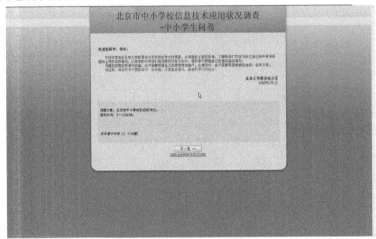

图 35　网络版的学生问卷

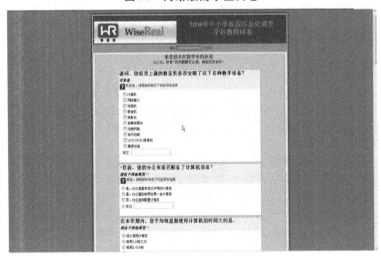

图 36　网络版的普通学科教师问卷

---

① 为全面了解计算机与互联网对中小学生的影响，研究者共设计了三份问卷，分别是：北京市中小学信息技术应用调查问卷（中小学生）、北京市中小学信息技术应用调查问卷（普通学科教师问卷）和北京市中小学信息技术应用调查问卷（信息技术课教师问卷）。

第四章　网络调查法的设计、组织与实施

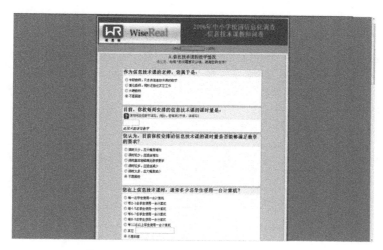

图 37　网络版的信息技术课教师问卷截图

课题组与北京市电教馆有关部门联系，共同讨论调查对象的抽样问题，最后确定了北京市 14 所中小学校作为本次研究的调查对象①。在确定研究对象后，课题组成员则分别与上述学校联系并安排研究相关事宜。在此过程中，研究者发现，对象学校都拥有较好的信息技术硬件条件，皆有计算机教室和联网条件。在这种情况下，通过与对象学校相关领导的沟通，决定不再采用纸质印刷问卷与网络问卷相结合的调查方式，而是只采用网络问卷。这样不仅可以有效缩短调查时间，而且也可以降低调查后期的数据录入和整理的工作量，从而提高研究的效率。

通过与受访学校的讨论，初步确定：学生问卷，每校组织 150 名（约三个班）的学生参加问卷填写，年级由学校自定；教师问卷，每校组织 10 名教师填写（其中普通学科教师 9 名，信息技术课教师 1 名）。

在 2006 年 9 月 1 日至 9 月 30 日，调查正式开始。研究者将网络问卷的网址通过电子邮件或通知的形式发给上述 14 所学校的相关教师，然后再由各学校分别组织学生和教师参加问卷填写。其中，参加调查的教师可自由选择在学校或家里填写问卷；而学生则由教师组织在学校的计算机教室中统一进行填写。

在此过程中，研究者还向全部对象学校的有关组织教师提供了帮助电话和帮助电子邮件。若参加调查的师生在填写过程中出现任何问题，可采用打电话或写 E-mail 的方式，直接与研究者联系，研究者将会在最短的时间内给予回答。

---

① 本研究由于时间较紧，故采用方便抽样的方式，在与北京市电教馆的有关人员讨论后，根据电教馆的建议，根据平均分配的原则，从全北京市的中小学校中抽取出 30 所学校，其中，中学和小学各 50%。然后由研究者直接与每一所学校的校长联系。愿意参加者则列为本次调查的对象。最后，共有 14 所中小学校愿意参加本次调查。

241

4.3.3.4 受访者背景信息

根据统计结果,在为期30天的调查时间内,共收到2 104份调查问卷,其中有效问卷数为1 993份,问卷有效率为94.7%。在回收的有效问卷中,中小学生问卷为1 905份,普通学科教师问卷77份,信息技术课教师问卷11份,详细内容见表35。

表35 调查问卷回收情况

问卷类型	抽样数量	回收的有效问卷数	反馈率
中小学生问卷	14*150=2 100	1 905	90.7%
普通学科教师问卷	14*9=126	77	61.1%
信息技术课教师问卷	14*1=14	11	78.6%

在学生问卷中,从参加调查的学生背景信息来看,其中,参加调查的小学生占总人数的71.6%,中学生占28.2%。从年级来看,比例最高者为小学五年级的学生,占总数的15.8%;比例最低者为初中三年级学生,仅为0.6%(见图38)。

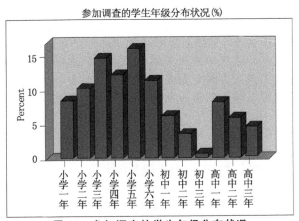

图38 参加调查的学生年级分布状况

从参加调查的学生性别来看,男生比例约为53%,女生比例约为47%。从学生所在的学校类型来看,90%以上都是城市学校的学生,只有不到10%的学生来自于县镇学校。

在教师问卷中,通过初步的数据整理与分析,研究者发现,在参加调查的普通学科教师中,61.0%的是小学教师,12.9%为初中教师,7.8%为完全中学教师,18.1%为高中教师。

在参加调查的学科教师中,男女性别比例约为3:7;从教师年龄来看,超过80%的教师年龄处于26—40岁之间。其中36—40岁的教师所占比例最高

(29.9%),46—50岁的比例最低（仅为1.3%）；从教师的学科专业背景来看，各学科的教师都占有一定比例。其中比例最高者为地理学科教师（14.3%），最低者为化学教师（3.9%），详细数据见图39：

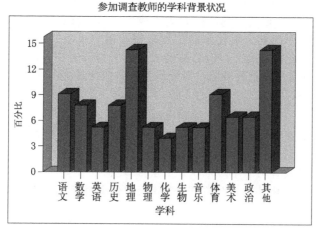

图39 学科教师的专业背景情况

除普通学科教师以外，另外还有11名信息技术课教师参加了本次调查，占全部教师问卷总数的12.5%。其中63.6%的信息技术课教师在小学任教，36.4%在中学任教。

4.3.3.5 讨论

此次针对北京市中小学生的网络调查研究项目的实施结果表明，目前在国内类似北京这样的经济发达和互联网基础设施条件较好的地区实施网络调查法的条件已基本成熟。在整个研究实施过程中，由于受访学校都装备有较好的计算机教室和联网设施，而且中小学生基本上都学习过信息技术课，已掌握基本的计算机操作技能，因此在技术方面未出现大的问题。不过，在学生填写问卷过程中，并不是所有学生都是通过学校的计算机填写，大约有1/3的学生是在家里计算机上网填写问卷。这一部分学生在填写时则出现了一些技术问题，主要表现为问卷打开速度慢，甚至在某些情况下无法打开问卷。经过研究者的分析，出现这种情况的主要原因是由于问卷服务器被置于"中国教育与科研网"（CERNET），当学生在学校填写时由于多处于同一个网络，网速基本可以保证。但当学生在家里上网时，由于都是通过电话局登录公众网，其与CERENT之间存在着一个互联瓶颈，造成学生登录问卷困难。从技术的角度来说，解决此问题并不困难，只要在公众网络放置一台镜像服务器，但这显然会增加调查的成本。

另外在调查中，研究者也发现了网络调查使用中经常出现的另一个问题，即问卷重复提交问题。在调查中，由于对象主要都是中小学生，且多数都可能是首次参加网络调查，因此都感觉很新鲜，虽然研究者已经事先在问卷中提示不要重复填写问卷，但实际上仍然大约有 7% 的学生重复提交了问卷。不过，通过对每一份问卷提交时所记录的 IP 地址和时间，研究者可以将之筛选出来，但显然这增加了后期数据整理的时间和人力成本。目前在国外的相关研究中也曾经多次发现过这个问题。从技术的角度来说，虽然也有一些方法，如 Cookie，密码等方式来防止重复提交，但总的来说，在网络调查中，问卷重复提交目前是一个比较难以避免的重要缺陷，需要研究者在使用过程中注意。

思考题

1. 根据你的理解，网络问卷与传统信函问卷的差异主要表现在哪些方面？
2. 你认为，网络问卷的设计原则主要有哪些？
3. 网络问卷设计的基本思路和方法包括哪些？
4. 在设计流程设计上，网络调查与传统的信函调查有哪些异同？

动手研究

实施网络调查显然离不开软件的支持。虽然目前国外已经出现了许多专门用来编制网络问卷的软件，但由于其价格昂贵导致一般研究者都无法负担得起这笔研究开支。不过，除专业软件之外，一些通用性的软件同样也可以用来编制网络问卷。例如最常见的就是微软公司 Office 办公套件中的 FrontPage 网页编辑软件。经过简单练习，研究者同样也可以设计和编制出一份网络问卷。请同学们参考 FrontPage 的帮助文件来了解其基本操作方法，然后自己确定一个研究主题，设计问卷内容，并根据本章中所讨论的网络问卷设计原则和方法来编制一份网络问卷。完成之后，有条件的可将之发布于互联网上并进行测试。

参考文献

中文文献

陈佳玲（2004）. 跳题功能和填写时间纪录对网络调查问卷资料品质之影响分析. 台湾中华大学资讯管理系硕士毕业论文. 指导教师：黄贞芬，2004 年 6 月.

风笑天（2002）. 社会调查中的问卷设计. 天津人民出版社，2002.

[美] 何琳·芬克（2003）. 如何设计调查问卷. 中国劳动社会保障出版社，2004.

[美] 罗伯特·F. 德威利斯（2003）. 量表编制理论与应用（第 2 版）. 重庆大学出版社，2004.

林承贤（2005）. 网络问卷调查回收率影响因素之初探分析——以 1999-2003 年台湾硕博士论文为例. 指导老师：刘骏州，台湾中正大学电讯传播研究所.

陶振超（1996）. 台湾地区全球信息网（WWW）使用者调查. 台湾交通大学传播研

究所硕士论文，1996年．

［英］伊恩·布雷（Ian Brace）．市场调查问卷设计．上海交通大学出版社，2005.

袁岳，周林古等（2005）．零点调查：民意测验的方法与经验．福建人民出版社，2005.

赵国栋等（2006）．互联网上的N世代：北京市中小学生网络文化研究报告 ［R］．北京大学教育学院教育技术系，2006-11-28. http：//www. websurvey. cn.

赵国栋（2007）．教育信息化国际比较研究．南京：江苏教育出版社，2007年．

张一帆（1997）．全球信息网与传播调查研究——调适性电子问卷系统之设计与发展．台湾交通大学传播研究所硕士论文．

英文文献

Abraham，Y. Sameer，Darby Miller-Steiger and Colleen Sullivan，In Press. Electronic and Mail Self-Administered Questionnaires：A Comparative Assessment of Use Among Elite Populations. Proceedings of the Southern Region of the American Association of Public Opinion Research，North Carolina.

B. Asch（2001）．Personal Communications，RAND，Santa Monica，Calif，2001.

J. Bethlehem and A. Hoogendoorn（2003）．Methodological Guidelines for Blaise. web Surveys. Paper Read at 8th International Blaise Users Conference（IBUC）．May，at Copenhagen.

Couper，Mick（1997）．The Application of Cognitive Science to Computer Assisted Interviewing Office. Paper Presented at CASM II Seminar，Charlottesville，Virginia，June 12th.

Couper，P. Mick，Kristin Kenyon and Roger Thourangeau. "Picture This！：Exploring Visual Effects in Web Surveys." Public Opinion Quarterly 68. 2（2004）：255-266.

Couper，P. Mick，W. Michael Traugott and Mark J. Lamias. "Web Survey Design and Administration." Public Opinion Quarterly 65（2001）：230-253.

Couper，P. Mick（2000）．"Usability Evaluation of Computer Assisted Survey Instruments." Social Science Computer Review 18（4）：384-96.

Couper，P. Mick（2001）．"Web Surveys：A Review of Issues and Approaches." Public Opinion Quarterly 64 S. Crawford M. P. Couper and M. Lamias（2001）．"Web Surveys：Perceptions of Burden," Social Science Computer Review，Vol. 19，No. 2，2001，pp. 146-162.

Couper，P. Mick（2001）．Web Survey Design and Administration，Public Opinion Quarterly. Chicago：Summer 2001. Vol. 65.

Comley，Pete（1997）．"The Use of the Internet as a Data Collection Tool." Paper presented at the ESOMAR Annual Conference，Edinburgh，Scotland.

Couper，P. Mick，Johnny Blair and Timothy Triplett（1999）．"A Comparison of Mail and E-Mail for a Survey of Employees in Federal Statistical Agencies." Journal of Official Statistics 15（1）：39-56.

D. A. Dillman，R. D. Tortora，J. Conradt and D. Bowerk（1998）．"Influence of Plain vs. Fancy Design on Response Rates for Web Surveys," Unpublished Paper Presented at the Annual Meeting of the American Statistical Association，Dallas，Tex. ，1998.

D. A. Dillman（2000）．Mail and Internet Surveys：the Tailored Surveys（Second Edition), John Wiley & Sons, Inc. p. 361.

D. A. Dillman, R. D. Tortora, D. Bowker (1998). Principles for Constructing Web Surveys, 1998. Available at: http://survey.sesrc.wsu.edu/dillman/papers.htm.

Dirk Heerwegh, Geert Lossveldt. An Evaluation of the Effect of Response Formats on Data Quality in Web Surveys, Social Science Computer Review, v. 20 n. 4, p. 471-484, October 2002.

E. R. Tufte (1983). The Visual Display of Quantitative Information. Graphics Press, Cheshire, Connecticut, 1983.

G. Flemming and M. Sonner (1999). "Can Internet Polling Work? Strategies for Conducting Public Opinion Surveys Online," Paper prepared for the annual meeting of the American Association for Public. Opinion Research, Montreal, Que., May 13-16, 1999.

M. Fuchs (2001). "Screen Design in a Web Survey," Paper presented at the American Association for Public Opinion Research, Montreal, Que., 2001.

R. Groves (1989). Survey Errors and Survey Costs. New York: John Wiley & Sons, 1989.

C. C. House (2002). "Integrating Paper and Web Instrument Development to Enhance Efficiency and Standardization," Paper presented at the International Conference on Improving Surveys Held in Copenhagen, 2002.

Jeavons, Andrew (1998). "Ethology and the Web: Observing Respondent Behaviour in Web Surveys." In Proceedings of the Worldwide Internet Conference (CD). London: ESOMAR.

Jenkins, R. Cleo and Don A. Dillman (1995). "The Language of Self-Administered Questionnaires as Seen Through the Eyes of Respondents." In Volume 3, Statistical Policy Working Paper 23: News Directions in Statistical Methodology, pp. 470 to 516. U.S. Office of Management and Budget.

J. A. Krosnick (1999). Survey Research. Annual Reviews: Psychology 50 (1), 537-567.

Matthias Schonlau, Ronald D. Fricker (2002). Conducting Research Survey via E-mail and the web, 2002, available at http://www.rand.org/pubs/monograph_reports/MR1480/ (2007-6-24).

Metzner, Helen and Floyd Mann (1953). "Effects of Grouping Related Questions in Questionnaires." Public Opinion Quarterly 17 (Spring): 136-41.

E. Nichols and B. Sedivi (1998). "Economic Data Collection via the Web: A Census Bureau Case Study," Proceedings of the Section on Survey Research Methods, American Statistical Association, Alexandria, Va., 1998, pp. 366-371.

A. N. Oppenheim (1992). Questionnaire Design, Interviewing and Attitude Measurement. New York: Pinter Publishers.

J. Preece (1994). Human Computer Interaction. Reading, MA: Addison-Wesley.

Schaefer, David and Don A. Dillman. In Press. "Development of a Standard E-mail Methodology: Results of an Experiment." Public Opinion Quarterly.

D. R. Schaefer & D. Dillman (1998). Development of a Standard E-mail Methodology: Results of an Experiment. Revised version available from Public Opinion Quarterly, 62, 378-397.

Schwarz, Norbert (1995). "What Respondents Learn from Questionnaires: The Survey Interview and the Logic of Conversation." International Statistical Review 63 (2): 153-68.

Sudman, Seymour, Norman M. Bradburn and Norbert Schwarz (1996). Thinking about Answers: The Application of Cognitive Processes to Survey Methodology. San Francisco: Jossey-Bass.

C. B. Smith (1997). Casting the Net: Surveying an Internet Population. Journal of Computer Mediated Communication, 2 (4).

M. Schonlau, K. Zapert, L. Simon-Payne, K. Sanstad, M. Spranca, H. Kan, J. Adams and S. Berry. "Comparing Random Digit Dial Surveys with Internet Surveys: The Case of Health Care Consumers in California," Unpublished Manuscript, 2001.

N. Schwarz (1999). Self-reports: How the Questions Shape the Answers. American Psychologist 54 (2), 93-105.

S. Sudman, N. Bradburn & N. Schwarz (1996). Thinking about Answers: The Application of Cognitive. Processes to Survey Methodology. San Francisco, CA: Jossey-Bass.

G. Terhanian, R. Smith, J. Bremer and R. K. Thomas (2001). "Exploiting Analytical Advances: Minimizing the Biases Associated with Internet-Based Surveys of Non-Random Samples," ARF/ESOMAR: Worldwide Online Measurement, ESOMAR Publication Services, Vol. 248, 2001, pp. 247-272.

Terhanian, George (1999). "Lessons from the Harris Poll Online." Paper Presented at the Annual Meeting of the American Association for Public Opinion Research, St. Petersburg Beach, FL.

Tullis, S. Thomas (1983). "The Formatting of Alphanumeric Displays: A Review and Analysis." Human Factors 25 (6): 657-82.

Ware, Colin (2000). Information Visualization: Perception for Design. San Francisco: Morgan Kaufman.

J. Werner, R. Maisel and K. Robinson. "The Prodigy Experiment in Using E-mail for Tracking Public Opinion," Proceedings for the Section on Survey Research Methods, Vol. 2, American Statistical Association, Alexandria, Va., 1995, pp. 981-985.

D. F. Witmer, R. W. Colman & S. L. Katzman (1999). From Paper-and-Pencil to Screen-and-Keyboard. In S. Jones (Ed.), Doing Internet Research: Critical Issues and Methods for Examining the Net. (pp. 145-162). Thousand Oaks, CA: Sage.

G. W. Yun & C. Trumbo (1999). Response Comparison of a Survey Executed by Mail, E-mail & Web Site. Paper presented to the Midwest Association for Public Opinion Research, Chicago.

Y. Zhang (2000). "Using the Internet for Survey Research: A Case Study," Journal of the American Society for Information Science, Vol. 5, 2000, pp. 57-68.

第五章 网络调查工具的选择与应用

【本章导读】

　　网络调查法的应用离不开各种软件和工具的支持，这是网络调查法区别于其他调研方式的一个重要特征，同时也是影响其普及应用的一个重要因素。本章将重点介绍一些国内外的网络调查软件和网站，其中既有商业产品，也有免费开源软件。出于实施成本和数据保密等方面的考虑，本章将重点介绍一款国外开源的网络调查系统 Limesurvey 的使用方法。该平台目前在北京大学教育学院已使用超过 7 年，曾实施过上百次网络问卷调查活动。实践证明，该系统安装简单、操作快捷，不仅能够满足社会科学研究者的调研需求，功能也毫不逊于商业产品，值得推广和应用。

　　网络调查法，作为一种伴随着计算机和通信技术而出现的新型数据收集方式，技术是影响使用该方法的一个关键性因素，同时也是其突出特点之一。正缘于此，在国外网络调查法发展初期，采用这种方法进行数据收集的应用者基本上都是计算机相关专业的技术人员而非调查研究者，因为后者通常不具备所需要的技术能力。正如美国调查专家迪尔曼数年前所说的："目前无论是网络调查的设计者、实践者，还是提倡者，其代表人物都是精通计算机程序的技术人员，而非如人们所想象那样是专业从事调查方法研究的专家们。"（Dillman, 1998）

　　不过近年来，随着计算机技术的发展，各种操作简便的专门用于制作网络问卷程序的出现，大大降低了对网络调查使用者技术上的要求和限制。利用专用的网络调查软件，研究者即使不了解许多计算机相关的知识和技能，同样也可以方便快捷地实施网络调查。可以说，专用的网络调查软件的出现，极大地促进了这种新型方法的应用与推广。

1. 商业网络调查软件概述

如上所述,在 20 世纪 90 年代中期之前,要想将常规的纸质印刷问卷转换为电子格式的网络问卷,显然需要研究者具有相当水平的计算机编程能力,如 Html 语言、数据库配置等知识,而这些专业技术知识和技能显然是一般调查研究专家所不具备的。因此才出现了上述迪尔曼所说的那种情形。但 90 年代中期之后,随着计算机人机图形交互界面技术的快速发展,各种直观图形操作界面的软件不断涌现,这使得一般的计算机用户也能够比较容易地操作和使用各种以前必须具备相当专业知识才能使用的应用软件。实际上不仅其他行业的应用软件在向这个方向发展,在网络问卷调查方面也是如此。

在这种情况下,国外一些具有敏锐市场眼光的专业软件开发公司及时发现了这种潜在市场需求,逐步开发出了各种专门用于编辑、制作网络问卷的应用程序。此后,各种功能不断完善的专业网络调查应用程序的出现,不仅在一定程度上解决了普通调查研究人员无法自己编制电子问卷的困难,使得越来越多的普通研究者能够采用这种方式进行数据收集,同时从某种程度来说,也相应推动了网络调查法在各个领域的普及和应用。

根据研究者的不完全统计,目前已有一些著名的外国软件公司逐渐开发出一些专门用于网络调查的软件系统。其中,在国外调查研究领域应用较多的网络调查软件主要包括:

WebSurveyor	SurveyGold
SnapSurvey	QuaskFormartist
Infopoll Designer 7	WinSurvey
Raosoft EZSurvey	AskAnywhere
SurveyTracker	Apian SurveyPro
QSurvey	QuestionPro
StatPac	SelectSurveyAsp
OurWebSurvey	KeyPoint
Sensus Web	COMRSurvey
SurveySolution	SurveyView
Survey Power	Survey Said EE
Surveyor	WbQuiz
WebForm	

相对于国外而言,研究者们发现,国内的网络调查软件要少一些。这一方

面与国内软件开发行业的整体发展水平较低有关，另一方面也与国内专业调查研究机构的发展水平密切相关。国内目前调查研究行业正处于初级发展阶段，数量少，水平参差不齐，调查方法主要以面访和印刷问卷为主，因而对网络调查软件的需求不高。

不过，这种情况并非意味着国内目前没有正在市场上销售的网络调查软件。实际上，研究者调查后发现，目前在国内常见的网络调查软件至少有以下 4 种：

  SPSS 的 mrInterview 与 DimensionNet
  Persues 的 SurveySolutions/EFM
  Adobe 的 Adobe Acrobat Pressional 与 LiveCycle Designer
  Sensus 的 Sensus Web

以下将分别简单介绍这 4 种网络调查系统的功能、特点及应用情况。

1.1 SPSS 的 mrInterview 和 DimensionNet

作为一家目前世界上最著名的统计软件开发机构，SPSS 公司不仅开发各种统计类软件，同时也形成了各种与统计、数据挖掘和市场调查等领域相关的系列软件产品。其主要面对的客户是专业研究机构、市场调查公司等，因此，目前 SPSS 已经以问卷调查方法为主线，形成一整套从问卷设计、数据收集、数据分析到结果分析等各种有关市场调查与研究的软件（见图 40）。

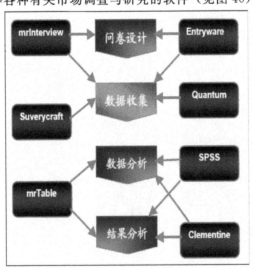

图 40 SPSS 生产的与调查研究相关的各种软件

20世纪90年代之后，SPSS公司也意识到了互联网对调查研究的重要意义，开始开发有关网络调查的专门软件。例如，目前SPSS公司的Dimensions products系列产品中就包括一种用于网络调查的软件。从技术上来看，Dimensions是一个完整的技术平台，用来支持从项目设计到数据收集和网站报告浏览的整个调查研究过程。其产品包括：

  mrInterview——通过网络浏览器设计调查并在线执行。
  mrInterview CATI——过网络浏览器设计调查并电话执行。
  mrPaper——开发并格式化纸质问卷。
  mrScan——自动为纸制问卷扫描做准备。
  mrTranslate——创建多语种问卷和说明。
  mrTables——制表和可视化调查结果。
  mrStudio——自动化数据管理，报告创建和其他调查进程。
  DimensionNet——在一个单一的客户化界面上安全地创建，发布和管理网上调查项目。
  Dimensions Development Library——是一个免费资源，它包含调查建议、窍门、编码摘录等。

其中，mrInterview就是一种B/S结构的网络调查软件，具有利用网络浏览器在线设计问卷和发布问卷的功能，问卷数据可直接存入数据库（见图41）。而DimensionNet则是C/S结构的网络调查软件，可以在离线的状态下创建、发布和管理网络调查。不过，这两种网络调查软件都没有数据统计功能，需要配合SPSS公司的其他统计软件方可对调查数据进行统计和分析。

从上述Dimensions系列产品的功能就可清楚地看出，它是一套完整的专门用于市场调查的软件系统，其功能强大，各类齐全，操作和使用方法也非常复杂，主要面向的服务客户是各类专业的市场调查公司，如AC Nielson等。因此这套软件的价格也非常昂贵，整套软件的价格是数十万美元以上。其中，即使mrInterview和DimensionNet这两个网络调查软件的单价也都分别超过了数万美元。另外这些软件的操作和使用方法都非常复杂，用户必须经过专门的培训以后方能正常使用。因此，对于一般的社会科学研究者来说，其使用成本较高，操作也太复杂。

1.2 Persues 的 SurveySolution/EFM

  Persues是一家专业设计网络调查系统的美国软件公司，其当前的产品名称

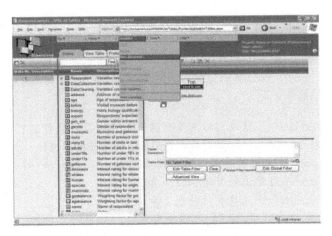

图 41　SPSS 公司的 mrInterview

为 SurveySolutions/EFM①（见图 42）。该系统采用集中式管理和完全基于网络的模式，不需要任何桌面软件的支持，全部操作都通过在线方式来进行。其突出的特点和功能主要包括：受访者分组管理、邀请函管理、文字处理方式制作问卷、问卷的高级逻辑功能、授权的工作流程以及安全和集中的网络报告系统。换言之，该系统采用了所谓流程化的工作环境，在整个反馈过程中整合了基于角色的授权访问以及合作调研的功能，能够实现包括问卷编写、发布、邀请管理、回复管理、分析和报告等一系列完整的网络调查环节。

该系统具有以下特点：

操作者不需要掌握任何编程技能就能够使用系统的各种高级的问卷设计功能，如逻辑跳题、问题指向引导、多级矩阵问题、随机排列和条件化选项等。

研究项目组成员能够方便地在一起合作编写调查问卷并分析结果。

可通过多种方式发送调查邀请函，如网站、电子邮件、电话和信函等。

同时支持多种调查方式，例如网络问卷，印刷问卷和移动调查（PDA 问卷）。

具有固定样本管理功能，可实施固定样本调查。

可随时通过 web 浏览器实时查看回复情况和调研结果。

---

①　SurveySolutions®/EFM 是该公司另一个产品 SurveySolutions® 的升级版，目前分为两个版本：SurveySolutions/EFM 企业版和工作组版。

第五章 网络调查工具的选择与应用

具有用户权限管理功能，可以根据系统的角色权限来使用报告和分析功能。

具有数据统计与分析功能，报告格式可采用 PDF、PowerPoint、Word、Html 或 Excel。

可与其他常见软件结合使用，如微软 Office 和 SPSS 等。

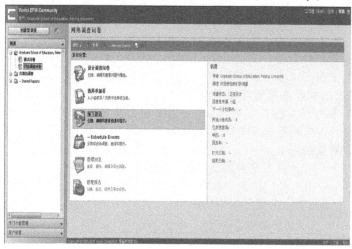

图 41　SurveySolution/EFM 的主界面

目前国内已有多家专业调查研究机构采用了 SurveySolutions/EFM 调查系统。

1.3　Adobe 的 Acrobat Professional 和 Adobe Designer

美国著名的 Adobe 公司是一家从事平面设计及电子文档软件开发的企业，其在国内最为著名的软件就是 Adobe Photoshop。同时，Adobe Acrobat 软件也是一个应用相当广泛的电子文档类软件。但普通 Acrobat 用户很少知道或使用到的功能是，这个软件不仅可以制作 PDF 格式的电子文档，同时也可以制作 PDF 格式或 Html 的电子表格。这种电子表格可以通过网络进行传递，供用户填写和回收。从这套软件本身的设计用途来说，这种电子表格原来是用于政府机构或企业的电子商务。但实际上这种功能同样也可被用于设计网络调查问卷。

目前，Adobe 公司能够制作电子表格的软件是 Acrobat Professional 和 Adobe LifeCycle Designer。在 Acrobat Professional 7.0 版中，LifeCycle Designer 被与之结合一起，以加强 Acrobat 本身原有的电子表格设计能力。

从功能上来看，Acrobat 与 LifeCycle Designer 两个软件所设计出的电子表格

（电子问卷）基本功能大致相同，可设计的电子表格主要分为交互式表格、静态表格和动态表格三类，其功能分别如下：

第一种是静态表格：具有固定的显示版式，表格中的填写栏所能容纳的数据长度固定不变，当用户所填写的数据长度多于填写栏时，填写栏无法自动扩大。因此表格中的数据必须严格按要求填写，否则无法正确填写。填写时，用户可在计算机上利用 Acrobat、Acrobat Reader 或 Acrobat Form Sever 来填写静态表格。填写完毕之后，若用户使用 Acrobat Professional 填写表格时，则可直接点击表格中的"提交"按钮，通过数据直接提交数据；或者也可将数据保存在表格中，然后通过电子邮件提交；若用户使用的是免费的 Acrobat Reader 填写表格时，则无法保存数据，只能在计算机上填写之后打印输出，然后通过信函或传真机发送[①]。静态表格的应用流程如图 42 所示：

第二种是动态式电子表格：其与静态表格的主要区别在于，动态表格的填写栏能够自动适应填写者所填写数据的长度，并将之正确记录在表格之中。通常，动态表格是利用 Acrobat Designer 来设计，也是通过 E-mail 递交。用户填写之后无须打印，可通过表格中的"提交"按钮来利用 E-mail 提交数据。在 Acrobat Professional 中有专门将表格数据提取并存储的功能，可将表格数据导入 MS Excel 保存；动态表格的使用流程如图 43 所示：

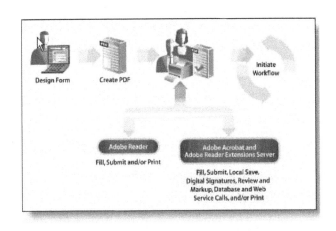

图 42　利用 Acrobat Professional 设计填写后打印式电子表格流程图

第三种是交互式电子表格：这种表格具有各种交互功能，需要 Acrobat Form Sever 的支持方可使用。用户在填写时，既可使用 Acrobat Professional 或

---

① 当用户使用 Acrobat Reader 填写时，只有在事先已设置好 Acrobat Reader Extender Server 的情况下，用户方可如使用 Acrobat Professional 一样直接提交或保存数据。

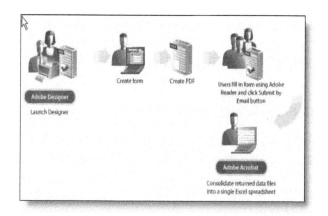

图 43 使用 Acrobat Designer 设计的动态电子表格流程图

Acrobat Reader 来填写，也可通过网络浏览器（如 IE）来填写，这是一种具有在线功能的电子表格。表格中有"提交"按钮，用户在计算机上填写完毕之后，可通过网络直接将表格数据提交至数据库（见图 44）。

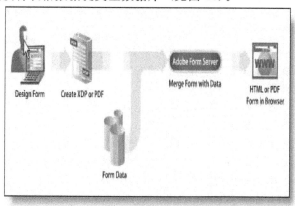

图 44 使用 Acrobat Designer 设计的交互式电子表格流程图

通过以上 Adobe 公司的电子表格产品功能介绍可以看出，其电子表格（问卷）软件确实可用于网络调查，功能也很强大，但由于这套软件最初的设计出发点是应用于政府的电子政务或企业的电子商务，因此在使用方面具有很大局限性。其中最明显的一点，就是电子问卷文件格式的兼容性问题。通常情况下，表格填写者在填写之前必须下载和安装 Adobe 公司的相应软件，否则就无法填写或提交数据。这一点说明，当其用于网络调查时，只有在事先已经统一购买和安装了其产品的机构内部成员之中实施,很难在各种针对普通受访者的调查中使用。另外,Adobe 公司的 Acrobat Professional 和 LiveCycle Designer 的操作方法也非常复杂,用户只有在受过使用方法的系统培训之后方可使用。值得指出的是,Adobe 公司的这些电子表格软件没有数据处理和统计图表生成功能,必须借助第三方软件才能实现。

1.4 Sawtooth Software 的 Sensus Web

在国内软件行业中,相对于很早就进入中国软件市场的著名 SPSS 和 Adobe 公司来说,美国 Sawtooth Software(锐齿软件)公司则相对来说鲜为人知。实际上,该公司是一家专门为研究数据的收集和分析提供软件产品的机构,其客户来自市场研究公司,市场和管理咨询公司,民意调查机构和政府职能机构等各种类型的调查研究组织。目前主要产品包括 CATI、CAPI/CASI 和 Web Interviewing 三个系列。其中,Sensus Web 就是一种用于网络调查的软件。

作为一种主要面对专业用户的网络调查软件,Sensus Web 的主要功能如下:

支持声音、图像等多媒体。
自动测试。在问卷编写阶段,就可以自动地运行问卷并产生模拟的被访者数据。可以通过自动测试来检查问卷逻辑,或者是添加分析说明。
与 Wincati 一样,可在样本资料和访问间交换信息。
同一个项目可采用多种语言的问卷。(包括中文)
离线的测试工具。
在线的配额控制。(可选功能)
电子邮件通知被访者。(可选功能)
在线和离线的数据统计功能。
内嵌 DBMS/Explorer 分析工具,可以界面操作方式制作频数表、交叉表和各种统计指标的表格。
问卷也可以用作 Wincati 问卷。(该公司的另一个产品,用于计算机辅助电话调查)

目前,Sawtooth Software 公司已在中国开设了一个办事处,负责在国内市场的软件销售。

1.5 商业调查软件的特点分析

通过对上述网络调查软件的技术特点和功能进行分析后,研究者发现,这些软件通常都具有以下特点:

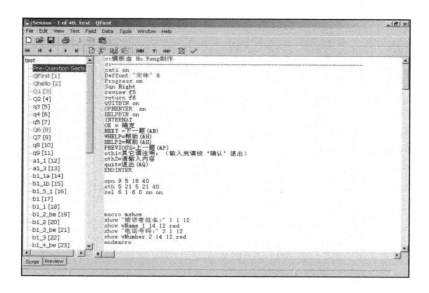

图 45　美国 Sensus 公司的网络问卷调查软件 Sensus Web

软件的使用都是基于图形界面，操作简便，无需用户掌握专门的程序技能和知识，只需要具备基本的计算机操作技能，就能编制网络问卷。

可提供现成的调查问卷模板库或问题库，用户只需在问卷模板基础之上进行编辑修改即可快速生成一份网络问卷，工作效率较高。

调查数据可直接写入数据库存储，通常兼容各种常见数据库产品。

能够生成传统印刷问卷所使用的各种问卷题型，如单选题、多选题、表格题、填空题、开放题和排序题等。但与印刷问卷相比，网络问卷增加了图片、语音、动画和动态影像等多媒体功能。

具有问卷自动分页功能，可根据需要将一份问卷分为多页面显示。

具有问题选项自动跳转功能，可根据受访者的不同回答自动跳至问卷中的不同位置，解决了印刷问卷中跳转易出错的难题。

具有即时数据检验和自动错误提示功能，可根据所设定的参数对受访者的回答进行检验，出现错误则自动弹出提示信息。

具有各种问卷保护功能，如通过认证密码来保护网络问卷和防止受访者重复提交问卷等。

通过对上述网络问卷制作系统的分析，研究者也发现这些软件的不同特点：

第一是技术结构不同：某些程序是基于 C/S 结构设计，有些则是 B/S 结构。这两类技术结构的程序各有特点，前者由客户端程序和服务器端程序组成，一个用于生成网络问卷，另一个用于问卷的数据管理；而后者则无须安装任何客户端程序，用户只需通过网络浏览器即可在线制作问卷。从功能上来看，C/S结构的程序在功能上要更强大，而且用户无须联网也可制作问卷，但需要有专门的服务器来支持整个系统的运行；B/S结构的程序则需要用户处于联网条件下方可制作问卷，且功能相对较弱。

第二是统计制图功能的区别：某些程序还带有调查数据管理和统计功能，可以制作各种复杂的实时统计图表（如条形图、饼图、柱状图和高低图等），并自动计算各种统计测量（如均值、中数、方差、标准差和极值等）；有些程序则无此功能，或者只有简单的统计功能。

第三是数据库分组功能的差异：某些程序（主要是基于C/S结构的软件）能够连接多个不同类型的数据库，以便于同一机构中不同部门使用；而有些产品则仅能使用某一种数据库。

第四是与MS Office的兼容性：有些产品在设计时可能考虑到用户的操作习惯，在问卷编辑界面和功能方面与MS Office兼容性很强，甚至可以直接调用Office的某些功能来加强软件的功能，例如可将网络问卷导入FrongPage进行再编辑，将统计数据导入Excel，将统计图表导出为doc格式的文档，或将图表导入PowerPoint等。

第五是移动调查功能：有些产品能够直接将网页问卷导入PDA之中，调查数据可直接存储于PDA，以便于研究者在无网络的条件下使用。

最后是兼容其他调查方式：为符合专业调查机构的要求，有一些网络调查程序还具有与其他调查方式结合的功能，例如将印刷问卷版面设计、CATI、CAPI和PDA移动调查结合在一起，能够将各种调查所获得的数据进行管理和整合。

2. 新型网络调查网站的兴起

近年来，伴随着中国互联网经济的飞速发展，网速提升，网费下降，这些因素直接推动了中国互联网应用的快速普及和应用。据统计，2012年，我国的互联网普及率已达到39.9%，网民数量达到5.38亿，连续四年保持全球第一。网民规模的庞大，也催生出互联网经济的高度发展。过去10年里，中国互联网经济的平均增速在60%以上，是国家GDP增速的5倍还多，2011年，我国互联网产业的总体规模超过2600亿元人民币。新的网络信息传播普及，使新的网络商业模式正在诞生，新的网络生活憧憬正在成长。

在这种互联网经济迅速扩大的背景下，网络调查行业也正在迅猛前进，展示出巨大的发展潜力。据不完全统计，目前国内已出现40余家以网络问卷调查为主要业务点的商业类公司或机构，通过各种技术方式向中国网民提供问卷调查的设计或样本库服务（见表36）。

表36 当前国内常见的网络调查网站列表

名称	主要功能	网址
新秦综合研究所	招募网民注册和有偿填写问卷	http://www.searchina.net.cn/
调查通	招募网民注册和有偿填写问卷	http://www.diaochatong.com/
易调网	招募网民注册和有偿填写问卷	http://www.yidiao.net/
中智库玛	招募网民注册和有偿填写问卷，下载和安装客户端程序，现金报酬	http://www.51poll.com/
中国互联网调查社区	招募网民注册，下载和安装客户端软件	http://h.cnnicresearch.cn/
天会调研宝	自助调研平台，设计和发布网络问卷	http://www.diaoyanbao.com/
知己知彼网	招募网民注册和有偿填写问卷，自助问卷设计	https://cn.aipsurveys.com/
爱调网	招募网民注册和有偿填写问卷，自助式问卷设计与发布	http://www.idiaoyan.com/
态度8调查网	招募网民注册和有偿填写问卷，自助式问卷设计与发布	http://www.taidu8.com/
清研通网络调查	招募网民注册和有偿填写问卷，下载和安装客户端软件	http://netinsight.cn/
数据100调查在线	自助式问卷设计与发布	http://www.data100.net/
调查派	自助式问卷设计与发布	http://www.diaochapai.com/
问卷星	自助式问卷设计与发布，样本服务	http://www.sojump.com/

数据来源：研究者根据网络资料整理

同时，这些网络调查网站的发展甚至催生了一个特别的行业：网上填写问卷兼职赚钱。这被许多网民认为是近年来在网络当中成为可靠度最高、信誉度最好的项目。正如受访者在完成传统印刷问卷填写后，会被赠予小礼物或酬金一样，目前网络问卷填写也正在逐渐发展成为一个独特的产业，成为一些网民兼职挣钱的重要选择。所谓网上填写问卷赚钱，就是在网上回答调查问卷，完成后就可获得现金奖励或物品奖励。据说一份10～20分钟左右的网络调查问卷，佣金都在5～20元左右，有的调查问卷甚至佣金达到50元。不过，通常来说，这些付费性的调查基本上都是由商业市场调查公司来组织和实施的，主要内容也是有关各种商品的使用和测试反馈，与学术类网络问卷调查差异较大。

根据研究者分析，这些网络调查网站可以分为以下三类：

第一类网络调查网站，其功能可概括为"招募网民注册和有偿填写问卷"：实际上就是以往传统的市场调查公司在网络时代的表现形式。这类网站的主要任务就是受各种机构的委托来发布各种网络调查问卷，然后邀请网民们前来填写。完成后，网民将获得一定数额的经费回报。

它的通常运作方式是：首先通过各种方式邀请社会各个层次的网民前来网站注册成为公司的固定样本库，然后根据样本库中网民的个人信息来向不同群体的对象发送网络问卷调查邀请。当网民填写完成网络问卷后，网络调查网站将向网民支付一定的现金报酬，通常是通过银行卡或支付宝等网上支付形式来进行。在这种网络调查网站中，网民样本库的数量大小、代表性是决定网络问卷调查结果的关键因素。在接受企业的委托来实施某个主题的商业调查后，网站就会根据委托方式的调查对象要求从样本库中检索出相应的受访者，然后通过电子邮件或其他网络调查手段，向这些被挑选出的网民发出调查邀请函。在这种网络调查组织模式中，可以看出，网民，也就是受访者，全部都是自愿前来注册的，其所填写的信息真实性和可靠性是无法检测的。类似本书第2章3.2节中所提到的"志愿固定样本的调查"。

此外，从技术上来看，除常用的Html网页问卷之外，也有一些此类网络调查网站还要求注册的网民从其网站上下载和安装一个客户端程序，用来向注册者发布调查邀请和管理问卷。通过这种方式，调查机构也可以进一步了解注册用户的网络行为，加强与受访者之间的相互联系。

简言之，这类调查网站就是一种网上的市场调查公司，主要任务是获得各群体消费者对各种商业产品的意见和反馈信息。在表36中的"新秦综合研究所"（Searchina）、"调查通"（iPanel）、"爱调查"、"中智库玛"都属于是类似的机构。

图45　第一类网络调查网站的样例（网上市场调查机构）

第二类网络调查网站，其功能可概括为"招募网民注册和自助式网络问卷设计"。实际上，就是在第一类网站功能的基础之上，进一步增加了自助式网络调查服务。通常，访问这类网络的网民有两类：一是希望通过注册成为固定样本库的成员去参加各种网络调查问卷而兼职赚钱者；二是那些希望能够设计和发布网络问卷而实施网络调查项目的研究者。针对这两类群体的需求，调查网站设计了不同的工具和功能。

对于前者群体来说，网站的运作方式与第一类基本相同：注册成为固定样本库的成员，然后根据填写问卷的数据获得一定报酬。而对于后者群体来说，他们是希望通过设计和发布自己的网络问卷而获得相应的调查数据。其基本运作方式是：首先在网站上注册一个用户账号，然后进入网络调查系统开始设计自己的网络问卷。问卷完成后可通过各种通讯方式来向受访者发布问卷，包括电子邮件、短信等。调查结束后，可在网站上查看或下载调查数据。目前，对于个人用户来说，通常都可以免费注册和使用；但对于机构用户来说，则需要支付一定的费用。

图46　第二类网络调查网站的样例

第三类网络调查网站，其功能可概括为"自助式网络调查平台"。这类网站的功能是单一性的：为各类用户提供网络调查平台的技术支持服务。具体地说，就是提供自助性的网络问卷设计、网络调查实施和数据统计与分析服务。通常，这类网站的使用流程是：首先通过免费或付费方式注册一个用户账号，登录之后通过网络浏览器开始创建自己的网络问卷。然后将问卷通过微博、网络通讯工具来发布，有的网站也支持通过手机来填写。当受访者填写问卷之后，调查者则可通过网站来查看或下载问卷数据。这类调查网站通常是需要付费的，既可以按调查次数支付，也可以年费方式来支持。例如，在表中，"调查派"和"问卷星"就属于此类网络调查网站（见图47）。

从这类自助式网络调查平台的技术功能来看，主要包括：

在线通过浏览器式的问卷编辑界面，支持单页或多页问卷，支持多种题型，可设置逻辑跳转，问卷样式选择。也有的调查网站还支持通过文本格式来快速生成网络问卷，或者问卷的开放与密码保护设置。数据格式也是多样的，通常包括Excel格式、Word格式、SPSS格式和CSV格式等，调查系统可以根据所收集的数据自动生成各种描述性的统计图表。

整体来看，上述三类网络调查网站的产生与发展，在一定程度上代表了国内网络调查行业近年来的发展状况。当然，这种发展更多的是体现在商业领域，而非学术研究界。

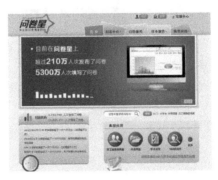

图 47 第三类网络调查网站的样例

3. 免费开源的网络调查系统 Limesurvey

通过以上对于各种网络调查工具和网站的介绍可以看出，在组织和实施网络调查活动中，技术工具扮演着重要角色，对调查活动的效率和效果起着关键性作用。这一点与传统的印刷问卷调查差异很大。在传统调查中，问卷通常仅有印刷形式和材质的差异，但表现功能是大同小异的。然而在网络问卷调查中，网络调查平台功能在差异性、兼容性、稳定性和适用性等方面存在着诸多不同，会直接影响到调查数据的数量与质量。从这个角度来说，对于调查研究者来说，选择和使用一个适用的网络调查系统，对于网络调查项目的组织和实施至关重要。

在以上所介绍的各种网络调查工具和网站中，全部都属于是商业产品或机构，虽然其中一些网站可以提供免费注册和免费自助式的问卷设计平台，但在实际应用中，这些免费版产品的功能都过于简单，也没有技术支持服务，很难满足网络调查的实际需求。而如果研究者想要付费使用的话，就会涉及两个基本问题：一是费用较高，学术研究者难以承担，尤其是那些国外公司的网络调查软件，价格都非常昂贵，每年的使用费可高达数万元，这对于许多调查研究者来说可能是一个繁重的负担。二是数据保密问题，由于调查数据全部都保存在商业机构的网络调查平台上，就会产生数据失密之忧，这也是一个必须考虑的因素。

不过，令人欣慰的是，除了上述各种商业网络调查软件和网站之外，研究者还有另外一个选择，那就是使用免费开源的网络调查码软件[①]。

---

① 开放源代码软件（Open source software）：指的是符合"开放源代码组织"（OSI）所定义的开放源代码定义的软件。目前开放源代码定义由 OSI 基金会维护，共有十项标准，分别是：自由再散布、源代码开放、衍生著作、原创作者程序源代码的完整性、不得对任何人或团体有差别待遇、对程序在任何领域内的利用不得有差别待遇、散布授权条款、授权条款不得专属于特定产品、授权条款不得限制其他软件和授权条款必须技术中立。

近年来，随着开源软件运动的不断推广和发展，不但出现了诸如 Linux 这样的开源操作系统，同时也出现了许多开源的应用类软件，如 OpenOffice，Firefox 等。表现在网络调查软件方面，国外也出现了一些功能比较完善的免费开源网络调查系统，其中最典型的代表就是 Limesurvey。

LimeSurvey 是一项自 2003 年就启动的基于 web 的免费开源的在线调查系统，前身为 PHPSurveyor，最初由澳大利亚人 Jason Cleeland 负责，2003 年 3 月发布了第一个公开版本：0.93 版。2006 年，项目开始由一位德国 IT 项目经理 Carsten Schmitz 领导。2007 年 5 月项目更名为 LimeSurvey，同年 LimeSurvey 在 Les Trophées du Libre 竞赛中获得公司管理类软件第一名，2008 年 LimeSurvey 荣获 Best Project for the Enterprise 提名。整体来看，LimeSurvey 在 Source-Forge. net 上排名一直比较高，例如，2008 年 6 月 4 日在 100000 个项目中的排名是 99。

从技术上来看，Limesurvey 是用 PHP 语言[①]编写，可支持 MySql、Microsoft SQL Server 和 Postgres 数据库。由于系统采用 UTF-8 字符集，所以 Limesurvey 很容易被翻译和国际化，目前总计有 49 种语言的文字包，包括简体和繁体中文。同时，由于该系统良好的兼容性和强大的功能，Limesurvey 已被移植到一些内容管理系统（CMS）上作为调查模块来使用，如 PostNuke，XOOPS 和 Joomla 等。目前，Limesurvey 最新的版本号为 2.0，据介绍这一版本由基于 MVC（Model-View-Controller）架构和 PHP 框架 Yii 开发，系统的底层代码已全部重写。但根据研究者的测试，这一版本的稳定性和访问速度还仍然有待改进，建议使用 Limesurvey1.85 稳定版[②]。经过研究者 2 年多的测试和应用，这一版被认为是目前稳定可靠的版本，功能上也足够使用。

从功能上看，Limesurvey 所针对的主要用户群体为社会科学研究者、市场调研人员及经常做问卷调查的相关人员。该系统的主要功能包括问卷设计、调查方式选择、问卷发放及数据处理等功能，研究者可以方便快捷地创建网络问卷并通过 E-mail 和网页等方式发放，反馈数据保存在数据库中，可直接对反馈数据进行筛选、整理、分析和制作统计图表。同时为方便研究者进一步对数据进行的深度挖掘，系统也提供了各种格式的反馈数据导出功能，可利用专业统计软件（如 SPSS 和 SAS 等）进行深入的处理与分析。

Limesurvey 调查系统的技术结构如图 48 所示：

在操作上，Limesurvey 问卷调查系统的所有功能，都通过在线操作而实现，利用网络浏览器来访问和登录服务器。全部功能均为图形操作界面，所见即所得，用户无须有任何编程基础，也不需要在本地计算机安装任何程序，操作简便。当用户登录系统之后，只需按照以下操作流程，就可设计出一份网络问卷

---

① PHP：Hypertext Preprocessor（英文超文本预处理语言），它是一种 Html 内嵌式的语言，是在服务器端执行的嵌入 Html 文档的脚本语言，语言的风格有类似于 C 语言，目前被广泛地运用。

② 本书第 1 版（2008 年）中所介绍的是 Limesurvey 1.5 版。

并开始实施网络调查（见图 49）。

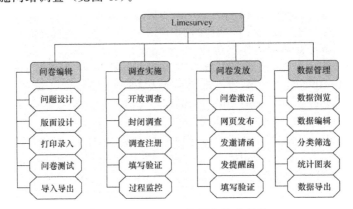

图 48　Limesurvey 的基本技术结构

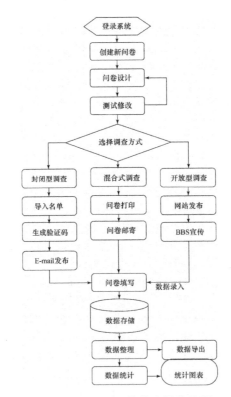

图 49　Limesurvey 的基本操作流程

4. Limesurvey 安装方法

Limesurvey 是一款免费开源的软件，研究者可直接登录 Limesurvey 的官方网站[①]去下载程序安装。下载软件包之后，可以在其官方网站上找到安装方法指南[②]，依据步骤进行操作就可以很轻松地完成系统安装和调查工作。需要提醒的是，要使用 Limesurvey，你需要有一个联网的服务器作为硬件基础。Limesurvey 的基本安装步骤如下所示：

1. 检查网络服务器的软件环境符合运行要求
- 约 40 兆的磁盘空间保存脚本。
- MySQL 4.1.0 或以上版本 OR Microsoft SQL Server 2000 或以上版本 OR Postgres 8.1 或以上版本。
- PHP 5.x 或以上版本并启用下列模块/链接库：
1) mbstring (Multibyte String Functions) 扩展库。[③]
2) mysql4 或 mysql5 PHP 链接库。
3) sessions 见 http://de2.php.net/manual/en/session.installation.php。
4) pcre (regular expressions) http://de2.php.net/manual/en/book.pcre.php。

可选：
- 已安装 iconv 扩展库（仅用于 PHP 4 versions，主要用于输出 Excel 表格）。
- GD-Library with FreeType support installed (for captchas or nice charts in statistics) 见 GD-Library PHP Documentation。
- 已安装 LDAP-Library (to import tokens using LDAP)。

另外，如果你想在本机使用 LimeSurvey，我们推荐使用 XAMPP，它比较容易安装配置包含 Apache，MySQL，PHP 和 Perl 在内的服务器。这样，LimeSurvey 无需配置即可运行在 XAMPP 上。

2. 下载并解压 LimeSurvey 软件包

下载最新稳定版 LimeSurvey（1.85 版）的 zip 格式压缩包，并保存到计算机的本地磁盘。然后用压缩软件解压 zip 软件包至专用目录/文件夹。请同时解压软件包原来默认的目录结构及相关档案。要注意安装路径不应包含字符，但可以包含空格符。

3. 收集服务器信息

要想在在网站服务器上正确安装 LimeSurvey，需要了解以下基本知识：
- 准备脚本存放的网址（比如：http://my.domain.com/limesurvey）。

[①] Limesurvey 的下载网址是：http://www.limesurvey.org/en/download。
[②] Limesurvey 的中文安装指南见：http://docs.limesurvey.org/Chinese。
[③] 参见 Limesurvey 网站上的 Installation FAQ。

- 脚本存放在服务器上的物理磁盘位置（如：/home/usr/htdocs/limesurvey）。
- MySQL 数据库的 IP/网络位置（如：localhost）。
- 如果 MySQL 数据库使用非标准端口，就要找出端口号。
- MySQL 数据库使用的用户名及密码。
- 多数供应商不支持脚本来创建数据库，必须手动创建。如果使用了这样的供应商，请自行创建数据库（例如 limesurvey）。

4. 配置 Limesurvey

接着，用文本编辑器打开位于/limesurvey/根目录的文件 config.php，并进行以下操作。

1）基本设置。浏览 config.php 并检查/配置以下设定：

- $databasetype：这是数据库类型。现在可以设定"mysql"表示使用 MySQL 数据库服务器；设定"odbc_mssql"表示使用 Microsoft SQL 服务器；设定为"postgres"表示使用 Postgres SQL Server。测试证明，这些数据库类型都可用于 Limesurvey。
- $databaselocation：设定数据库的 IP/网络位置。大多数情况下设为"localhost"即可。
- $databasename：配置数据库服务器上使用 LimeSurvey 的数据库名称。如果你的权限较高，可以自行创建数据库。本例内，填写设定数据库名。不然，亦可沿用以前创建的数据库名称。如果你提供了已有的数据库名，请确保它不包含旧版 LimeSurvey 表格。
- $databaseuser：DB 服务器用户名。
- $databasepass：DB 服务器密码。
- $dbprefix：如果使用独立的数据库存放 LimeSurvey，就可以置空本设定(ie: $dbprefix=""；)。如果数据库内还有其他数据库程序，则可通过本设定加上前缀字符串。推荐前缀为"lime_"，也可自行决定。
- $rooturl：这是执行 LimeSurvey 程序文件的正确网址。通常有默认设定，所以你不必在此作何改变（the section {$_SERVER['SERVER_NAME']}会自动执行。如果无效，请手工键入地址，例如"http://www.mydomain.com/limesurvey"）。
- $rootdir：这是执行 LimeSurvey 程序文件的磁盘物理位置。通常默认设定，所以不必在此作何改变（the section "dirname(__FILE__);"会自动执行）。如果无效，请手工键入物理位置，例如 /home/public_Html/limesurvey。
- $sitename：为调查网站指定一个名称。它会出现在调查列表概览和管理员标题上。
- $defaultuser：当 LimeSurvey 开启脚本访问控制时、首次设定安全选项时创建的默认用户。

- $defaultpass：当 LimeSurvey 开启脚本访问控制时、首次设定安全选项时创建的默认密码。
- $siteadminemail：管理员的默认 e-mail 地址，用于系统消息和联系选项。
- $siteadminbounce：退回的 e-mail 的发送地址。
- $siteadminname：站点管理员的真实姓名。

2）可选设定

在 config.php 内还有许多可选的设定项目[①]。请注意，初始安装前在 config.php 中的设置会起作用。但初始安装结束后，无论如何再怎么修改 config.php，上传到空间，都不会对设置调整发生作用。因此，初始化安装之后，如需调整设置，比如调整邮件设置，应在"全局设定"中的"邮件设定"中调整设置。

邮件设定：如使用 smtp 模式，需要注意"默认站点管理员电邮"要与"smtp 主机"一致，同时"默认站点管理员电邮"也要与"默认站点退回电邮"完全一样，否则会出现"e-mail to ＊@＊.＊ failed"的错误提示。同时，如果一开始就在 config.php 中设置邮箱，则管理员名字不宜用中文，否则会出现乱码。

5. 上传文件至 web 服务器

利用 FTP 程序，连接至 web 服务器并创建存放脚本的目录。然后按目录结构上传文件。推荐上传采用二进制模式。当有时图片不能正确上传时，请使用 ASCII 模式。

6. 设定目录权限

脚本如果要正确运行，需要为某些目录设定特定的访问权限，尤其对于 Linux/Unix 系统来说更是如此。

- 目录 "/limesurvey/tmp" 用来导入和上传，它应当在 web 服务器上设为"可读"和"可写"。
- 如果想编辑和拷贝模板，应当把 web 服务器上目录 "limesurvey/templates" 及其子目录设定为"可读"和"可写"。
- 目录 /limesurvey/upload/ 及其子目录应当具备"可读"和"可写"权限，这样才能启用图片和媒体文件的上传。
- 其他目录都应当设置为"只读"，或在 Linux/Unix，应给 /limesurvey/admin 目录内的每个文件都设定为"只读"。

7. 运行安装脚本

转至 "http：//your.domain.com/limesurvey/admin/install"。如果配置都正确，系统将要求创建数据库及其数据表。Limesurvey 接着就会创建相关库表。当脚本提示已经成功创建相关数据表时，将被提示"更名或删除/admin/install 目录"，选择确定。

[①] 请查阅 page with the optional settings.

8. 首次连接管理脚本

这时，已经安装完 Limesurvey 调查系统。然后，就可以打开浏览器并键入 admin.php 脚本所在的网址。假定你使用了 LimeSurvey 作为目录名称存放文件，网址就会类似"http://your.domain.com/limesurvey/admin/admin.php"。你会看到一个登录界面：

- User：admin。
- Password：password。

在登录后会被提示修改默认密码。至此，整个 Limesurvey 安装和调试完毕，你可以创建和设计自己的调查问卷了。

5. Limesurvey 功能及操作流程

从整体上来看，Limesurvey 的功能主要包括 4 个方面：

- 网络问卷创建与编辑
- 网络调查组织与实施
- 调查邀请发送与提醒
- 调查数据管理与统计

这四项功能实际上涵盖了网络调查的全部环节，能够从技术上为调查研究者提供一个比较完整和完善的系统环境。具体看，上述 4 个功能的具体内容见表 37：

表 37　Limesurvey 主要功能说明

模块	主要功能	描述
问卷创建与编辑	调查问题设计与编辑	问卷内容可分组；可使用单选题、多选题、表格题、填写题、排序题和评注说明共 6 类 28 种题型 标签集定义：用户可预先自定义标签集，用于常见问题选项 问题属性设置，包括必答检验、个别内容检验、选项随机排序、答案传递、选项分栏、填写框显示宽度和数字定义 可设计问题的分支跳答，包括简单跳答和复杂跳答设置 可使用 Cookie 防止重复填写；可记录问卷提交时间和 IP 地址 可自定义问卷提交页内容，或定义提交页 URL 链接
	版面与导航设计	可选择问卷分页方式：逐题分页、逐组分页和单独一页 可自定义问卷导航按钮："上一页"和"保存"和"续填"按钮 可为问卷选择或利用模板编辑器来自定义网页 CSS 表
	问卷打印	可将网络问卷自动转为印刷版问卷，打印以后发布，主要用于混合模式调查
	数据录入	将印刷问卷的数据录入数据库，主要用于混合模式调查
	问卷测试	可模拟填写问卷进行测试
	问卷备份	可将问卷导出为 CSV 格式数据作为备份，也可重新导入

续表 37

模块	主要功能	描述
调查组织与实施	启用问卷	启用问卷，系统将自动生成数据表单，用于存放反馈数据。问卷启用后，内容修改功能将受限
	开放调查	用于方便抽样调查，受访者可自愿参加调查，无任何限制
	封闭调查	用于概率抽样调查，可预先导入抽样名单，根据名单自动生成验证码，通过电子邮件发送调查邀请函，其中包含一个加密的 URL 地址，受访者提交问卷后，该 URL 自动失效
	填写验证码	用于导入、生成和管理问卷填写验证码表，用于概率抽样调查，事先须有一个调查抽样框
	调查注册	受访者可使用 E-mail 注册后参加调查，系统自动生成验证码后向注册者发送邀请函，函中附加密 URL
	调查监控	每当有受访者提交问卷后，系统将自动向研究者的 E-mail 信箱中发送通知，分为简要通知和完整通知
邀请发放	邀请函	用于概率抽样调查，可根据受访者名单和验证码向受访者发送 E-mail 邀请函。邀请内容可定制
	提醒函	用于概率抽样调查，若受访者在期限内未完成填写，可向其发送提醒函。内容可定制
	网页发布	用于方便抽样调查，将网络问卷的 URL 链接嵌入网页，任何看看到此链接的对象皆可参加填写
数据管理与统计	数据浏览	研究者可随时登录调查系统查看问卷反馈数据
	数据编辑	研究者可对反馈数据进行编辑、修改与删除
	数据录入	可将印刷问卷回收的数据录入数据库，主要用于混合模式调查
	数据筛选	可根据问卷内容设置筛选条件，对数据进行分类与整理
	统计图表	可根据反馈数据自动生成的统计图表，统测量包括百分比、频数等；图表包括饼图、柱状图等
	数据导出	可将全部反馈数据导出为 Word/Excel/Spss/CSV 格式的数据，用其他统计软件进行深度分析

当用户登录系统之后，只需按照以下操作流程，就可以方便快捷地设计一份网络问卷并开始实施网络调查（见图 50）。

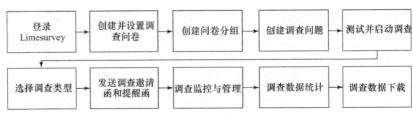

图 50　Limesurvey 操作基本流程图

6. 网络问卷设计方法

从操作方法上来看，Limesurvey 使用简单，设计者不用掌握任何编程技术，就可以设计和制作各种形式的网络问卷。对于研究者来说，你所承担的主要工作，就是编制出调查问卷的文本内容，选择问题的类型，理清问卷的结构，其他的技术性工作基本上都可以由 Limesurvey 替你完成。此外，如果有拥有受访者的名单和电子信箱列表，那么，你就会更进一步真正体验到，网络调查问卷为你的研究所带来的高效与便捷。

6.1　网络问卷的结构

登录 Limesurvey 之后，你就会看到以下界面（见图 51）：

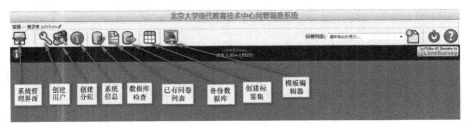

图 51　Limesurvey 系统管理界面

如果你想新创建一份网络问卷，点击"创建/导入新问卷"按钮开始设计（见图 52）。

图 52　Limesurvey 新建问卷界面

创建一份网络问卷,通常至少由三个基本部分组成,分别是:

- 问卷参数设置:包括"常规选项"、"显示及导航"、"公开性访问控制"、"通知及数据管理"、"导入调查问卷"(见图53)。这些设置都是创建一份

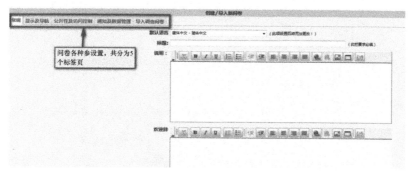

- 图 53 Limesurvey 新问卷的参数设置界面

网络问卷的必要组成部分,设计者可以根据自己的研究需要进行设置。

- 问题分组①:就是把一份问卷划分为数个不同的部分,每一个分组都可包括一定数量的问题。其目的是将整个问卷的内容分门别类地排列,使问卷内容有序化排列。在设计问卷时,要求首先添加一个分组后方可开始添加提问的问题(见图54)。每份问卷都必须至少有一个分组,每一个分组内至少要包括一个问题及其选项。

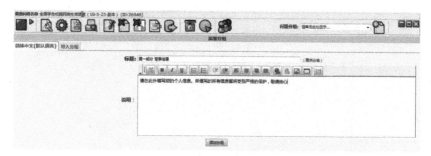

图 54 创建问卷的新分组操作界面

- 问题及其选项:这是整个问卷的核心构成因素,按照内容、性质的不同被置于不同的"问题分组"之中。从技术角度来说,设计者可以在一份问卷或一个分组中创建无数个问题,换言之,问题的数目不受任何限制。问题的基本组成部分有:题干(提问内容)、选项、题型(提问的方式),另外还包括一

---

① 需要提醒的是,即使设计者不打算将问卷划分成不同的分组,也必须首先为问卷至少创建一个分组,这样调查问卷的全部问题都可以被置于此分组内。

个"帮助或注释",用来对此问题进行说明或解释(见图55)。

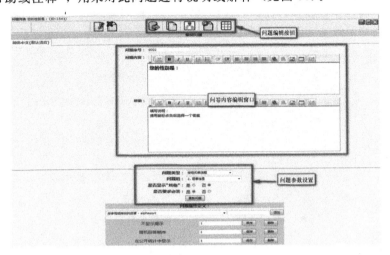

图 55 问题及其选项的编辑与设置

简言之,在 Limesurvey 中,一份网络问卷的结构和构成要素如图 56 所示,设计者可以此为依据来了解整个问卷的设计思路与结构。

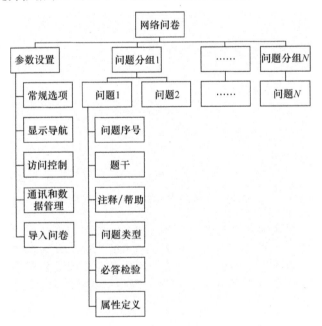

图 56 网络问卷的基本结构及构成要素

6.2 网络问卷的题型

Limesurvey 为研究者提供了丰富多样的问题类型，涵盖了问卷设计中所使用的全部样式，除此之外还包括了一些印刷问卷无法实现的特有的题型，如下拉菜单题，滑块题型等。目前，该系统所实现的问题类型包括：单选题型、多选题型、填写题型、表格题型、排序和辅助题型共 6 大类 28 个题型（见表 38）：

表 38　Limesurvey 所提供的 28 个题型列表

题型	分类
单选题型（8 种）	是/否题，性别题，按钮式单选题，5 点式单选题，标签单选题，附注式单选题，下拉框式题，标签下拉框题
多选题型（2 种）	多项选择题，附注式多选题
填写题型（8 种）	单行填空题，多行填空题，日期填空题，数字填空题，多维数字填空题，简答题，论述题，行标签表格填空题
表格题型（7 种）	5 级式表格题，10 级式表格题，"增加/不变/减少"表格题，行标签表格题，列标签表格题，行标签双变量表格题，行标签数字表格题
排序题（1 种）	顺序题
辅助题型（2 种）	样板题，语言选择题

对于上述不同题型，Limesurvey 提供了不同的参数设置。例如，是否要求必答，选项显示行数，填写框宽度，输入数字范围限定，选项显示列数，选项前缀定义，选项后缀定义，填写字符限制，"其他"选项必答，随机排列选项排序，等等（见表 39）。通过这些参数设置，可以为问题提供丰富多样的功能，保证受访者在填写时尽量降低填写误差，提高数据质量。

表 39　Limesurvey 问题类型的参数设置列表

题型	分类	共同参数	独特参数
单选题型（8 种）	是/否题，性别题，按钮式单选题，5 点式单选题，标签单选题，附注式单选题，下拉框式题，标签下拉框题	是否要求必答，选项显示列数，是否显示操作提示，是否显示"其他"选项，"其他"选项是否要求必答，"其他"选项补充说明，选项顺序排列方式（随机或字母顺序），"其他"选项限填数字	N/A
多选题型（2 种）	多项选择题，附注式多选题		最多选择数、最少选择数、选项的排他设置

273

续表

题型	分类	共同参数	独特参数
填写题型（8种）	单行填空题，多行填空题，日期填空题，数字填空题，多维数字填空题，简答题，论述题，行标签表格填空题	是否要求必答，是否显示操作提示，输入框宽度，填写最大字符数，选项的前缀，选项的后续	只能填数字，数字之和最大值，数字之和等于值，数字之各最小值，滑块数字拖动显示，滑块最大值，滑块最小值，滑块移动单位，滑块初始值，年份设定
表格题型（7种）	5级式表格题，10级式表格题，"增加/不变/减少"表格题，行标签表格题，列标签表格题，行标签双变量表格题，行标签数字表格题	是否要求必答，选项顺序随机排列	选项显示长度，列过滤，标题设定
排序题（1种）	顺序题		排序最大值，排序最小值
辅助题型（2种）	样板题，语言选择题	N/A	N/A

注：N/A表示无此项内容。

以下，介绍上述题型中比较有代表性的几类题型：

第一，标签单选题：在功能和形式上，它与"按钮式单选题"相同。但此题型的不同之处在于，在设计问题时，设计者可通过"标签集"功能[①]来事先定义调查问题的选项，使用时直接调用即可。

第二，多行填空题：可创建一个由多个填空框组成的问题，每个填空框前和后都可自定义标题（前缀和后缀）。如图57所示。

第三，日期选择题：让受访者在一个弹出的电子日历中，用鼠标来选择某个日期的题型，操作方便，不容易出现填写错误。如图58所示。

第四，数字填空题：在外形上与普通填空题一样，但受访者只能在空格中填写阿拉伯数字（0—9）无法填写其他字符。

第五，多维数字填空题：该题型有两种表现形式，一种是普通的多行式填空题，每一行的空格内只能填写阿拉伯数字；二是可设置为滑块式拖动选择题

---

① "标签集"功能，在问卷设计时，设计者可以将常用的问题选项（如全国的省份名称）做成模板，可在不同的问卷中调用，这个功能可提高问卷设计效率。

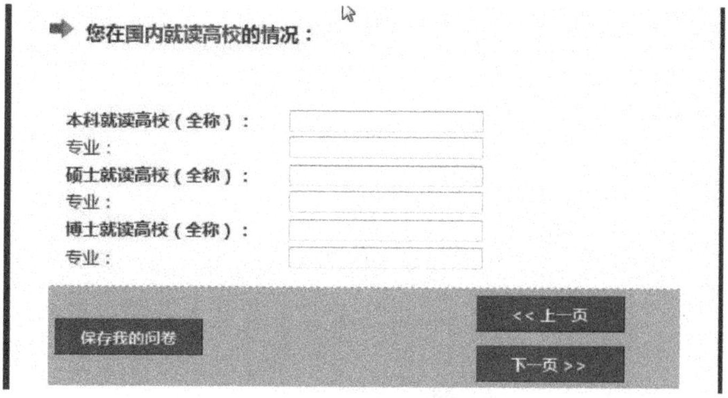

图 57　多行填空题

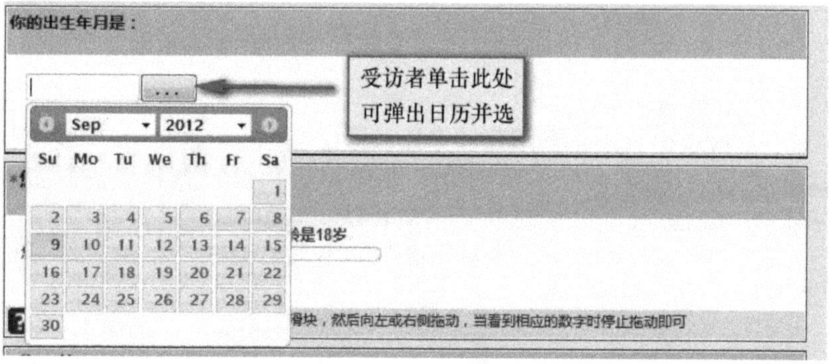

图 58　日期选择题

（见图 59）。这种形式的填写题的最大优势，就在于能够尽量减少受访者在填写数字时的操作误差，他们只需要用鼠标拖动滑块，就可以完成数字的填写。而且所选择的数字肯定是在问题所限制的范围之内，不会产生填写误差。例如，在这个题型中，研究者可以事先界定所填写的多个数字总和的最大值，最小值或精确值。若受访者填写错误，则问卷会自动弹出提示信息。

第六，表格题型：表格题也是调查问卷中常用的一种题型。其特点在于形式简洁，能够将多个相同或类似主题的问题综合在一张表格之中，所占问卷版面空间少，便于受访者阅读和选择。通常，表格题都属于是单选题，而且经常与态度相关的级量表结合使用。需要注意的是，虽然表格题可将多个问题整合为一个表格，但从视觉和阅读的角度来说，表格中所包括的问题不宜太多[①]，以

[①] 表格题中的选项行数建议最多不要超过 10 个，最好 5 行左右，以降低对受访者的认知压力。

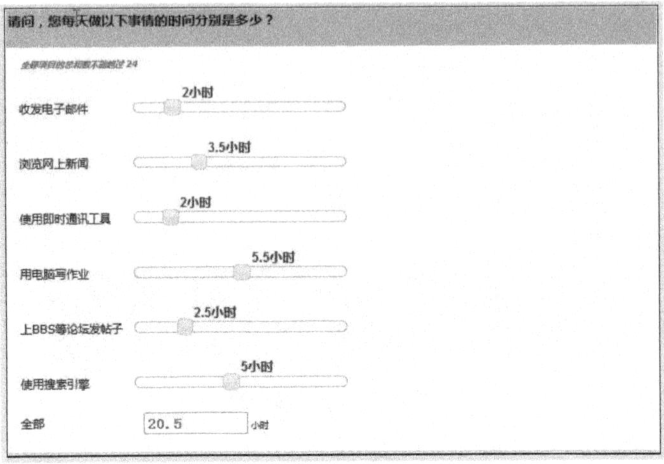

图 59　拖动式滑块多维数字填空题

免对受访者产生视觉和阅读压力，进而出现拒答、乱答或答错等问题。

在 Limesurvey 中，表格题型共有 7 种，例如，“是/不确定/否”表格题，就是可创建一个行选项为“是/不确定/否”的表格题，设计者只需要输入问题的各个选项内容，系统就可以自动生成一个表格（见图 60）。“增加/不变/减少”表格题与上述“是/否/不确定”表格题类似，不同之处在于，量表的等级名称变为“增加、不变、减少”。

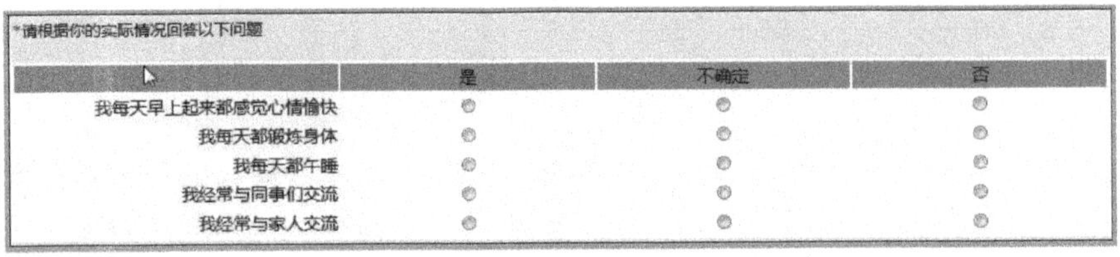
*请根据你的实际情况回答以下问题

	是	不确定	否
我每天早上起来都感觉心情愉快	◎	◎	◎
我每天都锻炼身体	◎	◎	◎
我每天都午睡	◎	◎	◎
我经常与同事们交流	◎	◎	◎
我经常与家人交流	◎	◎	◎

图 60　“是/不确定/否”表格题

行式定制标签表格：可创建一个等级表格题，其等级量表按行排列，与众不同之处在于，它可利用标签集功能来定义等级量表的内容。换言之，这个题型必须与标签集相互结合来使用。设计者必须首先设计好标签集以后，然后在此题型中直接调用。

第七，排序题型：这是 Limesurvey 中一个比较特别的题型，实际上就是让受访者来对一系列的选项，按照某种特性，如重要程度、喜欢程度等进行顺序排列。在操作上，受访者直接用鼠标点击就可以对选项进行排序，先点者排在前面，后点者排在后面。另外，也可以很方便地对顺序进行修改和重新排列，其形式见图 61。

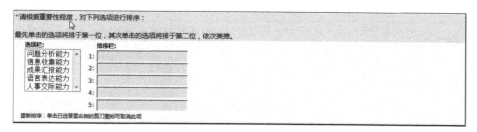

图 61　Limesurvey 的排序题型

以上简单介绍了 Limesurvey 中较有代表性的 7 种题型，至于其他常见题型，如单选项、多选题和简答题等，请大家自行测试，操作起来都很简单。

6.3　网络问卷的操作界面介绍

在了解 Limesurvey 问卷结构和题型的基础之上，以下我们就可以开始学习如何创建自己的网络调查问卷。问卷设计界面如图 62 所示：

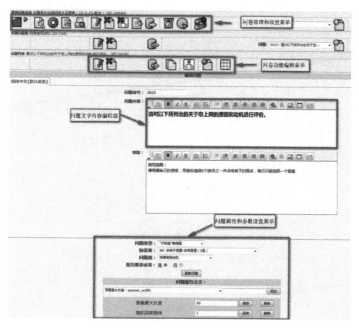

图 62　Limesurvey 问卷编辑界面

在创建新问卷过程中，设计者将会使用到表 40 中所列出的各种编辑按钮，大家事先有所了解和记住，以备后面使用。

表 40 Limesurvey 系统常用按钮的功能解释

	问卷启用和停止按钮：问卷一旦被激活，此图标就会自动显示，系统可自动保存调查对象所提交的问卷反馈数据
	问卷权限设置按钮：可以将某份问卷的部分权限向特定用户开放，主要用于合作设计和编辑问卷
	问卷测试按钮：单击此图标可测试或填写一份问卷，设计者可以随时用该按钮来预览正在设计的问卷表现形式
	数据录入按钮：单击此图标可进入问卷数据录入界面，用来录入印刷问卷的数据，此功能主要用于混合模式的调查
	问卷打印按钮：单击此图标可查看问卷的"打印"预览，用于当将此份问卷导出为印刷格式，主要用于混合模式的调查
	问卷删除：单击此图标可删除当前问卷。此按钮只有在问卷至少有一个分组情况下才会显示，此功能操作后无法撤销
	问卷跳转重置按钮：点击此按钮可将整个问卷中所设置的问题跳转全部删除
	问卷分组或问题顺序调整按钮：可调整分组或问题的前后顺序
	导出问卷和问题按钮：单击图标导出一份问卷或 1 个问题，导出的内容包括问卷的分组、问题、选项及逻辑跳答设置等，文件格式为 CSV
	测评量设置按钮：可将问卷设置为测量量表，并设置相应的计分标准和文字反馈内容
	问卷配额设置按钮：预先对问卷的填写份数进行设定
	验证码管理按钮：仅用于封闭调查（概率调查），用来导入、生成和管理受访者名单的问卷填写验证码
	浏览反馈结果：单击此图标可浏览问卷的反馈结果，此图标只有当问卷被激活之后才会出现并起作用
	问题复制按钮：用来复制所设计的问题
	跳转设置按钮：用来设置不同问题之间的逻辑跳答关系
	问题预览按钮：用来查看所设计问题的实际显示效果
	问题选项编辑按钮：用来输入和编辑某些题型的文字内容

6.3.1 设置问卷参数

在 Limesurvey 中，若想创建一份新问卷，请在系统管理窗口中，单击右侧的图标，"创建问卷"窗口将自动打开，并对新问卷的基本信息进行设置（见图 63）。

● 标题：就是问卷的名称，用于标明调查问卷的主题或中心内容，并使之

第五章 网络调查工具的选择与应用

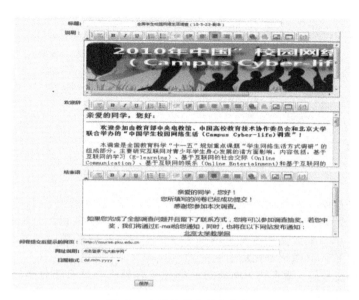

图63 问卷的基本信息编辑

区别于其他问卷。在开放性调查①中，将显示于每页问卷网页的上部。

● 说明：具体介绍问卷的组织者、主要内容和调查时间等。点击左上角的那个水果图标，可使编辑窗口扩大至全屏，以便于设计。以下各窗口都是如此。

● 欢迎辞：在开放性调查中，会出现在问卷的首页界面，用以欢迎调查对象参加。

● 结束语：当受访者完成问卷填写并提交问卷之后所显示的内容，通常用来通知受访者问卷已经成功提交数据库，并感谢他们的支持和配合。

完成上述基本信息设置之后，我们就可以进入随后的问卷属性和参数详细设置阶段，共包括如下5个步骤：

第一步，是要求设置问卷的常规参数，包括界面语言选择和管理者相关信息（见图64）。

---

① 网络调查的类型：利用 Limesurvey 网络调查系统，研究者可实施三种类型的调查：开放型网络调查，封闭型网络调查和混合模式的调查。其中开放型网络调查是指基于方便抽样原则的调查组织形式，其特点是无参加资格限制，任何对象只要能够上网并看到网络问卷，就可以参加填写。而封闭型调查则是基于概率抽样的调查组织形式，事先需要建立一个调查对象的抽样框，从中抽取一定数量的对象，然后为之分配填写验证码，并通过 E-mail 发送问卷邀请函。在这种调查方式中，只有获得验证码的对象方可填写问卷，且每人只能填写一份，不可重复提交。另外，混合模式的调查则是将常规的印刷问卷与网络问卷结合使用，以扩大调查的覆盖率，减少误差。具体操作方法是分别通过网络和邮局发放问卷，参加调查的对象有上网条件者可上网填写，无上网条件者则可纸笔填写并邮寄返回。研究者通过 Limesurvey 的数据录入功能将数据录入数据库，与网络问卷的数据结合在一起进行整理和分析。

图 64　问卷的常规选项设置界面

● 问卷管理者及联系电子邮件：填写调查组织者的姓名和联系 E-mail，主要方便让受访者直接与问卷管理者联系，以便咨询有事宜。同时调查系统也将使用此 E-mail 来向受访者发出调查邀请函和填写提醒函等，问卷管理者的姓名将出现于 E-mail 邀请函之中。

● 传真号码：要求输入传真号码，此传真号码会显示于打印版的问卷中，以便受访者通过传真的方式来返回问卷。此功能主要用于混合模式的调查，即印刷问卷与网络问卷的结合。

第二步，是设置显示与导航参数，如图 65 所示：

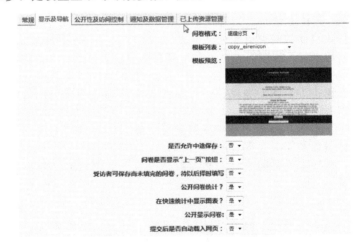

图 65　问卷的显示与导航参数设置

其中，问卷格式就是定义网络问卷的显示方式，包括 3 个选项：

● "逐题显示"：每一个调查问卷单独使用一个网页，在每一页的下部标有"下一页"按钮，单击后进入下一题。

● "逐组显示"：问卷中的每一个分组单独使用一个网页，同一个分组中的全部问题都显示于同一页网页之中。同样在每一页的下部标有"下一页"按钮,单击后进入下一个分组。
- "单页问卷":整份问卷的全部问题都显示于同一个网页中,在网页的最下部标有"提交问卷"按钮,单击后可提交问卷。

需要注意的是,问卷的网络应用环境对用户采用何种形式的网络问卷具有重要影响。通常,如果调查对象的上网分布位置比较分散,而且研究者也无法事先了解受访者的上网条件,如网络连接的速度和时间等。在这种情况下,最好是采用单页问卷。虽然单页问卷在问题跳转上有可能由于受访者可自主控制问卷显示页面而可能出现"答错题"现象[1],但同时却可以使问卷一次性下载并显示在受访者的网络浏览器上,避免出现分布问卷中可能出现的由于网速太慢而显示缓慢或无法打开下一页问卷的情况。

不过,如果调查问卷是在宽带网络或局域网环境下发布使用,如校园网或单位的局域网内,并且研究者事先了解多数调查对象都具备较高网络连接速度的情况下,使用分页问卷是一种恰当选择。因为分页问卷可方便地在问卷的任何部分实现问题跳转功能,可有效防止在单页问卷中经常出现的"答错题"现象。另外在分页问卷中,每一页问卷只显示数量有限的问题,使得调查对象在填写时无需拉动屏幕滚动条即可看到全部问题,不仅可减少受访者的鼠标移动量,同时也在视觉上减少了心理压力。

模板列表:就是调查问卷所使用的模板或 CSS 样式表[2],设计者可在预先制作好的外观主题模板中选择一种问卷的页面外观样式。另外也可利用系统所提供的模板编辑器对创建或修改模板[3]。以下是同一份问卷使用模板后所显示的效果(见图 66):

是否允许中途保存:如果选择"是",则允许受访者在问卷填写过程中保存当前所填写的内容然后退出,以后可另选时间继续填写。这时在问卷中将出现一个"保存目前已填写的内容"的按钮。

受访者填写内容再单击"现在保存"按钮后,调查系统将自动向其 E-mail 信箱发送一封确认信,其中将包括所填写的全部内容和一个问卷网址,受访者在适当时间点击此链接即可重新从上一次中断处开始填写问卷。

是否显示上一页按钮:如果选择"是",则在每一页问卷下方显示"上一页"按钮,受访者可浏览或修改自己前面所填写的回答;若选择"否",则在问

---

[1] 答错题现象:指受访者填写了本该跳过的问题。这一般都是由于调查对象在单页问卷中可以通过控制屏幕滚动条来自由浏览问卷中的每一个问题,因而有时无法区分问题跳转而造成的。在 Limesurvey 调查系统中,即使对于单页问卷也可以设置逻辑跳答,但由于全部问题都呈现于同一网页,在跳转过程中,受访者可以明显察觉到这个动作,因此有可能会重新返回填写,进而出现答错题现象。

[2] CSS 样本表:是 Cascading Style Sheet 的缩写,也被称为"层叠样式表单",是用于增强或控制网页样式并允许将样式信息与网页内容分离的一种标记性语言。

[3] 有关模板编辑器的详细操作方法见本章 3.3.5 节的相关内容。

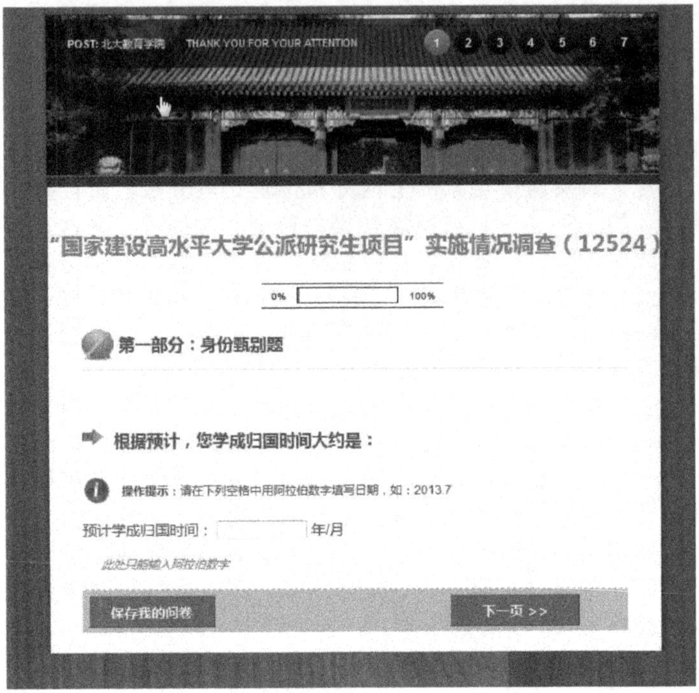

图 66 调查问卷的某个主题模板显示效果

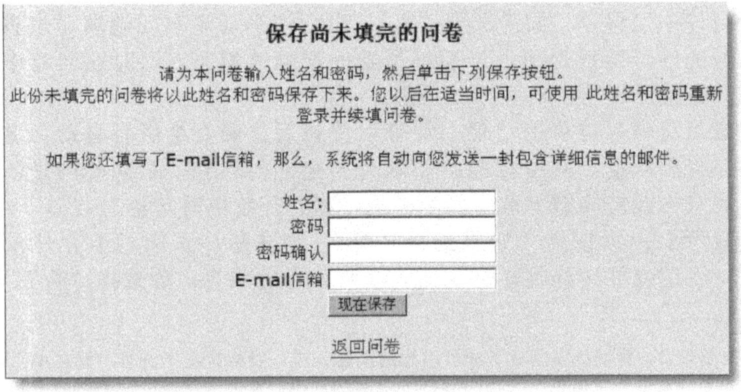

图 67 中途保存问卷的填写界面

卷中不会出现上一页按钮。

问卷结束后是否自动载入 URL：若选择是，问卷提交后将自动转入所定义的网页。

第三步是公开性及访问控制设置，如图 68 所示：

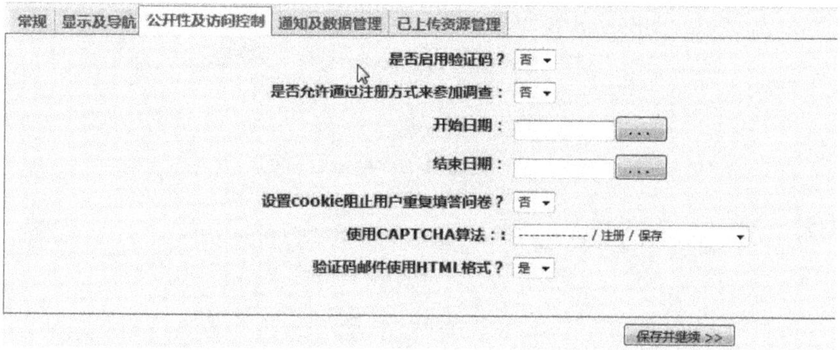

图 68 问卷的公开性及访问控制设置界面

- 是否启用验证码：缺省设置为"是"，但设计者亦可将问卷设定成封闭调查模式，即填写问卷要求受访者必须填写验证码。通过这种方式，设计者不仅可以防止问卷重复提交，同时也可以跟踪受访者的问卷填写状态。需要注意的是，封闭性调查必须创建填写验证码表，这要求研究者必须事先掌握调查对象的邮件列表。

- 是否允许通过注册方式来参加调查？若选择"是"，当选择封闭性调查并使用填写验证表时，对于那些验证表中不包括的受访者，则可通过问卷注册的方式获得参加调查的资格。在注册时，只要对象填写了有效的 E-mail 信箱，系统则根据受访者填写的注册表中的 E-mail 信箱自动发送一封包含问卷链接网址的确认信，对象收到后点击链接则可填写问卷。这种方式可以保证每一位参加调查的受访者只能填写一份问卷，防止重复提交。

- 问卷的有效期：用于设置调查的持续时间。在此日期后，问卷将停止向受访者开放。若不填写，问卷将可无限期使用。通常情况下，该选项无须填写。

- 是否设置 cookie 阻止用户重复填答问卷？该功能主要用于开放性调查。如果问卷没有使用"填写验证码表"功能，那么为尽量减少受访者重复填写问卷，可启用此功能。当受访者提交一次问卷后，cookie 会自动储存在他们的计算机上，这样下次当他们再尝试填写此份问卷时，计算机就会提醒他们不要这样做。不过，这种方法也会产生一个问题，例如，当有两人共同使用一台计算机时，则只能有一人可以参加问卷填写，这就使得另一位尚未填写问卷的调查对象也无法参加调查。需要提醒的是，这种方法也无法完全达到防止问卷重复填写的目的。因为对于同一答卷人来说，若他再选用另一台计算机，则仍然可以填写同一份问卷。

- 是否使用 CAPTCHA 验证：CAPTCHA（验证码）是指真人用户可以分辨，但是恶意自动注册程序却无能为力的一串字符，要求用户填写相应的字符内容来确认其身份。在 Limesurvey 中，使用此功能后，系统会自动生成一个简单加减法算式让受访者来计算总和,以辨别是否是真人在填写问卷。

第四步,是通知和数据管理设置,如图69所示。

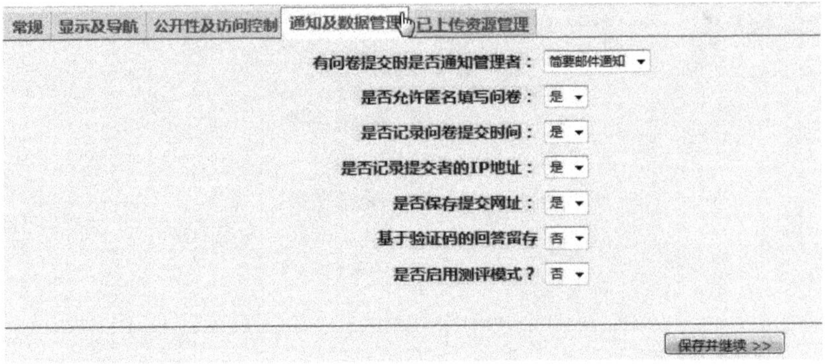

图69 问卷的通知和数据管理设置

- 有问卷提交时是否通知管理者:用来设置当受访者提交问卷后是否向调查主持者发送相应的通知信息。分为三种通知方式:"无电子邮件通知"、"简要电子邮件通知"和"完整电子邮件通知"。分别表示:不向问卷管理者发送通知,向管理者发送一个有受访者填写问卷的通知,或者向管理者发送受访者所填写的问卷的详细内容,包括回答、统计信息等。
- 是否记录问卷提交时间:若选择"是",则在每份完成的问卷反馈数据上加上提交的日期及时间,这样就可以查找各问卷的填写及呈交时间。
- 是否记录IP地址:若选择"是",系统将自动在每一份提交的问卷中加上受访者填写时计算机的IP地址,可用于数据整理时筛选重复提交数据。

第五步,是已上传资源管理界面,主要用于导入原来所备份的问卷(见图70)。如果以前曾经导出过问卷,设计者也可使用页面下方的"文件上传"功能来导入以前保存的问卷。单击"浏览"按钮,然后选择 *.CSV 或 ZIP 格式的文件,再单击"上传"按钮,就可以导入问卷文件,问卷中原有的分组、问题、选项及逻辑跳答设置等都会自动导入。

至此,整个调查问卷的属性和参数设置完成。

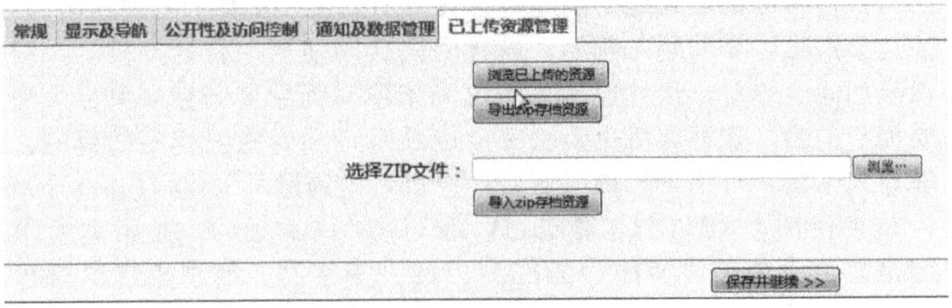

图70 已上传资源管理界面

6.3.2 在问卷中创建分组

在对上述问卷的基本属性定义完毕之后,下一步,设计者就可以正式开始编制网络问卷。如上所述,在设计一份新问卷时,设计者必须首先为问卷创建一个"问题分组"(见图71)。所谓"问题分组",就是把一份问卷划分为多个不同的部分,每一个分组都可包括一定数量的问题。其目的是将整个问卷的内容分门别类地排列,使问卷内容有序化排列。

在设计问卷时,要求首先添加一个分组后方可开始添加提问的问题。每份问卷都必须至少有一个分组,同时每一个分组内至少要包括一个问题及其选项。不过,每一份问卷中可包含不受限制的分组数。在创建分组时,要求填写"分组的标题"和"内容说明",其中标题要求必填。

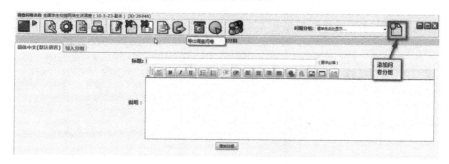

图71 添加问卷分组的操作界面

需要注意的是,在问卷中,分组显示的实际顺序,是按照分组标题的汉字拼音字母顺序来排列的,而不是按照分组被创建的时间顺序来显示。因此,如果想要使分组的顺序按照设计者事先设计顺序来显示,最好这样定义分组的标题:A. 个人信息;B. 调查内容;C. 结束页,依此类推。也可以使用阿拉伯数字作为分组序号。

分组的"内容说明"为可选项,主要用于介绍本组问题的内容。如果设计者填写此项,在"逐组显示问卷"模式中,将先显示分组的标题及内容说明,受访者单击"下一页"后方可显示此分组中的问题。若不填写此项,将直接向受访者显示本组中所包含的问题而不显示分组的标题。

6.3.3 在分组中添加问题

首先,需要初步了解以下各个与添加问题相关的按钮功能说明(见表41):

表 41　Limesurvey 添加问题相关按钮

图标	说明
📝	编辑问题：单击此图标可对问题进行编辑
🗑	删除问题：单击此图标可删除一个问题。此图标只有在此问题尚未定义选项的情况下才会出现
📤	导出问题：单击此图标可将所选中的问题导出为文件，导出内容包括题干和所有选项等
📄	复制问题：单击此图标可复制当前的问题，包括问题的全部选项
👤	跳答设置：单击此图标可打开"逻辑跳答编辑器"，对当前问题设置跳答条件
▦	添加选项：单击此图标可添加、修改或删除问题的选项

当创建分组之后，设计者就可以为此分组添加一个新问题，单击"创建新问题"按钮可将一个新问题添加至问卷中，将出现以下窗口（见图 72）：

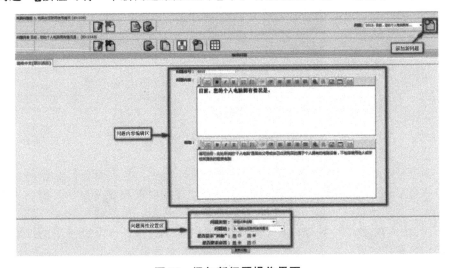

图 72　添加新问题操作界面

设计者可以在问卷的每个分组中添加任意数量的问题。当单击"创建新问题"图标时，系统会要求设计者需要先填写以下选项。

● 问题序号：即问题的编号，此项的填写非常重要，将决定着问卷中各个问题的显示顺序。最好统一使用阿拉伯数字来定义每个问题的序号，不要使用文字。例如设计者可以用 1，2，3，4……或者，使用 1.1，2.1，3.1，4.1……这样可以保证问卷实际显示时问题的顺序是按照原设计来显示。此外这样编制序号的好处是，当设计者以后再增加某个问题时，则可使用 1.1.1，2.1.1，或 3.1.1 等，将新问题插入其中。需要说明的是，这个序号是可以随时修改的。
- 问题内容：就是研究者所提出的调查问题，字数通常无限制。
- 注释/帮助：可以在问题及选项的下方增加一个对问题的注释或说明讯息。当填写此栏后，问卷中将自动增加一个图标。
- 问题类型：共包括前面已经介绍过的六大类共 28 种问题类型，可直接在下拉菜单中选择使用。
- 是否要求必答：选择是否要求受访者必须回答此题，若选"是"，当受访者未回答此题时，会显示提示信息。这实际上就是常规印刷问卷所没有的独特功能——"数据检验"。即当受访者在填写完问题点击"下一页"或"提交问卷"按钮时，系统会自动根据设计者事先所定义的数据类型、大小等属性对受访者所填写的回答进行检验。若回答不符合要求，则自动显示相应的提示信息，提醒受访者进行修改。这种功能对于提高调查数据的质量具有很大帮助。
- 是否添加"其他"选项：选择"是"时，表示此题选项的最后将可出现一个让调查对象自主填写的填空栏，用于填写选项之外的答案。
- 选择标签集：只有当所选题型为可使用定制标签集时，此功能方可显示并起作用，可直接选择事先定义的标签集作为问题的组成部分。

最后，就是关于问题的"属性定义"。此功能主要用于对问题样式的显示、排列等属性进行设置。该功能通过 PHP 编程脚本而实现，用户可直接调用。请注意，不同的题型所能使用的属性定义数目和内容各不相同，具体内容参观本章"表 38 Limesurvey 问题类型的参数设置列表"。通常情况下，问卷设计者只需要在填空框中输入一个相应的"数值"即可，这个数值会根据属性的内容不同而有所差异，例如，若输入"1"，则表示此功能启用。以下为可供选择的属性定义：

- 显示列数：此属性定义适用于单选题和多选题，可用于定义问题选项的排列栏数，若空置，则表示缺省栏数为 1 栏；若填写 2，则表示选项将分为两栏显示。
- 隐藏问题的操作提示语：此属性定义可关闭或打开某些题型的填写提示语。例如，在单选题中会缺省出现一个"请在下列选择其一"的提示语，该提示语在缺省状态下是自动出现的。若输入"0"，则表示关闭此提示语，不再显示。
- 选项顺序随机排列：此属性定义可适用于任何带有一组选项的题型。输入"1"表示启用此功能，这样，系统将忽略问题选项的原有排列顺序，随机排列其前后次序。此功能可有效地消除问题选项的"次序效应"，即由于选项位置不同而导致的被选择的概率各不相同。需要提醒的是，当对某个问题设置了此功能后，每一次问题显示时，其选项的排列次序都不一样。这样就可能导致受访者在单击"上一页"按钮返回浏览完成的问题时，其看到的选项顺序与第一次填写时看到的不同。

- 编码筛选：此属性定义的功能，是根据上一道问题的答案来筛选本题选项的显示情况，主要用于减少问题的选项范围。
- 设置最多字符数：此属性定义适用于填写题型，其功能是设置输入字符的数目。此处可定义受访者在填写问卷允许输入的字符数，例如，数值"20"表示此填写框仅可输入20个字符。
- 文本框显示的宽度：此属性定义适用于填空题和数字填空题，用于定义 Html 文本框的显示宽度，但并不限制所输入的字符数。
- 仅可填写数字：通常用于填空题，指此处仅可输入阿拉伯数字。
- "其他"选项要求必答：是指当问题中设置了"其他"选项有一个填空框时，若受访者在填写时选择了此项，则要求受访者必须在填写框中输入相应的内容，否则就弹出错误提示。
- "其他"选项限填数字：是指当问题中设置了"其他"选项有一个填空框时，若受访者在填写时选择了此项，则要求受访者必须在填写框中输入阿拉伯数字，否则就弹出错误提示。
- "其他"说明文字：是指当问题中设置了"其他"选项有一个填空框时，设计者可以在此旁边加注相关的文字注释，如"请填写……"
- 在公开统计图中显示：只有当该问卷设置了数据统计图表开放功能时方可使用。是指当受访者提交问卷之后，在最后一页显示出该问题的数据统计图表。
- 打印视图插入符：是指在输入问卷的打印版本时，在此题之后插入一条分隔符，以便受访者阅读时更加清晰。
- 选项的前缀：通常用于填写题，在填空框之前显示的相关文字。
- 选项的后缀：通常用于填写题，在填空框之后显示的相关文字。
- 使用滑块样式：通常用于多维填空题，使填空题外形变为一个可左右滑动的游标尺。
- 滑块最大值：指标尺所标出的最大数值，用于限定受访者的上限选择范围。
- 滑块最小值：指标尺所标出的最小数值，用于限定受访者的下限选择范围。
- 滑块单位：指标尺每拖动一次所移动的位置，如 0.5，1，2 等。
- 滑块初始值：指滑块缺省所在的位置，可通过数值来定义。
- 数字之和的最大值：指在受访者填写多个数值时，这些数值之和所允许的最大数值，即上限。
- 数字之和的最小值：指在受访者填写多个数值时，这些数值之和所允许的最小数值，即下限。
- 数字之和的精确值：指在受访者填写多个数值时，这些数值之和是多少，即精确的数值。

- 最多可选数：通常用于多选题，用于限定受访者在某个问题的最多可选择的答案数目。
- 最小可选数：通常用于多选题，用于限定受访者在某个问题的最少可选择的答案数目。
- 排他设置：通常用于多选题，当对某个选项设置此功能时，受访者一旦选中此项，则再无法选择其他答案，即具有排他性属性。

上述这些问卷属性的定义，可以为问卷设计者提供非常灵活的工具，来设计出功能很复杂的网络问卷。因此，在学习时应认真理解和体会，充分将之应用到问卷设计之中。

6.3.4 为问题添加选项

在创建某些题型时（如单选题、多选题和表格题等），系统会自动提示设计者进一步为新问题添加选项。点击"选项"图标可添加、编辑、移动或删除一个问题的选项（见图73）。请注意，此图标只当设计者选择的题型是单选题、多选题或表格题时才会出现，因为这些题型都要求定义一系列的选项，而填写题则无须定义选项。

图73 为问题添加新选项的操作界面

在添加问题的选项时，系统要求输入选项的"编码"、"选项"等内容。
- 编码：就是将来统计时用于导出到统计软件中进行分析的数据。设计者可以任意选择编码的长短（最多为5个字符），但只能使用字母和数字。
- 选项：就是在问卷中显示的问题答案。
- 调整：可以通过"上升"或"下降"按钮来调整选项的相对位置。
- 保存更改：当对选项的内容进行修改后，需要单击此按钮来保存。

通过创建问卷分组、添加新问题和新选项，你就完成了一个调查问题的设计工作，系统就会自动向你的问卷中添加一个问题。然后，你可以通过"问题预览"功能来浏览问题的外观，也可以通过"问卷测试"功能来浏览整个问卷的外观和内容，并进行相应修改。

不过，以上介绍的只是问卷设计和编辑的初步功能，关于问卷的某些高级功能，如跳转设置、标签等，将在下一节中介绍。

6.3.5 在问卷中插入多媒体内容

与常规印刷问卷调查相比，网络问卷的一个重要的特点，就是能够以多媒体的形式来向受访者呈现问卷内容，使调查问卷突破了传统单调的文字阅读式信息呈现方式。目前，在网络问卷中能够实现的多媒体格式主要有：图片、动画和视频等内容。网络问卷的这种特点不仅能够提高问卷本身的吸引力，同时也大大提高了调查问题的表现力，使受访者能够更加形象和准确地地理解问卷中的问题。

在 Limesurvey 中，用户可在问卷的任何位置插入图片、动画和视频文件。其中，系统所支持的图片格式包括：PIC、GIF、TIF、BMP、JPEG 或 WMF 等。

Limesurvey 调查系统在网络问卷中插入图片方式如下：

利用它的文本编辑器，在对题目或选项的文字进行编辑时，如果需要插入图片、Flash 等，只需点击相应的按钮即可（见图74）。

图74　在问卷中插入多媒体内容的操作界面

例如，当设计者想为这个问卷添加一个带语音的 Flash 动画说明时，操作方法如下：

1. 点击编辑器上的 Flash 图标，在弹出的对话框中选择"浏览"，然后在本地电脑中选择某个 Flash 动画文件。再点击"发送到服务器上"按钮，该动画文件将自动上传（见图75）。

2. 点击"确定"之后，该 Flash 文件将显示于问题的编辑窗口之中。设计者点击保存之后，再点击"浏览问题"图标，就可以显示如图76所示的界面：一个动画人物在用语音讲解关于这个问题的操作方法。

在网络问卷的首页，也可以考虑利用这种动画人物的方式来对调查的主题和内容进行说明。某种程度止，这种方式可以有效地吸引受访者的注意力，提高问卷的回收率。

第五章　网络调查工具的选择与应用

图 75　上传 Flash 动画的操作界面

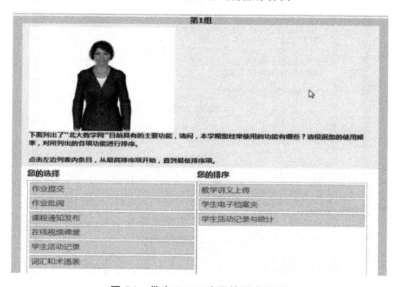

图 76　带有 Falsh 动画的调查问题

6.4 问卷的测试

无论在常规印刷问卷调查还是在网络调查中,问卷测试都是一项在调查正式启动之前必须完成的重要环节。某种程度上,在网络调查中,问卷测试的工作量和重要性可能要比常规调查更大一些。因为在印刷问卷测试中,研究者只需在调查对象中选择一定数量的样本来试填,然后根据反馈信息来修改问卷内容即可。但是在网络问卷测试中,不仅要测验问卷的内容,同时还必须测试问卷的各种属性设置,如网页显示速度、跳答题设置、检验提示信息、提交反馈

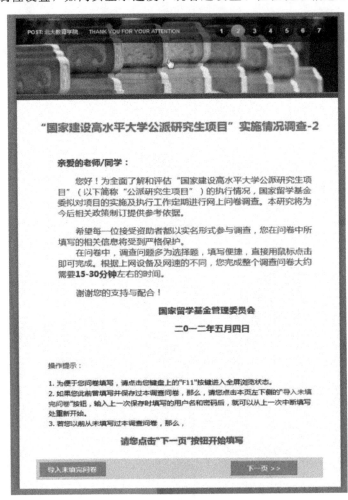

图77 调查问卷的测试界面

检验和反馈数据检验等。因此，在网络调查过程中，设计者必须严格认真地进行问卷测试，这是保证网络调查顺利实施的一个必不可少的程序。

实际上，在利用 Limesurvey 来设计和编辑问卷的过程中，设计者就可以随时对问卷进行测试。测试时，设计者可以使用直接点击"问卷测试"图标，来查看所设计的问卷外观或测试某项功能设置等。不过在测试状态下无法保存所填写的数据，见图 77。

通过以上步骤，一份网络问卷的初稿就已经基本完成。当然，这仅仅是问卷的初稿，要想使问卷正常使用，还必须对其各种属性和功能进一步定义和设置。

7. 网络问卷的高级功能操作

从设计的角度来说，调查问卷的内容设计完成后，只是完成了问卷设计的第一步。其他一些设计因素，如问题数据的反馈类型，问题选项的外观，必答题设置，问题之间的逻辑跳转，表格题的属性和外观，网页中按钮的文字，分页问卷的填写进度指示器，以及网络问卷的格式编辑，诸如此类，这些都是一份完整网络调查问卷的必要组成部分。而要想实现上述这些设置，就需要对问卷进一步进行设置。

以下将介绍 Limesurvey 各种高级功能的使用方法，主要包括：标签集，答案传递，逻辑跳转，退出与续填以及问卷的导入与导出等。

7.1 利用标签集添加问题选项

除了前面所提到的直接用"选项"录入的方式来为调查问卷添加选项以外，Limesurvey 还提供了一种更加方便和快捷的问题选项添加方式——"标签集"（见图 78）。

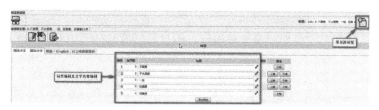

图 78　Limesurvey 标签集的编辑界面

所谓"标签集"，就是一种可预先定义并且可重复使用的问题选项，主要用于设计问卷中一些可自定制标签的题型，如"行/列标签表格题"、"定制标签单选题"等。典型的标签例子如"省、市、自治区和直辖市"标签，其最大的优势在于可重复使用，换言之，当定义完一个标签集后，以后编制其他问卷时同样可以调用，可提高问卷设计的效率。

以下是与标签集使用相关的图标及功能说明（见表42）：

表42 Limesurvey 标签集相关的功能按钮

图标	说明
	修改标签集：单击此图标修改当前的标签集名称及内容
	删除标签集：单击此图标可删除标签集。请注意，无论问卷激活与否，只要某个标签集已被某份问卷使用，那么设计者就无法删除被问卷引用的标签集
	导出标签集：单击此图标可导出标签集，作为备份，或者提供给其他用户使用

当创建新标签集时，首先要定义标签集的名称，然后单击"新建"，新标签集由"编码"和"标题"组成。其中，编码（必须用数字）用于在数据表单中保存数据和以后进行统计分析，标题就是选项的内容，可用文字。请注意，当受访者填写问卷时并不会显示编码，只会显示选项。另外也可以使用"上升"、"下降"按钮来调整选项的排列顺序。

此外，一个标签集要求有一个名称。虽然设计者可以创建二个名称相同的标签集，但建议设计者最好不要这样做，因为时间长了以后，可能连设计者自己也搞不清楚两个同名标签集的内容有何不同。设计者也可以使用界面下方的标签集导入功能来创建一个新标签集。单击"浏览"按钮，选择一个*.CSV格式的文件，然后单击"上传"即可。

当标签集创建之后，设计者也可以进行修改。但是需要注意的是，由于标签集可用于多份问卷或多个问题，因此，当某一个标签集正被一份问卷或问题使用时，若设计者修改或删除此标签集时，系统将会弹出提示信息，提醒设计者若修改或删除此标签集将会产生无法预料的后果。所以，在修改或删除标签集时，设计者一定要小心谨慎，以防止出现正被使用的标签集被删除的错误。

此外，如果某个标签集已被处于激活状态的问卷所使用，这种情况下，设计者则无法修改、删除此标签集的编码，不过可以修改标题内容及其顺序。

当标签集设计完成之后，就可以在问卷设计中直接调用了。当设计者选择某种使用标签集的题型后，系统将自动出现一个"标签集"选项的下拉菜单（见图79），设计者事先定义好的全部标签集都置于其中（若设计者尚未创建，则为空），可选择其中之一。所选中的标签集将根据题型的不同，或出现于表格的标题位置，或出现于下拉菜单或单选按钮中。

7.2 设置问题的答案传递功能

在Limesurvey中，所谓"答案传递"，是指当受访者在填写问卷过程中，将其在前面某个问题中填写的答案内容，传递至后面某个问题之中显示。例

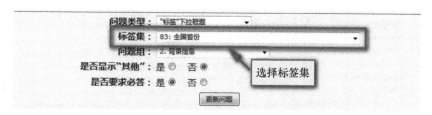

图 79　在问题设计时调用标签集

如，当受访者在第一个问题中填写其姓名之后，当他在回答下一页问卷的某个问题时，就可以通过答案传递功能将受访者的姓名显示于问题之中："亲爱的＊＊＊（受访者自己填写的姓名），在本学期中，您是否经常上网？"。如图 80 所示。

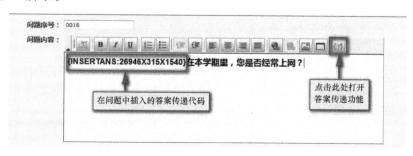

图 80　问卷的答案传递功能操作界面

请注意，此功能仅能将前面某题的答案传递至后面某题的题干（即问题内容）之中，而不能将答案传递至问题的选项之中。在使用此功能时还需要注意以下方面事项：

● 首先，所传递的问题答案必须是在前面某一页中所回答的问题，在同一页中的问题答案无法传递至本页的某个问题之中。

● 当设计者点击编辑器中的答案传递图标后，就可以弹出的页面中看到当前问题之前的所有问题列表，用鼠标点击选择其中欲传递的问题，系统就会自动在编辑窗口中插入一个格式为｛INSERTANS：SIDXGIDXQID｝的代码，其中的"Sid"就是问卷 ID 号，"Gid"就是分组 ID 号，"Qid"就是问题 ID 号。例如，｛INSERTANS：1X2X3｝，它的含义就是：将问卷 1 中的第 2 题的第 3 个问题的答案传递至当前问题之中。此功能在问卷中的表现形式如图 81 所示。

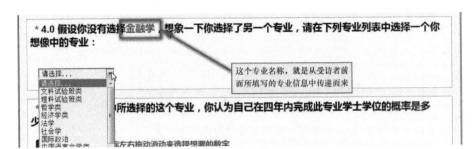

图 81 体现在调查问卷中的答案传递功能

7.3 设置问题的逻辑跳答功能

7.3.1 逻辑跳答功能

逻辑跳答,是各种调查问卷中常见的一种设计技术,目前已广泛应用于各种类型的社会调查研究之中。其主要特点是,当不同受访者在回答问卷某一问题时,根据其所选择答案的不同,可分别将之引导至调查问卷后面的不同问题。跳转题的使用适应了受访者的不同具体情况,在一定程度上提高了反馈数据的多样性和数据质量。但是,在传统的印刷问题中,跳转题通常都采用"被动式跳转",即在问卷中增加相应的跳转提示文字或箭头指示的方式来引导受访者的跳转过程,整个跳转过程需要受访者自己来完成。正是由于这个原因,在实际调查中极易出现"跳错题"现象,即由于跳转提示语不清楚或受访者的疏忽而回答了不应回答的问题。这种情况将会对调查数据的质量产生一定程度的影响。而且,在传统印刷问卷中,受其承载媒介性质的影响,过多的跳转题设置也会对受访者的阅读过程产生一定的负担,需要其不断在问卷中去寻找跳转位置,加大了其认知和阅读压力。

在网络调查问卷中,依靠各种网页编辑技术,设计者在设置跳转题时可完成实现"主动式跳转",即无须受访者做任何额外的操作,即可根据其选择答案的不同而将之自动引导至相应的跳转目的地。这样,不仅可以大大减少受访者填写问卷的负担,同时也能有效地降低调查中的测量误差,提高调查数据的质量。

在 Limesurvey 中,逻辑跳答设置分为"单项跳答"和"多项跳答"两种。前者是指仅包括一项跳答设置,后者则指包括一项以上的跳答设置。

在使用,单击"跳答"图标可为某个问题设置、删除或编辑跳答条件。单击此图标将打开"逻辑跳答编辑器"窗口。在这里,设计者可以为某个问题设置一些逻辑条件,以决定此题是否在问卷中显示。换言之,即当所定义的条件符合时,此题才会显示在问卷中,否则,此问题处于隐藏状态,受访者无法看到。"逻辑跳答编辑器"的窗口如图 82 所示：

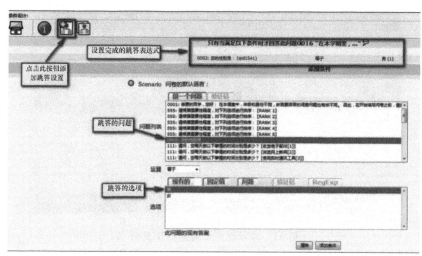

图 82　问题的跳答设置操作界面

7.3.2　单项跳答的设置

若想添加一个新的跳答设置，则可在左侧的"问题编辑"栏中单击选择欲设置跳答的问题，这时该问题的全部选项将在右侧的"选项"栏中显示出来。再选中欲设置跳答的选项，然后单击"添加跳答条件"按钮即可完成。请注意，在右侧的"选择"栏中，若想同时选中一个以上的多个选项，可用鼠标单击＋Ctrl 组合键来选择。

单项跳答，是指仅包括一个跳答设置，例如，在跳设置编辑器中显示内容如下：

向受访者显示第 0010（你校的校园网与互联网接入的方式是）题，如果满足以下条件：

0008：目前，你校是否已建成..（qid157）等于是，我校已建成校园网（1）这个跳答设置的含意就是：

只有当调查对象在第 8 题中选择"是，我校已建成校园网"选项时，才会向该受访者显示第 10 题。换言之，那些未选择此答案的调查对象，在填写问卷时则无法看到第 10 题。

7.3.3　多项跳答的设置

在 Limesurvey 中，设计者还可以为一个问题同时设置一个以上的跳答条件。

换言之，要想使受访者看到这一个问题，必须同时满足数个条件才行。

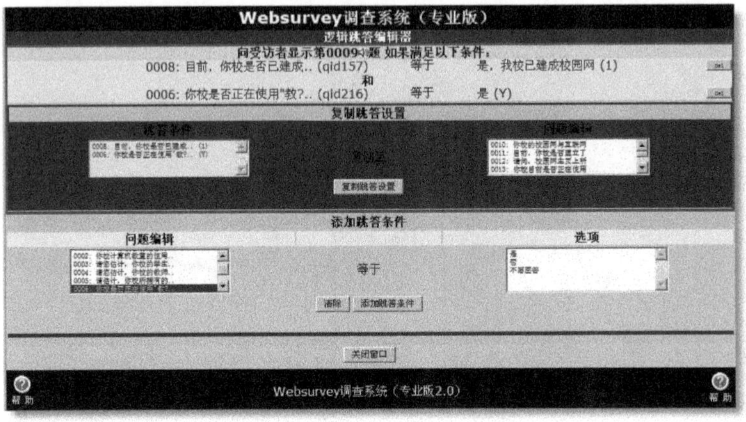

图 83　多项跳答设置的操作界面

在图 83 窗口的上半部，设计者可以看到已经第 6 题设置完成的一个跳答定义：

> 向受访者显示第 0009"请问，你校的校园网主干网带宽是："题如果满足以下条件：0006：你校是否正在使用"教".（qid385）等于"是"（Y）和 0008：目前，你校是否已建成.（qid392）等于"是，我校已建成校园网"（1）

这个跳答设置的含义就是：只有那些在第 6 题中选择了"是"和第 8 题中选择了"是，我校已建成校园网"的选项的受访者，方可看到第 9 题。

另外，在某些情况下，问卷设计者也许希望将同一个跳答设置复制至本组的后面某一题中。以下图 84 是"复制跳答设置"窗口。

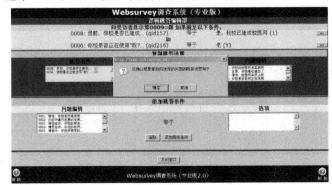

图 84　跳答设置的复制操作界面

在上述窗口中，左侧"已设跳答条件"栏显示的是目前已经设置好的跳答，右侧的"问题"栏显示的是问卷中本分组随后的其他问题。设计者可以首先在"已设跳答条件"栏选择其一①，然后在"问题"栏中选中此跳答条件复制的目标问题，最后单击"复制跳答设置"按钮。

这里需要提醒的是，要想给问题复制跳答设置，最好是在整个问卷内容设计完成之后再进行，尤其是问题的顺序已经固定，不再更改后再复制。否则有可能由于修改问题顺序而导致问卷中不同问题之间的逻辑关系出现混乱。

7.3.4 设置逻辑跳答的注意事宜

如果设计者对某个本身已经有跳答条件问题再设置一个跳答，那么在实际的调查问卷填写过程中，就有可能产生设计者预想不到的一些问题。因此，如果设计者在许多问题中设置了复杂的跳答条件，在正式开始调查之前，一定要充分测试这些跳答设置，将各种不同的可能性选择组合在一起，尽量能够模仿受访者在回答这些问题时可能的选择，以便对跳答设置进行多方面的测试。总之，在设置跳答时，问卷设计者必须对各个跳答之间的逻辑关系做到心中有数，才不至于在实际调查中出现无法预料的错误跳答。

以下是设计者在设置跳答时应该随时注意的事项：

● 一旦为某个问题设置了跳答，那么就意味着：如果不满足这个设置条件，这个问题将永远不会在受访者眼前显示出来。

● 任何一个跳答定义，都是针对此已设置跳答的问题之前的某个问题而定义的。

● 针对前面一个单选题型而定义的跳答设置所使用的规则是 Boolean 的"或"原则，即满足全部条件的其中之一即可，而针对前面一个多选题型而定义的跳答设置所使用的规则是 Boolean 的"和"原则，即必须同时满足全部的条件才起作用。同时，针对前面多个问题而定义的多项式跳答设置，则遵循 Boolean 的"和"规则。记住这三条规律非常重要，因这就意味着设计者根本无法为一个问题设置这样的跳答条件：无论前面一个问题的回答为肯定（"是"），还是否定（"否"），这个问题都可以显示出来。

● 即使当问卷被激活正式开始调查之后，设计者也可以修改跳答设置。但是建议设计者谨慎使用，因为这时修改将无法进行"一致性"操作检测，出错的可能性较大。

7.4 问卷的中途退出与续填

在设计问卷时，设计者如果在问卷的属性"是否允许续填问卷？"中选择"是"，那么，则允许受访者在问卷填写过程中保存当前所填写的内容后退出，

---

① 若想同时选中一个以上的跳答条件，可使用 Ctrl+鼠标单击的方式来同时选择。

以后可另选时间继续填写。这时在问卷中将出现一个"保存当前问卷"的按钮。

点击按钮后，受访者只要在弹出的窗口中填写所要求的内容（见图85），点击"现在保存"按钮，系统将自动发送一封主题为"关于保存未填完问卷的信息"的 E-mail，内容包括尚未完成的问卷名称，刚才填写的身份信息以及当前的问卷链接。

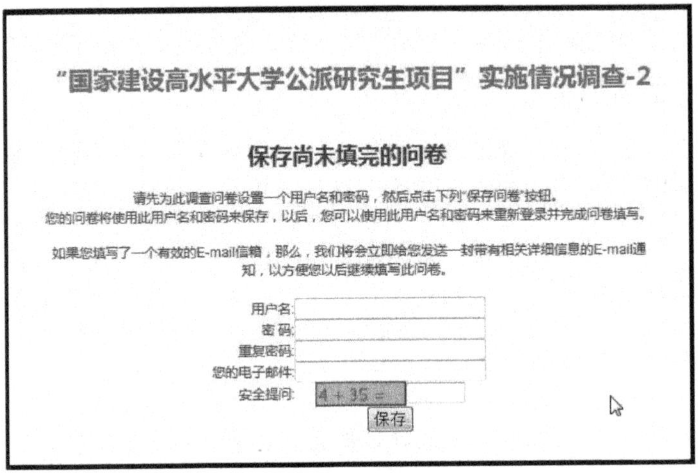

图 85　保存尚未填完的问卷

以后有空时，受访者只需点击问卷链接，然后输入保存时使用的姓名和密码，就可在上次中断处重新开始填写问卷。此功能对于问卷内容较多和页数较多的调查，将非常有帮助。

7.5　问卷模板编辑器的使用

在 Limesurvey 中，向设计者提供了 10 余套基本的问卷模板（CSS 样式表），在创建新问卷设置基本属性时，设计者可直接在"问卷模板"选项中选择使用。不过，若设计者需要自行设计一份个性化的 CSS 表，则可利用系统所提供的问卷模板编辑器来新建或对原有的模板进行编辑。

7.5.1　创建或修改问卷模板

在"系统管理"窗口，单击"模板"图标可打开模板编辑器。利用该功能，用户可在线创建、编辑或修改问卷的主题。模板编辑窗口如图86所示：

在模板窗口中，设计者可以首先在"模板列表"下拉菜单栏中选择一种CSS表，然后，在"界面"下拉菜单栏中单击选择某一个页面：

- Welcome page（欢迎辞页面）

图 86　问卷模板编辑界面

- Startage.pstpl（开始页面）
- Questiona page（问题页面）
- Submit page（问卷提交页面）、
- Complete page（问卷完成页面）
- Clear all page（清除全部答案页面）
- Register page（调查注册页面）
- Load page（载入未完成问卷页面）
- Save page（保存目前填写的问卷页面）

选择之后，在页面左侧的"模块页面"栏中选择相应的文件名，该文件的源代码即可在页面中间编辑窗口中自动显示出来。这时，用户即可在此窗口中对该文件进行编辑、修改。完毕之后，单击"保存"按钮后可对修改内容保存。

在文件定义窗口中，在左侧的"模板文件"栏中选择一个文件，其 Html 代码将出现在"开始编辑"栏。若此模板属于可编辑文件[①]，设计者可在此栏中对其进行任何修改并保存。

---

① 这取决于模板所在目录的是否设置了读写权限，由系统管理员来控制。

在编辑窗口的下方有一个"预览"窗口，设计者在编辑栏中所做的任何修改都可以直接看到结果。请注意，在模板编辑器中，普通用户不具有删除某一个模板的权限。同时 default 模板无法使用编辑器来编辑。

7.5.2 模板域字符的含义

在 Limesurvey 的问卷模板之中，包括许多用 { } 包括起来的"域字符"（见表 42），当问卷显示于受访者的计算机屏幕中时，表 42 中的域字符将会被自动替换为相应的问卷内容。

表 42　Limesurvey 中模板域字符的含义

域字符	问卷显示的内容
{SURVEYNAME}	问卷的标题
{SURVEYDESCRIPTION}	问卷的内容说明
{WELCOME}	问卷的欢迎辞
{PERCENTCOMPLETE}	问卷填写进度指标条图
{GROUPNAME}	当前的分组名称
{GROUPDESCRIPTION}	当前的分组内容介绍
{QUESTION}	问题内容（题干）
{QUESTION_CODE}	问题序号
{ANSWER}	当前问题的选项
{THEREAREXQUESTIONS}	将显示为："本问卷共有 X 个问题"，其中 X 为本问卷的全部问题数
{NUMBEROFQUESTIONS}	此问卷的全部问题数
{TOKEN}	问卷的填写验证码
{SID}	当前的问卷 ID
{QUESTIONHELP}	当前问题的帮助或注释，将以 javascript 弹出窗口显示
{QUESTIONHELPPLAINTEXT}	当前问题的帮助或注释文本内容
{NAVIGATOR}	"下一页＞＞"和"＜＜上一页"按钮
{SUBMITBUTTON}	问卷提交按钮
{COMPLETED}	问卷已完成并保存
{URL}	此问卷的 URL/URL 标题
{PRIVACY}	插入 privacy.pstpl 模板中的内容
{PRIVACYMESSAGE}	隐私保护声明
{CLEARALL}	"退出问卷并清除全部答案"的 URL

续表

域字符	问卷显示的内容
{TEMPLATEURL}	当前模板位置的 URL（可用于在模板中引用图片文件）
{SUBMITCOMPLETE}	向受访者显示的提示："设计者已经完成问卷填写，请单击'问卷提交'按钮"
{SUBMITREVIEW}	向受访者显示："设计者可以单击'上一页'按钮来浏览或修改填写的回答"
{TOKEN：FIRSTNAME}	如果问卷是封闭性调查，将显示为验证码表中此对象的"名"
{TOKEN：LASTNAME}	如果问卷是封闭性调查，将显示为验证码表中此对象的"姓"
{TOKEN：email}	如果问卷是封闭性调查，将显示为验证码表中此对象的"E-mail"
{TOKEN：ATTRIBUTE_1}	如果问卷是封闭性调查，将显示为验证码表中此对象的"属性1"
{TOKEN：ATTRIBUTE_2}	如果问卷是封闭性调查，将显示为验证码表中此对象的"属性2"
{ANSWERSCLEARED}	将显示为"回答已清除"
{RESTART}	重新开始填写问卷的 URL
{CLOSEWINDOW}	关闭当前窗口的 URL
{REGISTERERROR}	在注册页面显示各种错误信息，例如，设计者必须填写 E-mail 等
{REGISTERMESSAGE1}	显示为："要想参加此调查，请先注册"
{REGISTERMESSAGE2}	关于注册的详细信息
{REGISTERFORM}	注册表中显示的信息，内容取决于对"属性1"和"属性2"的定义

7.6 备份问卷导出与导入

为防止出现意外情况，当一份问卷设计完成和定稿之后，设计者最好将问卷导出做备份，这时就要用到"问卷导出"功能。在 Limesurvey 的"问卷设计"窗口中，单击导出图标则可将一份导出为 CSV 格式的文件。在导出问卷时，导出的内容包括：分组、问题、选项和跳答设置等全部内容。

在创建新问卷时，设计者也可使用页面下方的"文件上传"功能来导入预制好的问卷。单击"浏览"按钮，然后选择 ＊.CSV 格式的文件，再单击"上传"按钮，就可以导入问卷文件。

实际上，不仅可以将整份问卷导出保存，问卷中的某个分组、某个问题都

图87　问卷的备份导出操作界面

可导出保存。同时，在设计问卷时，设计者也可以将以前导出的分组和问题重新导入系统之中，操作方法基本相同。请注意，导出的问卷备份文件格式为标准的 CSV 格式。

8. 网络调查实施与管理

当一份网络问卷设计完成并经过测试之后，就可以进入调查实施阶段。在 Limesurvey 中，根据所实施的网络调查类型的不同，其操作程序有所区别。

例如，若是开放型网络调查，其实施流程如图 88 所示。

图88　开放型网络调查的实施流程图

若是封闭型调查，其实施流程如图 89 所示：

图89　封闭型网络调查的实施流程图

8.1　启用问卷

当设计者完成整个问卷设计之后，就可以点击"问卷启动"按钮来激活一份问卷，使之能够正式开始接收反馈数据。当单击此图标后，系统将自动进行一致性检测，以确保问卷能够正常工作。

在 Limesurvey 中，"问卷启用"问卷意味着将开始以下操作：

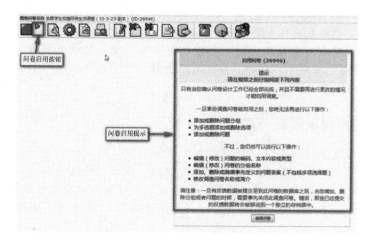

图 90　调查问卷启用操作界面

- 系统将自动创建一个 MySQL 表单用于存储问卷中的全部反馈，并在表单中为每一个选项建立一个域。
- 启用之后，问卷将允许受访者向数据表单内填写反馈数据，同时也将启用问卷定义的各种特征，包括浏览和验证码表等。
- 对于封闭性调查来说，问卷被激活之后，验证码功能也将被启用，其图标将显示于系统之中。未被激活之前处于不可用状态。
- 若问卷属于是封闭性调查，系统将自动生成一个验证码表。

在正式启用问卷之前，设计者应注意以下事项：

- 问卷被激活之后，设计者可以修改问题的内容、选项的内容，但无法更改问题的题型或选项的类型。
- 问卷被激活之后，则无法添加新问题或删除问题。同样也无法添加表格题或多选题的选项，但可以添加单选题的选项。

8.2　过程管理和监控

一旦问卷被激活并开始接收数据之后，设计者应该考虑着手以下工作：

- 导出问卷作为备份，并保存为 CSV 格式。
- 定期查看"反馈结果浏览"窗口，使用"备份反馈结果"的功能来创建一个 CSV 格式的反馈数据表备份。
- 定期导出反馈数据并保存。
- 尽量不要修改问卷。虽然 Limesurvey 系统允许研究者在调查实施过程中做某些更改，但从安全角度来说，最好不要再修改。这就要求设计者在激活之前应该充分测试调查，及时发现和修改存在的问题，而不是等到调查开始之后再修改。

● 在有必要的情况下，也可以备份整个调查系统的数据库。在"系统管理"窗口中，单击"备份整个数据库"图标即可进行数据库备份，保存文件为 SQL。

8.3 启用问卷填写验证码

在许多情况下，如果设计者想邀请一个特定群体的对象来参加调查，同时又掌握了他们的 E-mail 列表，那么就可以启用问卷填写验证码功能来实施调查（见图 91），即"封闭型调查"。通过这种方式，可以实施有效的概率抽样调查，同时还可以跟踪对象的问卷填写情况，根据需要发送提醒函，提高调查的反馈率。

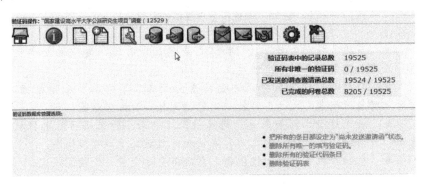

图 91　问卷验证码操作界面

在填写验证码窗口中，主要包括以下功能见表 43。

表 43　问卷验证码相关的编辑按钮

ⓘ	显示摘要信息：单击此图标可浏览验证码表中的类目信息摘要，其中包括：验证码表中的记录总数 　　所有非唯一的验证码 　　已发送的调查邀请函总数 　　已完成的问卷总数
📄	显示验证码：单击此图标可显示表中的全部验证码的详细内容
📝	添加验证码：单击此图标可在验证码表中添加一个新的验证码

续表

图标	说明
	导入 CSV 格式文件：单击此图标可将导入 CSV 格式文件，其中包括姓名和电子邮件，以便生成验证码。CSV 文件是一种标准的不含有引号的逗号分隔符文件。CSV 文件的第一行是标题行，数据内容的顺序是：姓名，电子邮件，验证码，其中验证码为可选
	发送电子邮件邀请函：单击此图标可根据验证码表的内容向每一位调查对象发送一份调查邀请函
	发送问卷填写提醒函：单击此图标可向验证码表中的调查对象发送问卷填写提醒函。提醒函的发送对象只包括已发送过邀请函且未完成填写的调查对象，不会向那些目前已完成问卷填写的对象发送提醒函
	生成验证码：单击此图标将会为每一位调查对象随机生成一个唯一的验证码。同时研究者可以通过手工，或导入 CSV 文件的方式来生成验证码，但建议最好用系统的自动生成验证码功能，这样可以有效地防止出现重复号码
	取消填写验证码：单击此图标可停用并从问卷中取消验证码，这样问卷将变为开放式调查，任何人都可以填写

8.3.1 问卷验证码

在 Limesurvey 中，问卷的验证码，就是一种能够用于有效控制调查对象填写问卷的权限管理系统。利用这个功能，研究者可实现这样一种目标：在一项调查中，只有那些被邀请参加问卷填写的对象方可登录问卷，其他人则无法填写。利用这种方式，调查对象每人被授予一个独一无二的"验证码"，它是进入问卷的密码。这样利用该功能就可以在互联网上实施针对某些特定群体的真正意义的概率抽样调查。

当问卷的验证码功能被启用后，只有那些被列在填写验证码表中的调查对象才能看到和进入问卷填写。不过调查主持者可根据需要随时创建、修改验证码中的内容。

通过验证码机制，研究者也可以有效地跟踪问卷的填写情况，对于那些尚未在指定日期填写问卷的对象发送问卷填写提醒函，以提高调查的反馈率。通过这种方式，研究者也可以将反馈结果与验证码表中的调查对象一一对应起来，查看每个人的反馈内容。

在具体操作过程中，对于封闭型的调查来说，当问卷被激活后，系统将会自动提示问卷管理者启用问卷的验证码功能。

8.3.2 向验证码表中导入信息

问卷的验证码表启用之后，其中并没有包含任何内容，下一步还需要调查管理员将受访者的信息上传之后方可生成验证码。在 Limesurvey 中，调查管理

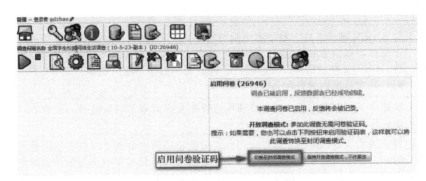

图 92　启用问卷验证码的操作界面

者可以通过上传 CSV 格式文件的方式来批量上传受访者的姓名和电子邮件等信息。通过这种方式可事先定义问卷的验证码（见图 93），或者由系统自动生成验证码。

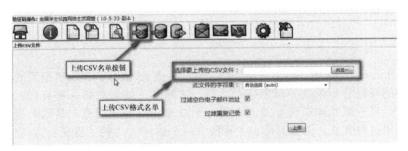

图 93　批量上传 CSV 名单以生成验证码

需要注意的是，要想导入 CSV 格式文件，必须严格遵守其文件格式来制作 CSV 文件，否则就可能在上传过程提示错误。例如，文件不能包括引号，同时还必须在第一行中有英文标题行，各栏内容之间必须用半角状态的逗号来分隔开，否则文件内容会丢失。另外编辑 CSV 文件时，在保存时应将文件的字符编码选为 UTF-8，不要选择 GB2312。以下为 CSV 格式文件的范例：

表 44　CSV 文件标准格式样例

```
firstname, lastname, email, token,
王勇, ywang@sohu.com.cn,
李梅, Mli@yahoo.com.cn,
赵生, zhaos@162.com,
张森, zhangs@sina.com,
……
```

请注意，最后一栏"验证码"为可选内容，调查管理者可以使用自己定义的验证码，比如学生的学号或员工的工资号等，系统也可以接受。不过，如果此处空置，等到上传至系统之后，设计者可以利用"生成验证码"的方式来由系统自动生成。通常情况下，建议将验证码栏空置，等上传之后由系统自动生成。

8.3.3 浏览验证码

单击"浏览验证码"图标，验证码表中的全部类目都会完全显示出来，其中包括调查对象的姓名、电子邮件、验证码等，如图94所示。

图94 浏览验证码界面

同时，在上方还会显示一个"浏览控制"菜单，用于翻页和浏览。设计者也可以定义好欲查看的验证码数目及起始点，单击"显示记录"，系统将会显示出所要求的类目。在验证码表中，每一栏的最上方都有一个排序图标，单击此图标将会根据字母顺序来排列栏中的内容。

对于验证码表中的每一行内容，调查管理者都可以进行各种编辑操作，如表45所示。

表45 Limesurvey验证码管理相关的功能按钮

	编辑验证码：单击此按钮可对类目的验证码进行编辑
	删除验证码：单击此按钮可删除此验证码
	填写问卷：单击此按钮可使用这个验证码来填写问卷
	发送邀请函：单击此按钮可向此位调查对象发送邀请函
	发送提醒函：单击此按钮可向此位调查对象发送提醒函

8.3.4 添加新的验证码

在验证码表生成之后，调查管理者也可以随时在验证码表中添加一个新调查对象，并为之生成验证码。在操作时，点击系统的"添加验证码"按钮就会打开以下界面（如图95所示）。

图 95 添加新验证码操作界面

在为调查对象生成一个新的验证码时，需要填写的内容包括：
- 姓名：受访者的姓名。
- 电子邮件：受访者的电子邮件。
- 验证码：该调查对象被分配的唯一的号码。管理者可以自己手工生成，也可以单击"生成验证码"图标来让系统自动生成。若使用第二种方式，可以让此栏空置。
- 是否已经发送邀请函：如果在栏中是"Y"，则表示此对象已经发送邀请函，当设计者使用"发送电子邮件邀请函"功能来向表中全体对象发信时，此对象则不包括在内。若任何其他内容（如N），则会向此对象发邀请函。
- 是否已经完成问卷填写：如果在栏中是"N"，则表示此对象尚未填写问卷，若对象已经完成填写，栏中则会变为"Y"。

请注意，在"添加新验证码"时，栏中的全部内容都为可选，设计者可以自由选择填写哪些项目。另外对于相同的受访者姓名也无控制，设计者可以重复填写相同的受访者姓名，系统同样会为之生成验证码[①]。

8.3.5 在问卷中调用验证码表中的信息

对于封闭型问卷，在调查问题设计过程中，设计者可以将填写验证码表中

---

① 此功能主要用于学校的教学评估，例如，可为同一位参评的同学生成多个验证码，以便可以同时参加多门课程的评估。

的某些信息（如姓名、电子邮件等）直接插入问卷之中①，这样当受访者填写问卷时，就可以看到从验证码表中调出的信息。

研究者可直接将以下验证码表中的代码插入所设计的调查问题之中，问卷使用时就可以自动调用相关信息：

- {TOKENS：FIRSTNAME}-将验证码表中的受访者的"名"插入。
- {TOKENS：LASTNAME}-将验证验证码中的受访者的"姓"插入。
- {TOKENS：email}-将验证码表中的受访者的"E-mail"插入。
- {TOKENS：ATTRIBUTE_1}-将验证码表中的受访者的"属性1"内容插入。
- {TOKENS：ATTRIBUTE_2}-将验证码表中的受访者的"属性2"内容插入。

要想正常使用此功能，所插入的代码必须正确，不能出现拼写错误，否则将无法正确显示。以下是一个例子：

亲爱的{TOKENS：LASTNAME}先生/女士，我们使用这个电子信箱{TOKENS：email}向您发送了一封调查邀请信。

在实际的问卷中，上述语句则显示为：

亲爱的李先生/女生，我们使用这个电子信箱 liming@gmail.com 向您发送了一封调查邀请信。

8.3.6 发送 E-mail 邀请函

对于封闭型网络调查来说，在网络问卷发布至互联网上之后，调查组织者下一步的工作就是利用验证码表来发送调查邀请函，以便吸引调查对象前来参加调查。这一工作对调查成功与否起着非常重要作用。对于调查研究来说，无论问卷设计得多么完善，若调查对象不来填写，那么前面所做的工作也将一无用途。当然，在研究过程中，调查邀请函的发布方式很多，除电子邮件以外，还可以利用 BBS、门户网站等形式来进行。选择何种方式，与调查的设计、研究者所拥有的资源等因素密切相关，组织者可根据实际情况来选择适宜的方式。

通常情况下，在基于概率抽样的网络调查中，如果研究者能够获得一份调查对象的电子邮件地址数据库，那么，这将对调查的实施起到重要的帮助作用。利用这个数据库，研究者可以很方便地建立一个抽样框，利用各种概率抽样技术从中选择调查对象。然后通过电子邮件向被抽中的对象发送调查邀请函。

---

① 请注意，在问卷中直接调用验证码表中内容的功能仅用于封闭型问卷（即非匿名问卷），公开型问卷无法使用，因为没有验证码表可用。

在 Limesurvey 中,"发送邀请函"功能,不仅可以自动生成个性化内容的 e-mail 邀请函,同时还具有自动生成问卷登录账号(ID)的功能。利用此功能,调查管理者可以向验证码表中的全体调查对象发送邀请函(见图 96)。在发出邀请函以前,系统将自动检查验证码表的各类目内容是否符合以下要求:

- 调查对象有电子邮件。
- 已经生成验证码。
- 尚未发送过邀请函。
- 调查对象尚未完成问卷填写。

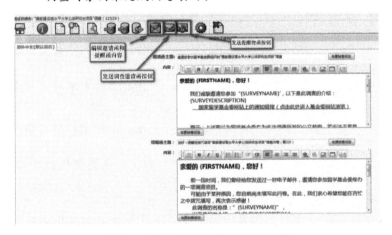

图 96　调查邀请函编辑与发送界面

若同时符合上述要求,系统将对该受访者的电子邮件发出调查邀请函;若缺少某些内容,系统将给出相应提示,要求设计者修改。另外,调查邀请函的内容也可进行定制,并且与验证码表中的信息相互连接。在撰写邀请函时,设计者可对邮件主题和内容进行编辑、修改。请注意,如果设计者想在邮件中调用验证码表中的相关信息,请使用以下调用编码:

- {FIRSTNAME}:名
- {LASTNAME}:姓
- {SURVEYNAME}:调查问卷的标题
- {ADMINNAME}:问卷管理者的姓名
- {ADMINemail}:问卷管理者的电子邮件

例如,以下是一封调用了验证码表中信息的电子邮件邀请函的内容:

"亲爱的 {LASTNAME} {FIRSTNAME} 同学,这是一个名为"{SURVEYNAME}"的问卷调查,欢迎设计者参加,谢谢!{ADMINNAME}"。

当调查对象收到此邀请函时，他所看到的内容则是：

"亲爱的王勇同学，这是一个名为"大学生信息技术应用情况"的问卷调查，欢迎设计者参加，谢谢！李唯"。

在 Limesurvey 中，如果调查对象在一定期限内未完成问卷填写，那么则可利用系统的"发送提醒函"的功能来向目前尚未填写问卷的受访者发送一封用于提醒的 E-mail。点击"发送提醒函"按钮，系统将自动发送提示其填写问卷的电子邮件。不过在发送提醒函之前，系统将自动检查验证码表中的类目内容是否符合以下要求：

- 调查对象有电子邮件。
- 已经生成验证码。
- 邀请函已经发出。
- 调查对象尚未完成问卷填写。

若符合上述要求，将发出填写提醒函。若不符合，则提示研究者进行相应修改。

8.4 以注册方式参加封闭性调查

在 Limesurvey 中，如果设计者想在使用验证码表的同时，又想让更多的对象来参加调查，那么就可以启用"问卷注册"功能。在问卷设计开始时，在"是否启用问卷注册功能？"中如果选择了"是"，那么就启用了通过注册来填写此问卷的功能。

当问卷激活开始调查之后，当那些没有填写验证码的调查对象进入问卷网址之后，会自动显示出一个要求注册页面。

如果其愿意参加此次调查，那么就可以填写所要求的内容来进行注册。当调查对象填写包括 E-mail 信息在内的内容并提交之后，Limesurvey 系统将自动为其分配一个新验证码，并根据其电子邮件自动发送一封注册确认函，其中就包括本问卷的 URL 链接，单击之后即可进入填写。

需要注意的是，当对象注册时，如果所填写的 E-mail 信箱与验证码表中已有的某个对象的相同，那么系统将不接受此注册信息，会自动提示注册者并要求修改，除非这个新注册的 E-mail 是验证码表中没有的，系统方可发送注册确认函。这样做的目的主要，是防止调查对象重复填写问卷，影响数据质量。另外在验证码表中，那些通过注册方式来获得验证码的调查对象被标记为"R"（表示注册），以便与原有的对象相互区别。

9. 调查数据整理与统计

显然，存储于数据库中的原始数据，无论其内涵如何丰富、质量如何高，

图 97　调查注册界面

但其本身都无法解释和阐明调查研究的主题。在调查研究过程中，数据收集和管理，仅仅是数据分析的基础。要想将抽象的原始数据进一步转变为能够为研究者所解释和分析的有用信息，调查数据的分析、制表和撰写最终的调查报告演示文档，是一个完整调查研究流程中必不可少的组成部分。同样，在网络调查研究过程中，数据的管理与统计也是调查的一个极其重要的环节。反馈数据管理的方便与否，是衡量网络调查程序的一个重要指标，因为它将直接影响到后期的调查数据整理、编辑和分析工作。

Limesurvey 为用户提供了方便的调查数据管理功能，可以让调查组织者方便快捷地导入数据，并且直观地看到最终的调查结果。为方便用户对调查数据进行深入的分析，系统还支持将调查数据保存为多种常见的文件格式，如 Excel 和 CSV 等。

9.1　查看调查数据

当问卷被启用受访者开始填写问卷之后，其所提交的反馈数据则被自动保存至数据库。这时，"浏览反馈结果"功能将被启用，单击该图标就可以打开此窗口，如图 98 所示。

9.2　反馈数据的编辑

在浏览反馈结果时，可以通过单击问卷 ID 编号的方式来查看某份问卷的详

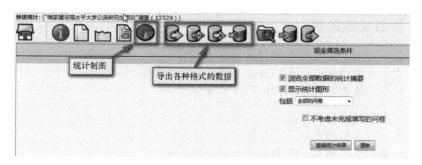

图 98　调查数据的浏览与统计界面

细反馈内容。在此窗口中，设计者可以选择"编辑"或"删除"功能。

● 删除：通常情况下无须删除反馈数据，除非设计者能确认某一份数据为重复提交，否则请不要轻易使用此功能。数据删除之后无法恢复。

● 编辑：在正式的调查研究过程中，通常无须对问卷反馈数据进行修改，除非研究者有非常充足的理由，否则不要使用此功能。

9.3　数据录入

Limesurvey 还具有数据录入功能。实际上，数据录入功能并非直接用于网络问卷调查，而是用于混合模式的调查，即在一项调查中同时使用二种以前的数据收集方式，如印刷问卷和网络问卷结合。当设计者回收印刷问卷之后，即可利用本功能来录入数据，从而实现两种问卷的反馈数据的完整结果，提高调查的效率。

当问卷启用之后，点击图标（数据录入）就可以开始印刷问卷的数据录入操作（见图 99）。

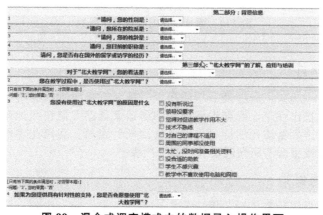

图 99　混合式调查模式中的数据录入操作界面

9.4 导出反馈数据

为保险起见，建议调查管理者在调查正式开始之后，定期将反馈数据导出作为备份。点击"导出结果"图标，可导出反馈数据：

在导出反馈数据窗口中，包括以下导出选项：

- 缩略标题：只导出问题 ID、分组 ID 和问卷 ID 编号。
- 完整问题标题：导出问题的全部标题内容。
- 选项编码：只导出每个选项的编码。
- 完整答案：导出与编码相匹配的选项文字内容。
- Microsoft Word：导出为一个 DOC 格式文件，在数据间只有一个 TAB 分隔符。
- Microsoft Excel：导出为电子表格。
- CSV 格式：导出为逗号分隔符格式文件。

此外，如果是封闭性调查问卷，在导出反馈数据的同时，设计者也可以选择是否将每份反馈数据与验证码表中的相关信息（如姓名、电子邮件等）结合起来一起导出。

图 100　调查数据的导出操作界面

9.5 数据统计

Limesurvey 为研究者提供了功能强大、科学严谨的数据分析功能。用户只需按照特定的操作程序，就可将数据库中的抽象数据方便快捷地转换为专业的统计图表。单击数据统计图标可打开系统的统计窗口。利用此功能可以对反馈数据进行筛选或查看不同问题的统计摘要图表。

9.5.1 数据筛选

当打开数据统计窗口后，用户首先看到的是定义问卷中各个问题的数据筛选设置。

例如，如图101所示，在每个问题的序号旁边有一个选择框（打勾表示选择），同时可以从单选题型的选项中选择其一，以便显示此表的摘要。当鼠标单击或移过图标时，会自动显示出此题的完全文字内容，下面的栏中同时也显示出此题的全部选项。在定义筛选标准时，可以同时选择多个选项。点击"清除"按钮可重新设置筛选条件。

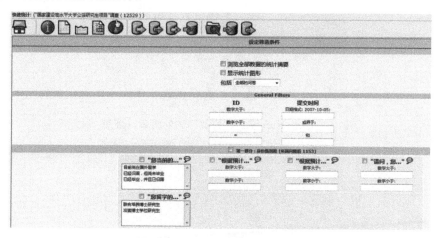

图 101 调查数据筛选操作界面

9.5.2 查看统计摘要

在定义完筛选条件后，设计者也可以获得关于某一问卷全部调查结果的摘要。选择"查看全部内容的统计摘要"按钮，就可以看到全部内容的摘要信息。这样设计者就可以看到一个包括结果表（表示符合筛选条件的反馈）和一个"内容摘要"（包括此问题的全部选项的回答概况，包括频数和百分比）。

对于调查问卷中的开放题，点击"浏览"按钮则可查看其内容。

注意事项：

● 如果在同一个问题上既定义的筛选条件同时又要求显示摘要，那么此问题只能显示出与筛选条件相符合的选项。因此，建议不要在同一个问题上同时显示摘要和设置筛选条件。

● 要想选择一个问题的多个选项，可以用CRTL＋鼠标单击来实现。要想消除最后一条筛选条件（如果设计者想清除一个问题的全部筛选条件），用CRTL＋鼠标单击最后一项选中的选项即可。

最后，需要提醒的一点是，当整个网络调研项目结束之后，研究者可以考虑结束问卷调查，这时就可以点击红色的图标（结束此调查）。但是，根据使用

317

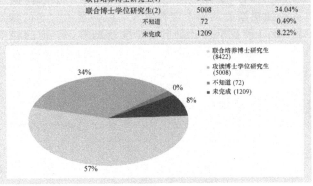

图 102　Limesurvey 生成的数据统计图表（饼图）

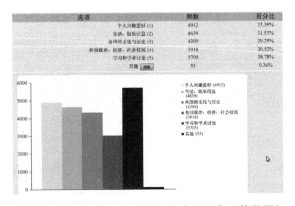

图 103　Limesurvey 生成的数据统计图表（柱状图）

经验，研究者并不鼓励这样做，因为当点击此按钮之后，就会发现系统会自动弹出以下对话框（见图 105）。

对话框的提示信息如下：

● 当您关闭此问卷之后，原来数据表上的反馈数据数据都会被转移至其他地方。因此，当再次激活问卷时，数据表内容为空。这时您将无法通过调查系统来查看原来的数据。

● 已结束的问卷的反馈数据，只能由系统管理员利用 MySQL 的

第五章 网络调查工具的选择与应用

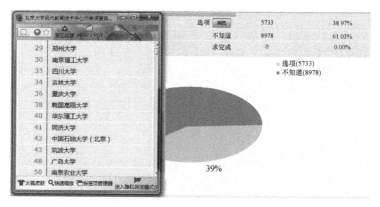

图 104　Limesurvey 生成的数据统计图表（填空题）

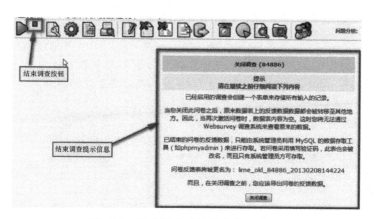

图 105　结束调查时的信息提示界面

数据存取工具（如 phpmyadmin①）来进行存取。若问卷采用填写验证码，此表也会被改名，而且只有系统管理员方可存取。
- 问卷反馈表将被更名为：lime_old_84886_20130208144224。
- 在关闭调查之前，您应该导出问卷的反馈数据。

在这种情况下，对于普通权限的用户来说，建议问卷管理者不要轻易关闭调查，否则可能导致问卷数据无法访问，这一点需要多加注意。

---

① phpMyAdmin 是一个用 PHP 编写的，可以通过 web 方式控制和操作 MySQL 数据库的程序。通过 phpMyAdmin 可以完全对数据库进行操作，例如建立、复制、删除数据等。

思考题

目前许多人都认为，网络调查法的使用成本要低于常规信函调查。但是，网络调查通常都需要专门网络调查系统的支持方可实施。请你思考，如果将购买商业网络调查工具或服务的成本计算在内，那么，网络调查法的成本是否仍然会比信函调查低呢？进一步说，即使采用免费开源的网络调查系统（如 Limesurvey），研究者仍然是需要一些设备和技术成本的。在这种情况下，网络调查的成本又会发生什么变化呢？

动手研究

为探索网络调查法的应用和降低网络调查法的应用成本，北京大学教育学院的研究者目前已经使用 Limesurvey 进行网络调研多年，并且建立了专门的网络调查平台，包括基于 Limesurvey 1.85 版创建的网站：http://www.ceta.pku.edu.cn/limesurvey/，其中列出了近年来所实施的各种类型网络问卷，可以作为以后问卷设计的一个参考。此外，对于具有一定技术基础的学习者来说，也可以访问 Limesurvey 的项目网站 http://www.limesurvey.org/en/download，去下载最新版的软件源代码，亲自动手安装和测试这个调查系统的功能，看一看它能否满足自己的调查需求。有关 Limesurvey 的安装方法，请参阅本章第 4 节的内容。

参考文献

Limesurvey Homepage（2013）. Limesurvey Document ［OL］. http://www.limesurvey.org/.

赵国栋. 混合式教学与交互式视频课件设计教程［M］. 北京：高等教育出版社，2013.4.

黄永中. 网络调查系统的开发及应用效果研究［D］. 北京大学教育学院硕士学位论文. 2005.6.

赵国栋，黄永中. Websurvey 网络调查系统教程［R］. 北京大学教育学院教育技术系研究报告.

赵国栋. Persues 网络调查系统操作手册［R］. 北京大学教育学院教育技术系. 2004.

第六章 网络调查项目案例与实践

【本章导读】

通过前5章的学习，相信大家已初步掌握网络调查法的基础理论、设计原则及操作。在接下来的第6章中，将进一步介绍网络调研项目的规划、组织与实施细节和具体步骤，以案例的形式来让大家进一步了解网络调查项目的设计与实施细节，这是从理论走向实践的一个关键环节。本章将以北大教育学院近年所实施的多个网络调研项目为案例，介绍问卷设计、邀请发送及组织实施过程中的诸细节问题。同时，为方便做调研练习，本章还将介绍一个免费网络调查工具——问卷网，用户只需上网注册一个账号，就可以开始编制自己的问卷，方便快捷，可作为学习者的入门选择。希望通过本章的学习，让各位尽快在实践中掌握这种研究工具，成为一名熟练的网络调研者。

对于调查研究者来说，无论选择哪一种调查工具，印刷问卷、网络问卷，或者面对面访谈，其最终所追求的目标，都是通过调查数据来揭示出研究对象的内在的规律性行为和实质性特征，并从中总结出相应的研究结论。所以从这个角度来说，无论多么复杂或先进的调查工具、手段，其最终价值都必然是通过实际的调查项目来体现出来。对于网络调查问卷调查系统来说，同样也是如此。对于那些愿意尝试新工具和新方法的研究者来说，掌握网络调查系统的基本功能和操作方法，只是迈出了第一步。只有当研究者亲自动手去设计和编制出一份网络问卷，将问卷发送到受访者的计算机，最终对反馈数据进行整理、统计和分析并得出研究结论之后，这时，他才有可能真正体验到网络问卷调查法对于社会科学研究所带来的深刻变化与影响，也才会真正感受到新技术为研究所带来的高效与便捷。

众所周知，在高等教育研究领域，北京大学教育学院向来以擅长定量研究方法而著称，而教育领域的定量研究通常都是以问卷调查为手段而获得数据的。正是由于这种背景，北大教育学院向来重视问卷调查法在教育科学研究中的应用,无论在理论基础、抽样方法、研究设计和调查工具方面,都在全国处于领先地位。尤其值得一提的是,自2005年起,北大教育学院的一些研究者就率先在国内教育研究领域开始探索和研究网络问卷调查法的应用,并取得了一定的成绩。在过去数年里,北京大学教育学院的研究者利用前面所介绍的免费开源网络调查系统Limesurvey①策划和实施了数十项网络调研项目(见图106),获得了一些可喜的成绩,同时也积累了较为丰富的网络调查应用经验,在网络问卷调查法的理论研究和实际应用上走在国内教育研究领域的前列。

在北大教育学院所组织的这些网络调查项目中,既包括调查对象分布于世界各国的跨国性留学生调查,也包括针对农村务工人员的调查。既有事先有受访者姓名和电子邮件的基于概率抽样的调查,也有开放性的针对大学生群体的便利抽样调查。从受访对象的数量来看,数量最多的网络调查项目受众达到2万余名,最少的也有数百名。实践证明,通过这些利用Limesurvey来实施的网络调研项目,有效地提高了调研效率,降低了教育科学研究的成本。

图106 北京大学利用Limesurvey创建的网络调查项目列表

经过多年的推广和应用,在北大教育学院内,越来越多的研究者们开始意识到网络问卷调查法的价值和重要性,愿意采用这种新工具的研究者数量逐年增加。在这样的实践基础之上,研究者认为,如果能够对北大教育学院过去所做的各种类型的网络问卷调查项目进行整理和总结,挖掘其中的成功经验和教

---

① 北京大学所使用的Limesurvey网址为:http://www.ceta.pku.edu.cn/limesurvey/. 软件版本号为1.85。

训，相信对于推动网络问卷调查法在教育和社会科学研究领域中的应用会大有裨益。

1. 跨国性网络调查案例

从调查问卷发布与传递的便捷性、速度和范围来说，在目前所有的调研工具和手段中，网络问卷应该是当之无愧地名列前茅，无出其右者。尤其是在当今计算机和互联网普及程度如此之高的情况下，无论受访者处于世界的任何一个国家，任何一个角落，只要能连接上国际互联网，就可以收到、填写和提交任何一个国家研究者所发出的网络问卷，为社会科学研究的国际化开创一个全新的视野和空间。从这个角度来说，正如 Internet 天生是一个国际化的通信工具一样，网络问卷调查法同样也可谓是国际性和跨国性调研的最佳研究工具，为世界各国的社会科学研究者提供了一个前所未有的方便快捷的交流与沟通环境。

1.1 项目背景介绍

实际上，早在 2004 年网络问卷调查法尚未进入绝大多数社会科学研究者的视野时，北大教育学院的研究者就开始尝试着利用网络问卷来进行跨国性调研活动。这次尝试源于当时的一项国际化合作研究项目——亚洲地区高校信息化调研（Asian Campus Computing Survey，简称 ACCS），当时包括中国——大陆地区、香港、台湾省，以及日本、韩国和马来西亚等数所高校参与。该项目的主要研究目的和设计方案，是使用一份共同的调查问卷来比较和研究各国家、地区高校在数字校园方面的建设与发展状况。显然，对于这种国际性的问卷调查项目，使用纸质问卷来进行调研是一种费时耗力的方案，而且成本也将极其高昂。在这种情况下，项目组的一位美国学者建议利用网络问卷来实施此项调查。但在当时的技术条件下，既无现成的网络调查平台可用，也无可供借鉴的网络调查案例可用，项目组的研究者们只能边摸索边尝试地组织和实施了北大教育学院历史上第一次跨国性的国际调研项目。当时，研究者们利用 Html 代码手工编写了一张多页式英文版网络问卷，题型包括单选题、多选题、填空题和简答题等，数量总数约 40 道，共 8 页。整个问卷的设计和编制费时数周完成，然后在 ACCS 项目网站上发布，邀请多个国家和地区的高校信息化负责人填写，当时共收到 70 余份反馈，问卷反馈率约为 43%，基本上达到了预期目标。这次成功的网络问卷调研活动，不仅为 ACCS 项目的成功打下了很好的基础，同时也给当时参与此项目的许多国内教育研究者留下了深刻的印象，开始关注和探索网络调查问卷这种信息时代全新的调研工具。

随后，以上述尝试为基础，北大教育学院的研究者开始了对网络调查法的探索和研究，希望利用这个工具来提高问卷调查的效率。开始是手工编制网络问卷，随后使用商业网络调查平台（Persus Solution），到 2006 年最后选择了免费开源的 Limesurvey 作为整个学院的网络调查平台。到 2013 年，北大教育学院采用 Limesurvey 已超过 7 年，利用这个平台组织和实施的网络调查项目也已经超过百项。在整个应用过程中，研究者们积累了丰富的应用经验。当然在这百余项网络调研项目中，绝大多数都是针对国内受访者的，国际化的调研项目比较少。所以，这里向大家介绍的一个跨国性国际网络调查项目，是 2012 年刚刚完成的"'国际建设高水平大学公派研究生项目'调研"。

2012 年 5 月，受国家留学基金管理委员会的委托，北京大学教育学院启动了"国际建设高水平大学公派研究生项目"的研究工作。该项目的主要研究目标是，对 2007—2011 年期间接受国家留学基金委资助出国攻读研究生学位的中国留学生，进行广泛的问卷调研，了解"国际建设高水平大学公派研究生项目"对于他们学术职业发展的影响，同时也征求受资助学生对此项目的意见反馈和建议。留学基金管理委员会对此项目非常重视，前期曾与北大项目组多次举办研讨会，讨论项目设计和问卷内容，并向项目组提供了一份 2007 年至 2011 年期间向世界各国派出的 2 万余名学生名单，其中包括学生的姓名、性别、派出前所在院校、专业和电子邮件等。考虑到此项目中研究对象的特殊性，北大教育学院对此很重视，在组建研究项目组时专门邀请了院里教育技术系的网络调查研究法专家参与，以测试利用网络问卷来进行跨国调研的可能性。项目后期的实践证明，这一决策为整个项目的顺利实施和完成打下了良好的工具和技术基础。

1.2 项目实施过程

在研究设计过程中，项目组成员的一致看法是：该项目的独特之处，在于调研对象（2 万余名公派留学生）分布于世界各地的上百所大学中，根本无法使用传统的联系方式（信函、电话）来与之联系。虽然这些公派留学生到达目的国之后，会去中国驻外使馆报到并留下相关的联络方式，但由于这些留学生都是自主寻找住宿处，并且经常变动住所。或者，有些学生会由于某些特殊原因变换留学的学校，例如因专业变化而导致的转学，甚至改变留学国家，或者提前归国等。这些复杂的原因导致要与这 2 万余名公派留学生联系，是一件看似无法完成的任务。因此，在令所有研究者都束手无策的情况下，有研究者就提出，既然我们目前掌握这些留学生的电子信箱，何不尝试利用网络问卷调查法来对他们进行调研呢？

对于此建议，项目组的多数成员经过讨论之后都表示赞同。但有人提出疑问，留学基金委提供这些电子信箱是数年前留学生们出国前使用的，现在时过境迁，这些邮箱是否仍然有效值得怀疑。为解决此问题，研究者专门从 2 万余个电子信箱中随机抽出 200 个进行发信测试。结果发现，83% 的学生回复了邮件，证明了他们的公派留学生身份；7% 的测试邮件被邮件服务器退回，原因可能是此邮箱已被注销，或者登记时有误；7% 的对象回复当初虽然申请过公派出国项目，但由于各种原因而最终未能成行；其余3%的对象则无任何回复。这种情况表示，留学基金委所提供的这些学生电子信箱的有效率是令人满意的，可以使用。

在确定了使用网络问卷调查实施方案之后，项目组开始调查问卷的设计和编制工作。经过研究者多次讨论后完成了调查问卷的初稿设计，提出了一个长达18页、四大部分共85个问题的调查问卷。后来经过多次修改，将问卷的总问题数减少为四大部分75项。但是，具有如此数量众多问题的调查问卷，受访者填写完成至少需要30分钟以上，这对于调研对象来说显然是一项很困难的任务，有可能会导致较高的中途退填率。为解决受访者填写时间和认知负担问题，研究者讨论并提出了以下解决方案：

第一，在问卷的第一部分设置若干身份甄别问题，通过对受访者进行分类提问和设置逻辑跳转的方式来减少不同群体受访者回答问题的数量。在问卷的第一个问题中，就将受访者划分为三大类，分别是："目前尚在国外留学"；"已经归国，但尚未毕业"；"已经毕业，并且已归国"（见图107）。然后，根据受访者的不同回答，将他们引向问卷后面的不同问题，每类受访者的答题数大约在35～50之间，这样就有效地降低了受访者的答题负担和答题时间，有利于提高他们的参与积极性。

第二，充分利用网络问卷的自动跳转功能，在问卷中尽量设置潜伏式跳答问题，让受访者不知不觉中进入不同的问题路径来填写问卷，尽量减少特定受访者群体的答题数量。据统计，研究者共在调查问卷中设置了12个不同类型的逻辑跳答，让受访者根据不同的回答进入不同的填写路径。更值得一提的是，由于整个问卷采用"一题一页"的版式设计，所以全部的跳答设置都在点击"下一页"时自动完成，受访者通常不会察觉到跳转过程。

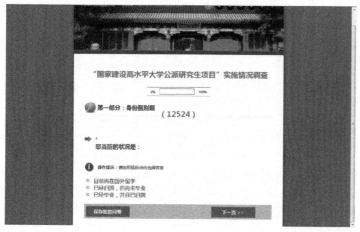

图107　调查问卷首页中的身份甄别题设计示例

图 108　调查问卷中的逻辑跳答设计示例

第三，将个人背景信息部分放置于网络问卷的最后一部分来填写，以尽量降低受访者的抵触心理和敏感体验。研究者分析后认为，由于个人背景信息类问卷多达 8 个，如果仍然像传统印刷问卷那样置于卷首，受访者在填写时易生烦躁情绪而弃填。因此，应尽量将与留学直接相关的问卷置于首页，开门见山地点明调查主题，可能更容易被受访者所接受。

最终，项目组确定以下调查问卷结构框架（见表 46）。

表 46　调查问卷的结构、问题数量及逻辑跳转设置

问题类型	问题数量	逻辑跳转设置数
身份甄别题	12	3
留学活动与经验	27	4
留学收获、评价与反馈	21	3
个人背景信息	15	2
总计	75	12

此外，由于问卷的问题数量较多，为了从视觉上减少受访者的认知心理压力，研究者在设计网络问卷时充分利用了表格题型，共设置了 14 个表格题。这样，就从问卷版式上减少由于问题数量大、数字多而对受访者形成的压力。不过，考虑到表格题型的特点，研究者在设计表格题时尽量将一个表格题内的选项数量控制在 5~7 个左右，并且通过技术手段在表格的奇偶行数之间增加了颜

色的差异，以防止受访者出现鼠标点击错行而导致的填写误差现象（见图109）。同时，为降低受访者的填写焦虑水平，研究者将调查问卷设置为"一题一页"的形式。这种形式虽然对网络宽带要求较高，但由于一次只显示一个问题，受访者可以比较从容地回答问题。

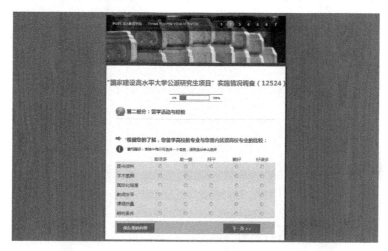

图109　调查问卷中的表格题设计形式示例

最后，考虑到网络问卷中文字输入比较容易，受访者用键盘输入方式来回答开放题的意愿较高，因此专门在问卷的最后设置了3个开放题来让受访者回答，每个开放题的数字限制为500个字符。

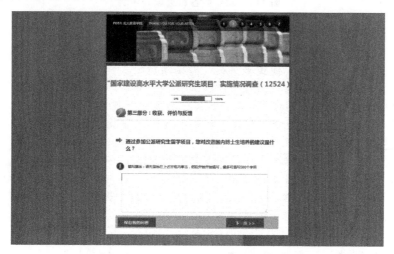

图110　调查问卷中的开放题设计形式示例

327

在调查问卷的结构和问题内容设计完成之后，研究者还对网络问卷的若干具体网页技术设置进行了讨论和设置，包括首页设计，在首页专门展示留学基金委员会盖章的公文图片，以增加调查的接受度和可信度（见图111）；在问卷的每一个页面中增加进度条，使受访者了解自己的填写进度等。

图111 调查问卷首页设计示例

问卷初稿设计完成后，经过3轮的测试和修改后最终定稿。并于2012年5月29日正式启动调查。由于事先掌握有全部受访者的电子邮件信息，所以该调查采用了"封闭式普查"模式来进行，即采用封闭式网络调查来实施，只有那些收到电子邮件邀请函的受访者才能访问和填写问卷，其他无关人员皆无法登录和填写问卷。封闭式网络调查的基本操作流程如下所是：

第一，首先整理2万余份受访者的姓名和电子邮箱信息，根据系统要求的格式保存为CSV格式文件①，然后上传并导入Limesurvey网络调查平台的填写验证码模块中。系统根据所上传的名单，会自动为每一位受访者生成一个填写验证码，该验证码将被自动附加在发给受访者调查邀请函的内容中，形成一个加密的URL链接。该链接仅能使用一次，一旦受访者提交问卷之后，则自动失效。当受访者收到这个电子邮件之后，点击其中的调查问卷链接，就会自动进

---

① 在将受访者名单保存为CSV格式时，请注意将文件的编码设置为UTF—8格式，否则上传之后汉字会出现乱码。

入调查问卷的首页。

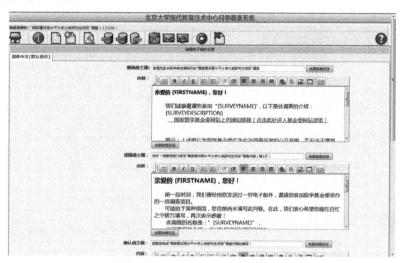

图 112　向受访者发送调查邀请函

第二，调查启动之后，以每次 50 封，每天 4000 封的频率，研究者开始向受访者发送调查邀请函。用了 5 天完成了第一轮邀请函发送工作。在随后的 3 个月时间内，研究者每隔一周左右分别发送了三次填写提醒函，以提醒受访者及时填写问卷。

令研究者欣慰的是，在调查启动后的第一周内（2012 年 5 月 29 日—6 月 4 日），受访者就填写并提交了 3048 份调查问卷（见图 113），平均每天提交的问卷数达到 435 份。

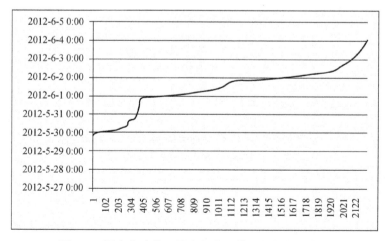

图 113　调查启动第一周内问卷反馈总数的变化情况

到第二周（6月5日—6月11日），问卷反馈总数已经达到6654份（见图114）。而到了1个月时，问卷反馈总数则已经达到13038份（见图115）。

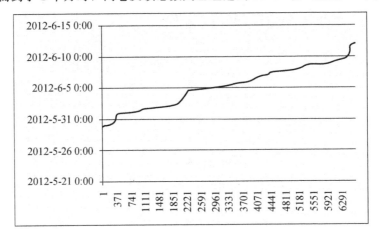

图114　调查启动前2周时所收到的问卷反馈总数变化

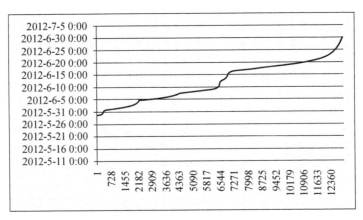

图115　调查启动1个月时所收到的问卷反馈总数变化

最后，根据对每一周所接收到的问卷反馈数据的统计分析（见图116），可以看出，绝大多数受访者在收到调查邀请函后，通常会在4周内前来参加问卷填写。如果超过了4周，就表明，那些尚未填写问卷的受访者，很有可能不愿意参加调查。在这种情况下，即使调查组织者向他们第二次或第三次发送问卷填写提示函，通常也无济于事。

在为期3个月的调查中（5月29日—8月29日），总计有14562名受访者参加了问卷填写并提交了问卷，问卷反馈率超过了70%以上，顺利完成了这项国际调研项目。

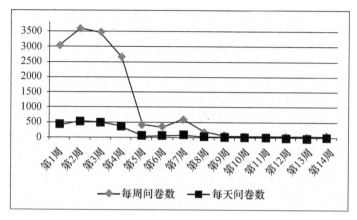

图 116　在整个调查期间每周和每天的问卷反馈数比较

1.3　项目经验总结

通过此次跨国性网络调研项目，研究者总结出如下经验：

第一，充分做好前期的各种技术准备工作，包括测试调查系统本身的稳定性和调查系统本身的可访问性。尤其是可访问性问题，北大教育学院的网络调查服务放置在校园网内部，属于中国教育与科研网络（CERNET）。根据北大网络中心的管理政策，缺省状态下只有国内用户可以访问，国际用户则无法访问。若要国外网络用户访问，就必须根据网络流量来支付流量费。这种具有中国特色的互联网技术特点，是研究者事先必须注意的一个重要事项。在此次调查中，项目组为 1 万余名受访者支付了 5000 元国际来访流量费。

第二，在问卷设计时要充分考虑到调查委托方和主办方的社会声誉，来吸引受访者前来参加问卷填写。在问卷测试过程中，就曾经有受访者提出，这真的是中国留学基金委员会组织的调查吗？为什么在问卷首页没有加盖公章？为什么没在基金委的网站上看到相应的通知？提出了诸如此类的疑问。因此，在正式问卷调查中，研究者在问卷的首页添加了正式公文及公章，并且添加了直接链接到留学基金委网站上的一条关于举办此调查的正式通知。这样，彻底打消了受访者对调查活动真伪的疑问，取得了较好的实际效果。

第三，注意随时查收邮件，充分利用与受访者的电子邮件沟通来获得额外的研究信息。在问卷调研期间，研究者收到受访者 500 余封电子邮件反馈，针对调查问卷中所提出的各种问题，公派出国留学的政策、规定，以及问卷本身的设计等，都提出了许多想法和建议。这些信息对于本项目后期的数据解释具有重要价值。从整个调查过程中研究者与受访者之间的交流和沟通来看，这是传统信函调查所无法具备的，对于提高数据质量和增加研究结论的信度具有重要意义。

2. 跨地区性网络调查案例

总的来说，目前实施国际性调研项目的机会毕竟不多，对于多数调查研究者们来说，通常更多面临的主要还是国内地区性或跨省区性调研活动。那么，Limesurvey能否同样适用于国内比较复杂多样性的网络条件呢？这也是北京大学教育学院研究者们需要了解和测试的。

无论如何，研究者通常情况下所面对的研究对象，更多的都是分布在国内各个地区，是不同行业和领域内的本土性群体，其IT素养和联网环境千差万别。在这种情况下，就必须考虑到国内互联网环境的具体特点，因为相对于国外高速和稳定的国际互联网整体技术环境来说，国内不同省份或地区由于经济发展水平的差异，导致国内不同区域互联网之间的连接性、速度和稳定性都各有特点。再加之中国不同行业或领域之间所建设的网络之间的技术差异性，如电信网络、教育网络、金融网络等，因此，研究者需要经过充分测试才能了解Limesurvey在国内复杂环境网络下的适用性。同时，更需要考虑的是，与上一节案例中那些具有较高信息技术素养和受教育水平的群体相比，国内不同群体和阶层的受访者在信息技术技能、硬件设备、操作习惯及联网条件等方面都存在着较大差异性。Limesurvey这个源自国外的网络调查系统能否符合国内的受众，仍然需要进一步考察和测试。

出于上述考虑，北大教育学院的研究者在过去数年中组织和实施了多种类型的针对不同群体、不同地理区域的调研项目（见表47）。从目前的整体情况来看，受访者主要是以教育领域的师生为主体，包括高校和初、中等学校中的教师和学生。在个别的案例中，也包括数量不等的进城务工人员和大学校友等群体。总体来看，除小部分乡村中小学师生以外，多数受访者的地理分布区域主要是以国内大中型城市为主。

表47　2009—2012年北京大学教育学院组织的网络调研项目列表

调查名称	实施时间	调查对象	调查类型	回收问卷数
1."北大教学网"学生满意度调查问卷	2009.11	北京大学在校生	开放型网络调查	855
2.中国学生"网络生活"调查问卷	2010.6	在校大学生	开放型网络调查	4182
3.中国高校校园信息化调查问卷	2010.6	高校教师	封闭型网络调查	2074

续表

调查名称	实施时间	调查对象	调查类型	回收问卷数
4."北京地区高等院校第二课堂教育与人才培养研究"调查问卷	2010.8	在校大学生	开放型网络调查	1139
5. 农远工程绩效评估调查问卷（中学生）	2010.7	农村地区中学生	分层抽样	7215
6. 农远工程绩效评估调查问卷（小学生）	2010.7	农村地区小学生	分层抽样	6606
7. 农远工程绩效评估调查问卷（中小学校长）	2010.7	农村地区中小学校长	封闭型普查	402
8. 农远工程绩效评估调查问卷（初中教师）	2010.7	农村地区初中教师	分层抽样	3881
9. 农远工程绩效评估调查问卷	2010.7	农村地区小学教师	分层抽样	3177
10. 北大学生"网络生活方式"调查问卷	2010.5	北京大学在校生	开放型网络调查	1020
11. 大学生"网络学习"调查	2011.11	在校大学生	开放型网络调查	896
12. 首都高校国际化建设指标体系调查（大学生问卷）	2011.3	北京地区在校大学生	开放型网络调查	1461
13. 首都高校国际化建设指标体系调查（教师问卷）	2011.3	北京地区高校教师	封闭型概率抽样调查	1180
14. 校友捐赠行为研究调查问卷	2012.1	清华大学校友	封闭型概率抽样调查	237
15. "国家建设高水平大学公派研究生项目"调查	2012.5	世界各地公派留学生	封闭型普查	14562
16. 西南地区高校新生年中调查	2012.5	四川地区大学一年级新生	开放型网络调查	16371
17. 西南地区高校新生年末调查	2012.10	四川地区大学一年级新生	开放型网络调查	6055
18. SEED 培训项目开展情况调查问卷	2012.10	深圳进城务工人员	分层抽样	3573
19. 教育家型教师和校长的培养与政策支持调查问卷（12.87）	2012.8	国内教育研究者	封闭型抽样调查	295
20. 大学生专业与预期调查	2012.10	北京大学在校生	开放型网络调查	281

2.1 网络问卷的设计

在网络调研活动的项目设计中，网络问卷的设计是较为关键的一个环节，网络问卷设计水平的高低，直接影响着受访者填写问卷的主观意愿，进而决定着调查的反馈率。所以，在网络调研项目的组织与实施过程中，如何设计出一份吸引受访者眼球的问卷，是研究者首先面临的一个挑战。根据在上述网络调研中积累的实践经验，研究者总结出网络问卷设计的两种基本模式：

第一种，独立设计模式。所谓"独立设计模式"，就是由课题主持者或课题组成员，来直接动手设计和编制网络问卷。换言之，调研项目的研究者与网络问卷设计者，两者合而为一。这种模式的最大优势，是能够充分实现研究设计思路与问卷设计内容两者之间的无缝结合，这样就使得在项目设计中所提出的各种研究设想和思路，都能够比较恰当地反映在问卷内容和形式的设计之中，前后协调一致，对于提高调研活动的效率和质量都很有帮助。通常情况下，规模较小的调研项目比较适合采用此模式。

不过，并不是全部网络调研项目都适用于这种独立设计模式。因为它要求项目研究者必须掌握或精通整个网络调查系统的操作方法和使用流程，包括问卷设计、网络调研活动组织与实施等环节。只有在这种情况下，网络调研项目才有可能采用独立设计模式，由项目主持者来全权负责从项目规划到问卷设计与发送的各个环节。但显然，这种情况是比较少见的，尤其是那些大规模的调研项目来说，它需要一个项目团队的相互协作和支持，从项目规划、问卷设计与测试、问卷发放与回收，到后期数据统计和报告撰写，需要不同成员之间的相互协作，才会完成和实现整个项目的目标。这时，就需要另外一种模式：协作设计模式。

第二种，协作设计模式。所谓"协作设计模式"，就是指网络问卷的设计是由调研项目组中的专门人员来负责，而不是项目主持者，它体现了科研项目研究过程中不同成员之间的分工与协作关系。对于大型调研项目来说，更适合采用这种协作设计模式（见图117）。在这种模式中，从项目一开始，网络问卷设计者就参与到项目组的设计与讨论活动之中，充分了解整个项目的目标、需求和组织实施计划。这样，当项目进行到问卷设计环节时，问卷设计者此时已经完全清楚地了解整个项目，在设计问卷时能够把项目设计中的各种详细需求与设想比较充分地贯彻到问卷内容编制过程中。实践证明，这种协作设计模式，对于提高整个项目的运作效率很有帮助。

从当前的研究实践来看，在协作设计模式中，网络问卷设计者通常都是由调查技术专家来担任，自调研项目设计和论证阶段就开始参与，负责将项目组所提出的各种问卷设想具体落实在网络问卷的设计和编制之中。同时，问卷设计者也需要根据网络问卷的各种技术特点，向项目组成员提出各种设计建议，以充分发挥出网络问卷的独特功能与特点。此外，问卷设计者还需要负责网络

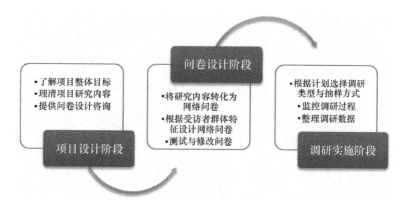

图 117　网络问卷协作设计模式示意图

问卷的测试、问卷发送、过程监控和数据备份、整理等工作，为整个调研项目提供全方位的技术支持与服务。简言之，在问卷设计、发放与回收阶段，问卷设计者负有完全的责任。

根据研究者的经验，无论在独立设计模式还是协作设计模式中，网络问卷设计者需要做的具体工作主要包括以下几个方面：

第一，在充分了解调研项目整体目标与需求的基础之上，向项目组提供有关网络调查方法的各种技术建议。如上所述，无论采用何种问卷设计形式，问卷的设计工作都必须以整个项目的整体目标和需求为导向，根据调研的要求、对象和时间等因素因地制宜地设计和实施。因此，在这个阶段中，问卷设计者必须从开始就参与调研项目的论证和设计过程，充分了解整个课题研究设计的来龙去脉，听取项目组的各种设计需求。然后进行综合和分析，并将之落实到网络问卷的设计与编制过程中。同时，问卷设计者还应该主动向项目组提供各种技术建议，提出各种技术设计方案，使项目组中对网络问卷功能和特点不了解的成员，在讨论调研方案时充分发挥出其特色。

举例来说，在问卷设计启动时，首先就要决定的内容包括：问卷设计版式采用何种形式：单页、一题一页还是一组一页；是否允许受访者中途保存并退出填写；是否显示"上一页"按钮；是否向受访者显示某些问题的统计结果；是采用开放型调查，还是封闭型调查，诸如此类。这些都是决定网络问卷表现形式的重要设置参数，需要在问卷设计之初就要决定。对于那些对网络问卷功能不了解的项目组成员来说，问卷设计者需要在项目启动初期就要介绍清楚，让他们心中有数，防止出现信息不对称而导致的交流障碍而影响项目顺利实施。

第二，在征求项目组其他成员的意见并确定上述各种参数设置之后，问卷设计者进一步需要确认的还包括：问卷模板（主题）的选择与修改，问卷不同位置图片、动画、视频等的应用。网络问卷与传统印刷问卷一个最大的区别，

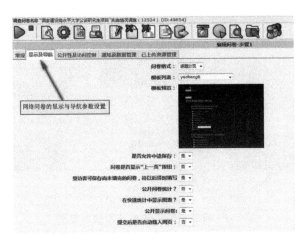

图 118　Limesurvey 问卷的显示与导航参数设置

就在于多媒体元素的应用,所以,在网络问卷的设计过程中,设计者可就这一点与项目组成员加强交流,充分利用这种特点来提高网络问卷的吸引力,以激发受访者的填写动机和积极性,提高调查反馈率。

在实际设计过程中,可以利用 Limesurvey 的模板设计功能来重新设计或修改模板,为问卷定制个性化的模板和样式。例如,点击 Limesurvey 系统菜单中的(模板编辑器)图标,就可以进入问卷模板编辑和修改界面(见图 119)。在"模板列表"中选择一个模板,系统就会自动在"编辑模板"(Editing template)窗口中显示出该模板的 Html 代码。同时,也会自动在下部的"预览"窗口中显示该模板的实际样式。接着,设计者在窗口左侧的"文件名称"中选择一个文件名,右侧的窗口就会自动显示出相应的代码,点击窗口中的图标(全屏)图标就可以将编辑窗口扩展到全屏状态,以便于编辑。每次修改完毕后,点击"保存修改"按钮后,系统就会自动在"预览"窗口中显示出修改的结果,编辑起来比较方便。

第三,完成问卷的模板编辑与修改工作之后,就可以进入问卷首页及提交页的设计环节(见图 120)。考虑到问卷首页是受访者填写问卷过程中所看到的第一个网页,其设计水平的高低将有可能直接影响到受访者的填写意愿,因此应重点对待和考虑。

例如,首先就是问卷的标题和说明。在 Limesurvey 中,问卷的标题字号实际上是由所选用的模板决定的,通常使用黑体;字数不宜太多,10~20 个汉字足矣,否则就有可能显示为 2 行。在"说明"编辑窗口中,点击左上角的绿色水果(李子)图标,可将编辑窗口扩展为全屏。在这一分部中,建议设计者使用精练的语言介绍调研项目,说明调查的意义,填写时间及调查对象身份的要求。同时,也建议说明项目组织和实施机构的正式名称、联系人及其电子信箱和电

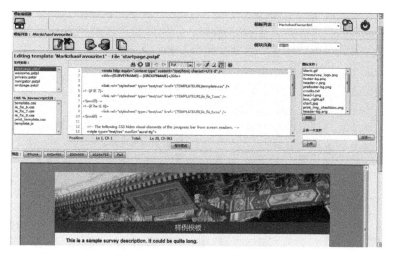

图 119 Limesurvey 问卷模板修改和编辑界面

图 120 Limesurvey 问卷首页及提交页的设计

话等信息，以提高受访者对该调查的可信度。而在"欢迎辞"编辑窗口中，则建议简要说明问卷填写的基本要求或方法，使受访者对问卷操作方法有一个大致的了解，防止出现因操作失误而导致的故障。例如：

● 为方便您填写问卷，请将电脑的浏览器设置为"全屏"状态，操作方法：Apple MAC 系统：使用键盘组合 control＋command＋F；Windows 系统：点击键盘的"F11"键。

● 在问卷填写过程中，请您务必不要点击浏览器上的"返回/后退"按钮，否则可能导致问卷出错而重新填写。

● 在填写时，如果您想返回问卷的前一页，请点击问卷页面下方的"上一页"按钮，不要使用浏览器的"返回/后退"按钮。请点击"下一页"开始填写问卷。

如图 121 所示，是设计完成的网络问卷首页。需要提醒的是，正如图 121 所示，对于那些社会知名机构或部门所委托的调研项目，建议研究者将所带的盖章公文附在问卷首页或直接以截图形式展示出来。实践证明，这种方式对于争取受访者的信任，提高他们的填写动机，具有重要的影响作用。

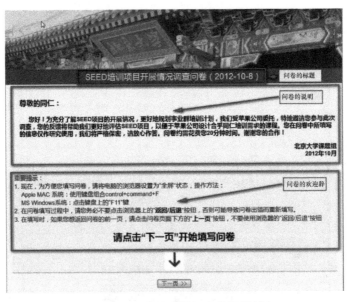

图 121　设计完成的网络问卷首页样例之一

第四，问卷首页的设计完成之后，就可以进入问卷内容编制环节，问卷分组和题型选择是设计者需要着重考虑的方面。在这个环节中，首先面临的一项工作，就是为网络问卷创建一个结构，也就是创建"问卷分组"。与传统印刷问

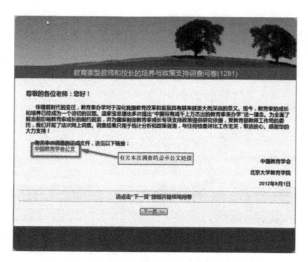

图122　设计完成的网络问卷首页样例之二

卷一样，网络问卷同样也是根据内容或主题的不同，通常被划分为多个分组，如首页、背景信息、主题页1、主题页2等。每一个分组包括数量不等的调查问题，多个问卷分组则构成网络问卷。在Limesurvey中，点击（在问卷中新建问卷分组）则可以创建一个新分组，理论上来说，可以创建无数个分组，用于分别放置不同主题的调查问题。这里，建议大家在刚开始时就确定问卷的分组序号、数量和名称（见图123）。然后，再依次进入每一个分组之中，继续创建问题。

图123　创新问卷分组操作界面

分组内创建新问题时，需要提醒的一点是，问题的序号一定要使用阿拉伯数字。而且，为后续的问题跳转设计方便，建议在使用问题序号时采用这种编写方式：1.1，1.2，1.2.1。这种序号编码方式的好处是：当问卷中出现逻辑跳转题型时，如从第1.4题跳至第4.5题时，受访者不会因为问题序号的非连续性排列而感到迷惑①。另外，也便于设计者在随后的问卷修改过程中，在对问题数量随时进行删减或增加时，不必再去重新修改原有的问题序号。

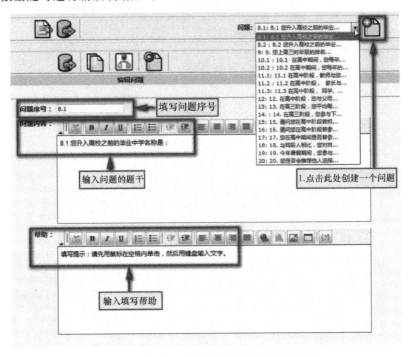

图 124　创建一个新调查问题的操作界面

还有一点需要强调的是，在 Limesurvey 系统中，问卷中文字的字体、字号等内容的格式，同样可以由所选用的模板 CSS 表所确定，而不仅仅通过问题窗口中的编辑器来手工设置。所以，为提高问卷设计的效率，建议设计者在选用模板时就定义好调查问题的字体、字号或颜色，这样就不必麻烦地在对每个问题的题干字体、字号进行编辑，可以节省大量时间。但要注意的是，如果调查问题的题干文字是从 Word 文档中复制而来，那么，在复制到"问题内容"栏之前，应该将文档中原有的格式消除，否则，原先通过 Limesurvey 模板所定义的文字格式就会不起作用，会被文档原有格式所替代。通常，设计者可以通过两种方式来消除文本中的格式：一是先将内容复制到一个文本文件（.txt）中，然后再从中复制到问题内容栏；二是把带有格式的文本内容直接复制到内容栏之后，先点击编辑器右上角的那个绿色李子水果图标（适合全屏）使编辑器窗口

---

① 若按照常规 1，2，3，4 这种序号编码方式，当从第 1 题跳至第 4 题时，一些细心的受访者会由于发现没有第 2、第 3 题而产生迷惑感，进而影响到其填写问卷的心态。

进入全屏状态①（见图 125），然后再点击菜单第一行最右侧的那个橡皮擦图标（清除格式），就可以将编辑框中的文字格式全部消除。

图 125　编辑器在全屏状态下所显示的功能按钮

在传统问卷设计中，数字填写是最容易出现填写误差的题型，经常因为受访者所填写的各种数字因不符合要求而带来诸多后期数据整理与统计方面的问题。而在网络问卷设计中，研究者可以通过将数字填空题转化为"滑块题"而得到有效解决。

在 Limesurvey 中，有一个特殊的"多维数字填空题"题型。这个题型的独特之处，在于能够将普通的数字填空题转化为可以通过鼠标左右拖动而自动记录数字的"滑块式数字填空题"（见图 126）。这种题型不会因为受访者用键盘输入数字而导致各种无法预料的错误，因为受访者通过拖动滑块而选择的数字，是被严格限定在正确的范围之中，如概率最大就是 100%，最小是 0%，绝对不会超出此范围。这样就有效地保证了数据的可靠性，减少了问卷的填写误差。

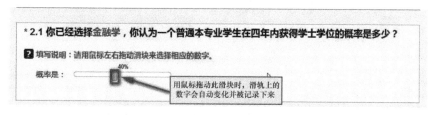

图 126　Limesurvey 中的滑块式数字填空题的样例

这种滑块式数字填空题通常适用于任何填写数字答案的调查问题，其设计步骤如下：

- 在"问题类型"下拉菜单中选择"多维数字填空题"。
- 在"问题属性定义"下拉菜单中选择"使用滑块层"（见图 127）。
- 然后，依据上述方法，再分别选择"滑块初始值"、"滑块最

---

① 需要提醒的是：在缩小状态时，编辑器所显示的图标是不完全的。只有当编辑器进入全屏状态时，才会显示出全部的功能图标。所以，建议在设计时经常使用全屏状态。

小值"、"滑块最大值"、"滑块精度",并根据问题的需要填写相应的数值。

● 若需要,也可定义"回答前缀"和"回答后缀"的相应内容,通常是计量单位,如％、千米等。

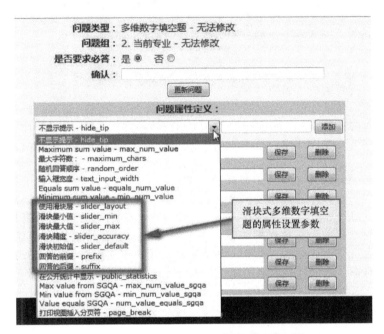

图 127　滑块式多维数字填空题的参数设置

这样,一个滑块式数字填写题就设计完成。点击(问题预览)图标就可以看到如图 126 所示的题型。在某些情况下,设计者也可以设计出一个包括多个滑块选项的数字填空题(见图 128)。此外,更令人感兴趣的是,利用这种功能也可以设计出更为复杂的题型,即所谓"加和式多维数字填空题"(见图 129)。

以上介绍了在问卷协作设计模式下,问卷设计者需要着重注意的一些问卷设计技术细节问题。这里需要再三强调的是,在问卷设计过程中,设计者一定要与项目组的其他成员保持充分而有效的沟通和交流,将网络问卷的各种技术特点、形式和缺点,都要向成员们尽量解释清楚,在选择问卷版式、题型及相关参数时,要从整个项目的整体需要出发来考虑,而不是仅从技术角度。只有这样,才可能充分发挥出网络问卷调查法的优势。

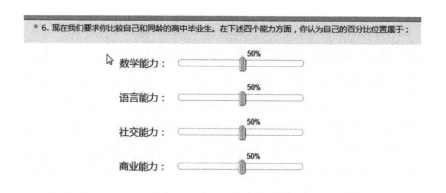

图 128　多选项的滑块式数字填空题的样例

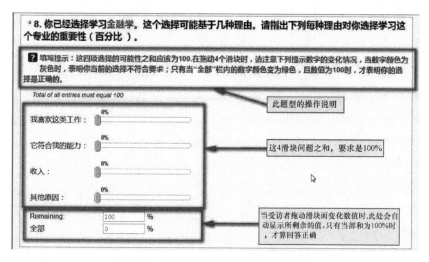

图 129　加和式滑块数字填空题的样例

2.2　网络调查的组织和实施

当网络问卷设计完成之后，就进入问卷测试阶段。与传统问卷不同的是，网络问卷的测试要包含多项内容，其中既有内容因素的测试，也有技术因素的测试：

● 问卷内容测试：一方面检查问题的内容恰当与否，另一方面也要注意文字措辞、语句通顺等，发现问题及时修改。在 Limesurvey 中，一旦调查启用，题型、选项及跳转设置等参数通常都无法再更改，因此启用前的测试是必需的。

- 问卷技术设置测试：主要检查网络问卷的各种技术参数是否正常工作，包括逻辑跳答、答案传递、必答检测、导航设置等。尤其是逻辑跳答设置，要求在测试中充分模拟不同受访者的回答情形，认真检查是否会出现跳转错误，因为一旦启动调查之后，再去修改跳答参数是很容易出错的。
- 问卷填写时间测试：在网络问卷的首页通常会向受访者说明问卷填写所需要的时间。由于受访者在填写问卷时所使用的网络环境各不相同，速度差异较大，因此在确定问卷填写时间时应该在多人试用多种网络和多种设备的条件下进行填写，然后通过平均计算以尽量获得比较准确的时间数。

问卷测试和修改工作完成之后，就进入网络调研的关键环节：问卷发放与回收阶段。

根据研究者多年的调研经验，Limesurvey 能够组织和实施两种基本形式的网络调研活动：开放型和封闭型网络调查。这两种类型的调研在技术特点、实施流程等方面都有较大的差异（见图130）。

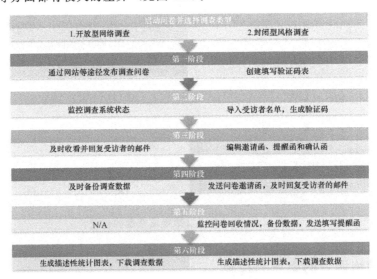

图130 开放型调查与封闭型调查的操作流程比较

第一，选择网络调研类型并启动问卷。采用开放型网络调查，还是封闭型网络调查，两者的实施过程具有较大的差异性。通常，判断一项调研项目究竟适合采用开放型还是封闭型调查，一个重要标准就是，研究者是否掌握受访者的名单及联系方式。若回答是肯定的，那么，就适用于封闭性调查；若回答是否定的，则适用于开放性调查。从Limesurvey的操作方法上来看，当研究者点击图标后

（启用调查问卷）之后，系统就会自动出现提示窗口（如图131）。这时，研究者需要注意的是：当问卷启用之后，将无法再对问卷分组、问题及选项进行操作。

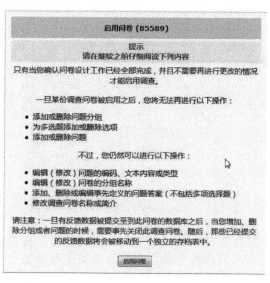

图 131　启用调查后出现的提示窗口

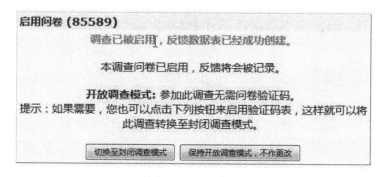

图 132　网络调查类型选择的提示菜单

当点击"启用问卷"按钮之后，就会出现调研类型选择的界面（见图132）。若研究者选择"保持开放调查模式，不作更改"，则这份网络问卷就采用开放型调查，这就意味着，任何看到邀请函的网民都可以登录并填写问卷，属于是方便抽样的调查；若选择"切换至封闭调查模式"，Limesurvey 则会自动为该问卷创建一份填写验证码表①，并进入验证码操作界面（见图133）。这种操作，则意味着随后所实施的，是一项基于概率抽样的网络调查，研究者事先必须准备好一个抽样框，包括受访者名单及联系方式（电子信箱）。

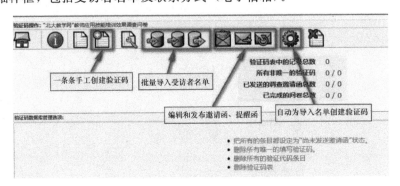

图133　Limesurvey的验证码表操作界面

实际上，调研实施者在Limesurvey系统中，通过点击图标（验证码管理）可以随时进入如图所示的操作界面，给封闭型调查添加验证码。在此页面中，最简单的操作方式，就是通过手工方式来一条一条地为问卷创建受访者及其填写验证码（见图134）。但显然这种方式的录入效率很低，对于那些受访者数量庞大的调研项目来说，费时耗力。

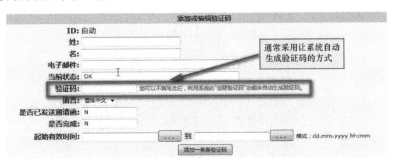

图134　手工添加受访者名单及填写验证码

因此，Limesurvey又提供了另外一种通过CSV文件②来批量导入受访者名

---

① 有关Limesurvey的填写验证码表功能，请参阅本书第5章8.3节"启用问卷填写验证码表"内容。
② CSV文件：Comma Separated Values（逗号分隔符文件），简称CSV。它是一种用来存储数据的纯文本文件格式，通常用于电子表格或数据库软件。其规则通常是：开头不留空，以行为单位；可含或不含列名，含列名则位于文件第一行；一行数据不跨行，无空行；以半角符号，作分隔符，列为空也要表达其存在；列内容如存在，则用""包含起来；文件读写时引号、逗号操作规则互逆；内码格式不限，可为ASCII、Unicode或者其他。

单及其填写验证码的方式（见图 135），这样就可以一次性导入数千甚至上万名受访者名单，效率大有提升。

图 135　批量导入受访者名单及填写验证码

不过，需要提示的是，在批量上传名单之前，调查组织者需要事先将受访者名单转换为固定格式的 CSV 文件，其格式要求如下所示：

● 所上传的文件要求是标准 CSV（逗号分隔符）文件，不能使用引号。
● 第一行应包含标题信息（在导入时，系统会自动将之移除）。
● 数据内容应该按照以下顺序排列：姓、名、电子邮件、验证码、属性 1、属性 2。
● 要求必填字段：firstname，lastname，e-mail。
● 可选填的字段：emailstatus，token，languagecode，validfrom，validuntil，attribute_1，attribute_2，attribute_3……
● 在保存文件时，编码方式要求选择 UTF—8，否则导入 Limesurvey 时会产生乱码。

当上传 CSV 格式受访者名单成功之后，点击图标（验证码摘要），系统就会显示如图 136 所示的信息。

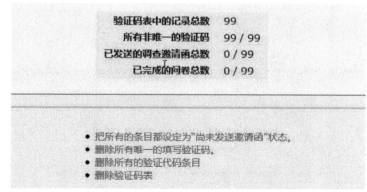

图 136　Limesurvey 显示的验证码信息摘要

347

这时，只是成功向调查平台上传了受访者名单，下一步，还要继续为这些名单中的每一名受访者创建填写验证码。操作很简单：点击（创建验证码）图标，系统就会按照一定的算法，自动为 CSV 名单中的每一名受访者创建一条互不重复验证码（见图137）。至此，整个受访者名单及其验证码生成工作完成，下一步就可以进入邀请函和提醒函编辑环节。

图 137　问卷填写验证码表单显示界面

利用上述名单及验证码表单，调查组织者就可以通过 Limesurvey 提供的调查邀请函编辑与发送功能图标（编辑信函模板），开始准备与调查对象联系（见图138）。

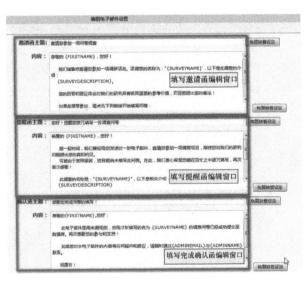

图 138　调查邀请函等编辑界面

缺省状态下，系统会自动生成邀请函、提醒函和确认函[①]的初稿，并根据受访者信息将其姓名、调查名称自动调入信函之中，以如下形式来表示：

- {FIRSTNAME}：受访者姓名。
- {SURVEYNAME}：调查项目的名称。
- {SURVEYDESCRIPTION}：调查项目简介。
- {SURVEYURL}：调查问卷的URL链接。
- {ADMINNAME}：调查组织者的姓名。

当然，这只是系统自动提供的一个基本的通稿，调查组织者可以根据实际情况对信函内容进行个性化编辑和修改，包括信函的主题、内容等。例如，可以将主题修改为：北京大学教育学院邀请您参加一项学术调查。这样，当受访者收到这封问卷邀请邮件时，就会首先看到邮件的主题。这时，主题内容越鲜明、越吸引人，则受访者越有可能点击进入问卷并开始填写。可以想象，一所社会知名的学术机构或政府机构所举办的网络调研项目，其吸引力要远远高于商业机构。

随后点击图标（发送邀请函），进入调查邀请函发送界面（见图139）。这

图139　调查邀请函与填写提醒函发送界面

---

① 填写确认函的功能是：当受访者完成填写并提交问卷之后，系统将自动向受访者的电子信箱发送一封确认函，告诉受访者所提交的问卷数据已经收到，并以调查组织者的名义向其表示感谢。

时，组织者应最后一次详细地检查邀请函的主题、内容等都正确无误之后，就可以点击"发送邀请函"按钮，系统将自动开始发送邀请函。

缺省状态下，Limesurvey 系统会自动一次发送 50 封邀请函，然后出现一个暂停提示窗口，以防止对方的邮件服务器将这些邀请函误认为是垃圾邮件而加以阻止。根据研究者的使用经验，建议点击一次"发送邀请函"按钮发送 50 封邮件之后，应该再过数分钟后，中间有一个暂停后再发送另外 50 封。不建议连续点击发送按钮，这样极易被对方的邮件服务器查封。而且，考虑到受访者在接收到邀请邮件之后，可能会第一时间前来填写，若同一时间段发送的邀请函过多，很容易导致大量受访者在同一时间内前来登录问卷系统，而导致系统访问速度变慢。这样，就有可能出现因无法正常登录问卷而中途退出填写的情形，对于问卷反馈率有严重的不利影响。

根据研究者的经验，当全部调查邀请函发送完毕之后，随后组织者应安排专人，开始密切注意调查系统的整体运行状态，包括问卷的可访问性、访问速度、稳定性，并随时浏览问卷的反馈情况。点击 图标（浏览问卷反馈）就可以清楚地查看到当前时间调查问卷的填写与反馈情况（见图140），包括问卷填写进度、提交时间、受访者的 IP 地址等信息。

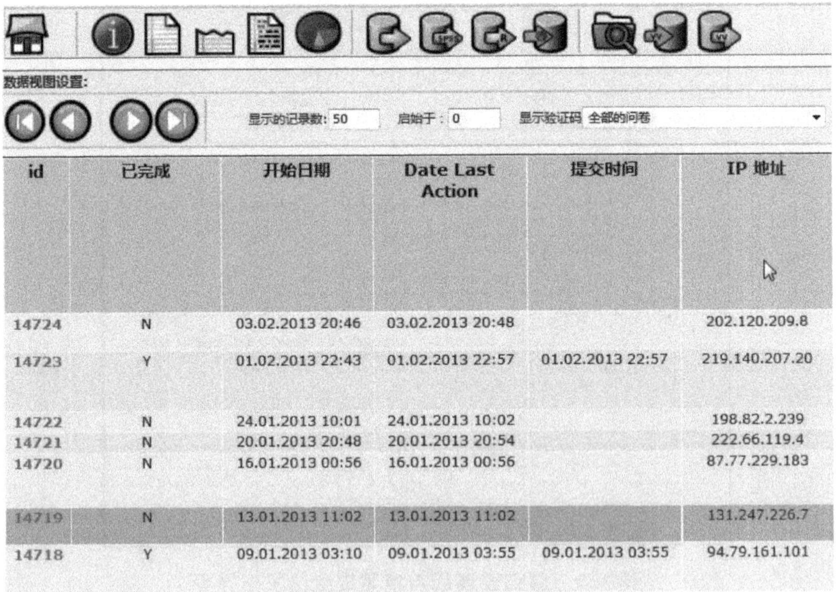

id	已完成	开始日期	Date Last Action	提交时间	IP 地址
14724	N	03.02.2013 20:46	03.02.2013 20:48		202.120.209.8
14723	Y	01.02.2013 22:43	01.02.2013 22:57	01.02.2013 22:57	219.140.207.20
14722	N	24.01.2013 10:01	24.01.2013 10:02		198.82.2.239
14721	N	20.01.2013 20:48	20.01.2013 20:54		222.66.119.4
14720	N	16.01.2013 00:56	16.01.2013 00:56		87.77.229.183
14719	N	13.01.2013 11:02	13.01.2013 11:02		131.247.226.7
14718	Y	09.01.2013 03:10	09.01.2013 03:55	09.01.2013 03:55	94.79.161.101

图 140　浏览问卷的反馈情况

组织者如果想了解某一名具体受访者的问卷填写情况，则可点击图标（验证码表）进入如图所示的页面。在这个页面中，组织者可以清楚地看到每一名受访者的问卷填写状态，包括是否已经发送邀请函、是否已经发送提醒函及其次数，是否已经完成问卷填写等。

图 141　利用验证码表了解受访者的问卷填写状态

通常情况下，当调查邀请函全部发送完毕一周之后，就可以考虑开始发送问卷填写提醒函（见图 142）。此操作的主要目的，在于提醒那些可能由于各种原因而未能及时提交问卷的受访者，尽早填写并提交问卷。根据研究者的实践经验，根据受访者身份的不同，提醒函的发送次数通常在 3～5 次之间。基本规律是：受访者的年龄、身份越高，提醒函的发送次数则越少。反之亦然。这样做的基本假设和逻辑是：若受访者是一位有社会地位、年龄较高的长者，若在发送 2 次提醒函仍然未见其提交问卷的情况下，那么基本就能说明，他自己不愿意填写，或没时间填写。在这种情况下，反复多次向他们发送提醒函，只能适得其反，引起对方反感。而对于那些年青的受访者，尤其是学生来说，则可以考虑多发送 3～5 次，因为这些群体很有可能是本身具有填写愿意，但由于各种原因忘记填写。这时提醒函则能起到较好的提示作用。

当调查完成后[①]，就进入调查数据的整理、统计与下载环节。点击图标（浏览调查数据）进入数据统计与下载界面（见图 143）。通常，问卷数据下载时最常用的两个选项分别是（导出至应用程序）和（导出至 SPSS 格式）。根据经验，

---

① 调查时间截止之后，建议不要关闭问卷，因为一旦关闭，问卷数据将自动转移至后台数据库中，普通用户无法再访问，只有系统管理员方可使用。因此，若无特殊原因，启用问卷之后，不要关闭它。

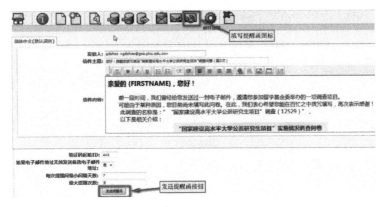

图 142　发送填写提醒函操作界面

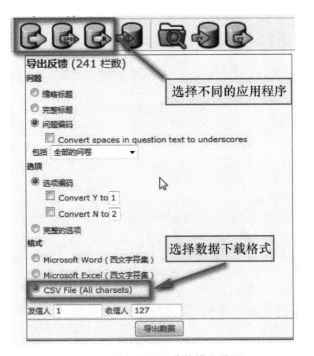

图 143　调查数据下载的操作界面

这里建议导出为 CSV 格式①。这里提醒的是，考虑到数据下载的速度，若问卷数据总量超过万份时，建议分多次下载数据，如每次下载不超过 5000 份，分次下载后再汇总数据。

当下载 CSV 格式完成之后，建议采用以下方法来打开数据文件②：

● 首先打开 Microsoft Excel 程序，点击"数据"菜单，选择"自文本"按钮，然后将 CSV 格式的问卷数据文件导入。这时，Excel 会跳出一个菜单，请选择"分隔符号"。然后点击下一页，然后再选"逗号"，同时去掉"tab 键"选项。

● 接着，点击"完成"，选择"新工作表"。

● 随后，Excel 将会自动打开调查数据，在保存时注意应保存为 Excel 格式文档，以后就可以直接用 Excel 来打开。

此外，Limesurvey 也提供了一个数据描述性统计的功能，能够自动对问卷数据进行百分比和频数的统计，点击图标（数据统计）就可以使用。这个功能很方便，相关操作信息请参阅本书第 5 章的 9.5 节内容。

最后，根据研究者的使用经验，需要指出的是，在 Limesurvey 中，概率抽样调查可以采用两种不同形式：一是上面所介绍的基于封闭型问卷和受访者名单所实施的概率抽样调查，可称为 A 模式；二是基于开放型问卷和受访者名单，并通过统一组织在机房中填写问卷而实施的概率抽样调查，可称为 B 模式（见图 144）。

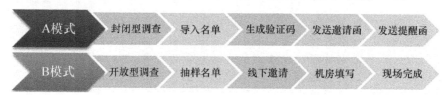

图 144 两种不同模式的概率抽样调查实施方式

对于 B 模式的使用方法，以下介绍一个应用案例。

2012 年，受一所机构的委托，北京大学教育学院的研究者需要对深圳一家大型 IT 产品制造工厂的农村务工人员进行问卷调查，了解他们对相应技能培训的需求情况，以便制订相应的教育培训方案。在研究设计阶段，问卷设计者就参与到整个项目组的讨论过程中，最后确定了这样的网络调研实施方案：

● 1. 网络问卷采用开放型调查模式，但问卷网址不通过互联网公布，仅限于一定范围之内。

---

① 此处，不建议将问卷数据下载为 Microsoft Excel 格式，因为编码原因，这种格式会出现汉字显示乱码的现象。

② 请按照以下步骤来打开 CSV 格式文件，否则，就有可能出现汉字乱码，这是由于 Limesurvey 系统的编码不同而造成的。

- 2. 研究者赴深圳在调研现场进行抽样，并安排专用的机房供受访者现场填写网络问卷。
- 3. 根据受访者的姓名和工号来确定其身份，让他们在机房上网填写（见图145）。

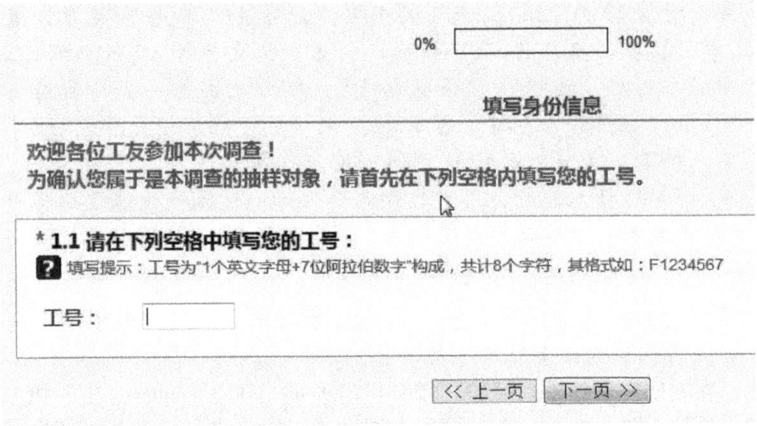

图145 在网络问卷中要求受访者填写工号来验证身份

根据以上设计方案，项目组先后组织和实施了2轮的网络调研活动，问卷回收总数达到近4000份，问卷反馈率达到了令人惊讶的97%，成功地达到了预期效果。在这种调研模式中，多名第一次尝试使用网络问卷的研究者感触最深的：一是这种调研模式的高效率，调查结果的第2天，数据的描述性统计图表已完成并发到全体项目组成员的信箱中，这在传统印刷问卷调查中是不可想象的；二是极高的问卷反馈率，97%的填写反馈率同样也是在传统问卷调研中几乎不可能达到的比例；三是反馈数据的高质量，以开放题的回答率为例，超过78%的受访者都回答了问卷中的开放题，填写字数最多的达到500余字。

不过另一方面，通过这种B模式的概率抽样调查，研究者也发现了一个问题：在利用机房现场填写问卷时，由于受访者统一时间进入机房开始填写问卷，要注意不同机房之间的开始时间相互错开，防止出现因同时开始登录问卷而导致问卷访问速度变慢或无法访问的故障。这是需要研究者在以后的调研中应注意的事项。

3. Limesurvey 应用经验总结

网络调研方法，既是一种技术辅助工具，同时也是一种操作性的研究方法，实践应用是推动它不断前进和发展的重要动力。北京大学教育学院研究者多年的测试与应用经验表明,从技术和功能的角度来说,作为一个优秀的免费开源网络调查系统,Limesurvey完全能够胜任多数社会科学的各种学术类网络调研的需求,确实可以成为研究者们一个强有力的研究辅助工具。总结来说,根据研究者的实践经验,Limesurvey具有以下优势和特点:

第一,系统的总拥有成本[①]较低,安装简单,维护方便,适合高校、科研机构和研究项目组使用。作为一个基于PHP语言编写而成的免费开源网络调查平台,它具有一些独特的技术特色:首先,与其他技术相比,PHP本身免费且开放源代码。其次,跨平台兼容性强:由于PHP是运行在服务器端的脚本,可以运行在UNIX、LINUX、WINDOWS、Mac OS下,故适用在诸多技术环境中应用。第三,因为PHP可以被嵌入于Html语言,它相对于其他语言编辑简单,实用性强,更适合初学者。正是由于上述特点,使得Limesurvey的总拥有成本较低,技术使用门槛低,只有具备一台功能适用的服务器和网络带宽,可以在数天之内就部署完成一个网络调查平台。这为那些不擅长IT技术的社会科学研究者提供了前所未有的调研辅助技术环境,实践证明,恰当地利用将会有效提高他们的研究效率,降低调研成本。

第二,对用户技术要求低,操作方法较简单,用户经过培训便可自主管理和使用。对于多数社会科学研究者来说,他们对IT研究辅助工具的基本要求是学习方便、操作简单,Limesurvey就是这样一个典型的面向普通用户的应用平台。使用者只要具备基本的信息技术素养,都可以在一周之内掌握基本的操作方法,并具备独立组织和实施网络调查活动的能力。从Limesurvey的操作方法来看,与传统问卷设计步骤类似,逻辑清晰,操作简便,学习和掌握起来并不困难。相对而言,该系统对使用者的美工色彩的鉴别和设计能力,倒是有所要求,需要用户经过一定时间的使用积累之后,才可能设计出美观适用的问卷。但整体来说,普通研究者经过简单培训就可以掌握和应用。

第三,具有完善的用户权限管理和协作功能,可对各类用户的操作权限进行精确定制,并实现用户之间资源的相互协作与共享。与原来的1.5版相比,Limesurvey1.85版已完善了用户权限管理功能,可以对用户进行分组管理,对不同用户的操作权限进行精确界定,如创建问卷、删除问卷、启用问卷、查看反馈数据和使用特定的问卷模板等,都可以因人而异。同时,也具备不同用户的相互协作功能,一名用户可以对自己设计的问卷编辑权限进行设定,让其他用户查看、浏览、编辑这份问卷。这样,就为系统的不同用户之间的资源分享提供了技术基础。实际上,研究者测试发现,在Limesurvey2.0版本中,有了更为先进的用户权限管理功能。

[①] 总体拥有成本:Total Cost Ownership,简称TCO,是一种用于分析机构信息系统效能的一种定量方法,有助于机构分析、评价、管理和降低自己的成本的一套方法和建模工具。通常包括:购买成本、安装成本、能源成本、维修成本、升级成本、转换成本、培训成本、支持成本、服务成本、维持成本和安全成本等。

第四，系统提供了多样化的问卷题型选择功能，为研究者提供了灵活的个性化定制的技术辅助工具。Limesurvey 不仅能够实现传统印刷问卷的所有题型，同时还为研究者提供了诸多令人惊喜的题型，如图片、语音和视频动画的插入，可定制的标签表格题、滑块题、自动排序题、标签双变量表格题等。更为重要的是，在这些无所不包的题型之中，设计者还可以通过对问题属性的参数定义，来进一步实现更为详细而个性化的功能，如随机排列选项、"其他"选项①、多选题选项数限定、不同问题之间的答案传递等。在 Limesurvey 中，通过这些印刷问卷所无法呈现的独特功能，为调研者开拓了一个全新的广阔设计空间，让以往枯燥单调的问卷填写过程，成为一种有趣的网络交互过程，对于提高问卷反馈率，能够起到极其重要的作用。

第五，可用于混合模式的调查，组合使用传统印刷问卷与网络调研相结合的方式来收集数据。Limesurvey 为研究者提供了一个额外的问卷数据录入功能，可用于实施混合模式的网络调查。在许多情况下，由于主、客观因素的影响，不同受访者可能会愿意使用不同的问卷填写方式，例如年长或年幼者、不方便上网者，他们可能更倾向于填写纸质的印刷问卷；而另外一些诸如大学生这样的受访者群体，则可能更愿意在网上填写网络问卷。在这种情况下，研究者就会最终收集到两种形式的问卷数据：纸质数据和电子数据。对于前者来说，如何使之与后者合并，是一个需要考虑的技术问题。这时，通过 Limesurvey 的"数据录入"功能，就可以方便地解决这个问题。可以说，这个功能体现了传统研究工具与技术辅助工具之间的协调，为调研设计者提供了很好的支持。

当然，从另一方面来说，需要承认的是，Limesurvey 作为一款免费开源的网络调查系统，由于各种技术因素的限制，它本身也确实带有一些技术局限性，需要研究者在使用过程中予以注意。根据研究者多年的应用经验，建议在使用 Limesurvey 过程中要特别注意以下事项：

第一，由于 Limesurvey 采用 PHP，且服务器通常都未采用集群安装方案，所以它系统所支持的用户并发访问数并不很高。实际应用状况表明，当超过上千名受访者同时访问，系统就会出现访问速度变慢，甚至无法访问的情况。针对这种问题，研究者通常采用的对策是：在向受访者发送调查邀请函时，最好不要同一时间内发送过多的邮件，每次发送完 200 封左右的邀请函，暂停 1~2 小时后，再开始发送。这样，可以比较有效地避免过多受访者同时访问问卷，而导致出现系统速度变慢或无法访问的故障。另外，在那种有组织性地安排受访者在多个机房上网填写问卷的情景下，也可以考虑不同机房之间错开时间来填写，避免过多数量的受访者同时点击登录问卷而影响访问速度。尤其在采用

---

① 在选项最后设置让受访者自主填写的"其他"空格后，设计者还可对该空格是否必填进行设置。

封闭型调查模式时,密切监控调查系统的运行状况,一旦发现系统运行速度或访问速度变慢,应及时采取相应的技术措施。或者在晚间远程重新启动服务器,释放系统内存空间,也可以有效地提高系统运行速度。

第二,Limesurvey 的系统兼容性问题,可能会对网络问卷的显示状态产生某种程度的不利影响。由于该网络调查平台是一个 B/S 架构[①]的系统,网络浏览器是受访者登录和填写问卷的关键程序,网络问卷与浏览器程序之间的兼容性,是影响受访者看到问卷的关键影响因素。但是当前网络浏览器的品牌、类型众多,功能差异显著,操作方法各异,很容易导致网络问卷在不同浏览器环境下的显示界面产生变化,甚至出现变形,某些内容变得不可辨认,严重影响受访者的正常阅读和填写。这就要求设计者在问卷编制阶段一定要事先充分考虑到这种兼容性问题,在测试阶段在不同的浏览器环境下进行测试,尽量避免出现兼容性问题。

第三,关于已结束问卷的调查数据存储问题,需要研究者予以注意。Limesurvey 是一个国外 IT 工程师和调研者合作完成的一项开源项目,由于各种因素的影响,这个软件在技术框架和功能设计理念上具有一定的特殊性,使得国内用户在使用和操作时出现了一些问题。例如,一个典型的问题,就是调查问卷结束,当研究者停用问卷之后,则无法再以普通用户身份查看问卷数据。这种设计方法给一些研究者都带来了很多不便和困惑。实际上,根据北京大学教育学院研究者的分析,Limesurvey 之所以这样设计,一个重要原因就在于 PHP 语言本身的一些技术局限性,它在数据库管理和操作方面并没有专门的功能模块,通常都需要通过 phpMyAdmin 这个工具来进行。而且,考虑到问卷测试结束后的数据自动删除功能和数据保护的问题,软件设计者只好选择了这种方案,即一旦结束问卷调查,数据则自动保存在普通用户无法访问的地方。这对于许多研究者来说会有一些不方便之处。不过,一个最简单的解决方案,就是问卷截止日期之后,不要结束问卷,让它仍然处于启用状态,这样就可以随时访问问卷数据。

总之,正如任何一种研究方法都不可能毫无缺点适用于任何情况一样,技术辅助工具同样也不可避免地带有其固有的局限性。因此,调查研究者需要针对不同的研究环境、需求,来对工具进行重新设计,这也是研究者在进行研究设计时需要重点思考的一个方面,尤其是在如今技术工具不断更新和变化的时代里,研究者不断探索新研究工具和手段的应用,对于提高研究效率将大有裨益,值得提倡。

---

① B/S 架构:Browser/Server(浏览器/服务器模式),是 WEB 兴起后的一种网络结构模式,WEB 浏览器是客户端最主要的应用软件。这种模式统一了客户端,将系统功能实现的核心部分集中到服务器上,简化了系统的开发、维护和使用。客户机上只要安装一个浏览器,服务器安装 Oracle、Sybase、Informix 或 SQL Server 等数据库。浏览器通过 Web Server 同数据库进行数据交互。

4. 免费的网络调查工具——问卷网及其案例

如前所述，对于专业研究机构或社会科学研究者来说，本书所介绍的网络调查系统 Limesurvey 确实是一个不错的选择。然而，对于普通学习者，或只是偶尔做调查的普通用户来说，该系统的数万元的前期硬件经费投入和后期技术维护成本，仍是一项不菲的支出，并非皆能承受。尤其是对于初入门的学习者来说，更是如此。所以，为了向那些网络调查法的初级学习者提供一个方便快捷的调研工具，本节将着重介绍一个免费网络调查工具——问卷网[①]。

图 146　问卷网简洁的首页

---

① 问卷网是一个 2013 年 7 月上线的免费网络调查平台，网址：http://www.wenjuan.com，与本书第 5 章表 36 中所提及的"爱调研"同属一个机构。问卷网主要提供问卷创建、发布、管理、收集及分析服务，易用、专业和免费是其三个突出特色。

4.1 问卷网概述

与其他网络调查类网站不同的是,问卷网的所针对的核心用户群体之一,便是学校教育类相关的机构及其用户,如高校教师、学生和相关管理人员等。目前,学校的教学效果、课程评估、社科类调研,以及与大学生相关的问卷调查,是问卷网的典型应用方式之一。从某种程度上来说,问卷网之所以能受到学校教育类群体的普遍欢迎,一个重要原因,是问卷网所提供的网络调查系统的整体架构和产品设计,比较恰当地处理了调查系统功能、用户操作体验和学习成本之间的关系。换言之,既体现了网络问卷设计过程的直观化与易操作化理念,同时也有效地降低用户的学习成本和参与负担。当然,更为重要的一点是,问卷网的使用是完全免费的,因此,师生们可以最低的成本实施网络调研活动。或许可以这样说,若与 Limesurvey 相比,问卷网不仅更强调直观、易用和快捷的设计理念,同时其免费的应用模式,也使之在众多调查网站中脱颖而出。

同样,这种设计理念也体现在问卷网的站点结构设计上。当用户登录问卷网之后,首先映入眼帘的是一个清雅简洁的界面:首页只有登录注册、问卷、表单和模板库等内容模块。对于初次访问问卷网的用户来说,只需要填写自己的电子邮箱就可免费注册一个账号,激活之后即可开始网络问卷的设计工作。

初步使用之后,用户不难发现,在网络问卷的设计与制作方面,问卷网确有独树一帜,独具特色之感。譬如,用户不需要进行繁杂的参数设置或数据录入工作,主要通过鼠标的点选、拖拽来完成问卷的设计制作。若从用户体验的角度来说,问卷生成过程流畅,一气呵成,非常适合初入门的用户使用。值得一提的是,用户可以自定义问卷模板和机构图标(Logo),便于与机构形象保持视觉识别上的一致。问卷网对调研用户的需求体察比较细致,在制作选项上做了一些细节上的处理,包括文字大小、排列、勾选的样式。此外,在功能上,它的统计分析功能很实用,并可以分享和查看问卷投票结果。还有一点是,问卷网所生成的网络问卷,能够实现跨平台和跨设备浏览与填写。除计算机之外,还可以显示于智能手机、平板电脑等移动终端。这为受访者的反馈提供了更多和更自由的选择,对于提高网络调查的反馈率有一定帮助。

4.2 问卷网的操作流程

如上所述,作为一个入门级的网络调查工具,问卷网的突出特色便是操作简便、快捷生成。所以,即使是初学者,也可以短时间内掌握问卷网的基本使用方法。通常,在问卷网中,设计一份网络问卷的基本流程包括3个,分别是:问卷设计、答卷收集和结果分析(见图147)。不过,这个流程仅是从调查系统的整体结构角度来说的,相对比较简略。

图 147　问卷网的基本操作流程

若从问卷设计者的操作步骤角度来说，问卷网实际上包括 7 个环节（见图 148），分别是：新建问卷、外观设置、问题设计、收集设置、预览发布、答卷收集和结果分析。对于用户来说，通过这简单的 7 个步骤，就可以设计生成、发布和回收自己的网络问卷，实现调研过程的完整信息化。

图 148　问卷网的详细操作流程

4.3 新建问卷

当用户用免费注册的账号登录问卷后,就会看到以下登录界面,见图149。

图149 问卷网的新建问卷界面

点击"新建问卷"按钮,用户就可以启动网络问卷的设计工作。在问卷网中,实际上可以四种方式来创建一份网络问卷(如图150所示)。

图150 创建新问卷的4种方式

第一,创建新问卷:就是从头开始编制一份问卷。通常,新入门用户可选择这种方式。

第二,复制现有问卷:就是以用户以前所编制的问卷为基础,复制一份作为新问卷设计的基础。选择此选项则要求用户以前曾经在问卷网设计并保存过问卷,否则无问卷可复制。

第三,引用官方模板:为方便用户设计自己的问卷,问卷网提供了一个官方模板库,其中包括了诸多常用问卷,分别按照"功能"和"行业"排列,如品牌营销、产品测试、学术教育和社会民意等。用户可从中选择一份为基础,来开始设计自己的网络问卷。

361

第四，引用共享问卷：就是从问卷网用户中共享的问卷中开始创建一份新问卷。此处同样也以功能来排列，用户可以从中选择一份来开始自己的问卷设计。

这样，用户选择上述四种方式之一以后，首先为新问卷输入一个标题，然后选择问卷类别，点击创建，一份新网络问卷就新鲜出炉（见图151）。当然，目前的这份问卷仍然只是一份"白卷"，还有待于用户后面继续设计和加工，首先就是问卷的外观设置。

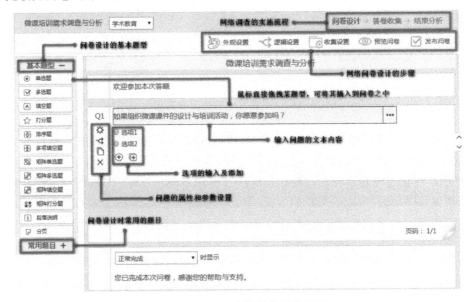

图 151 问卷设计的基本操作界面

4. 4 外观设置

与传统的印刷问卷单调的版面表现形式相比，网络问卷的一个突出特点，就是形式多样，版面设计内容丰富。用户可以方便地对问卷的色彩搭配、版面形式、图标、导航按钮等进行调整和设计，技术成本很低。

在问卷网中，设计者可很轻松地对网络问卷的外观进行设置。点击"外观设置"按钮，就会弹出如图152的菜单，对问卷的样式（类似颜色搭配）、图标（logo）和字体等进行设置。完成后点击"保存"，所设置的样式即可自动应用于当前问卷。

这样，网络问卷的前期准备工作一切就绪，下一步就可以开始编制问卷了。

第六章　网络调查项目案例与实践

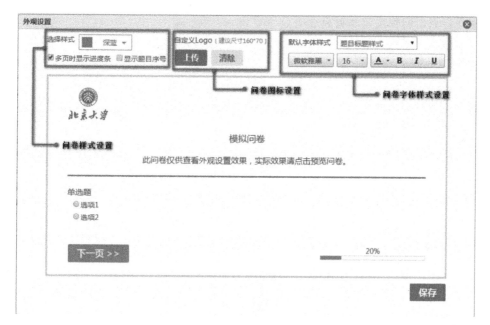

图 152　网络问卷的外观设计

4．5　问题设计

目前问卷网支持 10 种题型，分别是：单选题、多选题、填空题、打分题、排序题、多项填空题、矩阵单选题、矩阵多选题、矩阵填空题和矩阵打分题。同时，为方便设计者编制问卷时用于版面设计，问卷网还提供了"段落说明"和"分页"两种额外的设计功能，分别用于为问卷添加一段文字说明和添加一个分页符号。下面，我们来看一看如何给问卷添加各种形式的问题。

首先，在问卷网中，设计者如何添加或删除一个调查问题呢？

实际上，操作很简单，直接用鼠标就可以通过拖动和点击，来为问卷添加一个问题，见图 153。如果想删除某个问题，操作也很简单：将鼠标移至想删除的问题，点击 X 按钮就可以删除。

添加完某种题型的问题之后，随后便需要为问题添加选项。

将鼠标移至添加选项的题目，点击以下按钮可以添加一个或多个选项，见图 154。缺省状态下，系统将为用户刚添加的问题自动生成 2 个选项。如果你想添加更多选项，直接鼠标点击下方的加号图标，就会再添加一个。同时，如果用户想一次批量添加多个选项，也可以使用其右侧的"批量添加"按钮来实现。显然，当用户的选项数量较多时，这个功能会有效提高用户的设计效率。

若设计者想删除某个选项，直接用鼠标点击欲删除的选项，然后点开选项

363

菜单，点击删除按钮来删除选项。

图 153　用点击或拖动来添加问题

图 154　为问题添加新选项

　　当在问卷中添加了若干数量的问题之后，设计者或许想调整这些问题之间的排列顺序。问卷网也提供了这样的功能。操作方法如图 155 所示。将鼠标移至想移动的题目标题之处，这时，鼠标会自动变为十字形。然后按住左键可以直接拖拽题目。也可以点击题目右侧的上移下移按钮移动题目。

　　设计者同样也可以调整每个问题的选项的先后排列顺序。操作方法如图 156 所示。用鼠标单击想移动的选项，点开选项菜单，然后点击上移下移按钮。相应地，选项就会自动改变其所处的前后位置。

　　除了问题选项的顺序调整之外，问卷网还为设计者提供了更多灵活的选项设置功能，以实现问题选项的更加复杂的参数设置，使受访者能够更加方便地填写问卷。例如，如果对问题的某个选项设置了"排他"功能，那么，当受访者选择了该选项之后，当前问题的其他选项则自动进入不可选状态。该功能的

第六章 网络调查项目案例与实践

图 155　调整问题的排列顺序

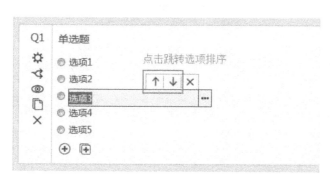

图 156　调整选项的排列顺序

操作方法如图 157 所示。用鼠标单击欲设置为排他的问题选项，点开选项菜单，并打开选项设置。然后勾选"选项排他"。请注意，该功能只有多选题、矩阵多选题支持，其他题型无此功能。

图 157　选项的排他设置功能

此外，问卷网也提供了一个问题选项的填写补充内容功能（允许填空），即让受访者在选择某个选项之后，再填写一些补充内容。这个功能的操作方法也很简单，点开选项菜单，并打开选项设置。然后，勾选设为"允许填空"（见图 158）。

最后值得一提的是，问卷网也为设计者提供了向问卷插入多媒体素材的功能，这样可使得网络问卷的表现形式更富有吸引力。尤其对于学生来说，在问卷中添加图片、动画或视频，会有效地提高受访者的访问动机，最终提高问卷

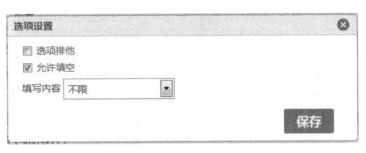

图 158　选项的允许填写功能

的反馈率。

这个功能的操作方法如下：在选项的"更多菜单"（…）中找到"高级编辑"功能，打开之后就会自动弹出一个编辑窗口，点击其中的图片和动画图标，就可以上传并插入图片，或引用网络视频/音频播放器。例如，设计者可从优酷等视频网站获取 Flash 播放地址。

4.6　逻辑设置

与本书所介绍的 Limesurvey 类似，问卷网也具有问题的逻辑设置和跳转功能。从某种程度上来说，逻辑设置和选项跳转功能，为设计者提供了更加广阔的设计空间，同时也使受访者的问卷填写体验，达到了一个前所未有的高度，对问卷的填写偏差率的降低和反馈率的提高，产生了深远影响。

在问卷网中，问题的逻辑设置也比较简单。如图 159 所示，设计者可以直接点击页面右侧的"逻辑设置"链接打开此功能；同时在编辑问题的选项时，点击其中的双箭头图标，也可以进入逻辑设置页面。

当某个问题选项的跳转设置成功完成之后，题目右上角会出现一个提示标志，点击该图标可以重新修改所设置的逻辑关系。同时，需要提醒的是，如果所设置的带有逻辑跳转关系的多个问题处于问卷的同一页面，那么，为使该跳转有效应用，问卷网系统会自动插入一个新分页。请注意，建议不要删除该分页符，否则可能会造成逻辑失效。

譬如，在问卷设计中，如果用户调查的是针对某特定群体，那么，就可以使用逻辑跳转功能来实现。以"剃须刀使用品牌调查"为例，该问卷显然不适合女性回答，我们可以问卷开始设置一道问题甄别受访者的性别。具体设计是：设置一个跳转逻辑：如果受访者在 Q1 题选择了"女"这个选项，则跳转到结束（不计入结果），见图 160。这样 Q1 题选择了选项"女"的受访者，将会看到提示，不能继续回答本问卷。由于跳转设置的是"结束"，即"不计入结果"，女性受访者之前所填写的数据也会自动作废，不出现在最后的统计报表中。换言之，设计者可以在问卷的任意题目设置逻辑进行筛选，无论在问卷的开头提问

第六章 网络调查项目案例与实践

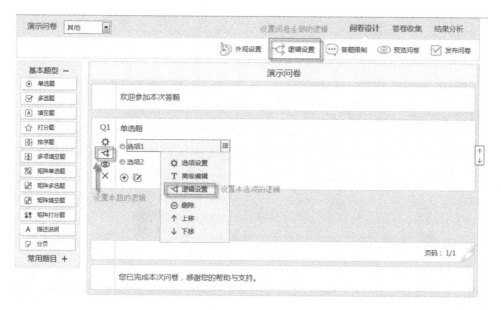

图 159 逻辑设置功能的使用

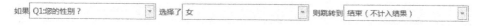

图 160 逻辑跳转设置的案例

还是结尾提问，都能达到筛选效果。

当一份问卷的内容编辑完成之后，在问卷网中，就可以进入"收集设置"环节。

4.7 收集设置

所谓"收集设置"，就是对网络问卷的有效填写时间、填写方式及问卷提交后的反馈等参数进行详细设置，如图 161 所示。

在回答限制中，设计者可设定受访者的问卷填写方式，如"每台电脑只能答一次""每个 IP 只能答一次""启用访问密码"或"只有邮件邀请的受访者可回答"。通过这些设置，可比较有效地防止重复填写和提交问卷，以及无关人员填写问卷等。

同时，问卷网也提供了基于问卷数量或日期的自动结束调查设置。例如，当问卷回收数达到某个特定数量时，调查则自动关闭；或者当到某一时间后，调查自动关闭。

与 Limesurvey 类似，问卷网同样也具有问卷提交后的信息提示功能。例如，

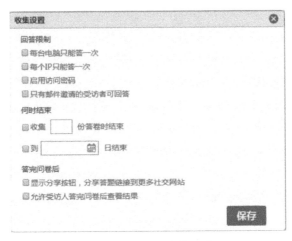

图 161　问卷的收集设置

当问卷提交后，用户可以设置自动向受访者显示分享按钮，以便将问卷链接发布到更多的社会网站。或者，也可以"允许受访人答完问卷后查看结果"。这样，当问卷提交后，调查的数据统计结果就会自动显示于当前页面。

收集设置完成后，就进入下一环节：问卷的预览发布。

4.8　预览发布

预览环节，主要是对问卷的调查内容进行测试，查看是否有错别字、表达不清、顺序不对，或逻辑跳转错误等。尤其是关于跳转设置，一定要从各个角度进行测试，以便及时发现问题和修订。当测试无误之后，则可以"发布问卷"。用户若愿意，也可同时将当前问卷共享到问卷网的模板库，供其他用户参考或借用。

4.9　答卷收集

当问卷发布之后，则自动进入"答卷收集"环节。这一环节的主要任务，就是通过各种方式向受访者发送调查问卷，以获得尽量多的反馈数据。在问卷网中，向研究者提供了多种数据收集方式（见图 162），包括："问卷链接""微信收集""社交分享""邮件邀请""网站收集"和"有偿收集"五种。研究者可根据自己的实际情况选择应用。这里，尤其值得一提的是，受访者可以通过二维码的方式来填写问卷，即用手机扫描二维码，即可自动上网链接到当前问卷并开始填写。例如，用户可以尝试用已联网的手机扫描图 163 中的二维码，看一看会发生什么事情。

图 162　答卷收集方式

图163 问　卷的二维码

4.10　结果分析

当调查启用并且有受访者反馈之后，研究者就可以进入问卷网查看问卷的反馈数据，并对数据进行初步的统计和分析。如图 164 所示，作为调查的主持者，用户可以对所回收的调查数据进行多种形式的操作，包括导出、统计和制图等。其中，当统计生成图表时，还可以选择生成"基本图表""交叉图表"和"答案详情"。

当前，问卷网提供了两种形式的数据下载格式：CSV、XLS。其中，CSV 是问卷的原始数据，其中包含问卷中所有的答案信息，可以直接使用 MS Excel 打开，也支持导入 SPSS 等专业分析软件。XLS 则是问卷的图表数据，包含在结果分析中所见的所有图表和表格，图表可以修改或编辑。该格式为 Excel 标准格

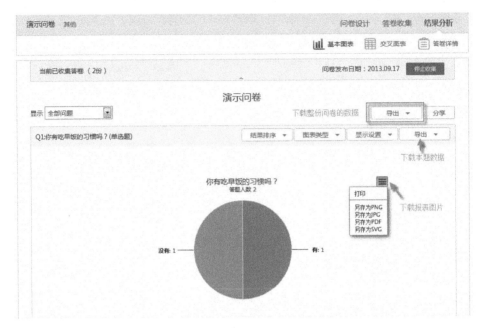

图 164 调查数据的统计与分析

式,可直接用 Excel 或 WPS 打开,内容可以方便地粘贴至 Word、PPT 等其他 Office 软件。

在某些情形下,研究者或许希望在报表中剔除某些不符合要求的数据。如图 165 所示,这时,用户可以在"答卷详情"页面中,点击"排除"按钮。若要恢复所排除的数据,可以点击"恢复"按钮。

图 165 删除某些反馈数据

最后，当调查结之后，如果研究者要清除当前问卷的反馈数据，则可以在"我的问卷"页面中，点击"清空"按钮。该问卷的全部数据则完全删除。请注意，该操作不可恢复，需要谨慎操作。

4.11 问卷网的调查案例

2014年3月，中国高等教育发展出现了一个重大变化：700万毕业生面临"更难就业季"的考验。有研究者提出，为了满足就业市场需要，应鼓励职业教育学校和普通高校实行学分互认制度，以加强教育资源共享，培养多功能型人才。针对"学分互认"这一公众热议的话题，《中国青年报》与问卷网合作调查公众的反馈意见。

该调研项目的设计执行方式是：在利用问卷网编制网络问卷的基础之上，利用现有的样本库来发送问卷。根据《中国青年报》设计的调查题目，问卷网完成网络问卷的编制，并于2014年3月21日至2014年3月23日，通过《中国青年报》的民意中国网、问卷网的微信、微博平台等渠道发布问卷，使用了网页版和手机版两种类型的问卷（见图166和图167）。最终回收答卷995份。从这种方式来看，该调查是一个典型的基于方便抽样的网络调查项目。

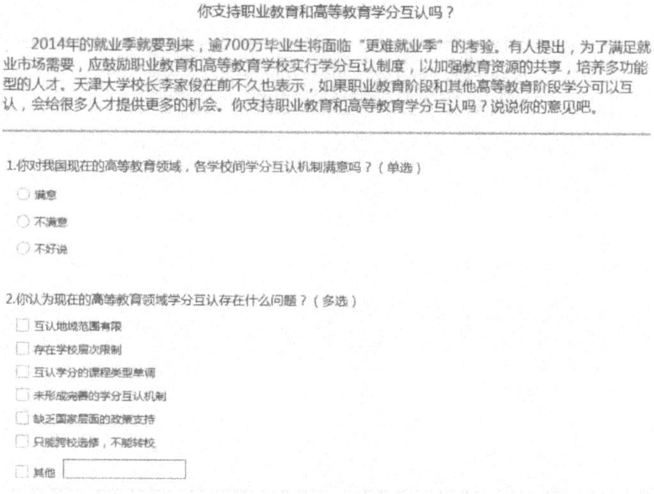

图166 网页版问卷

在这项调研项目中，由于媒体要求样本数量较大，但调查周期只有4天，时间紧任务重。所以此调查同时也在上海众言网络有限公司的爱调研社区样本库发布，对爱调研社区会员发出邀请答题邮件8000封，回收3973份有效答卷，反馈率为49.6%。因此，总计提交给《中国青年报》的数据是4968份。实践证明，对于时间短、样本量需求大的调查，问卷网与样本库进行配合，回收速度会比较快。

图 167 手机版问卷

思考题

在利用 Limesurvey 实施概率抽样调查时，A 模式和 B 模式分别适用于何种研究情形？在实施过程中，分别应该注意哪些事项？

动手研究

根据本章所介绍的各种网络调研案例，请你撰写 2 种类型的网络调研项目的实施计划书，分别是开放型调查和封闭型调查。计划书的基本内容应包括：调研类型、实施步骤、注意事项等，然后比较和分析这 2 种类型的网络调研项目在实施过程中存在着哪些区别和联系。

第七章　大数据背景下的网络调查法展望

　　早在 5 年前本书的第一版中，作者就提到了调查研究的一个重要发展方向：电子数据交互（EDI）[①]，并指出，对于研究者来说，这些电子数据为调查人们的日常行为、生活习惯等提供了绝佳的机会，同时更为重要的是，也为研究者们提供了史无前例的研究机遇，可以开展大规模的调查研究活动。

　　从应用角度来看，EDI，实际上就是将贸易、运输、保险、银行和海关等行业的信息，用一种国际公认的标准格式，形成结构化的事务处理的报文数据格式，并通过计算机通信网络，使政府管理部门、公司与企业之间进行数据交换与处理，并完成以贸易为中心的全部业务过程。EDI 包括买卖双方数据交换、企业内部数据交换等。整体来看，EDI 的应用主要来自于两个方面：一个是大的企业想与自己的供应商和客户建立电子数据交换和联系；另一个就是有些行业已经形成了成熟的供应链网络，通过实施 EDI 改善整个行业的整体社会效率。因此，EDI 系统较早应用在北美、欧洲、日本，以及澳大利亚的汽车制造行业、运输行业和日用生活用品的批发行业等。这些行业从 EDI 的应用中得到了非常好的效益。例如，美国的汽车行业从 EDI 的应用中使每辆车节省 200 美元。不过，最初 EDI 的应用需要克服许多障碍，例如，多企业的电脑通信问题、通信网络及其管理问题、不同的传输协议问题、软件问题，以及单据、信息传输的标准问题等。自 20 世纪 70 年代起，EDI 最早在商业上的应用就是开始于纸面单据及其信息的标准化，但是较早的 EDI 应用有很大的局限性，例如存在传输延时的问题，数据的兼容性问题。因此，当时 EDI 的应用基本上是局限于企业内部的数据传输。到了 80 年代后期，一些因素促使 EDI 取得了进一步的发展。比如电脑系统连接和集成技术的发展、全球通信协议的不断统一、特别是 90 年代联合国 EDIFACT 标准被得到广泛的认可，国际电脑网络服务商的竞争也日益激烈。越来越多的企业需要适时的库存管理手段，EDI 逐步从伙伴到伙伴之间关系连接发展到适时的库存管理；从企业内部的数据传递发展到企业之间的交易和电

---

　　① 电子数据交互：Electronic Data Interchange，简称 EDI，是一种利用计算机进行商务处理的方式。在基于互联网的电子商务普及应用之前，曾是一种主要的电子商务模式。见本书 2008 年的第 1 版 p54。

子转账和清算系统等。

而到了2013年的今天，电子数据交互早已很少有人提及，大家都在热论的是"大数据"（Big data）①。某种程度上，我们可以预见，继网络问卷调查法之后，信息技术又为调查研究者打开了一个全新的探索空间，一个令人激动，但却同时又似乎令人不知所措的全新数据来源。

实际上，"大数据"是33年前就早已被提出的一个"老概念"。托夫勒曾在《第三次浪潮》中预言："如果说IBM的主机拉开了信息化革命的大幕，那么'大数据'则是第三次浪潮的华彩乐章"。如今，"大数据"这个概念再次被提及并受到推崇，一个重要的原因在于，越来越多的行业和研究者逐渐意识到了这些数据背后所隐含的重大价值与意义，它可能引发整个社会层面的根本变化。研究认为，大数据具有4个基本特点：一是数据体量巨大（Volume），从TB级别跃升到PB级别；二是数据类型繁多（Variety）；三是价值密度低（Value）；四是处理速度快（Velocity）。

国际互联网的迅速发展为大数据提供了最佳的发展基础。美国互联网数据中心指出，互联网上的数据每年将增长50%，每两年便将翻一番，而目前世界上90%以上的数据是最近几年才产生的。此外，数据又并非单纯指人们在互联网上发布的信息，全世界的工业设备、汽车、电表上有着无数的数码传感器，随时测量和传递着有关位置、运动、震动、温度、湿度乃至空气中化学物质的变化，也产生了海量的数据信息②。具体来说，物联网、云计算、移动互联网、车联网、手机、平板电脑、PC以及遍布地球各个角落的各种各样的传感器，无一不是数据来源或者承载的方式。有研究者指出，大数据技术的战略意义不在于掌握庞大的数据信息，而在于对这些含有意义的数据进行专业化处理。换言之，如果把大数据比作一种产业，那么这种产业实现盈利的关键，在于提高对数据的"加工能力"，通过"加工"实现数据的"增值"。

目前，一些著名IT类商业机构已经发布了其大数据技术方案框架。例如，IBM的大数据战略以其在2012年5月发布的智慧分析洞察"3A5步"③动态路线图作为基础，提出了"大数据平台"架构。该平台的四大核心能力包括Hadoop系统、流计算、数据仓库和信息整合与治理。如图168所示。

最早提出"大数据"时代已经到来的机构是全球知名咨询公司麦肯锡。麦

---

① 根据Gartner的定义，"大数据"是需要新处理模式才能具有更强的决策力、洞察发现力和流程优化能力的海量、高增长率和多样化的信息资产。这个术语最早可追溯到apache org的开源项目Nutch。当时，大数据用来描述为更新网络搜索索引需要同时进行批量处理或分析的大量数据集。随着谷歌MapReduce和GoogleFile System（GFS）的发布，大数据不再仅用来描述大量的数据，还涵盖了处理数据的速度。

② 张意轩，于洋．大数据时代的大媒体．人民日报：2013—01—17．

③ 所谓"3A5步"，指的是在"掌握信息"（Align）的基础上"获取洞察"（Anticipate），进而采取行动（Act），优化决策策划能够提高业务绩效。除此之外，还需要不断地"学习"（Learn）从每一次业务结果中获得反馈，改善基于信息的决策流程，从而实现"转型"（Transform）。

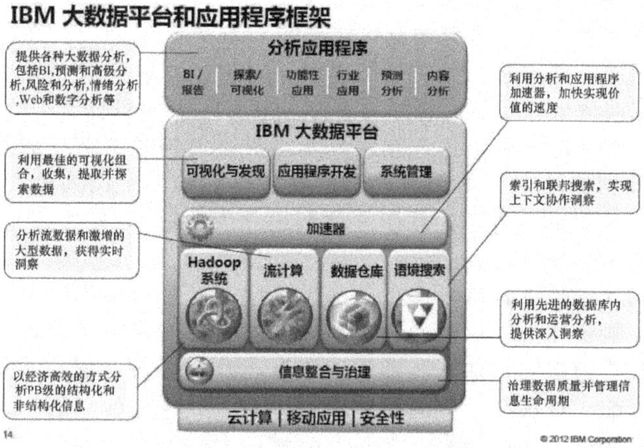

第七章 大数据背景下的网络调查法展望

图 168 IBM 大数据平台和应用程序框架

肯锡在研究报告中指出，数据已经渗透到每一个行业和业务职能领域，逐渐成为重要的生产因素；而人们对于海量数据的运用将预示着新一波生产率增长和消费者盈余浪潮的到来。

那么，在这种大社会背景下，大数据对于社会科学研究者，尤其是调查研究者来说，又意味着什么呢？麻省理工学院的 Brynjolfsson 教授曾形容说，大数据的影响好比几个世纪之前人类发明的显微镜。显微镜把人类对自然界的观察和测量水平推进到了"细胞"级别，带来了历史性的进步和革命。而大数据将成为观察人类自身行为的"显微镜"，这个新的显微镜将再一次扩大人类科学的范围，推动人类知识增长，引领新的经济繁荣。这种观点值得我们深思。

第一，整体来看，在未来可以预见的一定时期内，以问卷调研为基础的"小数据"可能仍然是社会科学研究者的主要数据来源，但以各种互联网信息平台为基础而产生的"大数据"将会进入一个快速发展的时期。尤其是在针对某些群体的调研中，"普查"可能逐渐替代抽样调查，成为研究者数据收集的重要方式。这种情况，有可能会对社会科学研究范式和方法带来重大的影响，尤其是在那些针对各种经常在线的某些群体调查，成本低廉的在线数据获取方式，研究者将有可能越来越多地采取整体调查（普查）来进行，省去原来复杂的样本框、抽样框和概率抽样等环节，使网上调研的成本、效率和数据可靠性都有重大变化。正如有研究者所说的，社会科学是被"样本＝总体"撼动得最厉害的学科。随着大数据分析取代了样本分析，社会科学不再单纯依赖于分析经验数据。这门学科过去曾非常依赖样本分析、研究和调查问卷。当记录下来的是人们的平常状态，也就不用担心在做研究和调查问卷时存在的偏见了。现在，我们可以收集过去无法收集到的信息，不管是通过移动电话表现出的关系，还是通过 twitter 信息表现出的感情。更重要的是，现在也不再依赖抽样调查了①。

不过，研究者认为，尽管如此，在未来相当长的时期内，在社会科学的多数学术研究领域，调查法，尤其是问卷调查，包括印刷版和在线版的问卷，仍将是研究数据获取的一个不可忽视的来源。对于中国的研究者来说，尤其如此。原因很简单，即使对于中国这个互联网发展最迅速的国家，当前网民规模达到 5.64 亿，互联网普及率为 42.1%，仍然有超过一半的中国人没有上网。因此，在当前或可以预见的条件下，基于互联网的"大数据"，显然还无法做到"大"到将整体中国人都容纳其中。

第二，从学科研究的角度来说，大数据对于不同学科的作用和意义可能各不相同。对于某些社会学科，如经济学、管理学等来说，伴随着这些相关行业整体信息化水平的提高，基于各种管理平台而获得的大数据会越来越多，越来越多样化和详细。对这些学科的研究者来说，大数据在他们的学术研究过程中所扮演的重要性也会相应提高。在某些领域，大数据所起的作用甚至可能是至关重要和不可替代的，能使研究者得出在传统抽样调查中无法得到的结论。例如，在美国，有研究者把历时二十多年的犯罪数据和交通事故数据映射到同一张地图上后惊奇地发现，无论是交通事故和犯罪活动的高发地带，还是两者的频发时段，都有高度的重合性。这引发了美国公路安全部门与司法部门的联合执勤，通过共治数据"黑点"，结果发现，交通事故率和犯罪率双双降了下来。

但另一方面，对于其他某些以个体或特殊群体的学科来说，问卷调查、面对面访谈可能仍然会扮演着主要角色，基于问卷或访谈的"小数据"仍然是不可或缺的。不过，即使在这种情况下，随着国家整体信息化水平的不断提升，对于多数研究者来说，大数据可能成为"小数据"的重要补充形式。

第三，对于某些特别的学科研究领域来说，基于平台的大数据可以进一步细化和拓展研究数据的来源，并增加数据的可信度，为研究者提供更为广阔的研究空间。以教育技术研究领域为例，近年来，数字化学习一直是教育研究领域的热点问题，各种课程管理平台或教学管理系统正在越来越多地成为教育领域教学改革与发展的基础性平台。利用这种大型的在线平台来收集学习者的学习行为方面的数据，从中挖掘和找出他们网上学习活动的规律和特点，已成为教育技术研究领域的重要数据获取方式。以北京大学在 2008 年所创建的"北大教学网"②为例，目前共有 2 千余门课程，3 万余名师生使用它来进行日常学习，每天的用户访问量过万。该平台能够自动记录学习者的许多在线活动和行为，如网页浏览、鼠标点击、论坛发言、测验提交等，为研究者后期统计和分析提供了前所未有的数据来源（见图 169）。请想象一下，以这种在线学习模式为基础，如果某个省、地区，甚至全国层次的学生都集中在统一的学习平台学习，

---

① 涂子沛. 大数据：正在到来的数据革命. 广西师范大学出版社. 2012.7.
② 北大教学网的网址是：http://courses.pku.edu.cn.

那么，对于教育研究者来说，所面临的将会是一个真正的"大数据"，对教育研究的影响也将是真正革命性的。

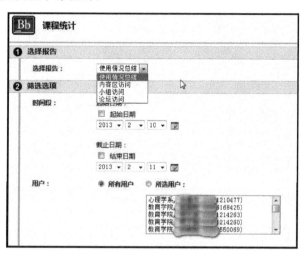

图 169　北大教学网的学习者自动记录与统计界面

实际上，上述设想正在逐步实现。目前，国际著名的在线教育公司 Coursera 已经成为普林斯顿、伯克利、杜克、香港理工[①]等全世界 30 多所大学数百门课程的学习平台，通过这个平台向全球的数十万学习者免费开放课程。目前，只要具备足够的英文水平，分布在世界各地的学习者不仅可以在同一时间听取同一位老师的授课，甚至可以做同样的作业、接受同样的评分和考试。这个学习平台同样也能对学习者的学习行为自动进行提示、诱导和评价，从而弥补没有教师面对面交流指导的不足。例如，通过记录鼠标的点击，计算机能够记录你在一张幻灯片上停留的时间，判别你在答错一道题之后有没有回头复习，发现不同的人对不同知识点的不同反应，从而总结出哪些知识点需要重复或强调，哪种陈述方式或学习工具在哪种情况下最有效等规律。从整体来说，虽然单个个体学习行为的数据似乎是杂乱无章的，但当数据累积到一定程度时，群体的行为就会在数据上呈现一种秩序和规律。通过收集、分析大量的数据，就能总结出这种秩序和规律，然后有的放矢，对不同的学习者提供有针对性的帮助。

不难看出，未来的在线教育平台之所以强大，在于其能收集、分析、使用大量的数据。数据是对信息的记录，数据的激增意味着人类的记录范围、测量范围和分析范围在不断扩大，也意味着知识的边界在不断延伸。教育领域正在发生的这场革命，其深厚的技术背景就是由于信息技术的进步，人类收集、存

---

① 目前国内的许多著名大学，如北京大学，也正在考虑将课程通过 Coursera 来向全球开放。

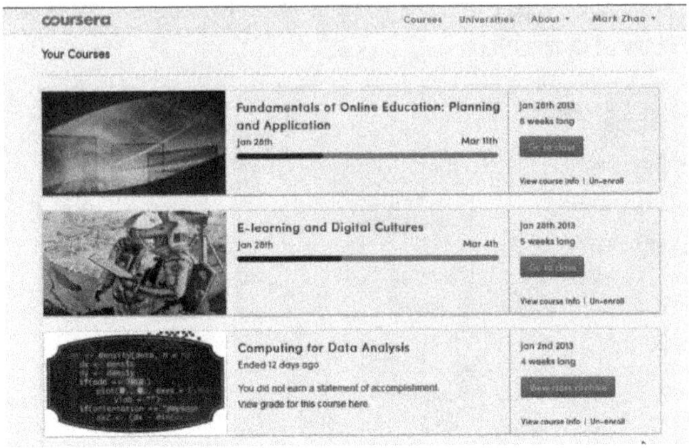

图 170　国际性在线学习平台 Coursera 的课程学习界面

储、分析、使用数据的能力实现了巨大跨越。这种现象也可以被称为"大数据"。

当然，上述这种能够自动记录学习者在线学习行为数据课程系统，只是这个大数据浪潮中在教育领域所掀起的一朵小小的浪花。在人类的科学研究领域中，自然科学向来以对物理世界的"定量研究"而著称，针对物理现象的精确测量和数字计算，推动着科学技术不断发展和进步。对这些学科来说，来自实验室的小数据，是其立身之本。而对于社会科学研究来说，其所研究的人类个体和社会现象，当用测量工具（问卷）来进行测量时，向来被认为是缺乏精确性和准确性的。不过，现在各种基于互联网的信息平台的广泛应用，如通信工具、社交网络等，关于个体的各种社会行为的数据累积，已经达到了前所未有的水平。这种记录的粒度很高，频度在不断增加，为社会科学的定量分析提供了极为丰富的资源，从而可以测得更准、计算得更加精确。或许在不久的将来，借助大数据的推力，社会科学将逐渐脱下"准科学"的外衣，全面迈进真正科学的殿堂。

总之，从目前的情况来看，信息科技为社会科学研究所带来的令人吃惊的变化，似乎还远未达到高潮之时，从上个世纪的电话调查到计算机辅助电话访谈、网络问卷，再到如今的大数据挖掘，新技术的变革，总能给我们的社会带来全新的发展空间，同样也会使我们的研究主题、范围跨上一个全新的台阶。显然，在每一次跨越的过程中，那些善于接受新观念、新研究理念和新研究工具的学者和研究者，都因为走在时代的前列而获得巨大的回报。在这里，我们希望，当你读完这本书时，你也同样能够有机会进入这个行列，引领你所在研究领域的新潮流。若能如愿，本书的目标就达到了。

参考文献

维基百科. 电子数据交换条目［OL］. http：//zh. wikipedia. org/wiki/.

张意轩，于洋. 大数据时代的大媒体［N］. 北京：人民日报：2013.01.17.

涂子沛. 大数据：正在到来的数据革命［M］. 桂林：广西师范大学出版社.2012.7.

涂子沛. 中国如何应对大数据时代的挑战［N］. 南方都市报，2013.01.08.

李国杰. 大数据研究的科学价值［J］. 中国计算机学会通讯，2012.9.

俞京平. 大数据时代的小反思［J］. 中国经济时报，2012.07.06.

祝建华. 一个文科教授眼中的大数据［OL］. 2012.12.14.

姜禾，张娟编译. 美国联邦政府启动"大数据研究与开发计划"，http：//www. whitehouse. gov/sites/default/files/microsites/ostp/big_data_press_release_final_2. pdf.

赵国栋. 大学数字化校园与数字化学习纪实研究［M］. 北京：北京大学出版社.2012.4.